教育部人文社会科学研究青年基金项目
"《左传》文学研究"（项目编号：11YJC751022）成果

《左传》文学研究

高方 著

中国社会科学出版社

图书在版编目(CIP)数据

《左传》文学研究/高方著. —北京：中国社会科学出版社，2014.6
ISBN 978-7-5161-4468-8

Ⅰ.①左… Ⅱ.①高… Ⅲ.①《左传》—古典文学研究
Ⅳ.①K225.04②I206.2

中国版本图书馆 CIP 数据核字(2014)第 143644 号

出 版 人	赵剑英
责任编辑	罗　莉
特邀编辑	孙少华
责任校对	李　林
责任印制	李　建

出　　版	中国社会科学出版社
社　　址	北京鼓楼西大街甲 158 号（邮编 100720）
网　　址	http://www.csspw.cn
	中文域名：中国社科网　010-64070619
发 行 部	010-84083685
门 市 部	010-84029450
经　　销	新华书店及其他书店

印　　刷	北京市大兴区新魏印刷厂
装　　订	廊坊市广阳区广增装订厂
版　　次	2014 年 6 月第 1 版
印　　次	2014 年 6 月第 1 次印刷

开　　本	710×1000　1/16
印　　张	19.75
插　　页	2
字　　数	332 千字
定　　价	59.00 元

凡购买中国社会科学出版社图书，如有质量问题请与本社联系调换
电话：010-64009791
版权所有　侵权必究

目 录

序 ··· 傅道彬(1)

绪论 ·· (1)

第一章 《左传》的文学溯源 ································ (9)
第一节 世族的衰落与士族的兴起 ······················· (9)
一 西周礼制与青铜乐歌 ···································· (9)
二 诸侯争霸与"王官失学" ································ (17)
三 "学在四夷"与选贤任能 ································ (22)
第二节 文化典籍的滴沥哺育 ····························· (28)
一 《周易》之思 ··· (28)
二 《尚书》之体 ··· (33)
三 《诗经》之用 ··· (37)
第三节 春秋时期的文学活动 ····························· (41)
一 占卜之风 ··· (42)
二 赋诗之趣 ··· (47)
三 应对之巧 ··· (53)

第二章 《左传》的文学思想 ································ (59)
第一节 "立言"与"不朽" ···································· (59)
一 史官职责与士人理想 ···································· (59)
二 "立言"的胆识 ··· (65)
三 诗言志 ·· (71)
第二节 "礼"之捍卫 ··· (76)

  一　"礼崩乐坏" ……………………………………………（76）
  二　崇礼重道 ………………………………………………（82）
 第三节　忠于内心 ……………………………………………（86）
  一　经史之辨 ………………………………………………（86）
  二　"有经无传"与"有传无经" …………………………（90）

第三章　《左传》的文学体式 ……………………………………（96）
 第一节　线性时间和非线性叙述 ……………………………（96）
  一　编年体制与锁链结构 …………………………………（96）
  二　多维叙述 ……………………………………………（101）
 第二节　史之"实"与文之"虚" …………………………（106）
  一　秉笔直书与良史之才 ………………………………（107）
  二　"史"中之"文" ……………………………………（112）
 第三节　君子之言与教化之功 ……………………………（118）
  一　"君子曰"的指涉 …………………………………（118）
  二　"君子曰"的价值 …………………………………（123）

第四章　《左传》的文学修辞 …………………………………（129）
 第一节　春秋笔法 …………………………………………（129）
  一　"五例"之名 ………………………………………（129）
  二　"五例"之实 ………………………………………（134）
 第二节　骈散相间 …………………………………………（138）
  一　散句与骈句 …………………………………………（138）
  二　骈散之错综与融合 …………………………………（144）
 第三节　社交辞令 …………………………………………（149）
  一　辞令之文体 …………………………………………（149）
  二　辞令之功效 …………………………………………（155）

第五章　《左传》的人物呈现：男性篇 ………………………（163）
 第一节　天子与诸侯 ………………………………………（163）
  一　天子群像 ……………………………………………（163）
  二　霸主风采 ……………………………………………（168）

三　诸侯剪影 …………………………………………………… (175)
　第二节　权臣与贵胄 ……………………………………………… (181)
　　一　贤能之人 …………………………………………………… (182)
　　二　奸佞之辈 …………………………………………………… (187)
　　三　复杂人格 …………………………………………………… (191)
　第三节　文武之士 ………………………………………………… (194)
　　一　文士之韬 …………………………………………………… (195)
　　二　武士之勇 …………………………………………………… (199)

第六章　《左传》的人物呈现：女性篇 ……………………………… (205)
　第一节　为人女/妹者的率性长歌 ………………………………… (205)
　　一　情感化的个人生存 ………………………………………… (206)
　　二　嫁衣下的家国背负 ………………………………………… (210)
　第二节　为人妇者的岁月感喟 …………………………………… (213)
　　一　对婚姻的顺应与发明 ……………………………………… (213)
　　二　"重耳之亡"的路上风景 ………………………………… (217)
　　三　因美艳而被"物化" ……………………………………… (219)
　第三节　为人母者的风雨低吟 …………………………………… (222)
　　一　"母爱"与"母权"羽翼下的权力之争 ………………… (222)
　　二　寡母们的性之苦闷 ………………………………………… (226)
　　三　三个与众不同的母亲 ……………………………………… (231)

第七章　《左传》的战争叙事 ………………………………………… (235)
　第一节　左氏的战争立场 ………………………………………… (235)
　　一　"民本"思想 ……………………………………………… (236)
　　二　"崇霸"意识 ……………………………………………… (241)
　第二节　计谋与机变 ……………………………………………… (246)
　　一　战之前后 …………………………………………………… (246)
　　二　战中之变 …………………………………………………… (251)
　第三节　"避犯"与"闲笔" …………………………………… (256)
　　一　"避犯"之功 ……………………………………………… (257)
　　二　"闲笔"之能 ……………………………………………… (261)

第八章 《左传》的文学地位 ………………………………（268）
第一节 史传文学之源 ……………………………………（268）
一 实录之法 …………………………………………（268）
二 劝惩之念 …………………………………………（270）
三 激切之情 …………………………………………（273）
第二节 散文义法之范 ……………………………………（276）
一 取舍有法 …………………………………………（276）
二 张弛有度 …………………………………………（278）
三 破立有节 …………………………………………（280）
第三节 古典小说之本 ……………………………………（283）
一 题材：现实与神异 ………………………………（283）
二 叙事：全知视角 …………………………………（286）
三 表意：含蓄与犀利 ………………………………（288）

结语 …………………………………………………………（292）

参考文献 ……………………………………………………（294）

后记 …………………………………………………………（305）

序

在中国文化里，《左传》是一个无法绕过的话题。马一浮（1883—1967）先生认为"所谓国学者，即'六艺'之学也"（《泰和会语》），"六艺"即"六经"，是《诗》《书》《礼》《乐》《易》《春秋》等六部文化经典，在马一浮看来，国学就是以"六经"为基础的中国学术。《左传》不在"六经"里，但是如果离开了《左传》，《春秋经》就会成为断断续续零零碎碎的"断烂朝报"而无法阅读。因此与其说是读《春秋》，还不如说是读《左传》。左丘明双目失明，而他却用宏大的历史眼光和非凡的文学笔力记录并照亮了整个春秋时代，让这个时代长久地影响中国人的心灵世界，成为中国人神圣的文化经典。

春秋三百年是中国历史上激荡人心的三百年，《左传》不仅记录了整个时代的社会生活和风雅精神，也以独特的文学笔法表现了那个时代的审美追求和艺术境界。古代文人中有许多人表现了对《左传》文笔的喜爱，杜预自称有"《左传》癖"，其中固然有对这一时期历史的精神感动，但不可否认，更有杜预对《左传》修辞和笔法的审美由衷欣赏。唐代刘知几盛赞"左氏之书，为传之最"（《史通·鉴识》），以为其在文学上"功侔造化，思涉鬼神，著述罕闻，古今卓绝"（《史通·杂说上》）。

《左传》的文学笔法是深藏于中国文化的结构深层的，因此发掘其内在意蕴和艺术精神是一件十分吃力的工作，从这个意义上说高方同学选择了一个相当难度的学术课题。好像高方自己也感到了课题的分量，论文写作的时候，丈夫带着女儿生活在黑龙江边远的小城，而她一个人住在哈师大博士生的宿舍里，古卷青灯，宵衣旰食，写出了二十多万字的博士论文。天道酬勤，当她将论文初稿交给老师们看时，所有阅读的老师都为之高兴。东北师大的曹书杰教授，多次称赞高方的论文写得流畅清新，别有韵致。

　　作者对《左传》"锁链式"结构的分析最见学术功力。《左传》依经记事，按《春秋》编年体例写成，而历史是有自己的进程的，并不简单地按照编年的顺序发生，因此编年体史书以时间为叙述模块，常常导致情节的分散与割裂。初读《左传》，难免会给人以"与经俱来"的断续零碎之感。其实，《左传》是有着严密的内在逻辑的结构的，作者指出《左传》中有一种"有效勾连事件的'锁链式'结构"。"锁链式结构"的明显形式是上一年的传文与下一年（或者下几年）的传文叙述的是同一件事情，必须在下一年（甚至下几年）的传文方能弄清其中的来龙去脉，这就形成了相互联系、互为因果的"环"，环环相扣，状如锁链，故称"锁链式结构"。《左传》结构，看似松散，其实严密，不可从中间读进去，这样的见解显示了作者对《左传》内容的娴熟，也表现出她敏锐的文学感受力。

　　作者对《左传》人物群像的分析最富文学情采。有学者统计，《左传》提到的人物姓名3400多个，这些人物构成了春秋时代的人物群雕，显示着那个时代的社会生活和精神风貌。本书将这些人物分为男性、女性两大系列，深刻地揭示天子群像、霸主风采、诸侯剪影的时代性格，准确地描述从春秋世族贵胄到士族新生力量的心理演变轨迹，从而显示整个时代的起伏跌宕、波澜壮阔。可能作者是女性的原因，其对《左传》女性形象的分析尤其细致准确，饱含情感温度。从"为人女/妹者的率性长歌""为人妇者的岁月感喟""为人母者的风雨低吟"之类的题目上，就可以看到作者对《左传》女性命运的思考和寄予的深切同情。作者不仅注重历史人物的时代还原，更侧重现代学术视野下的精神心理分析。

　　高方长于写作，是有一定影响的作家，其论文写作也表现出作家式的直觉感动和明快风格。一些学者对学术论文文学笔法，常常不以为然，认为那样不免丧失了科学性。其实，我们强调学术论文的文学笔法，本身就是强调语言的准确性和科学性。语言问题本质上是思想问题，而不是简单的修辞现象，思想的高度决定了语言的准确。贫乏的语言、简单的逻辑、苍白的情感，已经使得学术渐渐走入八股的死胡同，这就要求我们更注意学术语言的文学表达。像高方论文这样，多借鉴一些文学笔法，对科学表达也许更准确。

最初读高方的论文是 2011 年的春天。三年过去了,这几年她不断有新著问世,在学术界头角渐露,影响渐广,而我觉得《〈左传〉文学研究》仍然是她写得最为扎实、最具功力的学术著作。

傅道彬
2014 年 3 月 11 日于京城

绪　　论

《左传》叙事起于鲁隐公元年（公元前722年）迄于鲁哀公二十七年（公元前468年），关于其作者、成书时间等问题，虽然学界一直存在不同意见，但经过章太炎、刘师培、杨向奎等人和沈玉成、李学勤、赵生群及台湾的张高评等人的多方论证，司马迁《史记·十二诸侯年表序》[①]中的看法仍旧为大多数人所遵从，人们一般采信该书系春秋末期鲁国史官左丘明为传述《春秋》而作，成书于战国早期，而关于《左传》流传的最原始材料则出于《汉书·儒林传》。

作为两千多年前产生的一部传世典籍，《左传》几乎从面世起就负载着众多的责任，经学、史学、文学无不从中汲取营养哺育后人。在史学中，《左传》被认为是继《尚书》《春秋》之后，开《史记》《汉书》之先河的重要典籍。清代皮锡瑞《经学通论》亦评价《左传》说："左氏叙事之工，文采之富，即以史论，亦当在司马迁、班固之上，不必依傍经书，可以独有千古。"[②] 而他的这句评价虽然在客观上认可了《左传》的文学价值，也为我们揭示了《左传》两千年流传过程中的一个特殊现象：《左传》通常被认为是五经之一的《春秋》之"传"，自己在汉代被立于学官之后也成为经学之一种，在后人的阐释中，"经学的《左传》"几乎一度成为《左传》研究的全部。

然而《左传》文章也一直被它以后的作家们视为学习的范本和楷模，唐宋以来更是备受推崇，韩愈以"《春秋》谨严，《左氏》浮夸"作为先

[①] 《史记·十二诸侯年表序》云："鲁君子左丘明惧弟子人人异端，各安其意，失其真，故因孔子史记具论其语，成《左氏春秋》。"中华书局1982年版。

[②] 皮锡瑞：《经学通论·春秋》，中华书局1956年版，第49页。

秦文章"沉浸浓郁，含英咀华"的例证之一，宋人把《左传》与《史记》、韩文、杜诗相提并论并共同作为文学范本，清代最负盛名的桐城派散文家也奉《左传》为圭臬。从文学角度论，完整的叙事框架、生动的人物形象、鲜明的思想倾向让《左传》拥有了出入各类权威文学史的永久通行证，并成为我国叙事散文和史传文学的双重典范，刘大杰的《中国文学发展史》、杨公骥的《中国文学》、中国社会科学院文学研究所编的《中国文学史》、游国恩主编的《中国文学史》、袁行霈主编的《中国文学史》等均给《左传》以重要地位就是有力的证明。

应该客观地说，20世纪以前的《左传》研究几乎均在经学的羽翼之下进行，相关文学讨论虽是可贵的旁逸却终究不够系统，连从宋代延续到清代的评点一脉也未能脱此窠臼，刘世南先生在为郭丹《左传国策研究》所作的序中更是说："有关《左传》的著作，俱列经部，绝大多数是从经学角度加以论述，从文章学去探讨的，只有清代王源的《左传评》和冯李骅的《左绣》。"① 他同时也说："那种点评过于烦琐，论析也不够深刻、准确；艺术特色的分析，更有不少模糊之谈。原因是'以文章点论而去取之'，'竟以时文之法商榷经传'。所谓'文章'就是'时文'，也就是八股文。原来王、冯两书是为应试的儒生习作八股文服务的。这自然不能符合现代人的要求。"②

要符合现代人的要求就要从现代人的视角去观照《左传》。20世纪，尤其是20世纪20年代以来，经历了"疑古"风潮，人们对《左传》的研究变得更加客观。20世纪50年代以来的大部分文学史，都是先分析其民本思想、爱国主义思想，然后揭露统治阶级腐朽生活、歌颂比较开明的统治者，再从叙事富于故事性、文字精练传神、行人辞令之美、战争描写出色等方面来归纳其艺术成就，思想性始终先于艺术性。

从文学方面看，钱锺书的《管锥编》③ 共收录了关于《左传正义》的六十七条札记，从书法义例、思想、风俗、训诂、文章技巧等诸多方面对《左传》进行了探讨。钱氏运用系统论的方法，广泛征引古今中外各种材料，与《左传正义》互相比较，互相发明，目光独到，常能发前人

---

① 郭丹：《左传国策研究》，人民文学出版社2000年版，第1页。
② 同上。
③ 钱锺书：《管锥编》，中华书局1982年第2版。

所未发，在观点和方法上都给后来的研究者以很大启示。童书业《春秋左传研究》①汇集了作者一生通过《左传》研究先秦史所作的札记，体现了深厚的学术功力，很有参考价值。在注释整理方面，成就最高的是杨伯峻的《春秋左传注》②，这是"五四"以来对《春秋经》和《左传》全文作校勘、新注的第一部著作，博赡精审，影响很大。沈玉成、刘宁《春秋左传学史稿》③从刘知己《史通》取例，以刘熙载《艺概》对刘氏言论的赞同和引申为据，并言及章学诚、冯李晔等关于左氏叙述方法的分类，主要梳理了《左传》叙事记言的特点，重点从战争叙事、人物塑造及辞令和细节的描写上进行了阐发，借以说明这部书对后世记事散文和小说的影响明显而且深远。

进入新世纪，又出现了多部关于《左传》研究的重要著作。方朝晖《春秋左传人物谱》④共选取列国国君、卿大夫、君夫人等150多位，将其生平重要事件进行全面汇总，为《左传》研究者提供了一个便捷的参考范本；常森《二十世纪先秦散文研究反思》⑤和谭家健《中国古代散文史稿》⑥则从文学史尤其是散文史的角度对《左传》的重要意义予以评价，谭家健《先秦散文艺术新探》（增订本）⑦也进一步明确了对《左传》具体问题的看法；潘万木《〈左传〉叙述模式论》⑧和美籍学者王靖宇《中国早期叙事文研究》⑨均引入西方叙事学理论展开相应研究，王书虽与中国传统文化存在一定隔膜却也在相当意义上开辟了《左传》研究的新方法；何新文《〈左传〉人物论稿》⑩全以《左传》人物为对象展开论述，但28万字中只给了女性不足7000字的篇幅似乎略显偏颇；郭丹《左传国策研究》⑪从文学角度将《左传》与《战国策》进行合并研究颇有特点，但于《左传》而言未免不够全面亦不够深入；陈克炯《左传详

---

① 童书业：《春秋左传研究》，上海人民出版社1980年版。
② 杨伯峻：《春秋左传注》，中华书局1990年第2版。
③ 沈玉成、刘宁：《春秋左传学史稿》，江苏古籍出版社1992年版。
④ 方朝晖：《春秋左传人物谱》，齐鲁书社2001年版。
⑤ 常森：《二十世纪先秦散文研究反思》，北京大学出版社2002年版。
⑥ 谭家健：《中国古代散文史稿》，重庆出版社2006年版。
⑦ 谭家健：《先秦散文艺术新探（增订本）》，齐鲁书社2007年版。
⑧ 潘万木：《〈左传〉叙述模式论》，华中师范大学出版社2004年版。
⑨ 王靖宇：《中国早期叙事文研究》，上海古籍出版社2006年版。
⑩ 何新文：《〈左传〉人物论稿》，中国社会科学出版社200年版。
⑪ 郭丹：《左传国策研究》，人民文学出版社2004年版。

解词典》① 以词典方式对《左传》进行研究，虽于文学关系不很密切，却也是相当有益的资料和工具书；张高评继《左传文章义法掸微》②《左传之文学价值》③ 之后又出版了《春秋书法与左传学史》④，分别从《左传》的文章之法、文学影响和春秋书法的运用等方面展开论述，堪称台湾《左传》文学研究的代表作品，前两部于20世纪八九十年代出版于台湾，第三部2005年出版于上海；此外郭院林《清代仪征刘氏〈左传〉家学研究》⑤、陈才训《源远流长——论〈春秋〉〈左传〉对古典小说的影响》⑥、黄鸣《左传与春秋时代的文学：兼论春秋列国民族风俗》⑦ 等均由博士论文改写出版，代表了最新的《左传》文学研究著作。

关于《左传》的研究论文，较早产生影响的其实更多是发表在报纸上的。陈咏1955年在《光明日报》上发表的两篇长文《试谈〈左传〉的文学价值并与巴人同志讨论郑庄公的典型性问题》⑧ 和《略说〈左传〉创造人物形象的艺术》⑨，通过标举《左传》在人物描写方面的成就，为《左传》的文学研究迈出了较为切实的一步。郭维森的《〈左传〉的思想内容和艺术方法》⑩ 是最早用马克思主义观点来评价《左传》的思想的文章，对其中的民本思想进行了特别探讨。1963年5月19日的《光明日报》上曹道衡发表文章称《左传》为"史传文学"而不是历史散文，从此为"史传文学"命名，并进一标称了《左传》的文学性。曹道衡还通过对其中几个主要人物的分析，指出《左传》刻画历史人物与历史小说的本质区别。⑪ 这些文章都为后来的《左传》文学研究奠定了大体的基调。

20世纪80年代以来，《左传》文学研究在数量、质量上都有很大提

---

① 陈克炯：《左传详解词典》，中州古籍出版社2004年版。
② 张高评：《左传文章义法掸微》，台北文史哲出版社1982年版。
③ 张高评：《左传之文学价值》，台北文史哲出版社1990年版。
④ 张高评：《春秋书法与左传学史》，上海古籍出版社2005年版。
⑤ 郭院林：《清代仪征刘氏〈左传〉家学研究》，中华书局2008年版。
⑥ 陈才训：《源远流长——论〈春秋〉〈左传〉对古典小说的影响》，中国社会科学出版社2008年版。
⑦ 黄鸣：《左传与春秋时代的文学：兼论春秋列国民族风俗》，中央民族大学出版社2009年版。
⑧ 陈咏：《试谈〈左传〉的文学价值并与巴人同志讨论郑庄公的典型性问题》，《光明日报》1955年7月31日第8版。
⑨ 陈咏：《略说〈左传〉创造人物形象的艺术》，《光明日报》1956年12月16日第8版。
⑩ 郭维森：《〈左传〉的思想内容和艺术方法》，《教学与研究汇刊》1958年第2期。
⑪ 曹道衡：《论〈左传〉的人物评述和描写》，《光明日报》1963年5月19日第8版。

高，在研究的方法和角度上出现了多维的趋向，但绝大多数《左传》文学研究都是从人物形象和思想内容方面展开的。除了学者们在与时俱进思想指引下不断修正自己和他人的学术观点以外，我们也不得不承认其中一部分属于意义不大的重复研究。

作为学术研究的一个重要组成部分，学位论文虽系后学之作却也能够表现出一定的学术研究趋向和学术水准。这些论文中，对《左传》进行文学研究的论文主要集中在人物研究、战争叙事研究、行人辞令研究、礼俗研究、预言研究、宗教文化研究等方面，也就是说这些论文多以《左传》文本为依据，对《左传》的某方面内容进行较为单纯的专一性研究，而对《左传》的文学发生和文学影响及其他文学构成因素的研究普遍用力不多。

通过赵长征《20世纪〈左传〉研究概述》[①]、张高评《台湾〈春秋〉经传研究之师承与论著》[②]、何新文、张群《现当代的〈左传〉人物研究》[③]、罗军凤《走出疑古时代的〈左传〉学研究——近三十年来〈左传〉研究述评》[④]、毛振华《〈左传〉赋诗研究百年述评》[⑤]、李卫军《〈左传〉评点史述略》[⑥]等综述性文章我们大致可以了解到二十世纪以来甚至更加久远的《左传》研究情况，张高评的《左传之文学价值》特别值得重视，堪称一部别开生面的《左传》接受史。但"文学"研究的脉络似乎仍旧不够清晰，也很少有人在有限的文字内将与《左传》相关的文学问题一一阐释清楚，即使是系列研究也很难做到。

令人欣喜的是，近年涉及《左传》文学研究的博士毕业论文数量有所增加。李永祥博士的《〈左传〉文学论稿》[⑦]，强调春秋时期人的觉醒和文的觉醒，判断《左传》与《诗经》的特殊联系，立足"战争""鬼

---

① 赵长征：《20世纪〈左传〉研究概述》，《文史知识》2000年第10期。
② 张高评：《台湾〈春秋〉经传研究之师承与论著》，《江海学刊》2004年第4期。
③ 何新文、张群：《现当代的〈左传〉人物研究》，《湖北大学学报》（哲学社会科学版）2004年第4期。
④ 罗军凤：《走出疑古时代的〈左传〉学研究——近三十年来〈左传〉研究述评》，《文学前沿》2007年第2期。
⑤ 毛振华：《〈左传〉赋诗研究百年述评》，《湖南大学学报》（社会科学版）2007年第4期。
⑥ 李卫军：《〈左传〉评点史述略》，《兰州学刊》2009年第12期。
⑦ 李永祥：《〈左传〉文学论稿》，博士学位论文，陕西师范大学，2010年。

神"等叙事,细审《左传》的立意和辞章,论证其相关描写艺术对《三国演义》《水浒传》的特别影响。王崇任博士的《〈左传〉文学专题研究》①,重视冯李骅的"《左传》文分四时说",依托"志人""志怪"篇章,结合各种文体和"语"类分析,以探讨《左传》的叙事艺术。陆丽明博士的《〈左传〉与唐代散文》②,主要从唐代散文家的教育、科举背景入手,结合他们作品风格及各自对《左传》的评价,指证其对《左传》的继承,从而探讨《左传》思想、艺术在唐代散文当中的珍贵延续。王玲博士的《〈左传〉鲁人形象研究》③,深入根究《左传》中鲁人幽微复杂的内心世界,还原他们鲜活生动的形象,并从一个新异的视角将鲁文化的研究推向深化。

综上所述,文学研究在《左传》研究界有着一定的热度,也有着一定的持续关注度,研究方法和研究角度也时有更新,但研究视野或过于笼统或相对狭窄,研究对象则或相对零散或过于集中,能对《左传》的文学由来、文学思想、文学表现和文学价值进行全面发掘,指向明确、针对性强的长篇研究作品更是并不多见。

《左传》是一部具有重要文化意义的先秦典籍,对《左传》进行细致的文学研究对《左传》和受《左传》影响的中国文学都有着非凡的意义。基于对众多文献的梳理和考量,我们发现《左传》研究仍有很大的空间可以驰骋研究者的思想和想象,正如张高评在他的《左传之文学价值》中所称:"左传之作,初不为文学而发;然文学造诣之深,文学内容之富,文学价值之高,又使左传称古今卓绝,著述罕闻。"④ 本书的研究是将《左传》一书作为特定时代具有文学意义的典籍来予以观照,力求跳出经学和史学的局限,主要借助先秦典籍所保留的文化信息和相关的考古发现,将《左传》文本还原到故事发生的春秋时代,并结合作者的创作心态和创作背景,充分发掘该著作内在和外在的文学因素,使人们真正理解《左传》的文学表现和文学内涵。

本书的研究主要依据《左传》文本展开,在具体内容上结合春秋时代世族衰落与士族兴起的历史背景,考察《周易》哲学思想、《尚书》历

---

① 王崇任:《〈左传〉文学专题研究》,博士学位论文,陕西师范大学,2012年。
② 陆丽明:《〈左传〉与唐代散文》,博士学位论文,中央民族大学,2012年。
③ 王玲:《〈左传〉鲁人形象研究》,博士学位论文,山东师范大学,2013年。
④ 张高评:《左传之文学价值》,台北文史哲出版社1990年版,第7页。

史观念和《诗经》诗性表达濡染下的春秋文学活动的必然性、必要性和丰富性，从而为《左传》作者以"立言"和"不朽"为目的的文学观念的表达找到依据，进而为《左传》文学图景的展开确立基础。而《左传》继承春秋笔法以全知视角进行的编年体叙事尽展才子风范，对春秋史事的铺陈、对战争叙事的偏爱、对充满传奇性的男人和女人的描写都使它成为春秋三传中不折不扣的"另类"，也正是这些使它呈现出自身独特的文学气质，成为春秋"三传"之中真正的高标。我们固然不能改变《左传》"经"或"史"的文化负载，但同样也没有人能够剥夺和遮蔽《左传》的文学责任与文学面貌。

本书以《左传》文本为立论依据，部分内容兼采《国语》与《史记》及其他典籍，记载有异者则以《左传》为准展开论述；其次借用经学、史学、哲学、文艺学、社会学、人类文化学等学科类别的研究方法，采用比较法对《左传》相关文学构成要素进行细致分析，探讨其文学性质的具体表现；再次采用个案法对《左传》的重点内容和精彩段落进行文本细读，以发现和强调其文学表现和文学意义。本书目标具体、方向明确，直接以"文学"二字点明题旨，力求用文学研究法为人们打开阅读《左传》的另一扇通透之窗，让经学研究者、史学研究者和普通人一道轻易地走进《左传》丰富多彩的文学世界。

从研究视角上看，已发表的学术论文多注重对《左传》文学表现和文学影响进行描述，而对《左传》成书、《左传》文学表述语言和表述方式生成的原因及该书为何在战国之初这一特定时段生成缺少必要的挖掘和梳理，本书则从西周以来甚至更早的中国文化表现及记载入手，力求在展示春秋时人文质彬彬的生活场景的同时，通过此前典籍的写作方式、写作内容、写作寄托等对《左传》作者的影响和《左传》作者独特的人生目标和人生追求来揭示该书产生的必然。对"前《左传》时代"的探讨应该更有利于我们从更多方面向文字背后探求该著作的文化内涵。

从研究方法上看，《左传》经学研究从汉代起一直延续到20世纪三四十年代，《左传》史学研究与之相生，在20世纪五六十年代更是随着经学研究的边缘化风生水起。伴随着学术界无休止的"经史之争"，二者在研究方法上却均已趋于成熟。但对于《左传》文学研究而言，在近代以前取得最突出成就的研究方法无疑是评点，但中国式的评点在细节上有精致熨帖之利，于文学对象的整体评价却颇显力不从心，现代以来的研究则多注重人物形象研究或是引入西方叙事学概念予以套用或化用。本书拟以思想史、社会学等相关研究成果为依据，采用中西文论结合且突出中国传统文论的方式展开具体文学论述，以凸显《左传》的文学质素，尤其是其中显在的"中国因素"。

从研究内容上看，本书以《左传》文本和春秋时段为研究重心，以同时期的相关典籍为陪衬，同时兼及"前《左传》时代"和"后《左传》时代"的文学思维和文学表现，与此前类似研究最大的不同是覆盖面较广，对"源"的探究较"流"会更多一些。从具体内容上看，本书不能舍弃和回避战争叙事与辞令表达等重要问题，却在人物评价的章节之中有所突破：也许是由《左传》为男权社会作史的基本条件所限，历来研究《左传》人物的学者几乎都将视线全神投注于男性，对女性或是视而不见或是仅仅给予轻轻一瞥。但不可否认的是，某些女性的出现也是春秋时代风云突变直接或间接的诱因，甚至引导和决定了事态的走向与结局。基于此，本书首次将两性人物放在同等重要的地位进行评述，相信这种设置能够有利于人们更加清晰地看到《左传》记述的春秋生活的真实面貌，也更有利于人们真切地了解到这一时期女性的地位和作为。

研究过程中本书采取"点""线""面"结合的办法探讨《左传》"史蕴诗心"的文学本质，进而阐发其文学内核的生成和表现。"点"是指选取典型，借"三传"以《春秋》为依据的共性化情节和《左传》的个性化书写点明其文学特征；"线"是指透视春秋前后的文化背景，尤其是春秋之前的文学存在揭示春秋生活"文质彬彬"的底色，再综合左氏的思想状况点明《左传》文学产生的必然；"面"是重点照顾春秋故事发生的时代特征，以文本和典籍为依据还原时代、铺设情境，使人们切实感受到《左传》的文学笔法和文学寓意。本书力求纵向描述《左传》的文学生成、文学表现和文学影响，亦可横向展示春秋大舞台上的各色人物和以事件为表征的春秋生活与左氏最真实的创作意图。

第一章 《左传》的文学溯源

明代学者李贽在《史纲评要》中说:"王以丰、镐逼近犬戎,不可居,乃东迁都于洛邑。自是政由方伯,齐、楚、秦、晋渐大。四十九年,鲁隐公元年也。时天子微弱,赏罚不行。后孔子作《春秋》,正王法,始于此年。"[①]《左传》并不是中国文学的源头,在比它更早的时候,那些幽微而隐秘的文学因子就已经存在并缓慢地释放着自己的能量。世族的衰落与士族的兴起造就了左丘明式的充满责任意识和表达欲望的知识分子,这就使《左传》写作者的产生成为一种可能和必然。当他面对博大精深的《易》《书》《诗》的时候必然会有心灵的迷醉,当他回望春秋时期丰富多彩的社会政治、军事、文学、文化活动时,自然难免目眩神驰。

第一节 世族的衰落与士族的兴起

《左传》述录的是中国春秋时代的历史,关于它的创作目的学界有"传《春秋》"和"非传《春秋》"两种看法。古往今来人们对它的研究更多地采取入于文本的方式,申说它对后世所产生的政治、军事、思想、文化等方方面面的影响。可是,《左传》这部集经学、史学、文学价值于一身的著作又为什么会出于战国初期成于左丘明之手呢?为什么呈现在我们面前时又是那么的文气通达、辞采华赡,有一种天生的夺人心魄的力量呢?

一 西周礼制与青铜乐歌

从传世典籍和出土文献上看,夏、商、周三代虽属政权易于王朝更迭的时期,但其文化是以继续和承袭的方式向前发展的。作为夏商之后兴起

[①] 李贽:《史纲评要》,中华书局1974年版,第34页。

的以"封建制"作为立国依据的崭新的王朝,西周创造了更为光辉灿烂的文化。从人们口耳相传的文王和周公的伟大业绩,到考古出土的青铜器物,再到见诸文字的《易》《礼》《诗》《书》,所有的一切无不彰显着西周文化的丰厚遗存和巨大魅力。自孔子眼中看来,夏、商、周三代之礼一脉相承,而周礼集其大成:"殷因于夏礼,所损益,可知也;周因于殷礼,所损益,可知也。其或继周者,虽百世,可知也。"[1] 也正是因为有了如上基础,所以孔子才会说:"周监于二代,郁郁乎文哉,吾从周。"[2] 在整个周代,人们最为信奉的文化传说就是周公制礼作乐,时代文化最直接的表达也终于落实于"礼乐"二字,正因为"乐以象政","审乐知政",季札才能观乐而知周政,周代的文化也因此被概括为袅袅青铜之音陪衬下的"礼乐文化"。

(一)礼宜乐和

关于礼的产生人们历来有很多看法:《大戴礼记》所说神灵者"品物之本也,而礼乐仁义之祖也"[3] 是认为礼乐起源于至高无上的天神;《左传》所说"孝,礼之始也"[4],《礼记》所说"礼始于谨夫妇"[5],"夫礼,始于冠,本于昏"[6] 是认为礼始于人伦;《礼记》所说"礼者,因人之情而为之节文,以为民坊者也"[7],《史记》所说"观三代损益,乃知缘人情而制礼,依人性而作仪",[8] "礼由人起"[9],均系认为礼始于人情;《左传》昭公二十五年子产所说"夫礼,天之经也,地之义也,民之行也。天地之经,而民实则之"是认为礼始于天地人的和谐统一。但无论礼之起源究竟为何,它的外在表现和本质要求都是恭敬,即如《左传》僖公十一年说:"礼,国之干也;敬,礼之舆也。不敬,则礼不行;礼不行,则上下昏,何以长世?"

作为西周时代与"礼"相配合而行的"乐",它的外在表现首先是音

---

[1] 《论语·为政》,陈戍国点校:《四书五经》,岳麓书社1991年版。
[2] 《论语·八佾》。
[3] 《大戴礼记·曾子天圆》,王聘珍:《大戴礼记解诂》,中华书局1983年版。
[4] 《左传·文公二年》,杨伯峻编著:《春秋左传注》(修订本),中华书局1990年版。
[5] 《礼记·内则》,李学勤主编:《礼记正义》,北京大学出版社1999年版。
[6] 《礼记·昏义》。
[7] 《礼记·坊记》。
[8] 《史记·礼书》。
[9] 同上。

声特质，其本质特征则是"和"，也就是音素的和谐。虽然《老子》说过哲学意义上的"大音希声"①，但也同时说过现实意义上的"音声相和"②。《尚书·虞典》所言"八音克谐，无相夺伦，神人以和"③则是在说明音声的和谐可以带来思想情感和谐的重大功用。《左传》昭公二十年晏子曾借五味与五声之理与齐景公论和同之异，晏子强调音声之相成、相济，并指出"若琴瑟之专壹"失去和谐之音则无人听之，也是在肯定乐之"和"可以达到使君子"心平""德和""成其政也"的教化意义。先秦两汉时期著名的论乐文章《荀子·乐论》《吕氏春秋·乐记》《礼记·乐记》无不在强调这种"和"的因素："乐也者，和之不可变老也""乐者，审一以定和也""乐者敦和""乐者，天地之和"。

孔子曾说过："人而不仁，如礼何？人而不仁，如乐何？"④"仁"是儒家思想的核心观念之一，此语虽然是在强调"仁"的重要性，却也很直接地将"礼"和"乐"的命题摆在人们面前，从而使之呈现为"仁"的外化形态。孔子还说过："不能诗，于礼缪；不能乐，于礼素；薄于德，于礼虚。"并解释说："达于礼而不达于乐，谓之素；达于乐而不达于礼，谓之偏。"⑤正因为礼乐有着如此重要的相辅相成的作用，所以人们才会说"礼乐相须为用，礼非乐不行，乐非礼不举"⑥。《礼记》说："是故先王本之情性，稽之度数，制之礼义，合生气之和，道五常之行，使之阳而不散，阴而不密，刚气不怒，柔气不慑，四畅交于中，而发作于外，皆安其位，而不相夺也。然后立之学等，广其节奏，省其文采，以绳德厚，律小大之称，比终始之序，以象事行，使亲疏、贵贱、长幼、男女之理，皆形见于乐。故曰'乐观其深矣。'"⑦虽是言乐却与礼相合，道出了礼乐最主要的社会功能——教化。

《荀子》说："先王之制礼乐也，非以报口腹目之欲也，将以教民平好恶而反人道之正也。"⑧《史记》说："昔者舜作五弦之琴，以歌南风；

---

① 《老子·第四十一章》，《老子》，中华书局2006年版。
② 同上。
③ 《尚书·虞典》，李学勤主编：《尚书正义》，北京大学出版社1999年版。
④ 《论语·八佾》。
⑤ 《礼记·仲尼燕居》。
⑥ 郑樵：《通志·乐略·乐府总序》，中华书局1987年版。
⑦ 《礼记·乐记》。
⑧ 《荀子·乐论》，王天海校释：《荀子校释》，上海古籍出版社2005年版。

夔始作乐，以赏诸侯。故天子之为乐也，以赏诸侯之有德者也。德盛而教尊，五谷时孰，然后赏之以乐。故其治民劳者，其舞行级远；其治民佚者，其舞行级短。故观其舞而知其德，闻其谥而知其行。"①《尚书》更直接借圣人之口将其教化功能一语道破："帝曰：'夔，命汝典乐，教胄子：直而温，宽而栗，刚而无虐，简而无傲。'"②而典乐教人养成知礼的美德，是乐官的职责也是礼乐的功用。经历西周而至春秋时代，至圣先师孔子不但个人十分重视礼乐，而且将其纳入自己的教学活动，并对学生提出"兴于诗，立于礼，成于乐"③的引导和劝诫。

（二）器以藏礼

春秋是中国历史上一个较为特殊的时期，是一个大国争霸的时代，是政治制度大变革的时期，是各阶级阶层剧烈斗争和重新组合的时期，是思想文化急剧变化的时期，是风俗礼仪大变迁的时期。④平王东迁之后周王室的崇高地位和王权的绝对权威都遭受到了空前的挑战，但挟西周之余威，其地位和威仪还在一定程度上被保留着。

青铜是商周时期最具代表性的文化遗存之一，从诞生之日起它逐渐经历了一个由实用器到礼器（彝器）的变化过程。如今出土的西周青铜器几乎都是标志着身份地位的礼器，列鼎之礼是这一时期重要的等级区分制度⑤，"九鼎"⑥之说则一直影响着古代中国人的权力观念。受西周文化的影响，春秋时代仍旧不时有青铜器被铸造和使用：桓公二年，宋华父督杀孔父而弑殇公，以郜大鼎赂鲁桓公，鲁桓公纳之于太庙；襄公十二年，季武子入郓，"取其钟以为公盘"，也就是把人家的钟改铸为盘，用作食器或浴器，这应该是一种对对方的侮辱；昭公四年，叔孙氏为孟丙铸钟；昭公二十一年，周王铸了有名的无射之钟。与此同时，青铜器上的铭文还为后人提供了永不磨灭的历史记载。"夫铭，天子令德，诸侯言时计功，

---

① 《史记·乐书》。
② 《尚书·舜典》。
③ 《论语·泰伯》。
④ 顾德融、朱顺龙：《春秋史》，上海人民出版社2004年版，第21—24页。
⑤ 《公羊传·桓公二年》注："礼，祭，天子九鼎，诸侯七，卿大夫五，元士三也。"李学勤主编：《十三经注疏·春秋公羊传注疏》，北京大学出版社1999年版，第74页。
⑥ 《左传·桓公二年》臧哀伯曰："武王克商，迁九鼎于雒邑。"《左传·宣公三年》，楚庄王"问鼎之大小轻重焉"。

大夫称伐"①，春秋时的铜器也沿袭了西周的传统，多铸有铭文：庄公二十五年礼至制作铜器并刻上铭文"余掖杀国子，莫余敢止"，襄公十九年季武子用战争中缴获的齐国兵器铸造了一口林钟并作铭文记录鲁国的功勋。

这一时期，由青铜器物所引发的重大争端也并不少见。庄公二十一年"郑伯之享王也，王以后之鞶鉴予之。虢公请器，王予之爵"，"郑伯由是始恶于王"就是因为爵是礼器，其意自非女子梳妆所用之鞶鉴（铜镜）能够比拟。而哀公十一年，陈辕颇出奔郑则是因为他非礼为自己铸造了所谓"大器"即钟鼎之属，而为国人所逐。此时，钟鼎之类的器具早已成为身份地位的象征，当然不是谁想拥有就可以拥有的。"郑伯有耆酒为窟室，而夜饮酒击钟焉"②、"左师每食，击钟"③和"染指于鼎"④这样的事例都是在告诉我们"钟鸣鼎食"的来历。而我们也可以据此认为，后来小学校里的钟声除了是一种时间的标识，更应该是一种礼仪的标识。

成公二年，卫孙桓子答应了曾经救过自己的新筑大夫仲叔于奚"请曲县、繁缨以朝"的请求，孔子评价说："惜也，不如多与之邑。唯器与名，不可以假人，君之所司也。名以出信，信以守器，器以藏礼，礼以行义，义以生利，利以平民，政之大节也。若以假人，与人政也。政亡，则国家从之，弗可止也已。"春秋时期遵循周礼讲求举止得法、进退有度，自士以上方有权使用钟磬等悬挂类乐器，但依其等级有严格规定，如士只能挂在东面或阶间，称特县（悬）；大夫左右悬挂，称判县；诸侯三面悬挂，称轩县、曲县；天子四面悬挂，名宫县。"繁缨"则是指马鬃毛前的装饰，为诸侯所用。新筑大夫所请显而易见就是僭越犯上，可卫穆公竟然无视西周礼乐文化"器以藏礼"的本质内涵答应了他，从一个侧面为我们展示了"礼"之崩坏。

西周礼制与音乐密不可分，虽然其时已有琴瑟箫鼓等诸多乐器，但青铜编钟仍是演奏雅乐时最重要和最隆重的乐器。昭公十六年，晋韩起聘于郑，郑伯享之。迟到的孔张立于"客间""客后"都被"御之"，最后只好"适县间"，也就是站到了悬挂着的编钟乐器之间。这段记载以一个看

---

① 《左传·襄公十九年》。
② 《左传·襄公三十年》。
③ 《左传·哀公十四年》。
④ 《左传·宣公四年》。

似无关的细节为我们展示了享礼上隆重的音乐表现。孔子曾言:"志之所至,诗亦至焉。诗之所至,礼亦至焉。礼之所至,乐亦至焉。"[1] 春秋典籍中早有太师、乐尹之职[2],所有礼法活动几乎都要借助于"乐"的形式来被坚持和弘扬。日常的祭祀要用乐,日食之祭也要用乐[3];举行冠礼要用乐[4],举行享礼的时候要用乐,一般宴会也要用乐[5];战场之上则不可或缺地要用鼓鸣金[6]。

(三)礼乐之功

礼寓于乐,而关于音乐及其功用春秋时期的人们也是各有心得。

襄公十一年晋侯以乐之半赐魏绛。魏绛辞谢说:"夫乐以安德,义以处之,礼以行之,信以守之,仁以厉之,而后可以殿邦国、同福禄、来远人,所谓乐也。"晋悼公的理由则异常充分:"子教寡人和诸戎狄以正诸华,八年之中,九合诸侯,如乐之和,无所不谐,请与子乐之。"此时的乐就是礼,就是政治地位的体现。

昭公元年医和论乐时说:"先王之乐,所以节百事也,故有五节;迟速本末以相及,中声以降。五降之后,不容弹矣。于是有烦手淫声,慆堙心耳,乃忘平和,君子弗听也。物亦如之。至于烦,乃舍也已,无以生疾。君子之近琴瑟,以仪节也,非以慆心也。"强调的是诸事有"节"。

昭公二十一年周王将铸无射之钟,泠州鸠说:"夫乐,天子之职也。夫音,乐之舆也;而钟,音之器也。天子省风以作乐,器以钟之,舆以行之。小者不窕,大者不摦,则和于物。物和则嘉成。故和声入于耳而藏于心,心亿则乐。窕则不咸,摦则不容,心是以感,感实生疾。今钟摦矣,王心弗堪,其能久乎!"表明的是自己的担忧。

襄公二十九年于鲁观乐之后的季札在自卫如晋将宿于孙文子的封邑戚地时"闻钟声焉",于是说道:"异哉!吾闻之也:辩而不德,必加于戮。夫子获罪于君以在此,惧犹不足,而又何乐?夫子之在此也,犹燕之巢于

---

[1] 《礼记·孔子闲居》。
[2] 《左传·襄公十四年》:"孙文子如戚,孙蒯入使。公饮之酒,使大师歌《巧言》之卒章。"《左传·定公五年》楚昭王将妹妹季芈嫁于钟建,任命钟建为乐尹。
[3] 《左传·昭公十七年》:"日过分而未至,三辰有灾,于是乎百官降物;君不举,辟移时;乐奏鼓,祝用币,史用辞。"
[4] 《左传·襄公九年》鲁襄公行冠礼之时"冠于成公之庙,假钟磬焉,礼也"。
[5] 《左传·襄公二十三年》:"伏之而觞曲沃人,乐作。"
[6] 《左传·哀公十一年》:陈书曰:"此行也,吾闻鼓而已,不闻金矣。"

幕上。君又在殡，而可以乐乎？"就离开了戚地。孙文子听说了这件事之后深受触动，此后"终身不听琴瑟"。

关于礼乐文化，许多人之所以能够生出非凡的见解，很重要的一点在于人们所受的教育。春秋男子"十有三年，学乐诵《诗》，舞《勺》。成童，舞《象》，学射御；二十而冠，始学礼，可以衣裘帛，舞《大夏》，惇行孝弟，博学不教，内而不出"①。而这些教育内容在保证人们的音乐修养的同时目的却在于实现礼仪教化，正如季札"见舞《大夏》者，曰：'美哉！勤而不德，非禹，其谁能修之？'"② 至为看重的是德行。昭公二十八年冬天，梗阳人为了打赢官司，就向执政官魏献子"赂以女乐"，差一点儿接受这一馈赠的魏献子终于还是因为德行的考虑而放弃了，而当初孔子去鲁则是因为鲁国国君接受了齐国的女乐进而沉迷于享乐。结合《礼记·乐记》所载，魏文侯"端冕而听古乐，则唯恐卧；听郑卫之音，则不知倦"，人们耽于逸乐所欣赏的恐怕已不是雅乐而是俗乐了。"先秦俗乐，其主要目的是为了满足感观审美欲望的需要，因而其音声中便包含'淫'、'过'、'凶'、'慢'四种特征；先秦雅乐，主要适用于宗庙、朝堂等仪式需要，因而表现为缓慢、平稳，肃穆、庄严，广大且曲直得当等音声特征。雅乐受'礼'的约束，在音声上不能恣意变化，因而不如俗乐音声丰富。在人类精神生产与消费规律支配下，雅乐必然会突破礼仪约束，寻求自身的丰富，进而转化为俗乐。"③ 乐的变化最终带来的当然是礼的变化。但支撑礼乐文化的却是前者而非后者，所以"乐坏"与"礼崩"是互为表里的两种现象。

有礼有乐还需要有人司之，优秀的乐师以各种方式在各国之间流动。《史记》载："居二年，闻纣昏乱暴虐滋甚……大师疵、少师强抱其乐器而奔周。"④ 成公九年楚国人伶人之后钟仪被郑国以俘虏的形式献给晋侯，因为"言称先职，乐操土风"，琴弦上奏出的是南方之音，他被晋侯称为"君子"并成为晋楚友好往来的使者。《左传》襄公年间出现的师悝、师触、师蠲（襄公十一年）、师茷、师慧（襄公十五年）等都是作为礼物被送往他国的，而乐师之中亦不乏师曹、师旷（襄公十四年）和师慧之类

---

① 《礼记·内则》。
② 《左传·襄公二十九年》。
③ 何涛：《论先秦俗乐、雅乐的音声特征》，《江海学刊》2007年第2期。
④ 《史记·周本纪》。

由乐理而悟政务的睿智之士。

　　除了专业的乐师之外，春秋时的许多人不但是音乐的欣赏者，也是音乐活动的参与者。襄公二年记"初，穆姜使择美槚，以自为榇与颂琴"，说明穆姜曾习琴，生活中始终有琴声的陪伴，以至希望死后仍有颂琴作为陪葬；襄公十四年，"公有嬖妾，使师曹诲之琴"说明习琴已经成为一种生存技能与精神需要并存的行为；襄公十六年，晋侯与诸侯宴于温，使诸大夫舞且曰"歌诗必类"，说明大夫们不但需要习歌用诗还要善舞；襄公十八年，战争中的孟庄子仍不忘"斩其橁以为公琴"；襄公二十四年，晋楚之战中，晋国的张骼、辅跞两位武将在战前和战后的间歇所做的事情竟然是"皆踞转而鼓琴"；襄公二十五年，齐庄公通于崔杼之妻棠姜，忘乎所以时竟在崔氏的堂上"拊楹而歌"；襄公二十八年，谋害庆舍时以"陈氏、鲍氏之圉人为优"，足见这些仆从平素都是习于此业或有文艺特长的；哀公十一年，为了表现破釜沉舟誓死一战的决心，公孙夏命令军士为自己唱起挽歌"虞殡"，东郭书则派人将随身之琴送给朋友弦多并说"吾不复见子矣"，这显然是又一则高山流水的知音佳话。

　　庄公二十年"冬，王子颓享五大夫，乐及遍舞"，是一种越礼行为。庄公二十一年"郑伯享王于阙西辟，乐备"也同样是越礼行为。襄公二十三年春天，晋悼公夫人的哥哥杞孝公去世了，身为其外甥的晋平公却"不彻乐"，被君子斥为"非礼"。《左传》亦明言："礼，为邻国阙。"定公九年，子明因父丧而指责叔父乐祁说："吾犹衰绖，而子击钟，何也？"也说明居丧期间是不可以作乐的。昭公十五年春，将禘于武公，"叔弓莅事，籥入而卒。去乐，卒事，礼也"，则是对礼的遵从。

　　但春秋时代的非礼之举显然比守礼之举要多得多了。

　　万舞是《左传》中多次出现的一种舞蹈。杨伯峻《春秋左传注》隐公五年注云："万，舞名，包括文舞与武舞。文舞执籥与翟，故亦名籥舞、羽舞……武舞执干与戚，故亦名干舞。"[①] 事实上，"'万舞'是先秦时期一种大型舞蹈。从文字学、人类学、民俗学多角度入手探求'万舞'一词的原始含义，可知'万舞'是先民模拟蝎子交配而产生的原始性爱生殖舞蹈。随着社会历史的发展，'万舞'逐渐由单纯的性爱生殖舞演变

[①] 杨伯峻：《春秋左传注》，中华书局1990年版，第46页。

成了兼具恋爱、军事、祈雨的多功能的舞蹈"。① 庄公二十八年,"楚令尹子元欲蛊文夫人,为馆于其宫侧,而振万焉。夫人闻之,泣曰:'先君以是舞也习戎备也。今令尹不寻诸仇雠,而于未亡人之侧,不亦异乎!'"子元是楚文王的弟弟,文王夫人就是他的嫂子。文王夫人见此舞而泣,说明她深知礼乐,而且十分清楚子元不便明言的意图。虽然子元用万舞是欲以其生殖舞蹈的本义引诱楚文王夫人,但万舞在更多时候被以不同规模用于庄重场合。隐公五年"考仲子之宫将万焉",因"天子用八,诸侯用六,大夫四,士二",所以只用六佾。宣公八年六月,在太庙禘祭武公,公子遂在垂地去世。仲尼曰:"卿卒不绎。"但鲁国仍旧继续祭祀,只是在万舞中去掉了籥。到了昭公二十五年,"将禘于襄公,万者二人,其众万于季氏"。祭祀襄公只有两队人表演万舞,更多人都去了季氏家里,这就是《论语》中让孔子发出"是可忍孰不可忍也"低沉怒吼的"季氏八佾舞于庭"。从二百余年万舞处境和表演形式的变迁中我们就可以大致看出西周青铜礼乐文化的衰颓与式微。

青铜乐器的厚重、舒扬与悠长、婉转穿过西周近三百年的历史直抵春秋,借助它与玉磬相配合的金石之声以"乐"的形式传扬着"礼"的内涵。从宫闱到沃野,从王城到边邑,青铜之音在继续发挥其规范与教化作用的同时,也在被慢慢地改变,直至在春秋的战火烽烟中渐渐消散。

二 诸侯争霸与"王官失学"

每当提起一个社会或是社会形态的时候,人们总会不由自主地想起政治、经济、文化等相关词汇,并联想起它们之间相辅相成或是相互制约的关系。从西周到春秋,政治、经济体制的变化和文化教育的下移自然也无法挣脱这样一种互为因果的链条。

(一)周王之衰

西周政权在从公元前1046年到公元前771年的一长段时间里并没有保持在平稳的状态,西周晚期西北方向的猃狁、犬戎、狄人等少数民族所带来的外部压力②和周王室内部政治派系的斗争更促进着周王势力的衰颓

---

① 李斐:《"万舞"源流考》,《陕西师范大学学报》(哲学社会科学版)2001年第1期。
② 《左传·僖公二十四年》富辰谏周王不可以狄女为后时说"狄固贪惏","狄必为患";《左传·襄公四年》晋悼公也曾说过"戎狄无亲而贪"。

和崩解。平王东迁之后，周王的势力开始衰退，地位也随之下降。有学者认为，这在一定程度上缘于土地的赏赐和王室财产的缩减，也就是说，"西周政府的运作实际上是以'恩惠换忠诚'原则为基础的，而地产为周王和贵族之间提供了一条重要的经济纽带"，但"当一片地产从王室所有转为一个贵族家庭所有时，对周王而言，这片土地便从此丧失了生产力"，"只要土地继续流向贵族家庭，那么这种土地赏赐政策就会极大地缩减王室财产的规模，从而破坏西周国家的经济基础"，"当这种现象发生时，西周王朝就濒临崩溃了"。① 而随着经济基础的动摇，春秋初年周王的非礼"求赙"（隐公三年）、"求车"（桓公十五年）之举也就显得不是那么奇怪了。

因为殷鉴不远，所以周人不但认识到"惟命于不常"②，也格外注重德治，懂得"皇天无亲，惟德是辅。民心无常，惟惠之怀"③、"惟不敬德乃早坠厥命"④"民之所欲，天必从之"⑤ 的道理。而孔子也曾说："天下有道，则政不在大夫，天下有道，则庶人不议。"⑥ 但春秋之际王室衰微，"诸侯强并弱""政由方伯"，"礼乐征伐自诸侯出""陪臣执国命"的乱世也随之到来。

《左传》隐公十年为我们记录了几场规模并不是很大的军事行动：鲁隐公"败宋师于菅"和"郑师入郜"、"郑师入防"都是"以王命讨不庭"；同年又有"蔡人、卫人、郕人不会王命"，于是"冬，齐人、郑人入郕，讨违王命也"。上述军事行动透露给我们的信息不仅是鲁、齐、郑等国在认真地维护周王的权威，而且说明宋国甚至菅、郜、防、郕这样极易被忽略的春秋小邑也敢于违抗王命，可见周王之衰已经到了何种程度！

而郑庄公作为春秋早期的"小霸"，也屡次与周王发生冲突。隐公三年不止有"周郑交质"，还有郑人率师取温之麦和成周之禾，"周郑交恶"成为史书毫不讳言的记载。桓公五年时周王和郑庄公之间发生的一系列矛盾细想起来也颇有意味——"王夺郑伯政，郑伯不朝"是一种半消极的

---

① ［美］李峰：《西周的灭亡》，徐峰译，上海古籍出版社2007年版，第143—145页。
② 《尚书·康诰》。
③ 《尚书·蔡仲之命》。
④ 《尚书·召诰》。
⑤ 《尚书·泰誓》。
⑥ 《论语·季氏》。

对周王权威的抗拒;"王以诸侯伐郑,郑伯御之"是公然与周王分庭抗礼之举;"祝聃射王中肩","中肩"可以理解为祝聃的"擒贼先擒王"之智和并非有意结果周王性命的射艺之精,但"射王"却不能不说是有意之为;而郑庄公不许祝聃追击周王又"使祭足劳王,且问左右"的举动则像是一种炫耀又像是一种嘲讽。

(二)诸侯之霸

随着周王的衰颓,包括齐桓公、晋文公、楚庄王等在内的"春秋五霸"相继出现,宣公三年楚庄王问鼎之轻重以后,至昭公十二年楚灵王亦有"今吾使人于周,求鼎以为分"之志。

《左传》昭公十六年齐国攻打徐国,徐国献上甲父之鼎向齐国求和结盟。叔孙昭子曰:"诸侯之无伯,害哉!齐君之无道也,兴师而伐远方,会之,有成而还,莫之亢也。无伯也夫!""无伯"即是"无霸",是"天下没有盟主",叔孙昭子所论即是天下无霸之害。而"亲亲、与大,赏共、罚否,所以为盟主也"① 说的是称霸天下成为盟主的必要条件;"所谓盟主,讨违命也。若皆相执,焉用盟主"② 说的是盟主的必要职责;"为盟主而不恤亡国,将焉用之"③ 则再一次为我们揭示了盟主对于天下的意义。

《左传》昭公七年楚之芋尹无宇说:"天有十日,人有十等。下所以事上,上所以共神也。故王臣公,公臣大夫,大夫臣士,士臣皂,皂臣舆,舆臣隶,隶臣僚,僚臣仆,仆臣台。马有圉,牛有牧,以待百事。"告诉我们的是周代社会森严的等级秩序,但这一时代同时又是一个社会等级变动不居的时代,昭公三年叔向说:"虽吾公室,今亦季世也。戎马不驾,卿无军行,公乘无人,卒列无长。庶民罢敝,而宫室滋侈。道殣相望,而女富溢尤。民闻公命,如逃寇雠。栾、郤、胥、原、狐、续、庆、伯降在皂隶,政在家门,民无所依。君日不悛,以乐慆忧。公室之卑,其何日之有?"此处的公室之卑大可以作为王室之卑的参照,从中亦可以看出王权是如何下移的。哀公二年赵简子誓师时亦曾说:"克敌者,上大夫受县,下大夫受郡,士田十万,庶人工商遂,人臣隶圉免。"这一政令使

---

① 《左传·昭公十三年》。
② 《左传·昭公二十三年》。
③ 《左传·昭公十一年》。

人们的社会地位得以升降，也因此在一定程度上削弱了一直以来被遵循的等级秩序。《左传》以详文记载的周王给霸主齐桓公和晋文公的礼遇，都说明了争霸时代周王权威的失落，同时也预示了春秋末期"陪臣执国命"的必然。

（三）文化之移

政治从来就不是一个可以独立存在的单一性的社会概念，它必然与经济、文化等一系列相应问题发生关联。当周王不能保有自己的政治权力时，他曾经一力掌控的文化权力也必然会散落、流失，而政治权柄的不定期游走也更快地加大了文化流布的速度和辐射范围。

虽然至春秋时期人们的观点仍普遍认为"周礼尽在鲁矣"①，但《左传》昭公十七年秋天，叔孙昭子却要向身为蛮夷的郯国国君请教少皞氏用鸟名作为官名的缘故，郯子当即侃侃而谈②，不但条分缕析地解答了昭子的疑问，而且所用都是不疾不徐的典雅之言。孔子听说了这件事就去拜见郯子向他问学，并由衷地发出感慨说："吾闻之：'天子失官，学在四夷'，犹信。"③

周代及其以前的教育都是由国家垄断的，所谓"庠""序""学"等都是教育机构的代名词。《礼记》说："天子命之教，然后为学，小学在公宫南之左，大学在郊。天子曰辟雍，诸侯曰泮宫"，"祝、史、射、御、医、卜及百工，凡执技以事上者，不贰事，不移官，出乡不与士齿"。④又说："乐正崇四术，立四教，顺先王《诗》《书》《礼》《乐》以造士，春秋教以《礼》《乐》，冬夏教以《诗》《书》。"⑤ 此处所言之学即是所谓

---

① 《左传·昭公二年》："春，晋侯使韩宣子来聘，且告为政，而来见，礼也。观书于大史氏，见《易象》与鲁《春秋》，曰：'周礼尽在鲁矣，吾乃今知周公之德与周之所以王也。'"
② 郯子来朝，公与之宴。昭子问焉，曰："少皞氏鸟名官，何故也？"郯子曰："吾祖也，我知之。昔者黄帝氏以云纪，故为云师而云名；炎帝氏以火纪，故为火师而火名；共工氏以水纪，故为水师而水名；大皞氏以龙纪，故为龙师而龙名。我高祖少皞挚之立也，凤鸟适至，故纪于鸟，为鸟师而鸟名：凤鸟氏，历正也；玄鸟氏，司分者也；伯赵氏，司至者也；青鸟氏，司启者也；丹鸟氏，司闭者也。祝鸠氏，司徒也；䲭鸠氏，司马也；鸤鸠氏，司空也；爽鸠氏，司寇也；鹘鸠氏，司事也。五鸠，鸠民者也。五雉，为五工正，利器用，正度量，夷民者也。九扈，为九农正，扈民无淫者也。自颛顼以来，不能纪远，乃纪于近。为民师而命以民事，则不能故也。"
③ 《左传·昭公十七年》。
④ 《礼记·王制》。
⑤ 同上。

王官之学，这种教育制度的特点是官师合一、政教合一，受教育者都是贵族子弟。但自孔子之前就出现了"周室微而《礼》《乐》废，《诗》《书》缺"①的局面，许多有专门技能的人员和官吏失去了从前的地位，沦落至诸侯国甚至民间，文化下移的态势已经出现，如"太师挚适齐，亚饭干适楚，三饭缭适蔡，四饭缺适秦，鼓方叔入于河，播鼗武入于汉，少师阳、击磬襄入于海"②。造成孔子所言之"天子失官"或是人们常说的"王官失学"现象的原因很多，但政治仍不失为其主因，政治使"巫祝卜史，尽在诸侯"的局面成为必然。

章学诚在谈到诸子百家的兴起时说："盖官师治教合，而天下聪明范于一，故即器存道，而人心无越思；官师治教分，而聪明才智不入于范围，则一阴一阳入于受性之偏，而各以所见为固然，亦势也。夫礼司乐职，各守专官，虽有离娄之明，师旷之聪，不能不赴范而就律也。今云官守失传，而吾以道德明其教，则人人皆自以为道德矣。故夫子述而不作，而表章六艺，以存周公之旧典也，不敢舍器而言道也。而诸子纷纷则已言道矣。"③也可以作为"王官失学"的反向注解。

昭公元年晋平公有疾，卜人曰"实沈、台骀为祟"，可是不但晋国之史"莫之知"，连素以渊博有识著称的叔向都要请教于郑之子产。昭公十八年鲁人去参加曹平公葬礼顺便会见了周朝的大夫原伯鲁，和他交谈时发现他"不说于学"，又认为"可以无学，无学不害"。闵子马先说"周其乱乎"，又说"不害而不学，则苟而可，于是乎下陵上替，能无乱乎？夫学，殖也。不学将落，原氏其亡乎"。不但预言了周之将乱，还预言了原氏将亡，而其原因只在于"无学"。

襄公九年知武子称"君子劳心，小人劳力，先王之制也"，但"君子劳心"除了世袭的地位还要有相应的文化修养作为保证。《左传》襄公二十八年"叔孙穆子食庆封，庆封汜祭。穆子不说，使工为之诵《茅鸱》，亦不知"。"庆封汜祭"是僭礼祭祀臣行君职，叔孙穆子颇为不满而采用春秋时代通行之法以诗言志。杜注称《茅鸱》为"逸诗"，"刺不敬"，但叔孙穆子之良苦用心却因为庆封不知诗而没有达到目的，可谓是对牛弹

---

① 《史记·孔子世家》。
② 《论语·微子》。
③ 章学诚著，严杰、武秀成译注：《文史通义全译》，贵州人民出版社1997年版，第152页。

琴。用这样无知又无礼的人治理国家，其效果可想而知。襄公二十九年鲁襄公设享礼宴请来鲁国聘问的范献子，举行射仪要求有"射者三耦"，但是在自己的臣子中一时却凑不上既懂礼仪又工于射艺的六个人，只好放下身段"取于家臣"。这一事例一方面说明鲁国人才的稀少，另一方面也说明优秀的人才并未集中于王庭或公庭，而是开始有了更加广泛的生活区域和服务空间。

哀公三年鲁国内宫失火，"南宫敬叔至，命周人出御书"，"子服景伯至，命宰人出礼书"，季桓子至"命藏象魏，曰：'旧章不可亡也。'"三人不同时而至火灾现场，却发布了内涵一致的命令，说明了他们对典籍和文化的重视，而对典籍的重视在一定程度上就是对文化和教育的重视，也正是这些有识之士的重视才衔接起了中国文化的链条。

三 "学在四夷"与选贤任能

说起周代的教育，人们常会谈到所谓"六艺"，即"礼""乐""射""御""书""数"六种技能。《周礼·保氏》曰："养国子以道，乃教之六艺：一曰五礼，二曰六乐，三曰五射，四曰五驭，五曰六书，六曰九数。"《礼记·内则》也说男子有一个非常完整的教育体系。可是时至春秋，那些最有权力享有最优质教育的贵族却在很多时候表现出了自己的"无学"。如《左传》昭公七年"孟僖子病不能相礼"，昭公十二年宋华定赴鲁国行聘问之礼"为赋《蓼萧》，弗知，又不答赋"，甚至那些曾经身为世子的诸侯们也要多问于臣子，如桓公六年鲁太子子同出生时鲁桓公"问名于申繻"、僖公二十四年郑伯"问礼于皇武子"、昭公四年楚灵王使人"问礼于左师与子产"。越是这样，君主们就越是需要来自四方的贤臣的辅佐。

（一）华夷之辨

《左传》昭公十七年孔子说："天子失官，学在四夷。"虽然是说王官之学已经从贵族政治大一统的垄断局面中走出来，形成了不可逆转的下移和辐射之势，但话语中的感慨与惋惜却首先是建立在"华夷之辨"的思想基础之上的。"华夷之辨"也称"夷夏之辨""夷夏之防"，是周代文化的重要命题，用于区辨华夏与蛮夷。《左传》定公十年说："中国有礼仪之大，故称夏；有服章之美，谓之华。"古代华夏族群居于中原是文明的中心，"四夷"依方位被称为东夷、南蛮、西戎、北狄，是文化相对落后的地区，所以逐渐产生了以华夏礼义为标准分辨族群的观念，即区分人群以礼仪而不以种族。如楚国虽曾自称"蛮夷"，但文明日进，中原诸侯不复以蛮夷视之；而杞国本为诸夏，却礼义没落而被视为夷狄。

在春秋人的政治观念中，"夏"与"夷"几乎是势不两立的。管仲曾说"戎狄豺狼，不可厌也，诸夏亲昵，不可弃也。"[①] 孔子在评论管仲功业的时候也以此为立论基准点说："管仲相桓公，霸诸侯，一匡天下，民到于今受其赐。微管仲，吾其被发左衽矣。岂若匹夫匹妇之为谅也，自经于沟渎而莫之知也？"[②] 更曾说："夷狄之有君，不如诸夏之亡也"[③]，"裔不谋夏，夷不乱华"[④]。《左传》云："非我族类，其心必异。"[⑤]《孟子》也说："吾闻用夏变夷者，未闻变于夷者也。"[⑥] 时至西汉，班固在《汉书》中仍说："夷狄之人贪而好利，被发左衽，人而兽心。"[⑦] 但落实到春秋时期的具体文化表现上，不仅孔子为郯子的博学所折服，由衷地发出"学在四夷"的感叹，许多事件也为我们提供了丰富的实证。例如，僖公二十九年介葛卢朝于鲁国时仅仅凭借牛的叫声就能听出其音之哀，甚而判断出它的三个幼子都被用于祭祀。《公羊传》说得极其清楚："介葛卢者何？夷狄之君也。"[⑧] 再如，春秋史书之中楚人虽常常自称蛮夷却时有令人惊叹的表现，如昭公四年楚灵王合诸侯于申，椒举便以博学之才历数"夏启有钧台之享，商汤有景亳之命，周武有孟津之誓，成有岐阳之蒐，康有酆宫之朝，穆有涂山之会，齐桓有召陵之师，晋文有践土之盟"并举荐宋向戌、郑子产宜为楚王之用。到春秋晚期，孔子首设杏坛以"有教无类""因材施教"的精神开私人讲学之风，"以《诗》《书》《礼》《乐》教，弟子盖三千焉，身通六艺者七十有二人"[⑨]，这些弟子来源于各国又分散服务于各国。文化在得到更加广泛的传播和普及的同时，也和政治一起成为世族崩解的重要诱因。

---

① 《左传·闵公元年》。
② 《论语·宪问》。
③ 《论语·八佾》。
④ 《左传·定公十年》。
⑤ 《左传·成公四年》。
⑥ 《孟子·滕文公上》，杨伯峻译注：《孟子译注》，中华书局1960年版。
⑦ 《汉书·匈奴传》，班固：《汉书》，中华书局1962年版。
⑧ 《公羊传·僖公二十九年》。
⑨ 《史记·孔子世家》。

(二) 从"亲亲"到"贤贤"

大致以春秋时代为转折，周代政治经历了一个从"血而优则仕"到"学而优则仕"的过程，也就是说以血缘关系为基础的"世族政治"在逐渐向以文化修养为晋身阶梯的"士族政治"过渡。中国古代儒家所奉行的处世原则之一就是"尊尊、亲亲、贤贤"，王国维在其《殷周制度论》中论道："尊尊、亲亲、贤贤，此三者治天下之通义也。周人以尊尊、亲亲二义，上治祖祢，下治子孙，旁治昆弟；而以贤贤之义治官。故天子诸侯世，而天子诸侯之卿大夫士皆不世。"[①] 相较而言，"贤贤"无疑是其中最为进步的环节。

早在《尚书》之中人们就主张任人唯贤反对任人唯亲，提出"任官惟贤才，左右惟其人"[②] "建官惟贤，位事惟能"[③] "举能其官，惟尔之能"[④] "官不及私昵，惟其能，爵罔及恶德，惟其贤"[⑤] "所宝惟贤，则迩人安"[⑥] 等观点，体现了对人才的爱护和尊重。在《国语》中，富辰曾谏周襄王说应当"尊贵、明贤、庸勋、长老、爱亲、礼新、亲旧"[⑦]，将"明贤"仅列于"尊贵"之后。齐桓公葵丘之会所立盟约的第二条也是"尊贤育才，以彰有德"[⑧]，将贤人放在极其重要的位置。孔子修《春秋》所奉行的也是"为尊者讳，为贤者讳，为亲者讳"，将"贤者"与等级秩序下的"尊者"和伦理秩序下的"亲者"相提并论。杨树达《春秋大义述·凡例》云："夫讳有二端：耻自外至者，尊者贤者亲者之所不欲受，故为之讳，以灭其耻。此圣人忠厚之意，所以尊尊贤贤亲亲也。恶自己出者，圣人欲直贬尊者贤者亲者而有所不能，欲竟隐其事而又有所不得，故宛辞微文以见之，此亦圣人忠厚之意也。"[⑨] 在申述孔子之意的同时也表现了对贤者地位的认可。

《孟子》曾在一段著名的论述中列举春秋贤者说"管夷吾举于士，孙

---

① 王国维：《观堂集林·殷周制度论》，中华书局1999年版，第472页。
② 《尚书·咸有一德》。
③ 《尚书·武成》。
④ 《尚书·周官》。
⑤ 《尚书·说命中》。
⑥ 《尚书·旅獒》。
⑦ 《国语·周语中》，徐元诰：《国语集解》，中华书局2002年版。
⑧ 《孟子·告子下》。
⑨ 杨树达：《春秋大义述》，上海古籍出版社2007年版，第12页。

叔敖举于海，百里奚举于市"，称"苦其心志，劳其筋骨，饿其体肤，空乏其身"是因为"天将降大任于是人也"。① 其中的管仲为春秋名相，曾因贫困而与鲍叔牙一同经商，先奉公子纠后为齐桓公所用。齐国虽有天子所封的高、国两氏世袭为上卿，实际权力却掌握在因贤德而被重用的管仲的手中。管仲在辅佐桓公为政的同时不忘"选其官之贤者而复用之"，优秀者甚至可以"升以为上卿之赞"②，即做上卿的助手。《史记》云："孙叔敖者，楚之处士也。虞邱相进之于楚庄王，以自代也。三月为楚相，施教导民，上下和合，世俗盛美，政缓禁止，吏无奸邪，盗贼不起。秋冬则劝民山采，春夏以水，各得其所便，民皆乐其生。"③ 孙叔敖亦是因其贤而被举荐成为楚庄王之令尹，辅佐楚庄王成就霸业。《左传》僖公五年晋人"执虞公及其大夫井伯，以媵秦穆姬"中所提到的"井伯"就是百里奚，他从秦国逃亡到宛地却被楚国人抓到，因为"缪公闻百里奚贤"④ 而以五羖羊皮赎之并拜为大夫，所以典籍中才有"虞不用百里奚而亡，秦穆公用之而霸"⑤ 之论。

　　齐桓公有国之后懂得不计前嫌任用管仲以成霸业，晋文公复国之时也是在"昭旧族，爱亲戚"之后立刻提出"明贤良"的举措，在公族内外选用人才治理国家，使"胥、籍、狐、箕、栾、续、柏、先、羊舌、董、韩，实掌近官。诸姬之良，掌其中官。异姓之能，掌其远官"⑥。《左传》宣公十二年晋国随武子评价楚国政治时说："其君之举也，内姓选于亲，外姓选于旧，举不失德，赏不失劳。"也包含了"举贤用能"之意。《左传》襄公三十一年的叙述更加具体而明确："子产之从政也，择能而使之：冯简子能断大事，子大叔美秀而文，公孙挥能知四国之为，而辨于其大夫之族姓、班位、贵贱、能否，而又善为辞令。裨谌能谋，谋于野则获，谋于邑则否。郑国将有诸侯之事，子产乃问四国之为于子羽，且使多为辞令；与裨谌乘以适野，使谋可否；而告冯简子使断之。事成，乃授子大叔使行之，以应对宾客，是以鲜有败事。北宫文子所谓有礼也。"

---

① 《孟子·告子下》。
② 《史记·秦本纪》。
③ 《史记·循吏列传》。
④ 《史记·秦本纪》。
⑤ 《孟子·告子下》。
⑥ 《国语·晋语》。

（三）士族之兴

无论是在贵族集团之内还是贵族集团之外，"爱亲明贤，政之干也"[①]都是绝大多数欲成大事之人所奉行的原则。《左传》庄公十年著名的曹刿论战故事中，与曹刿对话者的"乡人"身份和乡人的一句"肉食者谋之，又何间焉"都为我们揭示了曹刿并不高贵的出身，而"肉食者鄙，未能远谋"的言语之中洋溢着曹刿因才学而萌生的高度自信，其关于战争"一鼓作气，再而衰，三而竭"的高明论断和"吾视其辙乱，望其旗靡，故逐之"的小心谨慎，更是较为全面地为我们展示了他的才能。十三年后庄公非礼如齐观社，曹刿又有谏，且文辞典雅，可知曹刿不仅知军事而且懂礼仪。[②] 鲁庄公在长勺之战后一直将其留在身边也就不无道理。

春秋时期霸业持续时间最长的晋国是一个能将选贤任能之策持之以恒地贯彻下去的国家。重耳复国后将自己的女儿赵姬嫁给跟从自己逃亡的贤臣赵衰为妻，僖公二十四年，赵姬坚决要求赵衰将早年在狄国所娶的叔隗和其子赵盾接回晋国："来，以盾为才，固请于公以为嫡子，而使其三子下之。"这一史实告诉我们，晋国贤大夫赵盾之立是立贤的结果。僖公二十七年晋国作三军谋元帅，赵衰推荐郤縠的理由是："臣亟闻其言矣，说《礼》《乐》而敦《诗》《书》。《诗》《书》，义之府也；《礼》《乐》，德之则也；德、义，利之本也。夏书曰：'赋纳以言，明试以功，车服以庸。'君其试之！"郤縠也因此被晋文公任命为中军之帅。僖公三十三年记载当初司空季子举荐郤缺的原因竟简单到一次路遇："臼季使，过冀，见冀缺耨，其妻馌之，敬，相待如宾。"而他的理由则是："敬，德之聚也。能敬必有德。德以治民，君请用之。"而晋文公也没有因为郤缺的父亲郤芮是政敌惠公之党而放弃他，反而效仿舜之用禹和齐桓之用管仲而任命郤缺做了下军大夫，后来又将其升任为卿。昭公二十八年秋天，晋国韩宣子去世魏献子执政，重设十县大夫，其中没有任何政治根基的四个人就是"以贤举也"，如果没有举贤纳士的胸怀和时代风气是不会出现这样的局面的，而晋国也不会始终处于强国之列。

春秋时代，人们的社会地位正在悄然发生着变化。《左传》襄公二十

[①] 《国语·晋语》。
[②] 《左传·庄公二十三年》：曹刿谏曰："不可。夫礼，所以整民也。故会以训上下之则，制财用之节；朝以正班爵之义，帅长幼之序；征伐以讨其不然。诸侯有王，王有巡守，以大习之。非是，君不举矣。君举必书。书而不法，后嗣何观？"

三年说奴隶斐豹因为替范宣子杀死栾氏之力臣督戎而得以被焚丹书，恢复自由人的身份。哀公七年居于曹国边境的公孙强知道曹伯"好田弋"就获白雁而献"且言田弋之说"，因为取得了曹伯的欢心就得到了司城之职。他们在某一个特殊阶段或者说是从某一个特殊角度上被执政者视为"贤人"，于是也有了改变自己命运的机会。

襄公十年王叔陈生与伯舆争政以致引发诉讼，王叔陈生的家宰在王庭上指责伯舆说："筚门闺窦之人而皆陵其上，其难为上矣。"所谓"筚门闺窦"指的是柴门小户微贱之家，虽然此次诉讼以王叔改诉奔晋作结，却证明以血缘为依据的世族势力和以才能为依据的士族势力正在发生激烈的碰撞。

"高岸为谷，深谷为陵"是春秋社会变动中所出现的必然现象。孔子说："禄之去公室，五世矣。政逮于大夫，四世矣。故夫三桓之子孙微矣。"① 看到季孙氏之衰微时又说："吾恐季孙之忧，不在颛臾，而在萧墙之内也。"② 昭公三年叔向对晏婴所说的晋文公时期一度受到抬爱和重用的"栾、郤、胥、原、狐、续、庆、伯降在皂隶"就为我们展示了一个世族衰落的现场，叔向因此对自己家族的命运也流露出一种极其悲观的情绪。在这样一个时期，世族势力和士族势力正在进入此消彼长的状态，而历史的脚步正在促成前者的衰落和后者的兴起。

钱穆说："孔子弟子，多起微贱。颜子居陋巷，死有棺无椁。曾子耘瓜，其母亲织。闵子骞着芦衣，为父推车。仲弓父贱人。子贡货殖，子路食藜藿，负米，冠雄鸡，佩豭豚。有子为卒。原思居穷阎，敝衣冠。樊迟请学稼圃。公冶长在缧绁。子张鲁之鄙家。虽不尽信，要之可见。"③ 但贫贱的出身并没有影响他们日后所发生的巨大的社会影响力："其见于列传者，冉求为季氏宰。仲由（子路）为季氏宰，又为蒲大夫，为孔悝之邑宰。宰我为临淄大夫。端木赐（子贡）常相鲁卫。子游为武城宰。子贱为单父宰。高柴为费宰。其见于论语者，原思为孔父宰。子夏为莒父宰。"④ 而这一切结果都源于教育，源于孔子所兴办的"私学"。孔子肯定周公所制之"礼"中的等级秩序，却又能在教育思想中化之为更加灵活

---

① 《论语·季氏》。
② 同上。
③ 钱穆：《先秦诸子系年》，河北教育出版社2002年版，第114页。
④ 同上。

的"有教无类",而其"教"之结果就是使平民出身的贤士的社会地位有机会得到提升。当然,社会风气中的"唯才是举"也是一个必不可少的重要因素。许多人认为孔子及其弟子便是后代所言"士"或"士人"之源头,但事实应该并非如此——真正的"士"要比孔子出现得更早,不然没有资格享受贵族教育的孔子的学识、才能又是出于何处呢?

到了战国,士和庶人的势力更是得到了极大的增强,赵国的虞卿、廉颇,魏国的惠施、李悝,齐国的邹忌,楚国的吴起,秦国的张仪、甘茂、蔡泽,韩国的申不害等都是声名卓著于一时之间手握大权却出身寒微的卿相。荀子说:"虽王公士大夫之子孙也,不能属于礼义,则归之庶人;虽庶人之子孙也,积文学,正身行,能属于礼义,则归之卿相士大夫。"[①]

第二节　文化典籍的滴沥哺育

近人王葆云:"文章之道,莫备于六经。六经者,文章之源也。文章之体三:散文也,骈文也,有韵文也。散文本于《书》《春秋》,骈文本于《周礼》《国语》,有韵文本于《诗》,而《易》兼之。文章之用三:明道也,经世也,纪事也。明道之文本于《易》,经世之文本于三《礼》,纪事之文本于《春秋》,而《诗》、《书》兼之。故《易》、《书》、《诗》者,又六经之源也。"[②]《易》《书》《诗》三者对于中国古代文化和文学的意义绝不是三言两语就可以说得清的,对于《左传》的生成,它们也在方方面面有着无可替代的引领和指示作用。

一　《周易》之思

《周易》在中国文化中的重要作用似乎很难一言以蔽之:在巫史文化的大背景之下,它是一部最有影响的占筮之书;因为记载了丰富多彩的社会生活,它又被视为反映祖先生活的史料汇编,可以让人们从大自然的生息变化(乾、坤、屯)、鸟类的活动迁徙(渐)一直看到人类的婚姻细节(归妹、咸)甚至军事活动的准备、过程和胜负翻盘(师、同人、离、

[①] 《荀子·王制》。
[②] 王葆:《柔桥文钞》(卷三),载舒芜等编《近代文论选》,人民文学出版社1999年版,第203页。

晋）；那些为卜人或史官所记录的爻辞质朴而优美，可以让人在现实生活之外放飞自己的心灵凝神注目繁星与旷野，是《诗》外的诗，是先民们文化素养与诗性智慧的真切传达；从"初"到"上"、从"六"到"九"的变化充满着哲学意味，让人们知道什么叫阴阳相生、周而复始，什么叫物极必反、否极泰来。《周易·系辞上》说"一阴一阳之谓道"，后人便心悦诚服地认同说："求道必于一阴一阳之迹也。"①

（一）《易》之占筮

关于《周易》，金景芳先生早就说过："周易是具有卜筮形式和哲学内容的矛盾的统一体，它有荒诞的一面，也有正确的一面"，"蓍卦本为卜筮而设，而其内容实体现了哲学思想。这个哲学思想和古代希腊哲学一样，是原始的、朴素的，但实质上是正确的宇宙观。但是一经变成公式，把它应用于卜筮，它就不可避免地又有了唯心的形而上学的性质。"② 这也正说明《周易》的复杂性。

自汉代经学兴起后，将中国古代典籍作为认知整体的"五经""六经""十三经"从来都没有少下过《周易》的名字，只是它不再叫《易》或《周易》，而是被称作《易经》，"易学"则成了解释其经传的专门学问。班固在《汉书·艺文志》中列《易》为开卷第一编，从此《周易》便成为"六经之首""大道之源"。扬雄也说："六经之大莫如《易》。"随着儒家经典数量的不断增加，《易经》又被称为"群经之首"。

作为后世各种占卦术的源头和渊薮，《周易》在春秋占筮之中的出场频率也是极高的。《左传》中首次出现《周易》之名与《周易》之筮是在庄公二十二年：

> 陈厉公，蔡出也，故蔡人杀五父而立之。生敬仲。其少也，周史有以《周易》见陈侯者，陈侯使筮之，遇观之否，曰："是谓'观国之光，利用宾于王'，此其代陈有国乎？不在此，其在异国；非此其身，在其子孙。光，远而自他有耀者也。坤，土也；巽，风也；乾，天也。风为天于土上，山也。有山之材，而照之以天光，于是乎居土

---

① 章学诚著，严杰、武秀成译注：《文史通义全译》，贵州人民出版社1997年版，第136页。

② 金景芳：《易论》，《东北人民大学人文科学学报》1956年第1期。

上,故曰'观国之光,利用宾于王'。庭实旅百,奉之以玉帛,天地之美具焉,故曰'利用宾于王'。犹有观焉,故曰其在后乎!风行而着于土,故曰其在异国乎!若在异国,必姜姓也。姜,大岳之后也。山岳则配天。物莫能两大。陈衰,此其昌乎!"

敬仲名完,是陈厉公之子,因陈国内乱而奔齐改为田氏,卒谥敬仲,代齐之田常为其八世孙。敬仲年少时,周朝太史携《周易》来见陈厉公,陈厉公请其为敬仲占筮。这说明《周易》之类的典籍当时尚由周王朝集中管理并未广泛散落于诸侯之国,且占卜之术还由专门人士来完成,人们也还十分相信占筮结果的预言功能。但当敬仲奔齐并到了娶妻之年的时候,"懿氏卜妻敬仲"所用就是隆重的龟卜之法,"其妻占之"则告诉我们占卜人不再是专门的神职人员,而可以由大夫之妻即一个普通的女子来充当,而其所得的"凤皇于飞,和鸣锵锵。有妫之后,将育于姜。五世其昌,并于正卿。八世之后,莫之与京"的大吉之兆竟然也能和周太史当年的《周易》之筮相吻合。到了陈国覆亡的时候,敬仲的五世孙陈无宇开始在齐国昌大,八世孙田常则在战国之时专政于齐,都验证了《周易》之筮的准确无误。

(二)《易》之取象

对中国文化而言,《周易》绝对不仅是一部占筮之书。"《周易》这部书,讲的是象、数、理、占,揭示宇宙间事物发展、变化的自然规律,对立与统一的法则,并运用这一世界观,运用八卦模拟表达自然界、社会和人本身的各种信息。"[①] 如上所言,人们说起《周易》的时候首先注意的往往是它的"象",然后才是数字、道理和占卜。《系辞上》说:"圣人有以见天下之赜,而拟诸其形容,象其物宜,是故谓之象。"《系辞下》亦曾直言:"《易》者,象也。象也者,像也",而"八卦成列,象在其中矣"。《韩非子·解老》释"象"曰:"故诸人之所以意想者,皆谓之象也。"

《周易》之象是远古先民们在艰难的生活中所发现的生活要素和生活本质,来自于他们对现实世界的基本需要和诗性观察,而将客观生活呈之于象,也表明了他们最简单也最直接的目的"立象以尽意"。如《说卦传》释"乾"卦时即言:"乾为天,为圆,为君,为父,为玉,为金,为

---

① 刘大钧:《〈周易〉浅说》,《山东图书馆季刊》2006年第4期。

寒，为冰，为大赤，为良马，为老马，为瘠马，为驳马，为木果。"孔颖达《五经正义》解释说："乾既为天，天动运转，故为圆也。为君、为父，取其尊道而为万物之始也。为玉、为金，取其刚之清明也。为大赤，取其盛阳之色也。为良马，取其行健之善也。为老马，取其行健之久也。为瘠马，取其行健之甚，瘠马多骨也。为驳马，言此马有牙如据能食虎豹。《尔雅》云：'据牙食虎豹。'此之谓也。王廙云：'驳马能食虎豹。'取其至健也。为木果，取其果实著木，有似星之著天也。"① 这些都说明《周易》的意蕴表达是建立在"象"的基础之上的。《周易》之象来源于先贤仰观于天俯察于地、近取诸身远取诸物的睿智选择，风雷雨雪、山川河野、夫妇君臣、衣食庭邑无不入于明达之眼而用于传示自然之理。"《周易》当中的卦象由于经过《辞》尤其《传》的解释已不单是定吉凶的象征，而是成为概括世界万事万物的模式，有其更广泛的象征意义了。"②

"易有太极，始生两仪。两仪生四象，四象生八卦。"一切起于天地混沌之时的太一之境，《周易》最简单的象则来源于阴阳两仪，即来源于阴爻阳爻和阴爻与阳爻相配合而生成的卦画。四象为太阴、太阳、少阴、少阳，八卦则是乾、坤、震、巽、艮、兑、坎、离。《说卦》云："昔者圣人之作《易》也，将以顺性命之理，是以立天之道，曰阴曰阳，立地之道，曰柔曰刚，立人之道，曰仁与义；兼三才而两之，故《易》六画而成卦；分阴分阳，迭用柔刚，故《易》六位而成章。"《老子》说"一生二，二生三，三生万物"，《周易》则三爻而为一内卦，三爻而为一外卦，六画成卦以象天、人、地三才，似乎都与老子学说相暗合。而现代《周易》研究中人们又发现了它与符号学的联系，虽然有人认为其属于语言学符号，有人认为其属于语义学符号，但符号也是象之一种，是《周易》与现实发生关联的纽带。

（三）《易》之哲性

章学诚说："古人未尝离事而言理也。"③《左传》昭公二十九年秋天

---

① 孔颖达：《四库全书·经部一·周易注疏》（第7册），上海古籍出版社1987年版，第576页。
② 黄广华：《〈周易〉成象说》，《齐鲁学刊》1991年第6期。
③ 章学诚著，严杰、武秀成译注：《文史通义全译》，贵州人民出版社1997年版，第1页。

晋国出现了"龙见于绛郊"的奇景，蔡墨在和魏献子的对话中说："《周易》有之：在乾之姤曰'潜龙勿用'；其同人曰'见龙在田'；其大有曰'飞龙在天'；其夬曰'亢龙有悔'，其坤曰'见群龙无首，吉'；坤之剥曰'龙战于野'。若不朝夕见，谁能物之？"上述内容除最后一条见于今本《周易》的《坤》卦之外，均见于《乾》卦，从初爻到六爻，自下而上是讲"龙"由"潜龙勿用""见龙在田""或跃在渊""飞龙在天"到"亢龙有悔"的整个过程，是现象却也包含着天象变化与人类生命活动所应遵循的规则和意义，所以史墨才会如此细论。

鲁襄公九年鲁国穆姜薨于东宫，这一年的《左传》补记了她当年因为参与叛乱而被迫迁往东宫时的情形：

> 始往而筮之，遇艮之八。史曰："是谓艮之随。随，其出也。君必速出！"姜曰："亡！是于《周易》曰：'随，元、亨、利、贞，无咎。'元，体之长也；亨，嘉之会也；利，义之和也；贞，豆干也。体仁足以长人，嘉德足以合礼，利物足以和义，贞固足以干事。然，故不可诬也，是以虽随无咎。今我妇人而与于乱。固在下位而有不仁，不可谓元。不靖国家，不可谓亨。作而害身，不可谓利。弃位而姣，不可谓贞。有四德者，随而无咎。我皆无之，岂随也哉？我则取恶，能无咎乎？必死于此，弗得出矣。"

穆姜对"元亨利贞"的理解不是她一个人的，而是整个时代与社会的，是人们将《周易》之哲学体现与现实生活结合起来的必然产物，而从中所体现出的"八卦定吉凶，吉凶生大业"又明确地指向人的生活。

宣公十二年郑楚有战，晋人准备救援郑国却听说郑国与楚人结盟，于是打算攻打郑国。先縠不肯审时度势一意孤行率军渡过黄河后，荀首说："此师殆哉！《周易》有之：在师之临，曰：'师出以律，否臧，凶。'执事顺成为臧，逆为否。众散为弱，川壅为泽。有律以如己也，故曰律。否臧，且律竭也。盈而以竭，夭且不整，所以凶也。不行谓之临，有帅而不从，临孰甚焉？此之谓矣。果遇，必败，彘子尸之，虽免而归，必有大咎。"他的理论并非来自占卜，而是来自《周易》之文的智慧启迪。宣公六年郑公子曼满与王子伯廖语，欲为卿。伯廖告人曰："无德而贪，其在《周易》丰之离，弗过之矣。"间一岁，郑人杀之。此处也是运用《周易》

哲理所作出的准确判断，同是非卦之思。

襄公二十八年子大叔从楚国回来，告诉子展说："楚子将死矣。不修其政德，而贪昧于诸侯，以逞其愿，欲久，得乎？《周易》有之，在复之颐，曰：'迷复，凶。'其楚子之谓乎！欲复其愿，而弃其本，复归无所，是谓迷复，能无凶乎？"昭公元年晋侯有疾，秦国医和判断说："疾不可为也，是谓近女室，疾如蛊。"当赵孟问其"何谓蛊"时，医和回答说："淫溺惑乱之所生也。于文，皿虫为蛊，谷之飞亦为蛊。在《周易》，女惑男、风落山谓之蛊。皆同物也。"昭公三十二年史墨在与赵简子论"季氏出其君，而民服焉，诸侯与之；君死于外而莫之或罪"这一话题时说道："在《易》卦，雷乘乾曰大壮，天之道也。"震上乾下即为大壮之卦，以论季氏自公子季友至季文子、季武子的功业。此处和上面的例子一样，都不是占卜得来的爻辞，而是将《周易》中展现的哲理应用于现实的生活，以使人们有悟、有感。章学诚在《文史通义》中说："《易》之象也，《诗》之兴也，变化不可方物也。"① 所变化者，哲思也。

二 《尚书》之体

《尚书》最早被命名为《书》，保存了虞夏商周特别是西周初期的一些重要史料，其内容可与西周铜器铭文甚至殷商甲骨文相印证。自《荀子·劝学篇》始称《书经》，至汉代方改称《尚书》，是中国最早的典籍之一。据《左传》等书记载，在《尚书》之前，已有《三坟》《五典》《八索》《九丘》等著述的存在，但这些书籍至《汉书·艺文志》已不见著录，后人更是无缘得见。在这种情况下，《尚书》就显得更加重要。

（一）《书》之垂范

人们一般认为"尚书"二字意为"上古帝王之书"[2]。从文学上看，《尚书》的结构渐趋完整，布局谋篇已有明显用意，堪称中国古代散文业已形成的标志；从内容上看，《尚书》主要宣扬的是仁君治民之道和贤臣事君之道，与此前此后的王道思想相一致。自汉以来，《尚书》一直被视为中国封建社会的政治哲学经典，既是帝王的教科书，又是贵族子弟及士

---

① 章学诚著，严杰、武秀成译注：《文史通义全译》，贵州人民出版社1997年版，第19页。

② 《论衡·正说》，黄晖：《论衡校释》，中华书局1990年版。

大夫的必修课。章学诚依孟子"王者之迹息而《诗》亡,《诗》亡然后《春秋》作"之论推断"《周官》之法废而《书》亡,《书》亡而后《春秋》作",认为《尚书》所记是典型的西周礼制,并以其"典、谟、训、诰、贡、范、官、刑之属"垂范"帝王经世之大略"并显示"《尚书》之所以经世"。① 僖公二十七年赵衰向晋文公推荐郤縠"将中军",也是因为其"敦《诗》《书》"。

在中国文学史和文化史上,《尚书》作为"六经"之一与其他经典一道发挥着重大的作用。早在陆机《文赋》提出文章写作要"漱六艺(六经)之芳润"之前,已经有很多人将"六经"并举阐释其义。《庄子·天下》说:"《诗》以道志,《书》以道事,《礼》以道行,《乐》以道和,《易》以道阴阳,《春秋》以道名分。"《荀子·儒效》说:"《诗》言是其志也,《书》言是其事也,《礼》言是其行也,《乐》言是其和也,《春秋》言是其微也。"《礼记·经解》说:"温柔敦厚,《诗》教也;疏通知远,《书》教也;广博易良,《乐》教也;洁静精微,《易》教也;恭俭庄敬,《礼》教也;属辞比事,《春秋》教也。故《诗》之失,愚;《书》之失,诬;《乐》之失,奢;《易》之失,贼;《礼》之失,烦;《春秋》之失,乱。"董仲舒《春秋繁露·玉杯》说:"六学皆大,而各有所长。《诗》道志,故长于质;《礼》制节,故长于文;《乐》咏德,故长于风;《书》著功,故长于事;《易》本天地,故长于数;《春秋》正是非,故长于治。人能兼得其所长,而不能遍举其详也。"人们都较为一致地认为《尚书》更多地与"事"相关,有"疏通知远"之功。

自《汉书·艺文志》提出"左史记言,右史记事,事为《春秋》,言为《尚书》"之说后,人们大多将"记言"作为《尚书》体例并奉为圭臬,当然后世也逐渐有越来越多的人说:《尚书》某篇记言,某篇记事,某篇言事并举。孔子自述《春秋》所以作时说:"我欲托之空言,不如见诸行事之深切著明。"应该并不排除《尚书》的影响。

(二)《书》之称引

《左传》引《书》现象十分常见。《左传》首见《尚书》之文在隐公六年,所谓君子在评价陈桓公时就说:"《商书》曰:'恶之易也,如火之

---

① 章学诚著,严杰、武秀成译注:《文史通义全译》,贵州人民出版社1997年版,第36页。

燎于原，不可乡迩，其犹可扑灭？'"上述文句出自《尚书·盘庚》，与今本的差异只在于多出"恶之易也"四字。同是这句话，在庄公十四年也被君子用来评价多行不义的蔡哀侯，且同样以"商书曰"领起。

僖公五年宫之奇谏假道于虞公之时曾说："臣闻之：鬼神非人实亲，惟德是依。故《周书》曰：'皇天无亲，惟德是辅。'又曰：'黍稷非馨，明德惟馨。'又曰：'民不易物，惟德繄物。'如是，则非德，民不和、神不享矣。神所冯依，将在德矣。若晋取虞，而明德以荐馨香，神其吐之乎？"上述三句引文均出于逸书，宫之奇能连篇累牍地引用，在证明其博闻强记的同时也证明了春秋人对《书》的烂熟于心与无比尊奉。

僖公二十三年晋怀公因狐毛、狐偃兄弟跟从扶助重耳而杀其父狐突时，卜偃称疾不出，却在私下里说："《周书》有之：'乃大明，服。'已则不明，而杀人以逞，不亦难乎？民不见德，而唯戮是闻，其何后之有？"卜偃以《康诰》之文昭示"君大明，臣乃服"之义，并直接表达了对晋怀公的不满情绪。僖公三十三年记载当初臼季举荐父亲有罪的郤缺时亦引《康诰》之语曰："父不慈，子不祗，兄不友，弟不共，不相及也。"并得到了晋文公的认可，先是任命郤缺为下军大夫，后来又任其为卿。文公五年宁嬴答其妻之问时说："《商书》曰：'沈渐刚克，高明柔克。'"文公七年晋郤缺劝赵宣子归地于卫时说："《夏书》曰：'戒之用休，董之用威，劝之以九歌，勿使坏。'九功之德皆可歌也，谓之九歌。六府、三事，谓之九功。水、火、金、木、土、谷，谓之六府；正德、利用、厚生，谓之三事。义而行之，谓之德、礼。无礼不乐，所由叛也。若吾子之德，莫可歌也，其谁来之？盍使睦者歌吾子乎？"

由于产生较早，《尚书》的文字颇显古奥迂涩，韩愈在其《进学解》中所说"周诰殷盘，佶屈聱牙"指的就是这个特点。但从上述称引所见，我们不难发现，《尚书》中也不乏明朗形象的语言，因此人们在进行以听觉为主要接收工具的言语沟通时才会屡屡以《尚书》为据。

（三）《书》之文体

"就传统意义而言，文体指的是散文和韵文中语言的表达方式——说话者或作者如何说话，不论他们说的是什么。"[①] 中国古人对文体的探索

---

① ［美］M. H. 艾布拉姆斯：《文学术语词典》，北京大学出版社2009年版，第607页。

起步很早，《周礼·春官·大祝》即云："作六辞以通上下亲疏远近，一曰祠（辞），二曰命，三曰诰，四曰会，五曰祷，六曰诔。"关于《尚书》文体研究，最早产生影响的是孔安国《尚书序》中所提出的典、谟、训、诰、誓、命"六体"，后孔颖达又提出《尚书》"十体"之说曰："检其此体，为例有十：一曰典，二曰谟，三曰贡，四曰歌，五曰誓，六曰诰，七曰训，八曰命，九曰征，十曰范。"

无论《尚书》文体到底应该如何归类，其所形成的文体特征对《左传》文辞都多有影响。例如《尚书》诸誓用于军旅，而参考《牧誓》可知，《左传》哀公二年赵鞅的誓师之辞即与之有异曲同工之处：

> 简子誓曰："范氏、中行氏反易天明，斩艾百姓，欲擅晋国而灭其君。寡君恃郑而保焉。今郑为不道，弃君助臣，二三子顺天明，从君命，经德义，除诟耻，在此行也。克敌者，上大夫受县，下大夫受郡，士田十万，庶人工商遂，人臣隶圉免。志父无罪，君实图之！若其有罪，绞缢以戮，桐棺三寸，不设属辟，素车朴马，无入于兆，下卿之罚也。"

同一年同一战役之中，当初因南子之祸而出奔的卫太子蒯聩为了能使晋人顺利地送自己回国，而在战前向祖先祝祷：

> 卫太子祷曰："曾孙蒯聩敢昭告皇祖文王、烈祖康叔、文祖襄公：郑胜乱从，晋午在难，不能治乱，使鞅讨之。蒯聩不敢自佚，备持矛焉。敢告无绝筋，无折骨，无面伤，以集大事，无作三祖羞。大命不敢请，佩玉不敢爱。"

这段文字与《金滕》之中周公祷于上天之言亦有颇多相似之处，《尚书》对《左传》的直接影响当不言而喻。

早在西汉伏生就认为"六《誓》可以观义，五《诰》可以观仁"，秦汉以后各个朝代的制诰、诏令、章奏之文，都明显地受《尚书》的影响。南北朝时刘勰不但在《文心雕龙·宗经》中说"诏策章奏，则《书》发其源"，在论述"诏策""檄移""章表""奏启""议对""书记"等文体时也都溯源到《尚书》。元代郝经在《郝氏续后汉书·文章总叙》中将历代文章归入《易》《书》《诗》《春秋》四部,并在《书》部总序中说:"《书》者,言之经。后世王言之制,臣子之辞,皆本于《书》。凡制、诏、敕、令、册、檄、教、记、诰、誓,命戒之余也,书、疏、笺、表、奏、议、启、状、谟、训,规谏之余也。国书、策问、弹章、露布,后世增益之耳,皆代典国程,是服是行,是信是使,非空言比,尤官样体制之文也。"

三 《诗经》之用

诗是文学之祖、艺术之根,是"情动于中而形于言"后负载着精神内容的物质存在。世界各个民族最早成熟的文学样式都是诗,最早对文学进行探究的著作也都相关于诗,于是古希腊有亚里士多德的《诗学》、古罗马有贺拉斯的《诗艺》,中国则不乏见诸《论语》等典籍的论诗之语。这些著作所言不仅是诗歌理论,也是文艺理论和更高层次的艺术哲学,但却均是由诗所兴起。

(一)《诗》之辑录

说起中国诗歌的源头,人们的脑海中都会立刻跳出两个字——诗经。今天的人们对《诗经》的认识大多停留在"中国最早的一部诗歌总集"上,但《诗经》生成的最初并不仅仅是作为一部文学作品出现的,它与礼乐修养和君子人格密切相关,而对"诗"的谙熟、理解、运用又是礼乐修养和君子人格得以外化的重要表现形式之一,在两千余年的流传过程中沾溉了无数后人并成为民族思想和民族文化的重要载体。

《尚书·舜典》说:"诗言志,歌永言。"《国语·鲁语》说:"诗所以合意,歌所以咏诗也。"《毛诗序》说:"诗者,在心为志,发言为诗。"《说文解字》说:"诗,志也。"白居易在《与元九书》中说:"人之文,《六经》首之。就《六经》言,《诗》又首之。何者?圣人感人心而天下和。感人心者,莫先乎情,莫始乎言,莫切乎声,莫深乎义。诗者,根情,苗言,华声,实义。"中国人的诗性思维似乎是与生俱来的,俯仰星辰我们会生发无尽的宇宙之思,旁顾山川我们会涌动无限的壮志豪情,而这一切尽可以诗的形式诉诸简牍、达于视听。

早在《诗经》编订以前,先民的世界已经无事不可以入诗,百年祭祀、万里征伐、男女婚恋、春秋农事、腹诽怨刺等都可以踏着诗的韵律进人生活。鲁迅先生曾经说过："诗是韵文,从劳动时发生的。"① 正是这劳动时发生的韵文成为了我们民族早期最普遍的一种艺术,成就了文学中最便于抒情和展示美的一种文体,它借助文字却不依赖于文字,最便于口口相传。

关于《诗经》的编订,历来有采诗说、献诗说和删诗说三种。采诗说最早的记载出现于《左传》襄公十四年,师旷言于晋侯曰:"史为书,瞽为诗,工诵箴谏,大夫规诲,士传言,庶人谤,商旅于市,百工献艺。故夏书曰:'遒人以木铎徇于路,官师相规,工执艺沈谏。'"《汉书·艺文志》云:"古有采诗之官,王者所以观风俗,知得失,自考证也。"《汉书·食货志》亦云:"孟春之月,群居者将散,行人振木铎,徇于路以采诗,献之太师,比其音律,以闻于天子。故曰王者不出牖户而知天下。"关于献诗说,《国语·周语》有言:"故天子听政,使公卿至于列士献诗。"删诗说出于《史记·孔子世家》:"古者诗三千余篇,及至孔子,去其重,取可施于礼义……三百五篇。"关于《诗经》的结集时间,有学者认为:"在春秋前期,季札观乐之前,《诗经》还没有形成一个固定的传本,还处于一个不断增编与发展的时期,一方面是已有诗篇的整理与流传,另一方面是部分新诗的编入。从引诗赋诗的形式看,今本《诗经》的《周颂》、《鲁颂》、《商颂》在那时已编次定名;尽管引诗赋诗的过程中大量出现了今本《国风》中的诗篇,但《风》的编次定名并未出现。"②

（二）《诗》之观览

鲁襄公二十九年（前544）身处僻地的吴国新君欲与中原各国通好,于是派公子季札赴鲁、齐、郑、卫、晋等国进行聘问。季札的第一站就是周礼保存得最好的鲁国:

> 吴公子札来聘……请观于周乐。使工为之歌《周南》《召南》,曰:"美哉!始基之矣,犹未也,然勤而不怨矣。"为之歌《邶》《鄘》《卫》,曰:"美哉渊乎!忧而不困者也。吾闻卫康叔、武公之德如是,是其《卫风》乎!"为之歌《王》,曰:"美哉!思而不惧,

---

① 鲁迅:《鲁迅全集》（第九卷）,人民文学出版社1981年版,第303页。
② 江林:《〈诗经〉传本及行编之编次定名新探》,《中州学刊》2003年第5期。

其周之东乎!"为之歌《郑》,曰:"美哉!其细已甚,民弗堪也。是其先亡乎!"为之歌《齐》,曰:"美哉,泱泱乎!大风也哉!表东海者,其大公乎!国未可量也。"为之歌《豳》,曰:"美哉,荡乎!乐而不淫,其周公之东乎!"为之歌《秦》,曰:"此之谓夏声。夫能夏则大,大之至也,其周之旧乎!"为之歌《魏》,曰:"美哉,沨沨乎!大而婉,险而易行,以德辅此,则明主也。"为之歌《唐》,曰:"思深哉!其有陶唐氏之遗民乎!不然,何其忧之远也?非令德之后,谁能若是?"为之歌《陈》,曰:"国无主,其能久乎!"自《郐》以下无讥焉。为之歌《小雅》,曰:"美哉!思而不贰,怨而不言,其周德之衰乎?犹有先王之遗民焉。"为之歌《大雅》,曰:"广哉,熙熙乎!曲而有直体,其文王之德乎!"为之歌《颂》,曰:"至矣哉!直而不倨,曲而不屈,迩而不偪,远而不携,迁而不淫,复而不厌,哀而不愁,乐而不荒,用而不匮,广而不宣,施而不费,取而不贪,处而不底,行而不流。五声和,八风平。节有度,守有序,盛德之所同也。"见舞《象箾》《南钥》者,曰:"美哉!犹有憾。"见舞《大武》者,曰:"美哉!周之盛也,其若此乎!"见舞《韶濩》者,曰:"圣人之弘也,而犹有惭德,圣人之难也。"见舞《大夏》者,曰:"美哉!勤而不德,非禹,其谁能修之?"见舞《韶箾》者,曰:"德至矣哉,大矣!如天之无不帱也,如地之无不载也。虽甚盛德,其蔑以加于此矣,观止矣!若有他乐,吾不敢请已!"

孔子曾对自己的儿子孔鲤说:"小子何莫学夫诗?诗可以兴,可以观,可以群,可以怨。迩之事父,远之事君,多识于鸟、兽、草、木之名。"① 此处季札观乐之事至少可以证明"诗"的确是"可以观"的,而季札所以请求观乐除了表现僻地小邦对周代礼乐文化的崇敬之情之外,恐怕也真的怀有孔子所说的"事父""事君"和"多识于鸟、兽、草、木之名"的愿望。季札所观之乐的顺序就是今本《诗经》的顺序,即由《风》而及《小雅》《大雅》而至《颂》。《周礼·大师》说:"大师教六诗,曰风,曰赋,曰比,曰兴,曰雅,曰颂。"此六项是周王朝对贵族子弟所进行的教育的内容,而季札不但对作为宗庙祭祀之用的《颂》给出了最高

---

① 《论语·阳货》。

评价，还能够依据不同地区的诗乐风格作出恰如其分的评价，足证他也曾接受过这样的教育，并最终具备了高超的艺术修养，达到了很多中原人士所不能达到的文学高度。

（三）《诗》之流布

春秋时期最伟大的教育家孔子一生十分注重对《诗》的学习，并在自己的教育活动中以《诗》为教材，教导后辈说"不学诗，无以言"①，并敦促孔鲤学习《周南》《召南》，说"人而不为《周南》《召南》，其犹正墙面而立也与"②。季札观乐在公元前544年，孔子生卒一般被认定为公元前551年至公元前479年，虽然孔子删诗说未能得到全面认可，但结合《左传》《国语》所述春秋时人引诗赋诗的情况看，在此之前，《诗》虽然可能并未完全定型，却已一定有一个相对通行的基础版本在民间流传，不然，在相当广泛的范围内所进行的春秋人的赋诗言志就会漫无边际，就会真正形成对话双方彼此一头雾水不知所云的局面。

21世纪初编定的上博简楚竹书《孔子诗论》对《诗经》内容的排列次序是前所未见的《讼》（《颂》）《大夏》（《大雅》）《小夏》（《小雅》）《邦风》（《国风》），与今本《诗经》排序方式不同，且因为时代尚早而并未因避刘邦之讳而改"邦风"为"国风"。因此竹书所依据的应该是比季札所见更早的《诗经》版本，或是《诗经》编次在那以后又有了一次较大的变化。但无论如何，《诗经》在其时的流传呈现出来的是一种日渐广泛的趋势，并渐渐地为其他典籍所借重，使《诗经》具有了特定的应用意义。

先秦文献引诗用诗，主要是体现在《国语》《左传》《荀子》等书中，其中《国语》引诗约有31条，《左传》引诗有217条（据清人赵翼统计），《荀子》论诗8处、引诗81处，大多以"诗曰"或"诗云"形式进行引述。荀子还在《儒效》篇中论诗说："《风》之所以为不逐者，取是以节之也；《小雅》之所以为《小雅》者，取是而文之也；《大雅》之所以为《大雅》者，取是而光之也；《颂》之所以为至者，取是而通之也：天下之道毕是矣。"而《国风》之名也在《大略》篇中出现了。③先

---

① 《论语·季氏》。
② 《论语·阳货》。
③ 《荀子·大略篇》云："《国风》之好色也，传曰，盈其欲而不愆其止。其诚可比于金石，其声可内于宗庙。"

秦时代的诗是实用的诗，它首先记录了西周到春秋的历史，可以让我们在研读典籍时很方便地采用"诗史互证"之法。其次，诗与歌乐紧密相连，《墨子·公孟》篇说："诵《诗》三百，弦《诗》三百，舞《诗》三百。"①《郑风·子衿》之毛传说："古者教以诗乐，诵之、弦之、歌之、舞之。"②孔子对《诗》的音乐特性也很重视，他自卫国返回鲁国，还曾亲自为《雅》《颂》正音。再次，诗的文辞内容也很重要。春秋时代，赋诗言志之法被广泛地应用于各种社交场合，不懂得赋诗和诗中之意便会丢脸，所以孔子才会说"不学诗，无以言"，也才会坚持以《诗》作为自己教育三千弟子的重要教材。

章学诚在《文史通义》中从文章之学的角度给了《诗经》以至高无上的评价，他说："至战国而文章之变尽，至战国而著述之事专，至战国而后世之文体备"，但"后世之文，其体皆备于战国，人不知；其源多出于《诗》教，人愈不知也"。③《诗》在极其漫长的历史时段中履行着"先王以是经夫妇，成孝敬，厚人伦，美教化，移风俗"④的职责，其抒情性特征为后人留下了借景抒情、托物言志等不朽的文学手法，其审美性特征突出了文学本质的显现，其教育性特征则形成了中国温柔敦厚的诗教传统。

第三节 春秋时期的文学活动

文学是以语言文字为工具借助各种修辞以及表现手法形象化地反映客观现实的艺术，这种艺术与人类的生命相生相依相始终。春秋时期，人们的精神领域已经相当开阔，精神世界也相当丰富，文化储备也早成为一池丰盈的春水，文学的和煦之风吹进城墙宫殿，也盘旋于城郭田野，在金声玉振之中，在高庭清酒之间，也在砖木石瓦之上。人们在虔诚占卜，人们在文雅赋诗，人们在揖让应对，人们从事着各种各样与现实生活紧密相关的文学活动，而这一切正是春秋生活不同于其他时代的本真。

---

① 《墨子·公孟》，吴毓江：《墨子校注》，中华书局2006年版。
② 《毛诗正义·郑风·子衿》，李学勤主编：《毛诗正义》，北京大学出版社1999年版。
③ 章学诚著，严杰、武秀成译注：《文史通义全译》，贵州人民出版社1997年版，第70—71页。
④ 《诗大序》。

一　占卜之风

占卜是从人类文化原始时期遗留下来的预知吉凶的方式，是先民的精神遗存。在春秋时期，它以一种极其普遍的方式存在着，而那些颇具文学色彩的卦辞、繇辞等占卜之辞就随着占卜活动在民间得到了最广泛的流传，也对人们的生活和思想产生了最广泛的影响。

（一）遇事则卜

春秋人在很大程度上相信神灵和鬼魂的存在。《左传》庄公三十二年"秋，七月，有神降于莘"，内史过说："国之将兴，明神降之，监其德也；将亡，神又降之，观其恶也。故有得神以兴，亦有以亡，虞、夏、商、周皆有之。"虢之史嚚也说："神，聪明正直而壹者也，依人而行。"僖公十年秋天，狐突在去曲沃的路上遇到了太子申生的鬼魂，约定七天后附于巫的身上传达天帝使夷吾"敝于韩"的命令。所以晋惠公夷吾在秦晋之战中败于韩原应验此说之后，秦人才会说"晋之妖梦是践"。僖公十五年夷伯之庙遭受雷击，左氏认为其有不为人知的罪过而受到天谴。昭公十八年郑国大火之后，子产也曾一度忙着"大为社，祓禳于四方，振除火灾"。除了人的行为，僖公二十八年甚至还出现了主动"索贿"的河神。[①]

正因为人们相信鬼神的存在，才会生成一种与之相关的特定的文化理解和文化认识，于是每遇重大事件就要以占卜决之，占卜就成了人们生活中必要的组成，《尚书·洪范》"稽疑"条下即言"择建立卜筮人"，其原则是"三人占则从二人之言"[②]。卜人在其时的地位也是相当受人重视的。隐公十一年滕侯和薛侯同时来鲁国朝拜，于是在位次先后上发生了争执。薛侯的理由是"我先封"，滕侯则称"我，周之卜正也；薛，庶姓也，我不可以后之"。"卜正"即是卜官之长，可同天人沟通，预料吉凶祸福，且为周之同姓，于是在取得薛侯的理解后这次朝会"乃长滕侯"。

春秋生活中几乎无事不行占卜，立君要卜（僖公十五年）、祭祀要卜

[①] 《左传·僖公二十八年》：初，楚子玉自为琼弁、玉缨，未之服也。先战，梦河神谓己曰："畀余！南余赐女孟诸之麋。"弗致也。大心与子西使荣黄谏，弗听。荣季曰："死而利国，犹或为之，况琼玉乎？是粪土也。而可以济师，将何爱焉？"弗听。出，告二子："非神败令尹，令尹其不勤民，实自败也。"

[②] 孙星衍：《尚书今古文注疏》，中华书局2004年版，第312页。

（僖公十九年、三十一年）、迁都要卜（文公十三年）、嫁女要卜（庄公二十二年、僖公十五年）、立夫人要卜（僖公四年）、有孕要卜（僖公十七年）、疾病要卜（僖公二十八年）、下葬要卜（宣公八年）。战争之中更是卜得十分仔细，是否作战要卜（僖公十五年）、是否追击要卜（襄公十年）、使何人驾车要卜（襄公二十四年）、使何人追敌也要卜（文公十一年）。僖公十九年卫国大旱，"卜有事于山川"是卜祭祀，僖公三十一年告诉我们"礼不卜常祀，而卜其牲、日"。僖公二十八年"晋侯有疾，曹伯之竖侯獳货筮史，使曰以曹为解"，向筮史行贿说明此次所行是"筮"而不是"卜"；文公十一年"鄋瞒侵齐，遂伐我。公卜使叔孙得臣追之，吉"，于是取得了战争的胜利；昭公十八年吴伐楚，楚人"卜战，不吉"，便不欲战；昭公三年，晏子甚至引谚语告诉我们说"非宅是卜，唯邻是卜"，连选什么样的人做邻居都是要由占卜来决定的。昭公五年说："国之守龟，其何事不卜？"

　　巫、祝、卜、史均通于占卜之术，而且无不得益于家族承传，但后来一些看起来和占卜没有什么关系的"来历不明"的人也能参与其中。如庄公二十二年的"懿氏卜妻敬仲，其妻占之"，襄公十年的"孙文子卜追之，献兆于定姜"等。卜筮之外春秋时还有一种独特的占星之术。例如《左传》文公十四年有星孛入于北斗，周内史叔服就说："不出七年，宋、齐、晋之君皆将死乱。"后来的事实也印证了他的预言。昭公十七年，鲁申须、郑梓慎、郑裨灶更是依据"冬，有星孛于大辰，西及汉"的天文现象，同时预言"宋卫郑将同日火"，而他们的预言第二年就应验了。

　　（二）卜以决疑

　　《白虎通》云："龟曰卜，蓍曰筮何？卜，赴也，爆见兆也。筮也者，信也，见其卦也。"① 《礼记》云："龟为卜，策为筮。卜筮者，先圣王之所以使民信时日，敬鬼神，畏法令也；所以使民决嫌疑，定犹与也。故曰：'疑而筮之，则弗非也，日而行事，则必践之。'"② 由此可知卜筮之法都是为了"决民疑"。

　　僖公十七年补记当年事，说晋惠公之妻梁赢怀胎十月却未能及时生产，于是使"卜招父与其子卜之"，占卜显示"将生一男一女，男为人

---

① 《白虎通·蓍龟》，陈立：《白虎通疏证》，中华书局1997年版。
② 《礼记·曲礼》上。

臣，女为人妾"的结论，梁嬴果然生了一对龙凤胎，并不信邪地按照卦义给他们分别取名为"圉"和"妾"。而最后的人生结果也是其子圉西质于秦，其女妾为宦女，无不与卦义相合。这一事例不但告诉我们占卜的结果十分准确，而且透露给我们知道卜人是一个父子相袭的职业。僖公十五年晋惠公于韩原之役被秦人俘获放归后，对群臣说："孤虽归，辱社稷矣，其卜贰圉也。"就是让大家卜定日期立子圉为君，古人认为"大事卜，小事筮"①，言"卜"而不言"筮"明立君为大事也。僖公三十一年"狄围卫，卫迁于帝丘，卜曰三百年"，文公十三年"邾文公卜迁于绎"，行卜法而不行筮法，是因为迁都也是大事。而僖公十五年追记当初"晋献公筮嫁伯姬于秦，遇归妹之睽"可见嫁女虽也行占卜之事却算不得大事。其繇辞"士刲羊""女承筐"等语见于今本《周易》，其释义则出于史苏之口，而晋献公未从史苏之占执意嫁伯姬于秦穆公也表明了春秋人对天意的不完全认同。

　　事实上，还有一些占卜并不全赖神力，而是建立在经验和见识的基础之上，可以算是人力和神力的结合。晋国有一个从事占卜工作的官员，在《左传》中被称作卜偃，他的一些事迹能很好地证明这一点。闵公元年晋献公作二军，赵夙御戎，毕万为右，灭耿、灭霍、灭魏，回来后把魏地赐给毕万并任命他做大夫。卜偃曰："毕万之后必大。万，盈数也；魏，大名也。以是始赏，天启之矣。天子曰兆民，诸侯曰万民。今名之大，以从盈数，其必有众。"僖公二年虢公在桑田打败了戎人，卜偃曰："虢必亡矣。亡下阳不惧，而又有功，是天夺之鉴，而益其疾也。必易晋而不抚其民矣。不可以五稔。"僖公十四年秋天沙鹿山崩塌，卜偃曰："期年将有大咎，几亡国。"僖公三十二年冬天，为晋文公出殡时灵柩中发出牛鸣一般的声音，卜偃让大夫们下拜，说："君命大事：将有西师过轶我，击之，必大捷焉。"以上四例都只记了卜偃之言，而未记他有占卜的行为。并且从他的言论看，多是出自于一个智者的敏锐思考，而非神的意旨的决断。在一定意义上，我们甚至可以说卜偃已摆脱了沟通天人的工具属性，而直接成为了人和神的结合体，其预言的准确和神性的存在是建立在知识积累的基础之上的。

　　《左传》所叙的神鬼虚妄之事中，也不乏神不能主宰人事的记录。成

---

① 《礼记·曲礼》上。

公五年赵婴因为与赵庄姬私通而被自己的兄弟放逐到齐国，此前赵婴曾梦到天使对自己说："祭余，余福女。"就是说天神说你祭祀我我就会降福于你，可赵婴这样做了却仍旧没有避免被放逐的结果。士贞伯借此事一语道破人神之间的关系，他说："神福仁而祸淫。淫而无罚，福也。祭，其得亡乎？"僖公二十一年鲁国大旱，鲁僖公认为是巫师和上天沟通不利，并且因为上天可怜那些仰面突胸的畸形人，怕雨水灌入他们的鼻子所以不肯下雨造成大旱，就想要烧死他们。臧文仲不但用"天欲杀之，则如勿生；若能为旱，焚之滋甚"作为理由劝阻了鲁僖公，而且建议他从人事的角度来"修城郭、贬食、省用、务穑、劝分，此其务也"，最大限度地降低旱灾所带来的不良影响。襄公十年宋平公在楚丘设享礼宴请晋悼公，席间使用了《桑林》之舞。因为《桑林》之舞属于天子之乐，晋悼公虽辞谢却未能成功制止。回国途中走到雍地时晋悼公生病，占卜的结果是桑林之神在作祟。荀偃、士匄想用祭祀的方法攘灾，荀罃却说："我辞礼矣，彼则以之。犹有鬼神，于彼加之。"不但谴责鬼神之无礼表明了自己的反对意见，而晋悼公的病也自己好了。

（三）卜筮之辞

古人说"卜筮不过三，卜筮不相袭"①，却也说"大事先筮而后卜"②。僖公四年记晋献公欲立骊姬为夫人时，"卜之，不吉；筮之，吉"，晋献公就决定"从筮"。卜人的建议则是"筮短龟长，不如从长"，并以占卜所得繇辞"专之渝，攘公之羭。一薰一莸，十年尚犹有臭"来作为自己观点的佐证。这段记载从多个角度为我们提供了关于占卜的多条信息：一是诸侯立夫人要通过占卜来决定吉凶；二是"卜法"与"筮法"可以同时使用；三是卜法通常比筮法更加灵验，即所谓"筮短龟长"；四是占卜时已有现成的繇辞可供参考；五是占卜的结果不是一定要遵从，而是可以由人来作出最后的决断，已经表现出了对天命的怀疑和否定。这里我们主要说一下繇辞的意义。

僖公四年的这条繇辞是："专之渝，攘公之羭。一薰一莸，十年尚犹有臭。"大致意为"专宠一定会产生变乱，将要夺走您的肥羊。香草和臭草放在一起，十年之后还会有臭气传扬。"这条繇辞以杂言写成，兼具押

---

① 《礼记·曲礼》上。
② 《周礼·筮人》，李学勤主编：《周礼注疏》，北京大学出版社1999年版。

韵特点，在拟写方式上擅用比喻，不但先以"羭"贴切地将申生比作献公之肥羊，而且能够以"薰""莸"喻申生、骊姬等人之品性并体现流芳遗臭之意，可见构思之精巧、表义之恰切。

庄公二十二年"懿氏卜妻敬仲"得到的繇辞是："凤皇于飞，和鸣锵锵。有妫之后，将育于姜。五世其昌，并于正卿。八世之后，莫之与京。"这条繇辞音韵优美，全用四言，首二句兴中有比兼用叠字，将其与《诗》中的史诗类作品置于一处恐怕也难分轩轾，体现了高超的写作技巧与写作水平。

僖公十五年晋国韩简说："龟，象也；筮，数也。物生而后有象，象而后有滋，滋而后有数。"虽然他的目的在于说明"象在数先"，却也在无意中为我们揭示了占卜与取象之间的密切关系。僖公十五年秦晋韩原之战前为晋怀公占卜所得的繇辞是："千乘三去，三去之余，获其雄狐。"晋怀公在此战中被秦人俘获，证明他与"雄狐"之间是一种显在的比喻关系。襄公十年郑国皇耳率师侵卫战败时，卫国大夫孙文子卜追之，其繇辞为："兆如山陵，有夫出征，而丧其雄。"当卫夫人定姜作出追击的决定后，卫人抓住了郑国的主帅皇耳，皇耳与"雄"之间也是一种显在的比喻关系。两条关于战争的繇辞都以"雄狐"或"雄"为喻，说明了繇辞写作中有着相似的取象原则。结合其他实例去看，则会发现比喻修辞在繇辞中的运用十分普遍。例如，哀公十七年卫庄公"亲筮之"所得的繇辞也存在着这样的特点："如鱼赪尾，衡流而方羊。裔焉大国，灭之将亡。阖门塞窦，乃自后逾。"

《周易》因为"言不尽意"而提出了著名了"立象以尽意"的观点，而这一原则也被人们广泛应用于占卜和占卜之外。昭公二十九年晋国"龙见于绛郊"后史墨提到了"潜龙勿用""见龙在田""或跃在渊""飞龙在天""亢龙有悔"一系列见于《周易》的繇辞。傅道彬先生认为，"这里描绘的是苍龙星由冬及春、由春及秋的秩然有序的运动变化，意义上是层层递进的。爻辞作为一个整体，它的意义是跨越爻位而联系在一起的"，并认为其"韵律和谐"，有着"丰富的诗的蕴涵"。[①] 事实上，占卜中出现的那些春秋人或是更早些时候巫祝卜史等人所拟的繇辞都是其时语言的精粹，都饱含着诗的因素，甚至包含着诗的要素。也正因如此，占卜

---

① 傅道彬：《〈诗〉外诗论笺》，黑龙江教育出版社1993年版，第77—78页。

才成为其时文学活动的重要组成。

二 赋诗之趣

诗的表达精美含蓄、简洁凝练，是"情动于中"的感性传达，又因为便于口耳相传，于是很自然地在人群中赢得了最广泛、便捷的传播。诗是文学的最初样式，也始终是文学的精华样式，春秋时期人们自觉的文学活动中，诗占有的应该是最为重要的地位，更何况其时由诗集合而成的《诗》还兼有无比神圣的政治地位和思想地位。《左传》僖公二十七年云："《诗》《书》，义之府也；《礼》《乐》，德之则也。"由《诗》《书》《礼》《乐》领衔的经典以具体的文字典籍形式规范着人们的行为和思想，并包蕴着无比抽象的关乎人格养成的"义"与"德"。

（一）造篇之"赋"

春秋文学活动中诗的主要介入方式是"赋诗"，杨伯峻《春秋左传注》隐公三年注曰："'赋'有二义，郑玄曰'赋者或造篇，或诵古'，是也。"[①] 也就是说"赋诗"有两种情况，一种情况是"造篇"即创作，一种情况是"诵古"即讽诵古人已有之作。《左传》《国语》所记春秋生活后者较前者更为常见，但前者却为我们更直接展示了春秋人诗歌创作的契机、情境和才能。

杨伯峻在隐公三年为"卫人所为赋《硕人》也"作注时说："此'赋'字及隐公元年传之'公入而赋'、'姜出而赋'，闵二年传之'许穆夫人赋载驰'、'郑人为之赋清人'，文六年传之'国人哀之，为之赋黄鸟'皆创作之意；其余'赋'字，则多是诵古诗之意。"[②] 隐公元年郑庄公与其母武姜阙地及泉隧而相见时："公入而赋：'大隧之中，其乐也融融！'姜出而赋：'大隧之外，其乐也泄泄！'"郑庄公将武姜置于武颍之时曾说过"不及黄泉无相见也"的话，为了不毁前言就采用颍考叔的建议与母亲"阙地及泉隧而相见"，制造了母子和好如初的假象，所赋之诗在表现他们贵族修养的同时也暴露了他们的虚伪。

隐公三年，"卫庄公娶于东宫得臣之妹，曰庄姜，美而无子，卫人所为赋《硕人》也"。《毛诗序》称此诗："闵庄姜也。庄公惑于嬖妾，使

[①] 杨伯峻：《春秋左传注》，中华书局1990年第2版，第31页。
[②] 同上。

骄上僭，庄姜贤而不答，终以无子，国人闵而忧之。"据诗之文字而言，《硕人》之诗写了庄姜出嫁时的华丽盛景，有隆重丰厚的仪仗和大气磅礴的景物描写，其中对庄姜美貌进行描绘的"手如柔荑，肤如凝脂，领如蝤蛴，齿如瓠犀，螓首蛾眉。巧笑倩兮，美目盼兮"之句更是被清人方玉润由衷感叹为："千古颂美人者无出此二语，绝唱也。"[①]

闵二年狄人伐卫，好鹤的卫懿公因而亡国，"许穆夫人赋《载驰》"。《载驰》是《诗经》中为数不多的能够找到确切作者的作品，身为卫女的许穆夫人以"载驰载驱，归唁卫侯"为起始之音表现出自己在国家覆亡之时急切的救国愿望，其诗有情有景更有对大国襄助于卫的急切企望，将一颗救国之心袒露无遗。这首诗也因为情真意切而进入后人的用诗视野，文公十三年子家"赋《载驰》之四章"，襄公十九年穆叔"赋《载驰》之四章"，均取其诗"控于大邦，谁因谁极"之意，借以谋得他国的帮助。

同在闵公二年郑人为我们呈现了另一首原创之诗《清人》。"郑人恶高克，使率师次于河上，久而弗召，师溃而归，高克奔陈。郑人为之赋《清人》。"这首诗十分简短，只有三章共计十二句，运用了《诗经》典型的重章复唱形式："清人在彭，驷介旁旁。二矛重英，河上乎翱翔。清人在消，驷介镳镳。二矛重乔，河上乎逍遥。清人在轴，驷介陶陶。左旋右抽，中军作好。"郑人借助诗篇在讽刺高克的同时直接把矛头指向了用人不当的郑文公。

文公六年，"秦伯任好卒，以子车氏之三子奄息、仲行、针虎为殉，皆秦之良也。国人哀之，为之赋《黄鸟》"。子车氏三子都是可以以一当百的勇士，《黄鸟》之诗以"彼苍者天，歼我良人。如可赎兮，人百其身"的愤怒与抗议表达了对残忍的人殉制度的强烈不满和对三子的痛悼惋惜之情，其诗充满了强烈的感情色彩和浓厚的人情味道。

虽然杨伯峻先生说除上述之例以外"其余'赋'字，则多是诵古诗之意"，我们却也还可以在《左传》中找到不少春秋时人的原创歌诗。僖公五年，不慎落入三公子之争的士蔿因夷吾之诉而遭到晋献公的责备，在无奈之中退而赋曰："狐裘尨茸，一国三公，吾谁适从？"以狐裘蓬乱来比喻国政混乱，也是一种即兴的创作行为。僖公二十八年城濮之战前舆人

[①] 方玉润：《诗经原始》，中华书局2006年版，第177页。

所诵"原田每每，舍其旧而新是谋"，以景物起兴，切中题旨。宣公二年，宋大夫华元在郑宋大棘之战中被俘，逃归后主持修筑宋国都城的城墙，筑城者所"讴"之歌"睅其目，皤其腹，弃甲而复。于思于思，弃甲复来"也是"造篇"之作，不然哪有那么切合情境的瞪着大眼睛、挺着大肚子、满脸长着大胡子的丢了皮甲逃回来的人呢？襄公四年鲁人臧纥侵邾败于狐骀，国人逆丧者皆髽。因为主帅臧纥身材矮小，所以国人诵之曰："臧之狐裘，败我于狐骀。我君小子，朱儒是使。朱儒朱儒，使我败于邾。"襄公十七年宋皇国父为大宰，为平公筑台，妨于农收。筑者讴曰："泽门之皙，实兴我役。邑中之黔，实慰我心。"

襄公三十年记载子产在郑国进行改革时民众的反应："从政一年，舆人诵之曰：'取我衣冠而褚之，取我田畴而伍之。孰杀子产，吾其与之！'及三年，又诵之曰：'我有子弟，子产诲之；我有田畴，子产殖之。子产而死，谁其嗣之？'"表达了郑人对子产由最初的痛恨到改革初见成效之后的爱敬之情。定公十四年宋国的郊野之人讽刺卫灵公为夫人南子召宋公子朝而歌之曰："既定尔娄猪，盍归吾艾豭？"将南子比作发情的母猪，将公子朝比作公猪，所以引得听到野人之歌的卫太子蒯聩恼羞成怒欲杀南子。哀公五年齐景公卒群公子出奔，莱人歌之曰："景公死乎不与埋，三军之事乎不与谋，师乎师乎，何党之乎？"哀公二十一年齐人歌之曰："鲁人之皋，数年不觉，使我高蹈。唯其儒书，以为二国忧。"

上述诸例还不是《左传》所书的全部，《左传》所书之全部也不会是春秋生活之全部，但从上层贵族到普通国人均能触景生情信手拈来的创作实例也正说明了春秋时代诗歌创作活动的普遍性和普及性。

（二）诵古之"赋"

除原创性的诗歌创作之外，"赋诗"还有讽诵古诗的含义，而这一行为恰是春秋时代的贵族们在会盟、朝聘、宴饮等正式的社交场合中必须具备的能力，也即"用诗"。班固在《汉书》中说："古者诸侯卿大夫交接邻国，以微言相感，当揖让之时，必称诗以谕其志。盖以别贤不肖而观盛衰焉。"[1] 他的看法应该是受到孔子的直接启发，孔子说："诵《诗》三百，授之以政，不达；使于四方，不能专对，虽多亦奚以为？"[2] 十分明

---

[1]《汉书·艺文志》。
[2]《论语·子路》。

确地指出了"诗以应对"的实用功能。襄公二十八年卢蒲癸所说的"赋诗断章，余取所求焉"正是春秋人赋诗的基本原则和基本方法，是用诗之法，也是对诗的独特接受和解读。

顾颉刚先生说："赋诗是交换情意的一件事。他们在宴会中各人拣了一首合意的乐诗叫乐工唱，使得自己对于对方的情意在诗里表出，对方也是这等的回答。"[①] 朱自清先生也说："春秋时通行赋诗。在外交的宴会里，各国史臣往往得点一篇诗或几篇诗叫乐工唱。这很像现在的请客点戏，不同处是所点的诗句必加上政治的意味。"[②] 如《左传》襄公二十八年"使工为之诵《茅鸱》"，襄公二十九年"使工为之歌《周南》《召南》"等。据杨伯峻《春秋左传注》襄公十四年注，歌依乐谱，而诵不依乐，仅有抑扬顿挫而已。[③]

《左传》《国语》都记载了春秋赋诗的具体情形。《国语》赋诗凡4见，除卷五《鲁语下》记公父文伯之母赋《绿衣》之三章不见于《左传》外，其余三次均见于《左传》，只是文有差异。如卷五《鲁语下》记晋侯享穆叔席间赋诗，又见于《左传》襄公四年；卷五《鲁语下》记鲁叔孙赋《匏有苦叶》，又见于《左传》襄公十四年；卷一〇《晋语四》记秦伯宴重耳而席间赋诗，又见于《左传》僖公二十三年。《左传》赋诗一般认为有33次[④]，钱穆则认为有67次[⑤]，虽然因统计方法不同而数量有异却无损春秋赋诗行为的常见性。

《左传》赋诗最早见于记载是在鲁僖公二十三年（前637）：

> 秦伯纳女五人，怀嬴与焉。奉匜沃盥，既而挥之。怒，曰："秦、晋，匹也，何以卑我？"公子惧，降服而囚。他日，公享之。

---

① 顾颉刚：《诗经在春秋战国间的地位》，载《古史辨》（第三册），上海古籍出版社1982年版，第328页。

② 朱自清：《经典常谈》，载《朱自清古典文学论文集》（下册），上海古籍出版社1981年版，第627页。

③ 杨伯峻：《春秋左传注》，中华书局1990年第2版，第1011页。

④ 以同一场合为一次，统计如下：僖公之世1次、文公之世4次、成公之世1次、襄公之世16次、昭公之世9次、定公之世1次、哀公之世1次。

⑤ 统计的歧异可能由于标准不同，钱穆有时以每人一赋为一次，得出结论曰："见于《左传》者，赋诗凡六十七次。始于僖公。僖一次，文九次，成二次。盛于襄、昭。襄二十九次，昭二十五次。而衰竭于定、哀。定一次，哀无。"据钱穆《国史大纲（修订本）》上册，商务印书馆1996年版，第95页。

子犯曰:"吾不如衰之文也,请使衰从。"公子赋《河水》。公赋《六月》。赵衰曰:"重耳拜赐!"公子降,拜,稽首,公降一级而辞焉。衰曰:"君称所以佐天子者命重耳,重耳敢不拜?"

当还没有成为晋文公的重耳经过多年流亡来到秦国的时候,秦穆公给了他足够的礼遇并赠送五名女子给他。当他与五人之一的怀嬴发生后堂之争主动"降服而囚"后,秦穆公为了帮他挽回颜面专门设宴招待他。重耳赴宴自然要有人陪同,而且此人要能够从容用诗,所以位重之子犯主动退后,并举荐了能"文"的赵衰。所谓"文",是指有文辞,也即通于《诗》《书》,擅于应对。杨伯峻先生告诉我们说,重耳所赋《河水》杜注云:"逸诗,义取河水朝宗于海。海喻秦。"《国语·晋语四》韦注云:"河当作沔,字相似误也。其诗曰:'沔彼流水,朝宗于海。'言己反国,当朝事秦。"江永《群经补义》曰:"此说是也。余谓'嗟我兄弟,邦人诸友,莫肯念乱,谁无父母',意欲以此感动秦伯,望其念乱而送己归也。"① 而秦穆公所赋《六月》有"王于出征,以匡王国""以佐天子"和"共武之服,以定王国"之句,意指日后重耳为君必霸诸侯,而能匡佐天子。赵衰使"重耳拜赐"并言"君称所以佐天子者命重耳"说明他完全领会了秦穆公欲助重耳归国谋取君位的诗中之意,于是及时敦促重耳拜谢,这一举动也印证了子犯所言的"衰之文"。《左传》中所赋之诗的部分篇目,如本年重耳所赋之《河水》,襄公二十六年国子所赋的《辔之柔矣》,襄公二十八年穆子所诵之《茅鸱》等均不见于今本《诗经》,这也说明春秋人赋诗所用的底本与今本《诗经》有所差异,在一定程度上证明了今本《诗经》的晚出。

《左传》赋诗终于定公四年。定公四年,因为伍子胥助吴王阖庐攻打楚国,楚昭王逃亡入于随国,申包胥去秦国请求秦哀公出兵相助,"立,依于庭墙而哭,日夜不绝声,勺饮不入口七日",终于打动秦哀公,"秦哀公为之赋《无衣》"。《秦风·无衣》是一首流传甚广,也极能表现秦人尚武精神的诗作,其诗首章曰:"岂曰无衣?与子同袍。王于兴师,修我戈矛。与子同仇!"秦哀公为申包胥赋这首诗的意思十分明了,所以申包胥"九顿首而坐"。《春秋左传正义》卷一四杜注云:

---

① 杨伯峻:《春秋左传注》,中华书局1990年第2版,第410页。

"古者礼会，因古诗以见意。故言赋诗断章也。其全称诗篇者，多取首章之义也。"① 杨伯峻《春秋左传注》文公十三年注云："《传》言赋诗某篇，不言某章，皆指首章。"② 襄公十四年叔向见叔孙穆子，穆子赋《匏有苦叶》，叔向便"退而具舟"，就是因为诗之首章便有渡河之意③。而襄公十四年说卫献公"使大师歌《巧言》之卒章"，襄公十六年说穆叔见范宣子赋《鸿雁》之卒章，都特别强调了"卒章"，就是意在与"首章"相别。

（三）"赋"之雅意

在僖公二十三年和定公四年之间，《诗》被春秋人当成娴熟的社交工具予以运用，人们有了"赋诗言志"和"赋诗观志"的共识，例如文公三年晋襄公飨鲁文公，晋襄公赋《菁菁者莪》，鲁文公赋《嘉乐》；文公十三年郑穆公与鲁文公在棐地宴饮，子家赋《鸿雁》、文子赋《四月》，子家赋《载驰》之四章、文子赋《采薇》之四章；襄公八年晋范宣子来鲁国聘问公享之，宣子赋《摽有梅》，季武子赋《角弓》和《彤弓》；襄公十九年季武子如晋，执政的范宣子赋《黍苗》，季武子答赋《六月》等。

襄公十四年晋国准备拘捕戎人的首领驹支，范宣子亲自在朝堂上列举他的罪状，驹支予以反驳后赋《青蝇》之诗退了下去，范宣子则连忙向他道歉并让他参与会议事务。这是因为《青蝇》诗中有"岂弟君子，无信谗言""谗人罔极，交乱四国""谗人罔极，构我二人"等语，而戎人亦能赋诗则说明中原文化的西渐已非一朝一夕之事。春秋社交不但男子可以赋诗言志，女子也有此能。成公九年季文子送穆姜之女鲁成公之妹出嫁到宋国，"复命，公享之，赋《韩奕》之五章。穆姜出于房，再拜，曰：'大夫勤辱，不忘先君，以及嗣君，施及未亡人，先君犹有望也。敢拜大夫之重勤。'又赋《绿衣》之卒章而入"。

虽说赋诗是春秋贵族的"规定动作"，也是时尚行为，但仍有不少人由于不知诗而不能答赋或是有意僭礼。襄公二十七年，郑简公享赵孟于垂陇，伯有赋《鹑之奔奔》有"人之无良，我以为君"之句，赵孟不但当

---

① 孔颖达：《四库全书·经部一三七·春秋左传注疏》，上海古籍出版社1987年版，第321页。
② 杨伯峻：《春秋左传注》，中华书局1990年第2版，第598页。
③ 《匏有苦叶》首章为："匏有苦叶，济有深涉。深则厉，浅则揭。"

场评说"床笫之言不逾阈,况在野乎?非使人之所得闻也",而且预言"伯有将为戮矣"。他的理由是:"诗以言志,志诬其上而公怨之,以为宾荣,其能久乎?幸而后亡。"昭公十二年宋华定来鲁国聘问,在宴会上"为赋《蓼萧》,弗知,又不答赋"。昭子曰:"必亡。宴语之不怀,宠光之不宣,令德之不知,同福之不受,将何以在?"

襄公四年穆叔如晋,晋侯享之,"金奏《肆夏》之三,不拜。工歌《文王》之三,又不拜。歌《鹿鸣》之三,三拜"。韩献子派人问他为什么,穆叔回答说《肆夏》的前三曲是天子用来宴享诸侯的乐曲自己不敢听,《文王之什》的前三篇是两国国君相见时所使用的乐歌自己也不敢听,《鹿鸣之什》的前三篇中,《鹿鸣》是贵国君主用来称赞我国君主的,《四牡》是国君慰劳使臣的,《皇皇者华》是君王用来教导使臣"一定要咨询于忠信之人"的,所以一定要拜谢。由此侃侃而谈可知穆叔并非不知诗,更并非无礼。此前的"不拜"只是穆叔以看似无礼的方式来表现自己对晋悼公无礼用乐的强烈不满。早些时候的文公四年,卫国宁武子来鲁国行聘问之礼,鲁文公在宴会上为其赋《湛露》及《彤弓》,宁武子既不辞谢也又不答赋,也是因为这两首诗乐的运用属于僭礼之举。"不答赋"不是不知礼,而恰恰是知礼之举。

无论是"造篇"之赋诗,还是讽诵他人旧作之赋诗,都是春秋文质彬彬社会风气的重要体现,是这一社会阶段文化生活的重要内容之一。"春秋时犹宴会赋诗,而七国则不闻矣"[①] 证明这种文化活动已在春秋时期成为绝响,《左传》对赋诗活动的多处述录很可能是出于左氏的神往与追怀。

三 应对之巧

如果说占卜的特权还只是掌握在少数人手中,如果说赋诗的能力还只是常被贵族阶级所垄断,那么日常生活中必须用到的言语应对就是属于每一个人的权利,那些或从容或急切,或通俗或典雅,或激烈或平和,或直接或委婉的语言就是每一个人性格和形象的折射,那些记录在案的文饰之言也最能够体现春秋文化的蔚为大观。

[①] 顾炎武著,黄汝成集释:《日知录集释》(全校本),上海古籍出版社2007年版,第749页。

（一）"言"之根本

"'辞'或谓'辞命''辞令'，我们不应该把辞令或辞命仅仅理解为春秋时代行人往来间独特的外交语言，而是春秋时代一种普遍的文学创作现象。'辞'是春秋时代经典的文学样式，是春秋时人对文学作品的独特称谓。"①《周易》说"修辞立其诚"，生活在春秋晚期的孔子对言辞也曾有过诸多思考和论断，《论语》就为我们提供了足够的证据。"敏于事而慎于言"②和"君子欲讷于言而敏于行"③应该是孔子关于言论最基本的思想，所以他多次提及"巧言令色，鲜矣仁"④，对《侍坐》章中子路的"其言不让"⑤也报以一哂，子贡评价老师时也说："君子一言以为知，一言以为不知，言不可不慎也。"⑥但孔子也同时看到言论的重要：他说"不学诗，无以言"⑦，要求弟子加强自身的修养能够以雅言实现社交中的言谈应对；他说"邦有道，危言危行；邦无道，危行言孙"⑧，容许弟子在正直行事的前提下适度谦逊曲意表达自己的思想；他说"有德者必有言，有言者不必有德"⑨，表达了自己对德和言的基本判断，既流露出了他对言的不够信任，也表现了他对有德者之言的推重之情；他说"不知言，无以知人也"⑩，表达的是对交谈的看重，是借言谈以观人；他说"不有祝鮀之佞，而有宋朝之美，难乎免于今之世矣"⑪，是对世道的嘲讽却也是对言辞的推重。⑫

定公四年刘文公以周王之命合诸侯于召陵，卫灵公出发前子行敬子建议他带上祝鮀："会同难，啧有烦言，莫之治也。其使祝鮀从！"子行敬

---

① 傅道彬：《诗可以观：礼乐文化与周代诗学精神》，中华书局2010年版，第137页。
② 《论语·学而》。
③ 《论语·里仁》。
④ 此句见于《论语·学而》，又见于《论语·阳货》。
⑤ 《论语·先进》。
⑥ 《论语·子张》。
⑦ 《论语·季氏》。
⑧ 《论语·宪问》。
⑨ 《论语·宪问》。
⑩ 《论语·尧曰》。
⑪ 《论语·雍也》。
⑫ 有人认为此句中孔子是在鄙夷祝鮀的口舌之辩，但从孔子对祝鮀的一贯评价来看应该还是推重之意。如《论语·宪问》云："子言卫灵公之无道也，康子曰：'夫如是，奚而不丧？'孔子曰：'仲叔圉治宾客，祝鮀治宗庙，王孙贾治军旅，夫如是，奚其丧？'"可知孔子视善治宗庙的祝鮀为贤人。

子的理由是,诸侯大会一定会有难以解决的问题,这时祝佗出色的口才就会发生作用。果然,周人准备在歃血的时候"长蔡于卫",他们的理由是"蔡叔,康叔之兄也"。蔡叔是蔡国的始封之君,康叔是卫国的始封之君。面对这一长幼之序,祝佗追溯立国之初说,周成王以"令德""分康叔以大路、少帛、綪茷、旃旌、大吕,殷民七族,陶氏、施氏、繁氏、锜氏、樊氏、饥氏、终葵氏;封畛土略,自武父以南及圃田之北竟,取于有阎之土以共王职;取于相土之东都以会王之东搜。聃季授土,陶叔授民,命以《康诰》而封于殷虚。皆启以商政,疆以周索"而蔡叔不获分,又举晋文公践土之盟卫成公母弟"犹先蔡",盟书亦先卫后蔡之例,终于说服周人"长卫侯于盟"。从这一事例中我们可以看出身为太祝的祝佗恪守职责,熟知周代历史掌故,丰富的学识是其卓异口才的基础,而没有博学之能自然很难有据理力争的口舌之能。

(二)"言"之机巧

《左传》所记载的春秋辞令很难不让人对那个时代的文学气质心生神往,那些直白或委婉的语言所生成的表达效果显示了它巨大的魅力。在中国文化中,鼎是国之重器,是国家权力的象征。宣公三年,在列国之中已小有实力的楚庄王观兵于周疆时便颇有意味地问起了"鼎之大小轻重",早已领会其政治野心的王孙满并未直接回答,而是说:"在德不在鼎。"并不动声色地警告他说:"成王定鼎于郏鄏,卜世三十,卜年七百,天所命也。周德虽衰,天命未改。鼎之轻重,未可问也。"以四两拨千斤的巧妙方式轻轻化解了楚庄王的政治挑衅。昭公五年晋楚联姻,晋国韩宣子和叔向送晋平公之女如楚,楚灵王却想要寻机羞辱他们。当他向大夫们征求意见时没人肯表态,只有薳启强说:"可。苟有其备,何故不可?"但他接下来却举城濮之战、邲之战和鄢陵之战为例说明"无备者败"的道理,又说"晋不失备,而加之以礼"且有能臣良将和同仇敌忾之心:"君将以亲易怨,实无礼以速寇,而未有其备,使群臣往遗之禽,以逞君心,何不可之有?"最终以出色的归谬法让楚灵王打消了原来的念头,并对韩宣子等人厚加礼遇。

庄公十四年记载六年前内蛇与外蛇斗于郑国南门中,结果内蛇死去,而六年后郑厉公得以回国执政。鲁庄公问申繻此事是否与妖孽有关,申繻回答说:"人之所忌,其气焰以取之。妖由人兴也,人无衅焉,妖不自作。人弃常,则妖兴,故有妖。"话虽就郑国之事而论,其实却暗含规劝讽谏之意，庄公会其意便不再问了。

昭公元年楚公子围趁为楚王郏敖问疾之机缢而杀之，篡夺王位。送讣告的使臣来到郑国时，正在郑国聘问的楚大夫伍举问他立继承人的措辞，使臣说："寡大夫围。"伍举立刻更正说："共王之子围为长。"只一句话不但使公子围从大夫群落里脱颖而出成为楚灵王，而且在礼法上以"年长"为其找到了一个合理的王位继承理由。

宣公十二年楚庄王伐萧，楚国大夫申叔展和萧国大夫还无社是朋友，就想救他于危难。由于在两军阵前不便直言，申叔展先后问还无社有没有麦曲或是山鞠穷，还无社不明其意说"没有"。麦曲和山鞠穷都是治疗风湿的药物，申叔展意在暗示还无社第二天向低湿处逃走。申叔展只好再问道："河鱼腹疾奈何？""河鱼腹疾"是古时习语，譬喻因水湿而得病，这一次还无社终于明白，于是说："目于眢井而拯之。"意思是"看到枯井就可以救他"。但由于枯井可能不只一口，申叔展又说："若为茅绖，哭井则己。"是让还无社藏在井里而把茅草编成的带子放在井口作为标记，而自己以哭声为号，免得找不到还无社藏身之井或是使还无社落入他人手中。第二天，萧人大败之后，申叔展就用这一事先约定的方法救出了还无社。

（三）"言"之刚柔

春秋人以文化素养为基础的应对技巧除了表现在上述紧张激烈的场合中，往往还在日常生活中以一种近似于谐趣的方式存在着，甚至某些重大事件也不例外。

襄公十年的时候郑国发生尉氏、司氏之乱，子西、伯有、子产之父均死于其中，一些参与叛乱的人后来逃到了宋国。郑人为了给子西、伯有、子产报仇就把四十乘马和师茷、师慧两位乐师送给宋国，引渡了堵女父、尉翩、司齐并把他们剁成了肉酱。乐师师慧经过宋国的朝堂故意要就地小便，他的副手制止他说这里是朝堂，师慧说这里没人，副手说朝堂怎么会没人呢，师慧于是说："必无人焉。若犹有人，岂其以千乘之相易淫乐之蒙？必无人焉故也。"表明了对宋国君臣的嘲讽之意。子罕听说了这件事就坚决请求宋平公将师慧送回郑国。这是不将师慧作为一名乐师，而是作为一个贤人所给予的礼遇。因为春秋时代乐与诗礼如影随形，乐师作为君主身边的人常常要担负起进谏的职责，晋国的师旷就是一个最为典型的例子。

庄公二十二年自陈国奔齐的公子敬仲请齐桓公宴饮，天黑时齐桓公尚未尽兴要求掌灯继续饮酒，敬仲却说："臣卜其昼，未卜其夜，不敢。"以不能夜以继日作乐之礼拒绝了齐桓公的要求。君子赞扬他说："酒以成礼，不继以淫，义也；以君成礼，弗纳于淫，仁也。"

昭公四年，叔孙豹去世，主理丧事的家臣杜洩想要用周王赏赐给叔孙豹的路车下葬，遭到了季氏家臣南遗和季孙的反对。杜洩说："夫子受命于朝而聘于王，王思旧勋而赐之路，复命而致之君。君不敢逆王命而复赐之，使三官书之。吾子为司徒，实书名；夫子为司马，与工正书服；孟孙为司空以书勋。今死而弗以，是弃君命也。书在公府而弗以，是废三官也。若命服，生弗敢服，死又不以，将焉用之？"有理有据地说服了季孙，实现了自己的愿望，很好地履行了一个忠诚家臣的职责。

定公九年宋国使臣乐祁死在晋国，宋景公想让他的弟弟乐大心去与晋国结盟并迎回乐祁的尸体，乐大心假装有病不肯去。当乐祁的尸体从晋国归来时，其子乐溷要求乐大心出城迎接并责备他说："吾犹衰绖，而子击钟，何也？"责备叔父乐大心在兄长丧中还击钟作乐。乐大心辩解说："丧不在此故也。"说这是因为丧事不在国内的缘故。然后却对人说："已衰绖而生子，余何故舍钟？"两个人针锋相对的互相指责中其实包含着春秋服丧的礼法，身为乐祁兄弟的乐大心不可以作乐，身为儿子的乐溷也不可与妻妾同房，所以乐大心讥笑他用礼法要求自己的同时却"衰绖生子"。

春秋男子善于言辩，女子亦有出色表现。庄公十四年，息妫入楚虽为楚庄王生二子却始终不曾主动说话，答楚庄王之问时说："吾一妇人，而事二夫，纵弗能死，其又奚言？"楚庄王当初因为听信了蔡哀侯的挑拨而灭息，此时为取悦息妫就率军伐蔡，一举灭掉了蔡国。息妫之言没有一语直指蔡哀侯，却借楚子之手达到了自己复仇的目的。僖公二十二年，在秦国作人质的晋太子圉想要逃回晋国，就对自己的妻子秦女怀嬴说："与子归乎？"想要带着她一起走。怀嬴在权衡之后回答说："子，晋太子，而辱于秦。子之欲归，不亦宜乎？寡君之使婢子侍执巾栉，以固子也。从子而归，弃君命也。不敢从，亦不敢言。"她的答言不但以大义坚定了子圉逃归的决心，也让我们了解到她在父与夫之间的两难处境和内心那份无以言传的痛苦。

语言是人类最重要的交际工具，人们更多地借助语言来保存和传递人类的文明成果，在文字产生之前如此，在文字产生之后也是如此。虽然现实交际当中存在着不同程度的口是心非，但"言如其人"始终是一个相对正确的基本判断。早在先秦之世，人们就对言语生出了特别的关注，并表达着自己的认识。《周易》说："将叛者其辞惭，中心疑者其辞枝，吉人之辞寡，躁人之辞多，诬善之人其辞游，失其守者其辞屈。"[①]《左传》说："言，身之文也。"[②]《孟子》说："我知言，我善养吾浩然之气"，"诐辞知其所蔽，淫辞知其所陷，邪辞知其所离，遁辞知其所穷。生于其心，害于其政；发于其政，害于其事。圣人复起，必从吾言矣。"[③]《荀子》说："君子之言，涉然而精，俛然而类，差差然而齐彼正其名，当其辞，以务白其志义者也。……故愚者之言，忽然而粗，啧然而不类，誻誻然而沸。彼诱其名，眩其辞，而无深于其志义者也。"[④] 到汉代，刘向的《说苑》表达得更为简要："君子之言寡而实，小人之言多而虚。"[⑤]

[①]《周易·系辞传》，李学勤主编：《周易正义》，北京大学出版社1999年版。
[②]《左传·僖公二十四年》。
[③]《孟子·公孙丑》。
[④]《荀子·正名》。
[⑤]《说苑·说丛》，刘向撰，向宗鲁校证：《说苑校证》，中华书局1987年版。

第二章 《左传》的文学思想

　　人的所有行为都是在一定思想的指导之下得以实施和完成的,《左传》的成书也不例外。而将诗才、史笔和思想的火花并于一处时,一个人的写作动机、写作目的和情志情感都展现无遗。左氏的"立言"选择、"崇礼"思想以及"忠于内心"的情感倾向都是他最为显在的文学思想的体现,这些思想主导着他的写作行为并细细投射在他对材料的取舍和剪裁上。

第一节　"立言"与"不朽"

　　当人类最基本的生存需要得到满足后,精神需要就被提上了重要日程,而肉身朽烂的必然也使人们开始追求精神、思想和功业的不朽。当人们把"不朽"作为自己的人生追求时,"立言"就成了士人最好的选择。

一　史官职责与士人理想

　　文字与文化在最初的时候总是掌握在少数人的手中,而文化的垄断也意味着思想的垄断和政治的垄断。在古代中国特定的社会背景之下,最初的文化生根于巫史之手,然后才慢慢地向更广大的范围中扩散,战国以后成为社会中坚的士人就是在这个过程中形成的。

　　(一)"史"之来源

　　中国的史官到底起于何时,文献上并没有确切的记载,但传说早在黄帝时代就有左史仓颉、右史沮诵。三代以降最著名的史官有夏代的终古、商代的向挚、周代的史佚等,连伟大的哲学家老子也被认为是周之柱下史或是守藏史。

　　关于史官之缘起,人们一般认为是出于天人沟通的需要,而史又是从巫中分离出来而在相对漫长的时期内又兼具巫之职责与能力的人。许慎《说文解字》释"巫"为"能事无形，以舞降神者也"，释"史"为"记事者也"，并言其："从又持中。中，正也。"《周易》说"用史巫纷若"①即是巫史连称，杨向奎先生也推断出"史之源流，乃神、巫、史相传。由神而巫，由巫而史"②，陈梦家先生则说"史亦巫也""由巫而史"③，鲁迅先生在《门外文谈》里说："原始社会里，大约先前只有巫，待到渐次进化，事情繁复了，有些事情，如祭祀，狩猎，战争……之类，渐有记住的必要，巫就只好在他那本职的'降神'之外，一面也想法子来记事，这就是'史'的开头。况且'升中于天'，他在本职上，也得将记载酋长和他的治下的大事的册子，烧给上帝看，因此一样的要做文章——虽然这大约是后起的事。再后来，职掌分得更清楚了，于是就有了专门记事的史官。"④

《礼记·曲礼下》云："天子建天官先六大，曰大宰、大宗、大史、大祝、大士、大卜。"大史（太史）之职赫然在列，显示了它对天官系统重要的支撑作用，其余内史、外史、左史、右史、御史、南史等无不是其补充。《周礼·天官·冢宰》说"史官掌书以赞治"，《周礼·春官·大史》说"大史掌建邦之典"，《周礼·春官·小史》说"小史掌邦国之志"，《周礼·春官·外史》说"外史掌书外令，掌四方之志，掌三王五帝之书，掌达书名于四方，若以书使于四方则书其令"，《礼记·礼运》说"王前巫而后史，卜、筮、瞽、侑皆在左右"，《礼记·玉藻》说"左史记言，右史记事"，《仪礼·少牢馈食礼》说"史兼执筮与卦"，《汉书·艺文志》说"古之王者世有史官，君举必书，所以慎言行，昭法式也"，刘知己《史通·史官建置》说："大史掌国之六典，小史掌邦国之志，内史掌书王命，外史掌书使乎四方，左史记言，右史记事。"著名史学家白寿彝在《中国史学史》中说："'史'，不止是一种官职，而且是有多种分工的官职，他们的共同任务是，起草文件、宣读文件、记录某些活动，保管各种官文书，在一些宗教活动中，还担任一些重要的职位。"⑤

---

① 《周易·巽卦》。
② 杨向奎：《再论老子——神守、史老、道》，《史学史研究》1990年第3期。
③ 陈梦家：《商代的神话与巫术》，《燕京学报》1936年第20期。
④ 鲁迅：《鲁迅全集》（六），人民文学出版社1981年版，第86页。
⑤ 白寿彝：《中国史学史》（第一册），上海人民出版社1986年版，第4页。

并非专门从事史学研究的鲁迅则说:"文字是特权者的东西","古人说:'仓颉,黄帝史。'第一句未可信,但指出了史和文字的关系,却是很有意思的。"① 鲁迅关于"史"与"文字"的发现也是很有意思的。

《左传》僖公七年管仲说:"夫诸侯之会,其德行礼义,无国不记。"各国之记当然是由史官用文字完成的。襄公十一年说"夫赏,国之典也,藏在盟府,不可废也",这项工作应该也是由史官来做的。襄公十四年师旷说:"史为书,瞽为诗,工诵箴谏,大夫规诲,士传言,庶人谤,商旅于市,百工献艺。"更是将各种身份的人的职责并列呈现,也使史官职责"书"更加清晰地展现在我们面前。

(二) 春秋之"史"

基于上述描述,我们对《左传》之"史"做了一个并不完备的梳理,留在视野里的大致首先是如下人等:僖公十一年被周王派去赐晋侯命的内史过;僖公十六年为宋襄公解释"六鹢退飞"的周内史叔兴;僖公二十八年接受曹国贿赂欺骗晋君生病是因为伐曹的晋之筮史;文公元年为公孙敖相其二子的周内史叔服,文公十四年他还依据星占预测七年之内"宋、齐、晋之君皆将死乱";文公十三年邾文公卜迁于绎时说"利于民而不利于君"的邾太史;文公十八年替季文子答君问之鲁太史克;襄公二十三年替季孙"掌恶臣"的外史;昭公八年备晋侯咨度的史赵;昭公元年晋侯有疾"史莫知之";昭公二年晋侯使韩宣子来聘,"观书于大史氏";昭公七年之因夜梦康叔而主张立卫灵公的史朝;昭公八年"掌其祭"的大史;昭公十三年杀楚灵王公子之史猈;昭公十七年鲁国之祭日食"祝用币,史用辞",史与祝共同完成祭祀仪式;昭公二十年齐侯患病期年不愈,梁丘据以为是祝史之罪,要求"君盍诛于祝固、史嚚以辞宾",这是几因公职而死的史官;昭公末年多次出现的熟知故典且能判定人世盛衰的晋之史墨(蔡墨);定公四年有为楚尽忠而死的史皇;哀公六年为楚昭王解释天象的周太史;哀公十一年送国书的首级回齐国的鲁国太史固等。

这些史官掌文献、掌册命、掌盟诅、掌祭祀,甚至积极主动地参与家国之事。他们大多知识渊博、学养丰富,熟谙天文、精通占星之术,文公十八年之鲁太史更以滔滔不绝之辞显示了自己深厚的文学功底。史官们能于复杂的自然现象或社会现象中剥离出具有哲学意义的生活表征,从而判

---

① 鲁迅:《鲁迅全集》(六),人民文学出版社1981年版,第86页。

断一些常人无法判断的事情。当然他们的有些工作还是接近于巫祝，未必全有公而忘私之心，有时也会被无辜责难，有些史官还因身负技艺和言辩之能而兼有武士和使者的功能。

从春秋史官数量众多的活动上，我们首先可以结合汉代习俗略作管窥。《史记》说："太史公既掌天官，不治民。"①《汉书》记："太史治星望气，及太卜龟蓍，皆以为吉，匈奴必破，时不可再得。"②《后汉书·百官志》司马彪注曰："太史公掌天时、星历。凡岁将终，奏新年历；凡国有祭祀、丧、娶之事，掌奏良日及时节禁忌；凡国有瑞应、灾异，掌记之。"③可见直至汉代，史官与巫、卜、祝都还没有本质上的区别，著述也仍然不是史官们最重要的工作，而被司马迁作为创作理想之一的"究天人之际"大抵也正来源于此。其次，由于史官人群是中国较早的档案工作者，与典籍的距离最近，受其濡染和影响也最深，进而形成其在文化生活中几乎无所不知的特殊风貌，所以后来刘师培有著名的"古学出于史官论"，清人章学诚在解释其"六经皆史"说时也讲："古人不著书，古人未尝离事而言理。六经皆先王之政典也。"④史官又成了古代学问家的最重要来源之一。

《礼记·王制》说"大史典礼，执简记，奉讳恶"，史官当然也要对国之大事进行相应的记录。襄公二十九年女叔齐对晋平公言鲁之恭顺时说："鲁之于晋也，职贡不乏，玩好时至，公卿大夫相继于朝，史不绝书，府无虚月。"其中特别提到的"史不绝书"一语首先为我们证明史有"书"人事之责，其次告诉我们其时史书上的外交内容已是国与国之间邦交关系的见证。《左传》宣公二年晋赵穿攻灵公于桃园，因身为正卿的赵盾奔未出境，所以太史董狐书曰"赵盾弑其君"且"以示于朝"。所以孔子说："董狐，古之良史也，书法不隐。赵宣子，古之良大夫也，为法受恶。惜也，越竟乃免。"昭公元年，郑为游楚乱故，罕虎、公孙侨、公孙段、印段、游吉、驷带六大夫私盟于闺门之外，公孙黑不但非要强行参加，还要求太史记录他的名字，并且改"六子"为"七子"。襄公二十五

---

① 《史记·太史公自序》。
② 《汉书·西域传》。
③ 范晔：《后汉书》，中华书局1995年版，第3572页。
④ 章学诚著，严杰、武秀成译注：《文史通义全译》，贵州人民出版社1997年版，第1页。

年，崔杼弑齐庄公后，连杀秉笔直书、不讳其恶的太史氏兄弟三人，见淫威无法震慑史官的决心方才听凭对方书写。赵盾之提出抗议，公孙黑之要"正名"，崔杼之杀害史官，都是因为其时人们已经意识到了史之重要。在这些史官的身上，我们也真正看到了"记言"或是"记事"的职能。

殷商之时史官主要掌龟册、主卜祀、协王事，记事不占主导地位。迄至两周之世，职事繁衍为四大综：祭天司地，观象制历；记录时事，保管典籍；起草文书，宣达王命；讲诵史事，劝善惩恶等。但《礼记》云："周人尊礼尚施，事鬼敬神而远之，近人而忠焉。"① 既然"近人而忠焉"，周代史官就难免会将更多的注意力放到人的身上，而其记录的重心会更多地向"人"偏离，较《春秋》更早的《尚书》应该就是史官自觉记事的产物。因为典籍为史官所掌管，史料的搜集、保存和汇编就多了许多便利，墨子曾称"吾见百国春秋"②并列举周、齐、燕、宋之史册，《孟子》也提到晋之《乘》、楚之《梼杌》、鲁之《春秋》，我们有理由认为这些书籍是由当时掌管文献的史官所辑录、编撰的。史官由于常在君王身边，不但有记事之责而且负有应对君王"咨度"的义务，他们对天下形势就必须有自己的判断，而这种判断一般是依据《周礼》而行的，因此史官的思想和笔下所表现出来的内容就大多是与后世儒家相一致的感受与对策。只是这时候，编订史书还没有成为他们的法定职责，更不是他们的唯一职责。

（三）"士"与著述

孔子之前的《春秋》为鲁之国史，自当是鲁国史官日常记录而后编次整理而成的，即使在被孔子修订后仍因其过简而被王安石等人讥为"断烂朝报"，人们也常说如果没有"三传"后人则无法知晓《春秋》到底写了些什么。孔子之修订《春秋》开私修史书之先河，公羊、穀梁甚至左氏之"传"《春秋》也只是借着去古未远的便利阐述自己的思想，并非专心修"史"，更未必是坚信自己的作品将来也能依托《春秋》变身为"经"。而"私修史书"在中国历史上相当漫长的一段时间内甚至是有罪的。

---

① 《礼记·表记》。
② 《史通·六家》与《隋书·李德林传》均有墨子"见百国春秋"之语，但"吾见百国春秋"之语不见于今本《墨子》。

中国古代史官多出于世袭，这是三代已有的惯例，甚至汉代著名史家司马迁、班固也是子承父业而创制《史记》《汉书》之宏篇。襄公二十五年崔杼弑齐庄公后，"大史书曰：'崔杼弑其君。'崔子杀之。其弟嗣书，而死者二人。其弟又书，乃舍之"。太史被杀而其弟有权相继书史，说明子承父业而外还有弟继兄职之例。而太史之家在相继有三人赴死之后尚有第四人敢于直书其事，证明了其家族教育所呈现出的职责意识是何等的坚定。而"南史氏闻大史尽死，执简以往。闻既书矣，乃还"，又说明这种精神不只存在于太史之家，一般职位低微的史臣也是能够做到的。而记录本身所透露出来的道德意味又是史家所必备，也是史家思想之必然。《左传》云："《春秋》之称，微而显，志而晦，婉而成章，尽而不污，惩恶而劝善，非圣人谁能修之。"① 司马迁说："《春秋》之义行，则天下乱臣贼子惧。"② 刘勰亦曰："举得失以表黜陟，征存亡以标劝戒。褒见一字，贵逾轩冕；贬在片言，诛深斧钺。"③

　　史官与士人来源不同，史官手中的文化财富曾经是士人无法企及的，他们的社会地位也曾经比士人要高出很多。但随着文化下移的发生，士人有了晋身的机会，史官则在一定程度上因为和巫的相似而不再那么受人重视，他们之间的社会界限就不再那么分明。但使二者形成有机联系的最重要的因素并不在这里，而在于史官与士人之间有一种东西是相通的，那就是精神，是精神世界的丰富与活跃。

　　士人的人生理想说起来十分简单，一言以蔽之就是"修身齐家治国平天下"，就算是立誓与世无争的隐逸之士也无不将"修身"视为要务。士人所受的教育和他们的文化水准是有着密切关联的，因为知识世界的廓大和思想境界的拓展，他们不会像农民一样满足于土地的收成，不会像工商业者一样满足于财富的积累，他们的人生目标不但是向上的，而且是大而化之的，是要从自身推广到一个更广泛的人群世界中去。即使如老庄看似消极的"小国寡民"的理想和崇尚"自然"的理念也并不是针对"一己"所制定的人生蓝图。

　　史官和士人都受过较高层次的文化教育，这种教育注定他们会生发出

---

① 《左传·成公十四年》。
② 《史记·孔子世家》。
③ 《文心雕龙·史传》，王运熙、周锋：《文心雕龙译注》，上海古籍出版社1998年版。

比常人更多的思考,"礼乐射御书数",六艺之中没有哪一艺是不经过思考而仅凭熟练就能成就的。经历了由巫到史的转变,史官的职责更多是在为人服务,他们对自己职责的心理预期也更多是与人相关的,是服务君王服务百姓,而士人的理想也是以"修身"为前提而心怀家国天下的,他们有着共同的强烈的责任意识。他们的理想如果没有实现就会被叫作好高骛远,如果实现了就被叫作高瞻远瞩。所以从某种意义上我们可以说,士人总是到历史中去寻找借鉴,而史官的躯体中也活跃着士人的灵魂。他们的思考重心永远是人,是人的个体和群体,如果把对人的个体和群体的要求化到最简,那么应该就是"仁"与"和"。"仁"是礼乐化生的思想境界和行为表达,是"义""礼""智""信"的综合外化,而"和"是和而不同,是和实生物,是这世界推衍和发展的动力,也是形态本身。无论后来史官是不是成为了士人的一个组成部分,他们共同的文化基因都决定了他们会比别人承担起更多的社会责任,而这责任的表现之一种就在于他们对"三不朽"思想的全然信服和不懈追求。

二 "立言"的胆识

作为万物之灵长,人在求得温饱之后就必然为满足某种理想而存在,否则就会变成行尸走肉甚至会因为空虚无聊而发疯。当然,还有一些人根本连是否温饱也不以为意,"一箪食,一瓢饮,在陋巷"也"不改其乐"的颜回和"食无求饱,居无求安"的君子就是这样,只要还活得下去,他们就是自身理想坚定的追寻者。但人的理想总是同一定的社会价值观念相适应和相统一的,当春秋社会需要一个具有标准性和参考意义的价值体系时,"三不朽"观念便应运而生并影响了其后直到今天的所有中国人。

(一)"三不朽"

《左传》襄公二十四年为我们记录了中国文化史上与"三不朽"直接相关,也是迄今能够找到的一个最早也最重要的场景:

> 二十四年,春,穆叔如晋,范宣子逆之,问焉,曰:"古人有言曰:'死而不朽',何谓也?"穆叔未对。宣子曰:"昔匄之祖,自虞以上为陶唐氏,在夏为御龙氏,在商为豕韦氏,在周为唐杜氏,晋主夏盟为范氏,其是之谓乎!"穆叔曰:"以豹所闻,此之谓世禄,非不朽也。鲁有先大夫曰臧文仲,既没,其言立,其是之谓乎!豹闻

之：'大上有立德，其次有立功，其次有立言。'虽久不废，此之谓不朽。若夫保姓受氏，以守宗祊，世不绝祀，无国无之。禄之大者，不可谓不朽。"

叔孙豹（穆叔）是春秋名臣，在鲁国的地位与季孙相当，同为三桓之后，因其德行高尚见识非凡被时人目为"圣贤"。范宣子名士匄，为晋国范氏之后，是士会之孙，士燮之子，时为执政大臣，不但军功卓著而且能知礼践礼①。所以两个人的这次交谈不啻是一场文化上的"高端会晤"。范宣子所以能够与叔孙豹讨论"死而不朽"的问题，首先说明这一命题已经进入人们的视野，并使包括范宣子在内的一部分人产生了困惑；其次表明了范宣子对叔孙豹的认可，相信从这位来自文化大邦鲁国的圣贤身上可以找到答案；再次就是人们已经开始将"不朽"作为个体的生命追求，并在寻求某种合理的通道，而范宣子自己就曾经很认真地思考过这个问题。

面对范宣子提问的"穆叔未对"，我们不能简单地理解为不屑，毕竟此刻范宣子还没有满面骄矜地夸耀"世禄即为不朽"。叔孙豹的"未对"应该是一个必要的沉吟，因为范宣子很突兀地提出这样一个深奥的问题，他一定要让自己能在沉静稳健的状态下给出一个无懈可击的智者的答案。接着，叔孙豹毫不客气地否定了范宣子的观点，称"禄之大者，不可谓不朽"，反而是臧文仲因"其言立"而得不朽，并且极其直接地为人们指出了通向"不朽"的三条道路："立德""立功""立言"。

在阐说"太上有立德，其次有立功，其次有立言"的"三不朽"观念时，叔孙豹用了"豹闻之"三个字，其目的显然在于证明自己所言是有出处而非凭空杜撰的。这种言语方式就如同孔子言必称"周公"，而《庄子》常用神农、黄帝、尧、舜、孔、颜之类"言足为世重者"的"重言"来阐发自己的观点一样。虽然史料有阙，我们未能在更早的人那里听到关于"三不朽"的言论，也未能从文献上确证其出处，从而怀疑"豹闻之"也可能是和《庄子》以"乌有先生"之类人替自己代言的手

---

① 《左传·襄公八年》："晋范宣子来聘，且拜公之辱，告将用师于郑。公享之。宣子赋《摽有梅》。季武子曰：'谁敢哉？今譬于草木，寡君在君，君之臭味也。欢以承命，何时之有？'武子赋《角弓》。宾将出，武子赋《彤弓》。宣子曰：'城濮之役，我先君文公献功于衡雍，受彤弓于襄王，以为子孙藏。匄也，先君守官之嗣也，敢不承命？'君子以为知礼。"

段同为假托，但"三不朽"观念能为后人广泛接受却证明它有着广泛的社会基础和牢固的哲学根基，建立德行、功业和言论也自此成为人们明确的精神投奔方向，甚至身为帝王的曹丕都认同"立言"说："盖文章经国之大业，不朽之盛事。年寿有时而尽，荣乐止乎其身，二者必至之常期，未若文章之无穷。是以古之作者，寄身于翰墨，见意于篇籍，不假良史之辞，不托飞驰之势，而声自传于后。"①

叔孙豹之言中的三"立"看似以并列关系存在，事实却并非如此。因为在先秦以及后世的观念中，"立德"始终是"立功"和"立言"的必要前提，即"'三不朽'的关系是'立德'为体，'立功'及'立言'为用；体可含摄用，用不必包含体"②。可是，"三不朽"的意义到底在于何处呢？"理解和分析'三不朽'说，不能脱离其具体语境，就其产生的时代及语言背景来看，'三不朽'说强调的更多的是'群体精神'、'公天下意识'以及'立言为公'的思想，依附性、群体性、崇公抑私性是它的本质规定。换言之，泛言'三不朽'说强调人生态度和价值追求大体是不错的，问题在于它所倡导的是什么样的人生态度和价值追求？是附丽于群体的，还是张扬个性的？"③ 上面这个问题提得实在是聪明极了。"三不朽"这一命题代表着中华民族的群体价值观，既是积极的为"公"的，又是对个体生命的一种超越，但真的很少有人会去想它是不是还有一些被忽略、被隐藏，甚至被我们主观过滤掉的什么。因为"三不朽"代表着中华民族的群体价值观，所以更多人就简便地认为它因此就只能是"群体价值"的表现，从而完全忽略了"群体"遮蔽下"个体"的人生理想与追求。

虽然胡适也说"三不朽"只适用于少数人，但它毕竟为人们的"精神长生"打开了一条通道，而其中适应人群相对更为广泛的"立言"更是在这样的语境之中显示出了它的非凡意义。王运熙、顾易生主编《先秦两汉文学批评史》中说："穆叔虽然把'立言'的地位次在'立德'、'立功'之后，但毕竟把'立言'与'立德'、'立功'区别开来，肯定其独立地位及垂诸永久的价值。这种认识，常被后世文学批评用来作为讨

---

① 《典论·论文》，郭绍虞：《中国历代文论选》，上海古籍出版社2001年版。
② 张学智：《儒家文化的精神与价值观》，《哲学与文化》2000年第9期。
③ 刘畅：《三不朽：回到先秦语境的思想梳理》，《文学遗产》2004年第5期。

论文学的地位和作用的理论依据。"① 在春秋时代，人们还普遍缺乏后世所言的"文学"观念，但却在无意中发现了以之为手段可以成就不朽的秘径，不知道这是人类精神成长路上的偶然还是必然。

可是人们为什么要追求"不朽"呢？如果真的是人人为公，每一个人所做的事情就应该只是身体力行，而大可不必考虑是否"不朽"的问题。如果只是为了"行为世范"，要给后世子孙作榜样，身教自然胜于言教，又何需欲求"不朽"？简而言之，垂范后世是目的之一，满足精神需要也是其重要的内容。美国现代哲学家詹姆士在《人之不朽》一文中曾这样讲："不朽是人的伟大的精神需要之一"，"对身后不朽之名的追求，正是古圣先贤超越个体生命而追求永生不朽、超越物质欲求而追求精神满足的独特形式"。② 孔子说："君子疾没世而名不称焉。"③ 屈原《离骚》讲："老冉冉其将至兮，恐修名之不立。"司马迁《报任安书》云："立名者，行之极也。"孔子在评价辅佐齐桓公成就霸业的贤相管仲时说："管仲相桓公，霸诸侯，一匡天下，民到于今受其赐。微管仲，吾其被发左衽矣！岂若匹夫匹妇之为谅也，自经于沟渎而莫之知也！"④ 孔子就是将管仲的"不朽"和普通人的"朽"相对立的，既承认了管子基于功业的不朽事实，更是强调了不朽者对于后人的意义。

（二）"立言"与"言立"

孔颖达在《春秋左传正义》中对德、功、言三者分别做了界定："立德谓创制垂法，博施济众"；"立功谓拯厄除难，功济于时"；"立言谓言得其要，理足可传"。⑤ "立德"与否在于后世的评价，非圣人很难做到；而"立功"往往需要有官场背景，成公十六年子反说"君赐臣死，死且不朽"也是从立功角度说的。对于一般文士而言，欲求不朽最为便捷的途径自然非"立言"莫属。章学诚说："夫文字之用，为治为察，古人未尝取以为著述也。以文字为著述，起于官师之分职，治教之分途也。"⑥

---

① 王运熙、顾易生：《先秦两汉文学批评史》，上海古籍出版社1990年版，第47页。
② 张海晏：《谈谈"三不朽"》，《光明日报》2007年7月6日第9版。
③ 《论语·卫灵公》。
④ 《论语·宪问》。
⑤ 孔颖达：《四库全书·经部一三八·春秋左传注疏》，上海古籍出版社1987年版，第141页。
⑥ 章学诚著，严杰、武秀成译注：《文史通义全译》，贵州人民出版社1997年版，第1页。

欲书胸中之念而于后世有所借鉴之意却实在是有的，于公为天下正义，于私亦可传扬其名。

叔孙豹所称立言不朽的臧文仲在《左传》之中发表言论凡八处[1]，其中有谏君之言，也有对他国人、事的评价，都足为智者之言。虽然文公二年孔子曾说臧文仲有"不仁者三，不知者三"[2]，但文公十年臧文仲卒后尚有文公十七年襄仲之称引和文公十八年季文子之称道，至襄公二十四年叔孙豹则称其立言不朽。

《左传》中还有一个身为史官的"立言"典范——史佚。《左氏会笺》说："尚书称逸祝册，佚逸字通。说苑正理篇文作尹逸，淮南道应训云：'成王问政于尹佚'，则知成王时尚存。"[3] "史佚"是周武王时的太史尹佚，他的言论在《左传》中多次被人提及。僖公十五年子桑引史佚之言曰："无始祸，无怙乱，无重怒。"文公十五年惠伯劝襄仲哭穆伯时引史佚之言曰："兄弟致美。"宣公十二年郑杀仆叔及子服后君子曰："史佚所谓'毋怙乱'者，谓是类也。"成公四年鲁成公欲求成于楚而叛晋时季文子劝说道："史佚之志有之曰：'非我族类，其心必异。'楚虽大，非吾族也，其肯字我乎？"公乃止。襄公十四年晋侯问卫故于中行献子，献子称："史佚有言曰：'因重而抚之。'"昭公元年久居晋国的秦后子向叔向辞谢与刚刚由楚赴晋的子干相同的礼遇时引史佚之言曰："非羁，何忌？"足见史佚是一个和臧文仲一样可供后人效仿的标尺。史佚之言能得后人纷纷推重，并多次起到止无礼、平乱象的作用，足见后来太史公言《春秋》"使乱臣贼子惧"亦并非虚言。

左丘明能于战国之初为《春秋》作传，说明他也是春秋文化培养出的士人，无论他是否与孔子有过交往并为孔子所赏识的那个左丘明[4]，他的思想倾向都是接近于孔子的，所以后人在为《左传》定性时才有可能将其划定为"经"。

司马迁在《太史公自序》中又将"立言"具体化为"以拾遗补艺，

---

[1] 臧文仲之言见于《左传》庄公十一年、僖公十一年、僖公二十年、僖公二十二年、僖公二十四年、僖公三十三年。

[2] 仲尼曰："臧文仲其不仁者三，不知者三。下展禽，废六关，妾织蒲，三不仁也。作虚器，纵逆祀，祀爰居，三不知也。"

[3] ［日］竹添光鸿：《左氏会笺》，四川出版集团、巴蜀书社2008年版，第478页。

[4] 子曰："巧言令色，足恭，左丘明耻之，丘亦耻之。"见于《论语·公冶长》。

成一家之言，厥协'六经'异传，整齐百家杂语，藏之名山，副在京师，俟后世圣人君子"①。对于"立言"，《报任安书》中"此人皆有所郁结，不得通其道也，故述往事，思来者"和《平原君虞卿列传》中"然虞卿非穷愁，亦不能著书以自见于后世云"则为我们提示了忧患意识与立言的密切关系。"左丘失明，厥有国语"也是司马迁"发愤著书说"的重要论据之一，而"发愤著书说"则是对司马迁"立言不朽"决心和动力的理论概括。如果没有"立言"的理想，如果不相信"言"的价值，老子不会赠孔子以言②，孔子亦不会对圣人之言持有一贯的敬重之心③。

无论什么时候我们都不能不对事物的本末加以区分，目的和意义在更多时候也不能够等同。应该说"立言"的想法曾在许多人的心中萦绕，也的确在一些人的生命中被付诸实施，但真正有"言"留存并影响后人的恐怕不会是"立言"者的全部，因为"立言"与"言立"还有着本质的区别。除了负载德行的目的、意义以外，所立之"言"还要有表达的章法，不然此"言"是难以传诸后世的。关于言之表述，《周易》要求我们"修辞立其诚"④，要"言有序"⑤，《老子》说要"言有宗"⑥，《诗经》推重"出言有章"⑦，孔子也强调"言之无文，行而不远"⑧。关于言之意义，魏文帝曹丕在其《典论·论文》中讲："盖文章经国之大业，不朽之盛事。年寿有时而尽止乎其身，二者必至之常期，未若文章之无穷。是以古之作者，寄身于翰墨，见意于篇籍良史之辞，不托飞驰之势，而声自传于后。"⑨ 这大约可以算得上千古文士所以选择"立言"的最佳代言了。寒士言此或可以视为酸腐自慰，帝王言此则可视为不谬之心声。

---

① 《史记·太史公自序》。
② 《史记·孔子世家》：老子送之曰："吾闻富贵者送人以财，仁人者送人以言。吾不能富贵，窃仁人之号，送子以言曰：'聪明深察而近于死者，好议人者也；博辩广大危其身者，发人之恶者也。为人子者毋以有己，为人臣者毋以有己。'"
③ 《论语·季氏》载，孔子曰："君子有三畏：畏天命，畏大人，畏圣人之言。小人不知天命而不畏也，狎大人，侮圣人之言。"
④ 《周易·系辞》。
⑤ 《周易·艮卦》。
⑥ 《老子·第七十章》。
⑦ 《诗经·都人士》首章云："彼都人士，狐裘黄黄。其容不改，出言有章。行归于周，万民所望。"
⑧ 《左传·襄公二十五年》。
⑨ 《典论·论文》。

孔子"有德者必有言,有言者不必有德"① 提示我们的或许首先是"言"从无到有的产生——有德无德者均可有"言",其次便是此"言"能否由近及远地流传就必须依赖其中蕴含的道德因素。我们从不否认"立言"的人生理想起于泽被后世的伟人情怀,但它同时也必然源于一种无法遏止的表达冲动。《文史通义》说:"后世载笔之士,作为文章,将以信今而传后,其亦尚念'欲无言'之旨,与夫'不得已'之情,庶几哉言出于我,而所以为言,初非由我也。"② 对世情的长久关注或是对世事的惊鸿一瞥都会让人间智者有如鲠在喉不吐不快之感,而他们或直白激切或蕴意深深的表达就是后人的镜鉴和参照。从文学生成论推演,"登山则情满于山,观海则意溢于海"。就《左传》而言,左氏观《春秋》既有感慨、颖悟又为何不能有寸管抒怀之举?文学之作大抵由内心生发,有诉诸笔端之欲望。至于其能警世还是能传名,都只能是写作之目的,而不能成为写作的必然结果。

三 诗言志

"诗言志"一语最早出于《尚书·尧典》:"诗言志,歌永言,声依永,律和声,八音克谐,无相夺伦,神人以和。"③ 学者朱自清称"诗言志"为中国诗论的"开山纲领"④,并从赋诗言志、献诗陈志、教诗明志、作诗言志四个方面对其进行综合考察,提出了自己对"诗""志"关系的理解。我们当然也可以有自己的理解。

(一)"志"在"诗"先

对"诗言志"内涵的探索在这一观念的生成之初就已经开始了。《庄子》说:"诗以道志,书以道事,礼以道行,乐以道和,易以道阴阳,春秋以道名分。其数散于天下而设于中国者,百家之学时或称而道之。"⑤《礼记》说:"德者,性之端也;乐者,德之华也;金石丝竹,乐之器也。诗言其志也,歌咏其声也,舞动其容也。三者本于心然后乐器从之。是故

---

① 《论语·宪问》。
② 章学诚著,严杰、武秀成译注:《文史通义全译》,贵州人民出版社1997年版,第158页。
③ 《尚书·尧典》。
④ 朱自清:《朱自清全集》(6),江苏教育出版社,1990年版,第137页。
⑤ 《庄子·天下》,王先谦:《庄子集解》,上海书店1987年版。

情深而文明，气盛而化神，和顺积中而英华发外。唯乐不可以为伪。"①《礼记》提出"五至理论"说："志之所至，诗亦至焉；诗之所至，礼亦至焉；礼之所至，乐亦至焉；乐之所至，哀亦至焉。诗礼相成，哀乐相生。是以正明目而视之，不可得而见；倾耳而听之，不可得而闻。志气塞于天地，行之于四海。此之谓五至矣。"②楚简《孔子诗论》说："诗亡（毋）离志，乐亡（毋）离情，文亡（毋）离言。"③而流传最广的要数《诗大序》的说法："诗者，志之所之也。在心为志，发言为诗。情动于中，而形于言。言之不足故嗟叹之，嗟叹之不足故永歌之，永歌之不足不知手之舞之足之蹈之也。"④ 人们或单纯论诗，或以六经为例，或深入于诗乐舞、诗乐礼、诗乐言之关联，纷纷展开对"诗""志"关系的思索。

对"诗言志"的理解无法离开先秦时期的文化语境，汉人所作《诗大序》从创作角度提出的"在心为志，发言为诗"切中肯綮地道破了诗之生成的奥义。"志"本为包括"情"在内的一切心中所想，待"情动于中"之际凭借不可遏制的情感状态形诸语言文字之后就成了"诗"。"诗言志"与刘勰"诗缘情"生于同根，却与"诗言志，词言情"概念中的情志分离并非同义。就先秦时期的"诗言志"本身而言，其具体表现大致可以拆解为"诗以言志"和"以诗言志"两种情况："诗以言志"是"志"在"诗"先，"志"为由头"诗"为结果，主要就诗歌的创作动机而言，属于诗歌创作论或文学发生论的范畴；"以诗言志"是"诗"在"志"先，"诗"为手段"志"为目的，主要就诗歌文本生成后的运用情况言，属于诗歌接受论或文学评价论的范畴。《左传》所涉之"诗言志"前者不多而后者多。

《史记·孔子世家》记载了季桓子接受齐国女乐，孔子愤而去鲁的事：

> 桓子卒受齐女乐，三日不听政；郊，又不致膰俎于大夫。孔子遂行，宿乎屯。而师，曰："夫子则非罪。"孔子曰："吾歌可已送夫？"歌曰："彼妇之口，可以出走；彼妇之谒，可以死败。盖优哉游哉，

---

① 《礼记·乐记》。
② 《礼记·孔子闲居》。
③ 马承源主编：《上海博物馆藏战国楚竹书》，上海古籍出版社2001年版，第3页。
④ 《诗大序》。

维以卒岁！"

此处的孔子之歌就是"诗以言志"的情感表达，可见精通音乐"在齐闻韶三月不知肉味"的孔子还是一个地地道道的出口成章的诗人。

我们曾在上一章的"赋诗之趣"一节谈到春秋人为数不少的"造篇"之"赋"，也就是那些活泼灵动的诗歌创作情况，但《左传》之诗属于主体创作的情形并不多，虽有"许穆夫人赋《载驰》"之语却只是陈述事实而未出现一句诗文。所以有人说，正因为春秋是一个用诗的时代而不是作诗的时代，对世人的教化才会出现"诗亡然后《春秋》作"的情形。

（二）"诗"以道"志"

闻一多先生说："诗似乎没有在第二个国度里像它在这里发挥过的那样大的社会功能。在我们这里，一出世，它就是宗教，是政治，是教育，是社交，它是全面的社会生活。"[①] 诗是情感的产物，并在产生之后迅速进入更加广泛的社会生活。据清人魏源统计，《国语》引诗31条，《左传》引诗217条，列国宴享赠答70余条。《左传》襄公二十七年载："志以发言，言以出信，信以立志，参以定之……诗以言志。"《左传》中所表现出来的春秋用诗风尚主要体现为"赋诗言志"，即用"断章取义"[②]的方式以已有之诗表达自己的思想感情。《汉书》云："古者诸侯卿大夫交接邻国，以微言相感，当揖让之时，必称诗以谕其志，盖以别贤不肖而观盛衰焉。"[③]《文心雕龙》说："春秋观志，讽诵旧章；酬酢以为宾荣，吐纳而成身文。"[④] 又曰："《诗》文弘奥，包韫六义。"[⑤]

《左传》襄公二十六年，"秋，七月，齐侯、郑伯为卫侯故如晋，晋侯兼享之。晋侯赋《嘉乐》。国景子相齐侯，赋《蓼萧》。子展相郑伯，赋《缁衣》。叔向命晋侯拜二君，曰：'寡君敢拜齐君之安我先君之宗祧也，敢拜郑君之不贰也。'"这一年卫献公为晋人所执，齐景公和郑简公相约赴晋为其求情。晋平公所赋《嘉乐》有"嘉乐君子，显显令德。宜民宜人，受禄于天"之句，表示对齐、郑二君的欢迎；国景子为齐侯相

---

① 闻一多：《神话与诗》，北京古籍出版社1956年版，第23页。
② 《左传·襄公二十八年》记载卢蒲癸所言曰："赋诗断章，余取所求。"
③ 《汉书·艺文志》。
④ 《文心雕龙·明诗》。
⑤ 《文心雕龙·比兴》。

礼所赋的《蓼萧》有"既见君子，孔燕岂弟，宜兄宜弟"之句，表示晋、郑为兄弟，当从其释卫之请；子展为郑伯相礼所赋的《缁衣》有"适子之馆兮，还，予授子之粲兮"，也是请晋国允诺两国之请的意思。而叔向故意曲解为二国祝晋得宗庙之安并表示忠心不贰，是"顾左右而言他"之意，"命晋侯拜二君"则表现了他对诗的熟知和反应的迅捷。

定公十年，鲁国侯犯据郈邑叛乱。叔孙对郈邑的百工之长驷赤言明侯犯为"叔孙氏之忧"和"社稷之患"，问他想怎么办，驷赤回答说："臣之业在《扬水》卒章之四言矣。"听完他的回答，叔孙立刻稽首致谢。驷赤所言"《扬水》卒章之四言"即是指《唐风·扬之水》卒章中的"我闻有命"四字。没有诗句的直接出现而能彼此会意，足见二人对诗歌的熟稔。驷赤后来用计使侯犯一败涂地并奔齐，鲁人于是重新掌握了郈邑。

"历史是任人打扮的小姑娘"这种说法已经不够新鲜了，但新历史主义始终认为历史是可以被选择的，同一段历史出现在不同人的笔下甚至会呈现出完全不同的状态。史家笔下所生发的内容与自己的思想观念、关注重心等密切相关，所有材料取舍、道德评价都是这一指向的必然结果。春秋时人"用诗"固然是一种社会风尚，《左传》也用了相当多的笔墨记录其间的风雅与从容，让我们可心直观地了解到"诗教"在春秋时期的广泛进行和巨大影响。这些内容比较全面地为我们展示了春秋文质彬彬的社会风貌，有此，社会文化生活的场景更加真切，无此，对《左传》的历史叙事也不会产生太大的影响。所以这一内容在《左传》中的大比例出现就不能不说是由作者的审美取向和审美态度所决定的。

（三）以"诗"论史

《左传》中还有另外一种以"诗"言志的情形：评价用诗。即所谓圣人、君子在其评价人或事的语言中引诗为证。不可否认，这也是春秋风尚直接濡染下的结果。我们先来看《论语》的两个例子：

> 子贡曰："贫而无谄，富而无骄，何如？"子曰："可也。未若贫而乐，富而好礼者也。"子贡曰："诗云：'如切如磋，如琢如磨。'其斯之谓与？"子曰："赐也，始可与言诗已矣！告诸往而知来者。"（《学而》）

> 子夏问曰："'巧笑倩兮，美目盼兮，素以为绚兮。'何谓也？"

子曰:"绘事后素。"曰:"礼后乎?"子曰:"起予者商也!始可与言诗已矣。"(《八佾》)

这是《左传》之外春秋人用断章取义的方法"以诗言志"的生动实例,前者出于《卫风·淇奥》,后者出于《卫风·硕人》,而孔门师生所用之诗的意味都已与原诗相去遥遥,并上升到了文艺理论的高度。

人类文明史上最早成熟的文体莫过于诗,人类对文学的最初探询也无不起源于诗。无论是《尚书》中的零简还是《论语》中的断章或是《礼》《乐》《易》中的言辞,中国的文论也是最早起源于诗的。诗是人类思想最精粹的表达,一切与诗相关的东西都应该算得上是人间的精华。而诗学从来都是既关于诗,也关于整个文学和所有文学样式,同时它还是美学是哲学。《左传》在传释《春秋》的时候绕不开或者说是主动选择了与诗相关的生活,又在评价史实的时候更加主动地将人们耳熟能详的"诗"作为了思想的武器。

一定的事件发生后,《左传》中的评价性文字大致有两种情况:一种是有确切出处的评说,即《左传》对评价人的名字、身份作了确切的交代。这里根据评价人的身份又可分为三种情况,即时贤的评说、后人的评说、孔子(仲尼)的评说。另一种就是评说人身份并不确定的,如"君子""圣人"之类。但无论是谁在说话,引经据典都是他们共同采用的方式,其中对"诗"[①]的称引又是最为普遍的。而对于引证的好处,凡写文章的人恐怕都是心知肚明,即让权威者替自己说话,今天的学院派论文尤擅此道。《左传》称诗引书的表达,《庄子》"重言"的提点都是功在千秋的示范,而诗之运用的顿挫铿锵,也让君子的言语在客观上凝铸了"风骨",成就了《左传》大义凛然的风度。

虽然"经学"的概念与《左传》文本相比是晚出的,但梳理经学特征时我们不难发现,无论是春秋时人的用诗还是所谓圣人君子的用诗都无不合乎经学轨范。同样道理,在人们广泛习歌用诗的春秋之世,儒学一脉并未完全形成,但儒家所从者周公,儒家所行者为周公创制之礼,其人其

[①] 所以称"诗"而不称《诗》,是因为春秋早期作为典籍的《诗》(《诗经》)应该尚未编次完成,今本《诗经》中许多摹写春秋晚期时事的诗就是证据之一。另外,春秋人所称引之诗又有部分为今人所未见之诗,可能是入典后散逸的,也可能根本未曾入典。

制在春秋以前就形成并被长久地践行着，所以孔子所倡导之"温柔敦厚""思无邪"，都已经蕴含在"歌诗必类"① 的用诗传统之中。而评价用诗虽然仍是采取断章取义的方式，却比有些生活用诗更贴近诗之本义，看起来也更加的熨帖、自然。这无疑是"诗言志"的一种进步。

第二节 "礼"之捍卫

春秋只是后人给一个已经过去的历史时段所取的名字，而这个时段所奉行的基本礼法仍旧是周礼，所遵循的仍旧是周代的礼乐文化。但时代总是在变，时代之变与人们的思想行为之变是互为表里的，就如同郑庄公时代与戎人作战有着"彼徒我车"行动不便的担忧，而到了战国时期赵武灵王的时代就产生了"胡服骑射"的重大变革。当然，随着时代的变化，辚辚战车上的君子之战也在渐渐地消失踪影。但在《左传》的记录中，还从来都不缺乏对"礼"与"非礼"的评判。

一 "礼崩乐坏"

西周文化最重礼乐，"礼"与"乐"始终呈相生并行之势。周厉王以后，"王道衰，礼义废，政教失，国异政，家殊俗，而'变风'、'变雅'作矣"②，礼崩乐坏的动荡时期随即来临。直至齐桓公称霸，"修礼于诸侯"，礼乐文化才重新被重视起来，有心争霸的诸侯都开始重视礼乐教化。如僖公二十七年记"晋侯始入而教其民"，"伐原以示之信"，"大蒐以示之礼，作执秩以正其官"最终"一战而霸"。礼乐文化使《诗经》这样的典籍也与音乐相配合负载起教化的功能，宫廷之中的阵阵编钟，乡路之上的声声木铎都是其最直接的体现。

（一）"礼"与"仪"

对于礼乐的本质，孔子说："天下有道，则礼乐征伐自天子出；天下无道，则礼乐征伐自诸侯出。"③ 他对季氏"八佾舞于庭，是可忍也，孰不可忍也"④ 的态度也正传达出了以之为代表的春秋人对礼乐文化的捍卫

---

① 《左传·襄公十六年》。
② 《诗大序》。
③ 《论语·季氏》。
④ 《论语·八佾》。

之情。

昭公五年，鲁昭公去晋国，从郊劳到赠送礼物都没有失礼。晋平公问女叔齐说："鲁侯不亦善于礼乎？"女叔齐却回答说："鲁侯焉知礼！"

  公曰："何为？自郊劳至于赠贿，礼无违者，何故不知？"对曰："是仪也，不可谓礼。礼所以守其国，行其政令，无失其民者也。今政令在家，不能取也；有子家羁，弗能用也；奸大国之盟，陵虐小国；利人之难，不知其私。公室四分，民食于他。思莫在公，不图其终。为国君，难将及身，不恤其所。礼之本末，将于此乎在，而屑屑焉习仪以亟。言善于礼，不亦远乎？"君子谓："叔侯于是乎知礼。"

在晋平公与女叔齐的对话中，从"是仪也，不可谓礼"的评价以及"君子"的评价中我们可以看出，到鲁昭公的时候礼义与礼仪已有所分离，人们对"礼"的认知也从一个较浅的层次拓展到了表象与实质两个层面。女叔齐对"鲁昭公不知礼"的评价一方面证实着本质上的"礼"的崩毁，另一方面也表明了女叔齐一类人对真正表里如一的"礼"的信守与坚持。昭公七年对孟懿子和南宫敬叔学礼于孔子所做的专门记录，亦见所谓"乱世"之中人们对礼的重视。

隐公七年记："陈及郑平。十二月，陈五父如郑莅盟。壬申，及郑伯盟，歃如忘。泄伯曰：'五父必不免，不赖盟矣。'""歃如忘"就是歃血的时候心不在焉，缺乏盟会时必要的庄重态度。礼是发自内心的，不是做给别人看的，与孔子所讲的"祭如在"[①]也就是"祭神如神在"的郑重态度相比，陈之五父就是既不知礼也不知仪的人。礼之崩解不是崩在形式上，而是崩在内容上，崩在人们的内心。这有礼本身的问题，即它是否与时代相适应，也有人内心的问题：

  十五年，春，邾隐公来朝。子贡观焉。邾子执玉高，其容仰；公受玉卑，其容俯。子贡曰："以礼观之，二君者，皆有死亡焉。夫礼，死生存亡之体也，将左右、周旋，进退、俯仰，于是乎取之；朝、祀、丧、戎，于是乎观之。今正月相朝，而皆不度，心已亡矣。

[①] 《论语·八佾》。

嘉事不体，何以能久？高、仰，骄也；卑、俯，替也。骄近乱，替近疾，君为主，其先亡乎！"

子贡从来都不是一个预言家，但这一年的五月，如他所言，鲁定公首先去世。所以孔子说："赐不幸言而中，是使赐多言者也。"子贡虽然被老师评价为一个多嘴多舌的人，但他的依据仍然是春秋之礼，而且很明白地说"夫礼，死生存亡之体也"，也就是无论是举止法度还是特定场合，礼都可以关系到人们的生死存亡。就本质而言，"礼"与"非礼"的界限更在于内心是否虔敬和仪态是否规范。

（二）"礼"与"敬"

有人常说春秋是一个礼崩乐坏的时代，但不可忽略的是，"招携以礼，怀远以德。德、礼不易，无人不怀"（僖公七年）、"礼，国之干也；敬，礼之舆也。不敬，则礼不行；礼不行，则上下昏"（僖公十一年）、"礼，国之干也"（襄公三十年）、"礼，王之大经也"（昭公十五年）、"夫礼，死生存亡之体也"（定公十五年）等都是春秋人的言论。昭公二十六年晏子与齐景公谈到怎样才可以不亡国于陈氏之手时也说："唯礼可以已之。"

因为有礼法的指导和限定，隐公五年考仲子之宫的万舞只能用六佾；隐公七年的滕侯卒，史书《春秋》上才会因"未同盟"之故"不书名"；桓公二年鲁桓公从唐国回来才要例行"告庙"① 之礼；宣公十年齐大夫出奔，才要告于诸侯曰"某氏之守臣某，失守宗庙，敢告"；文公五年周王才会派荣叔来为上年去世的僖公之母成风赠送含和赗并让召昭公来会葬；襄公四年陈成公去世，正准备攻打陈国的楚人听说了这件事就放弃了军事行动；襄公十二年秋吴子寿梦卒，因为姬姓的缘故才要临于周庙。

有礼的同时，人们还要讲求"敬""信""让"。所以人们说："敬，德之聚也。能敬必有德。德以治民"（僖公三十三年），"礼，身之干也；敬，身之基也"（成公十三年），"敬，民之主也"（襄公二十八年），"能敬无灾"（昭公三年）；"盟以底信"（昭公十三年），"君人执信，臣人执共。忠、信、笃、敬，上下同之，天之道也"（襄公二十二年），"志以发

---

① 《左传·桓公二年》："凡公行，告于宗庙；反行，饮至、舍爵、策勋焉，礼也。特相会，往来称地，让事也。自参以上，则往称地，来称会，成事也。"

言，言以出信，信以立志"（襄公二十七年），"信其不可不慎乎"（襄公三十年），"临患不忘国，忠也；思难不越官，信也；图国忘死，贞也；谋主三者，义也"（昭公元年），"忠，德之正也；信，德之固也；卑让，德之基也"（文公元年）；"让，礼之主也"（襄公十三年），"忠信，礼之器也；卑让，礼之宗也"（昭公二年），"让，德之主也。让之谓懿德"（昭公十年）。

可春秋人的行为在很多时候也的确违背了礼之所指。到了春秋之世，周王的权威已经遭受到了极大的挑战，就算在春秋早期，不但有隐公三年"周郑交质"，而且有隐公九年"宋公不王"，隐公十年"蔡人、卫人、郕人不会王命"，桓公五年的"射王中肩"，到僖公二十八年更有因晋文公之召而发生的"天王狩于河阳"之事。定公四年卫灵公命太祝子鱼（祝佗）随同自己出境时，子鱼以"社稷不动，祝不出竟"之礼辞谢，但仍被强迫同行，虽然以其超强的思辨之才在外交活动中取得了重大胜利，却证明了周礼在此期的松动。

桓公二年"春，宋督攻孔氏，杀孔父而取其妻。公怒，督惧，遂弑殇公"，然后"召庄公于郑而立之，以亲郑"，并通过"以郜大鼎赂公，齐、陈、郑皆有赂"取得了鲁、齐、陈、郑等国的支持。《左传》明言："夏，四月，取郜大鼎于宋。戊申，纳于太庙，非礼也"，"武王克商，迁九鼎于雒邑，义士犹或非之，而况将昭违乱之赂器于太庙，其若之何？"但各国能因宋人之"赂"而放弃声讨华父督弑君之不义，实在不能不说是失"敬"之后礼崩乐坏的后果。

（三）"礼"与僭越

事实上，春秋之礼乐在大多时候是自上而下遭到破坏的，天子与诸侯之家才是礼乐制度的主要破坏者。庄公十八年："春，虢公、晋侯朝王。王飨醴，命之宥。皆赐玉五瑴、马三匹。"虢公与晋献公爵位不同所受的赏赐却是相同的，所以《左传》言其"非礼也"，并说："王命诸侯，名位不同，礼亦异数，不以礼假人。"如果说这还只是与"礼"相关的不当之举，那么庄公二十年"王子颓享五大夫，乐及遍舞"就是礼乐尽失了。春秋乐舞必须在规定的时间、场合为特定的对象演奏，因为乐舞本身就是等级秩序的产物，"乐及遍舞"首先即是僭越诸侯、天子，所以郑伯称其举动为"歌舞不倦，乐祸也"并不仅仅是因为他沉溺声色。

鲁国是春秋时期周礼保存最好的国家，所以吴公子季札才会观乐于鲁，鲁国的文化土壤上也才会生长出孔子这棵大树。但就是这样的一个鲁国，也不能时刻遵守礼乐。庄公二十五年鲁国有两次用鼓用牲的祭祀，一次是"夏，六月辛未，朔，日有食之，鼓、用牲于社"，一次是"秋，大水，鼓、用牲于社、于门"，但《左传》都明确标注："非常也。"因为对日食而言，"唯正月之朔，慝未作，日有食之，于是乎用币于社，伐鼓于朝"；对大水而言，"凡天灾，有币，无牲。非日、月之眚不鼓"。祭祀是春秋时期的大事，甚至比戎事享有更重要的地位，此处的鲁国祀天之法却已违背了常规。

僖公八年"秋，禘，而致哀姜焉，非礼也"。哀姜是鲁庄公夫人，与公子庆父私通而参与杀死庄公公子子般和鲁闵公，后为母国齐人所杀。"凡夫人，不薨于寝，不殡于庙，不赴于同，不祔于姑，则弗致也"，所以大祭之时将哀姜的神主放入太庙是非礼的行为，但鲁僖公还是这样做了，而且鲁僖公自己死后也遭遇了一系列非礼事件：僖公三十三年"葬僖公，缓作主，非礼也"，文公二年"丁丑，作僖公主。书不时也"，"秋，八月丁卯，大事于太庙，跻僖公，逆祀也"。这是说鲁僖公死后没有及时为其制作灵位，在太庙祭祀的时候又因为他是闵公的兄长而被逆序排在了鲁闵公的前面，从而引起了孔子的不满。这一切虽然与鲁僖公本人无关，但他本人生前对礼法的不尊重也使他难辞其咎。

非礼之事在《左传》中几乎放眼即是，大事有小事也有。襄公三年鲁国始朝于晋，两君见面时鲁襄公向晋悼公行稽首之礼。知武子曰："天子在，而君辱稽首，寡君惧矣。"孟献子曰："以敝邑介在东表，密迩仇雠，寡君将君是望，敢不稽首？"依照当时的礼法，诸侯相见不得互行稽首大礼而只有对周王才需如此，所以知武子才会有"天子在"之语，虽然孟献子以有求于晋作解却也说明霸主已经可以僭越天子之礼。襄公十五年"官师从单靖公逆王后于齐。卿不行，非礼也"是嫁娶中的非礼。《礼记》云天子、诸侯不行亲迎之礼，应由卿为王迎后，而不是大夫。所以又有文公四年鲁国出姜"贵聘而贱逆"之语，说的也是被聘为鲁国夫人的出姜出嫁时夫国未派卿来迎娶。而昭公三年"春，王正月，郑游吉如晋，送少姜之葬。梁丙与张趯见之。梁丙曰：'甚矣哉，子之为此来也！'子大叔曰：'将得已乎！'"晋平公之宠妾少姜去世，郑国竟然依吊正妻之礼派卿前往，所以梁丙才会有"甚矣哉"这种类似于惊呼的表达，子大叔的"不得已"之答说明诸侯都是这样做的，是集体越礼为晋平公宠妾送葬。昭公二年，鲁国的做法更加过分："晋少姜卒。公如晋，及河。晋侯使士文伯来辞，曰：'非伉俪也，请君无辱！'"身为诸侯的鲁昭公竟然欲亲自前往吊唁晋侯之妾，实在是为讨好大国不择手段。

同样是葬礼，哀公十二年昭公夫人孟子卒，"孔子与吊，适季氏。季氏不绖，放绖而拜"。季氏时为鲁国上卿，孔子以国丧之礼吊君夫人于季氏合于礼法，但"季氏不绖"不以丧礼自居，孔子本着"客从主人"的礼法也只好无奈地脱去丧服下拜。《左传》此处行文即可见对季氏的强烈不满。哀公二十七年季康子卒，"公吊焉，降礼"，因为哀公二十五年起鲁哀公就开始与季康子等大夫不合，所以在吊唁时就没有严格遵循礼法，也就是礼数不备。这也是一国之君因为一己私怨对"礼"的公然践踏。

时代是否能够前行，前行时的步幅又究竟有多大，和新旧势力的对抗能力息息相关。有时合于人之常情的做法也和那些不合情理的事情一样被视为非礼的。例如，庄公二十七年"公会杞伯姬于洮"，杞伯姬是庄公之女，此会为彼此思念的父女之会。但传云"非事也"，且明申"天子非展义不巡守，诸侯非民事不举，卿非君命不越竟"，意在以礼否定人情。同年，"秋，公子友如陈葬原仲，非礼也。原仲，季友之旧也"。公子季友时为鲁国之卿，去陈国参加旧友原仲的葬礼是出于感念友情的私人行为，不是出于国君的命令，而上文已经说过"卿非君命不越竟"，所以也被认为是"非礼"的。仅从这两件事上，我们就可以看出，春秋之时某些礼法与人情的悖逆，而这种"礼"被来自各方面的力量推翻自然是迟早的事情。

同时，为左氏所遵循的春秋之礼也不可一概观之。春秋时期，凡是与民争利的事情都被视为非礼，所以昭公四年"子产作丘赋，国人谤之"，文公二年孔子评说臧文仲"三不知（智）"时有一项就是"妾织蒲"，也就是臧文仲让家里的使女织好蒲席后拿出去货卖，分了手工业者的一杯羹。因此，宣公十五年记"初税亩，非礼也"，并注明认定其非礼的理由是"谷出不过藉，以丰财也"。可是，在后代的历史书上，"初税亩"都是作为春秋改革的重要项目出现的，是时代前行和思想进步的标识。基于此，我们在理解《左传》之礼的时候要能够非常客观地看待所谓"礼崩乐坏"与现实世界之间的关系，看到旧礼打破与新礼树立的必然，看到子产之类改革家"苟利社稷，死生以之"[①]的变革决心。

---

① 《左传·昭公四年》。

二 崇礼重道

《礼记》说:"道德仁义,非礼不成。教训正俗,非礼不备。分争辨讼,非礼不决。君臣上下,父子兄弟,非礼威严不行。祷祠祭礼,供给鬼神,非礼不诚不庄。"① 正因为"礼"是如此的重要,《左传》行文才会不时作出以"礼"为基准的道德评价。但对人类社会而言,"礼"或许只是一个形式,"道"才是它最深刻的内涵,"崇礼"和"重道"是一而二二而一的东西,是一个事物的正反面。虽然老子早就说过"道可道,非常道",但人们总还是在努力追寻"道"的内涵与外延,探求它的入口与出口。曾经入于空门的刘勰《文心雕龙》的第一篇就叫《原道》,有唐一代著名的儒家斗士韩愈也立志《原道》,"道"之解说虽然各不相同却无不是生命哲理和人生路标的体现。

春秋时期并不是一个真正失去了"礼"的约束混乱不堪的时代。"其实春秋社会一方面表现为礼乐的被僭越被扭曲被破坏,同时这也是一个礼乐被坚持被建设的特殊时代。所以我们一方面可以看到描述春秋社会的典籍种种非礼的议论,同时也有许多'礼,国之干也;敬,礼之舆也'、'夫礼,国之纪也;国无纪,不可以终','为国以礼'等维持礼乐秩序的政治见解。"② 于是,《左传》的作者并没有就此放弃思想的表达,他不但大胆地说出了《春秋》因为某种原因隐去的故事,而且让我们从"君子曰""圣人曰"之类的言论中频频看到所谓"君子""圣人"的身影,并时常以犀利直率的态度用"礼"与"非礼"的字样对史实发出言简意赅的评价。那么,究竟什么才是《左传》作者认定的"礼"呢?我们试举几例以论之。

(1) 桓公二年,追溯晋惠公二十四年晋始乱时师服之语。

> 师服曰:"吾闻国家之立也,本大而末小,是以能固。故天子建国,诸侯立家,卿置侧室,大夫有贰宗,士有隶子弟,庶人、工、商,各有分亲,皆有等衰。是以民服事其上,而下无觊觎。"

---

① 《礼记·曲礼》上。
② 傅道彬:《诗可以观——春秋时代的观诗风尚及诗学意义》,《文学评论》2004 年第 5 期。

这里的"礼"强调的是最基本的等级秩序，只有这样的秩序得以确立，更广大范围上的诸如"刑不上大夫，礼不下庶人"之类的"礼"才会有其存在和实现的根基。昭公二十六年，晏子说"唯礼可以已之"，"在礼，家施不及国，民不迁，农不移，工贾不变，士不滥，官不滔，大夫不收公利"，"礼之可以为国久矣，与天地并。君令，臣共，父慈，子孝，兄爱，弟敬，夫和，妻柔，姑慈，妇听，礼也"讲的也是这个意思。

（2）桓公六年，鲁太子出生，桓公问名于大夫申繻。

> 公问名于申繻，对曰："名有五：有信、有义、有象、有假、有类。以名生为信，以德命为义，以类命为象，取于物为假，取于父为类。不以国，不以官，不以山川，不以隐疾，不以畜牲，不以器币。周人以讳事神，名，终将讳之。故以国则废名，以官则废职，以山川则废主，以畜牲则废祭祀，以器币则废礼。晋以僖侯废司徒，宋以武公废司空，先君献、武废二山，是以大物不可以命。"

为初生小儿命名的理论竟是如此复杂，怕是太多人都没有想到的。但这样正式而隆重的礼法顾忌大体上只是针对男子而行的，作为等而下之只配以柔顺处世的女子自然缺少如此礼遇。《左传》中的女性即使有名字大多也只能在婚前被象征性地使用一段时间，所谓"妇名不出闺门"，绝大多数春秋女子最后都只能留下她们的姓氏、排行和国籍、谥号，无论是在书籍中还是在人们的记忆里，她们永远都只能是谁的女儿、谁的妻子或是谁的母亲。

（3）桓公十八年，桓公与文姜赴齐之前，申繻带有预言性质的言论。

> 申繻曰："女有室，男有家，无相渎也，谓之有礼。易此，必败。"

"女有室，男有家"即"女有夫，男有妻"，也即汉乐府《陌上桑》所说的"使君自有妇，罗敷自有夫"。而各有夫妇则宜界限谨严，不得轻易亵渎，违反了这个规则就一定会有事故发生。申繻此言固然是因齐襄公与其妹文姜关系暧昧而生，推及他人也有相应的现实意义。但失配无"家"之男有天经地义的续弦之责，丧偶失"室"之女却多苦捱空帷的守节之义，由是也使《左传》中孀居后与人越礼私通的贵族女性成为一个不小的群体景观。

（4）庄公二十四年，哀姜嫁入鲁国，庄公令宗妇进见，以玉帛作礼物。《左传》明言"非礼也"。

>御孙曰："男贽，大者玉帛，小者禽鸟，以章物也。女贽，不过榛、栗、枣、脩，以告虔也。今男女同贽，是无别也。男女之别，国之大节也；而由夫人乱之，无乃不可乎？"

"男女有别"一直是古礼尊崇的原则之一，也是许多具体礼法制定时的基本依据。且男为乾女为坤，男为阳女为阴，男为尊女为卑的定势早已形成，御孙之言正在于此。女子之贽不得"用币"，懂礼之御孙眼中由夫人之至而带来的礼法之"乱"，实际上正是男权社会所不能容忍的女子的僭越，而从中透露出来的也正是礼法对妇女的歧视与蔑视。

（5）昭公元年，晋平公有疾，求医于秦。

>秦伯使医和视之，曰："疾不可为也，是谓：近女室，疾如蛊。非鬼非食，惑以丧志。"……"君子之近琴瑟，以仪节也，非以慆心也。"

医者劝人节制色欲原是应该的，但以女为蛊却无疑是对女性的歧视。无独有偶，《周易》中也说"女惑男"谓之蛊。而"君子之近琴瑟，以仪节也，非以慆心也"之说就显得十分可笑了，原来男子亲近女子只是为了在"礼"的范畴之内表示礼仪节度，而绝不可以"发乎情"，也就是说男女居室的功用只能是为了践行人之"大伦"，而不能是"情动于中"的本性流露。

（6）昭公二十年，楚平王强娶太子建之妻后，费无极向楚平王进谗言说伍奢将与太子建据邑叛乱，楚平王就把伍奢拘禁起来。

>无极曰："奢之子材，若在吴，必忧楚国，盍以免其父召之。彼仁，必来。不然，将为患。"王使召之曰："来，吾免而父。"棠君尚谓其弟员曰："尔适吴，我将归死。吾知不逮，我能死，尔能报。闻

免父之命，不可以莫之奔也；亲戚为戮，不可以莫之报也。奔死免父，孝也；度功而行，仁也；择任而往，知也；知死不辟，勇也。父不可弃，名不可废，尔其勉之！相从为愈。"伍尚归。奢闻员不来，曰："楚君、大夫其旰食乎！"楚人皆杀之。

这一段故事中所倡导的新的伦理体系和伦理功能是由伍尚提出来的。他明知楚平王并非真的要赦免父亲伍奢却仍旧大义赴死，但他要求弟弟伍员去吴国蛰伏然后伺机报仇。他对兄弟二人"我能死，尔能报"的理解，以及他对"孝""仁""知""勇"的理解都十分精辟。最重要的是伍奢和伍尚都认为伍员的适吴也是尽孝的一种，而这种观念也逐渐成为一种新的时尚。

（7）昭公二十五年，诸侯为安定周王室的事情会于黄父。晋赵简子赵鞅趁便问"礼"于鲁大夫子大叔。

  子大叔见赵简子，简子问揖让周旋之礼焉，对曰："是仪也，非礼也。"简子曰："敢问何谓礼?"对曰："吉也闻诸先大夫子产曰：夫礼，天之经也，地之义也，民之行也。天地之经，而民实则之。则天之明，因地之性，生其六气，用其五行。气为五味，发为五色，章为五声。淫则昏乱，民失其性，是故为礼以奉之。为六畜、五牲、三牺以奉五味，为九文、六采、五章以奉五色，为九歌、八风、七音、六律以奉五声，为君臣、上下以则地义，为夫妇外内以经二物，为父子、兄弟、姑姊、甥舅、昏媾、姻亚以象天明，为政事、庸力、行务以从四时，为弄罚、威狱使民畏忌以类其震曜杀戮，为温慈、惠和以效天之生殖长育。民有好恶、喜怒、哀乐，生于六气，是故审则宜类，以制六志。哀有哭泣，乐有歌舞，喜有施舍，怒有战斗。喜生于好，怒生于恶。是故审行信令，祸福赏罚，以制生死。生，好物也；死，恶物也。好物，乐也；恶物，哀也。哀乐不失，乃能协于天地之性，是以长久。"简子曰："甚哉，礼之大也！"对曰："礼，上下之纪，天地之经纬也，民之所以生也，是以先王尚之。故人之能自曲直以赴礼者，谓之成人。大，这亦宜乎？"简子曰："鞅也请终身守此言也。"

此例差不多是《左传》中阐释"礼"字最长的一段文字，《孝经》引述全文，只是改"礼"为"孝"，足见子大叔此言之精辟。而"仪"与"礼"的区别也大可与《左传》他文相辅而观。《左传》在更多时候偏重于讲什么是"非礼"，此例中偏重讲的则是什么是"礼"以及"礼"的效用。对"礼"的遵从与坚守至此时大概已成了一个迫在眉睫的问题，所以赵鞅才会以"终身守此言"来表达自己的志愿。

（8）哀公二十四年，哀公因为宠爱公子荆的母亲就想立她为夫人，于是命令宗人衅夏献上立夫人的礼仪，衅夏回答说："无是仪也。"

> 公怒曰："女为宗司，立夫人，国之大礼也，何故无之？"对曰："周公及武公娶于薛孝、惠娶于商，自桓以下娶于齐，此礼也则有。若以妾为夫人，则固夫其礼也。"

"以妾为夫人"在当时还是一件于"礼"不合的事情，衅夏所以敢于顶撞国君就在于他自以为身后有着强大的礼法后盾。但最终，哀公还是冒天下之大不韪开了"以妾为夫人"的先河，并立公子荆为太子。鲁哀公的胆大妄为标志着古礼权威效力的下降，而由此带来的国人不满则说明"礼"的观念在当时仍旧有着十分广泛的群众基础，礼义仍旧是大多数人信守的人生准则。

第三节 忠于内心

当一个自由写作者铺开简牍、手提柔翰的时候，他眼前所展现的美妙图景只能来源于他的心灵，他依着自己的愿望一一落墨点染。他的黄昏可能是温暖的也可能是凄凉的，他的春天可能有希望的碧草也可能有失望的落红，这一切都由他的心境决定。而如何选材又如何剪裁，他不必依靠现有的路径，更不依赖他人的指点，而是让一切服从于自己的内心，让思想在广阔的天地里纵横驰骋，让一切"如我所愿"。

一 经史之辨

无论人们是否承认《左传》的作者是与孔子同耻"巧言令色"的左丘明，或者他是否身为鲁国的史官，我们都必须认可其"立言"的勇气和成效。但中国古代文献的分类也使《左传》不可避免地陷入了历时两千年的"经史之争"。古代经生注目于《左传》从中发掘经世致用之因素，史家则瞩意于借鉴其史意、史笔、史法，可是《左传》到底是"经"还是"史"呢？

（一）从"史"到"经"

欲知《左传》不可不先知《春秋》。《孟子·离娄下》云："孟子曰：'王者之迹熄而《诗》亡，《诗》亡然后《春秋》作。晋之《乘》，楚之《梼杌》，鲁之《春秋》，一也：其事则齐桓、晋文，其文则史。'孔子曰：'其义则丘窃取之矣。'"《滕文公下》云："世衰道微，邪说暴行有作，臣弑其君者有之，子弑其父者有之。孔子惧，作《春秋》。《春秋》，天子之事也。是故孔子曰：'知我者其惟《春秋》乎！罪我者其惟《春秋》乎！'"《春秋繁露·俞序》云："孔子曰：吾因其行事而加乎王心焉。"《史记·孔子世家》云："（孔子）为《春秋》，笔则笔，削则削，子夏之徒不能赞一辞。"由上可知，《春秋》以史为载体，对旧史加以笔削之能并"窃取"其"义"而"加乎王心"，以求通过"述而不作"的方式实现"使乱臣贼子惧"的政治目的。《左传》与《春秋》表里相依，《春秋》生成之世与晋之《乘》、楚之《梼杌》相并列，是典型的"鲁国史书"，后被尊奉为"经"，有着由"史"及"经"的上升蜕变过程，那么《左传》的性质又怎能不令人生疑？

儒家文化在封建时代居于主导地位，从"五经""六经"到"十三经"无不是儒家的文化经典，这些经典地位崇高、影响深远，最高统治者不但从中寻找治国平天下的方针大计，而且据此确立伦理道德，规范臣民思想，导引民风民俗。唐太宗李世民曾说过"以史为镜，可以知兴替"，可知"史"之功用也是为统治者提供镜鉴。既然经史都为特定人群服务，也就难怪要有所谓"经史之辨"了。

宋代晁说之所撰《晁氏客语》云："原明谓：六经药方也，史传是人之服药之效也。"[①] 将经史的相系相别简单明了地呈现在我们面前。明末清初之史学家钱谦益说："六经，史之宗统也。六经之中皆有史，不独《春秋》三传也。六经降而为二史，班、马其史中之经乎"，"经犹权也，史则衡之有轻重也。经犹度也，史则尺之有长短也。古者六经之学，专门

[①] 晁说之：《晁氏客语》，载《说郛三种》第三册，上海古籍出版社1988年版，第928页。

名家，各守师说。圣贤之微言大义，纲举目张，肌劈理解，权衡尺度，凿凿乎指定于胸中，然后出而从事于史，三才之高下，百世之往复，分齐其轻重长短，取裁于吾之权度，累黍秒忽，罄无不宜，而后可以明体达用，为通天地人之大儒。"① 钱氏仍旧借重比喻，将经史喻为权衡、度尺，辩证地解说二者的关系，却又毫不隐讳地表明了自己"先经后史"的学术态度，与后来章学诚"六经皆史"的提法也有着根本性的区别。虽然人们能够不时从"经"中分离出"史"的因素，甚至提出"经史合一"的观点，但只要有中国古代学术传统的存在，经学的地位就始终是高于史学的。

至于当代，台湾学者张高评说："左传以史解经，本为春秋之传，此自荀卿吕览韩非虞卿引传，张苍贾谊史迁刘安著书，昭然足为明证。而西汉博士为利禄之途，嚣言'左氏不传春秋'，公羊学者不求其端，不讯其末，望风而附和之，道术将为天下裂"，并认为"治春秋当据左氏事实，而参以公穀大义。"② 他肯定了《左传》倏忽不离其身的经学和史学特性，但也进一步指出："左传之为书，义经体史而用文，而亦周秦两汉诸子学之渊薮与左券也。"③ 沈玉成、刘宁称《左传》："按旧的四部分类列入经部，按今天的分类方法则是历史类中的编年体通史。然而每一部中国文学史在论述先秦散文的部分都要对《左传》作重点的介绍，并且从它开始，中国文学史上有了历史散文或叙事散文的专称。"④

（二）从"史"到"文"

由于中国古代是一个"大文学"或曰"杂文学"时期，经学和史学的研究中都或多或少地包含着一定的文学研究，正如方铭所说："在《左传》产生的时代，《左传》是文学之士所作。经学发达时期，《左传》虽然被列入经部，但经部仍然是文学。"⑤ 所以在一定的时期出现了经学家自治经，史学家自治史，文学家自治文的奇特现象，大家可互相依傍又可互不相扰。走出经学的时代，《左传》的史学研究和文学研究大致开始并

---

① 钱谦益：《牧斋有学集》卷三十八，上海古籍出版社1995年版。
② 张高评：《左传之文学价值》，文史哲出版社1991年版，第2页。
③ 同上书，第3页。
④ 沈玉成、刘宁：《春秋左传学史稿》，江苏古籍出版社1992年版，第91页。
⑤ 方铭：《〈左传〉的叙事方式与文体特征再认识》，《文艺研究》2009年第2期。

行，自"史传文学"① 概念一出并得到越来越广泛的认可，《左传》的文学研究又取得了更为有力的进展。郭丹说："即以《左传》一书而论，它创造了多样的精密的篇章结构，创造了富于魅力的精练流畅的语言，又善于渲染故事情节，善于对人物作细致入微的描绘，还能揭示出人物的复杂的内心世界，对于纷繁复杂的历史事件包括战争，都能曲尽其详，写得引人入胜，无疑是史学与文学相结合的典范。"② 汪受宽先生也说："《左传》真是名副其实的历史和文学并美的史学著作的典范"，并称"《左传》历史文学的特色在详略得当和行文练达两个方面。"③ 其实早在清代朱轼为冯李骅、陆浩《左绣》所作之序就称："左氏，文章也，非经传也。文则论其文，传则绎其义，不易之规也。……大率定、哀以后，有绝世雄才不遇所志，借题抒写，以发其轮囷离奇之概云耳。故曰文章也，非经传也。"④《左绣》一书也正是从"文章"而不是从"经传"的角度来论《左传》的。至于观察"文学《左传》"的合理性我们大可以通过实例来进行验证。

卫国州吁之乱是春秋早期的重大事件之一，它与"郑伯克段于鄢"和"晋曲沃三世夺嫡"共同开启了春秋三百年"篡弑相寻"的乱局，《左传》只用不足五百字的陈述就为我们理清了事件的来龙去脉，并穿插了数个生动的人物：

> 卫庄公娶于齐东宫得臣之妹，曰庄姜，美而无子，卫人所为赋《硕人》也。又娶于陈，曰厉妫，生孝伯，早死。其娣戴妫，生桓公，庄姜以为己子。公子州吁，嬖人之子也。有宠而好兵，公弗禁。庄姜恶之。石碏谏曰："臣闻爱子，教之以义方，弗纳于邪。骄、奢、淫、泆，所自邪也。四者之来，宠禄过也。将立州吁，乃定之矣；若犹未也，阶之为祸。夫宠而不骄，骄而能降，降而不憾，憾而能眕者，鲜矣。且夫贱妨贵，少陵长，远间亲，新间旧，小加大，淫

---

① 1963年5月19日的《光明日报》上发表了曹道衡的《论〈左传〉的人物评述和描写》，称《左传》为"史传文学"而不是"历史散文"，这其实是对这部古籍的文学属性所进行的进一步强调。
② 郭丹：《〈左传〉"言事相兼"的叙事特点》，《光明日报》2005年7月29日第8版。
③ 汪受宽：《〈左传〉在历史文学上的两大特色》，《史学史研究》1996年第1期。
④ 冯李骅、陆浩：《左绣》，《四库全书存目丛书·经部·春秋类》，齐鲁书社1997年版，第132—133页。

破义,所谓六逆也;君义,臣行,父慈,子孝,兄爱,弟敬,所谓六顺也。去顺效逆,所以速祸也。君人者,将祸是务去,而速之,无乃不可乎?"弗听。其子厚与州吁游,禁之,不可。桓公立,乃老。(隐公三年)

(卫州吁弑桓公而立)州吁未能和其民,厚问定君于石子。石子曰:"王觐为可。"曰:"何以得觐?"曰:"陈桓公方有宠于王。陈、卫方睦,若朝陈使请,必可得也。"厚从州吁如陈。石碏使告于陈曰:"卫国褊小,老夫耄矣,无能为也。此二人者,实弑寡君,敢即图之。"陈人执之,而请莅于卫。九月,卫人使右宰丑莅杀州吁于濮。石碏使其宰獳羊肩莅杀石厚于陈。君子曰:"石碏,纯臣也。恶州吁而厚与焉。'大义灭亲',其是之谓乎!"(隐公四年)

庄姜虽"美而无子"却能使卫人为之赋诗,可见其品性一如出身之高贵,其恶州吁亦并非出于后宫争宠之心而表明她的政治识见远在庄公之上;不言卫庄公如何宠爱嬖人而只言其宠爱嬖人之子,明知其"好兵"而"弗禁",以致"贱妨贵,少陵长,远间亲,新间旧,小加大,淫破义",又执意不肯纳谏,为日后的卫国埋下弑君的隐患,足证卫庄公之好色无德;州吁恃宠而骄至于弑君自立是胆大妄为,问定君之法于石碏为不识"纯臣"之心;石碏之子石厚"与州吁游"似乎算不得是交友不慎而是因为多了一份趋炎附势之心。这段文字表面看是解经所需顺叙州吁之事,实际上明眼人一就便知左氏是在为石碏作传。作者以谏庄公之言、献州吁之计、告陈人之谋和大义灭亲之举将一个德义兼备的智慧长者形象树立于读者面前,却没有为贤者讳打造一个完人,而是直述其不能禁其子与州吁交好,是一个教子无方的无奈的父亲。当我们用一个现代人的眼光从史传文学的角度来看《左传》的时候,"经"或是"史"都成了一个并不重要的问题,精当的选材、畅快的叙事、通达的文风和生动的人物才是最重要的。

二 "有经无传"与"有传无经"

《左传》一书曾有多种命名方式,或称《左氏春秋》,或称《春秋左氏传》,但无论哪一种都标识着它与《春秋》的血脉联系。《春秋》为

"经",左氏为"传",虽然后来《左传》也在儒家学子的推重之下走进了经典的行列,但是它与《春秋》经之间的关系却无法改变。汉代的桓谭说:"左氏《传》之与《经》,犹衣之表里,相待而成。有《经》而无《传》,使圣人闭门思之,十年不能知也。"[①] 自《左传》之出,经传已渐成一体再也无法分割。虽然人们总在强调"经传相佐",但细细推原,我们却可以发现,《左传》中存在着有趣的"有经无传"和"有传无经"的现象,而这些地方也恰恰显现出了左氏落笔之时忠于内心的慎重和剪裁思想的独到。

(一) 有经无传

左氏解经,一是重视发凡起例,为后人争讼不已的"五十凡"就是例证;二是善于综述史事,能发明《春秋》隐讳之事,并将史实融会成声色俱在的事件。《左传》的许多解经之文都要与经相合才能读懂。如桓公三年《经》云:"三年春正月,公会齐侯于嬴。"《传》云:"会于嬴,成昏于齐也。"经传连读方能明白是桓公三年正月由于迎娶文姜,文姜之夫鲁桓公与文姜之父齐僖公才能在嬴地相会。又如僖公二十八年《经》云:"冬,公会晋侯、齐侯、宋公、蔡侯、郑伯、陈子、莒子、邾子、秦人于温。"《传》云:"冬,会于温,讨不服也。"经传连读方知诸侯会于温的原因和目的。

"经"是《春秋》之文,"传"是《左传》之文,"传"本当依"经"而存释"经"之义,但仍有许多《春秋》之"经"是无"传"的。《左传》哀公十四年杜预注云:"孔子弟子既续书鲁策以系于经,丘明亦随而传之,终于哀公,以卒前事。其异事则皆略而不传,故此《经》无《传》者多。"[②] 不独如此,杜预还认为哀公十四年"西狩获麟"条之后的传文也系《左传》作者之为,结合《公羊传》《穀梁传》均止于此年大致可以推断他说的应该是事实。但我们要说的是"经"的问题。

有一些《春秋》经文所述事件相对简单,其表述方式又简洁明了、语意通达无须再释,所以《左传》便略而不录。如庄公元年共有八条经,却仅有三条传,左氏对"夏,单伯送王姬","冬,十月乙亥,陈侯林

[①] 桓谭:《新论》,上海人民出版社1977年版,第107页。
[②] 孔颖达:《四库全书·经部一三八·春秋左传注疏》,上海古籍出版社1987年版,第640页。

卒"，"王使荣叔来锡桓公命"，"王姬归于齐"，"齐师迁纪郱、鄑、郚"都未作传释，但这些《春秋》经文很明显都无碍人们的理解。再如僖公十一年有经四条，其中"夏，公及夫人会齐侯于阳谷"和"秋八月，大雩"两条无传。又如庄公三十一年有经六条，"三十有一年春，筑台于郎"，"夏，四月，薛伯卒"，"筑台于薛"，"六月，齐侯来献戎捷"，"秋，筑台于秦"，"冬，不雨"，只有"六月，齐侯来献戎捷"有传。

庄公二十二年《春秋》有经六条："春，王正月，肆大眚"，"癸丑，葬我小君文姜"，"陈人杀其公子御寇"，"夏，五月"，"秋，七月丙申，及齐高傒盟于防"，"冬，公如齐纳币"。粗略一看就不难发现，其中不乏鲁国自己的大赦、丧葬、结盟、婚姻之事，但左氏在取舍之后却只为"陈人杀其公子御寇"作传，且所叙未言陈人也未言公子御寇，而是只涉及了因乱出奔于齐的陈公子完（即田敬仲）。

这段传文先叙敬仲不慕高官主动辞谢齐桓公任以为卿的好意，而只做了掌管百工的工正小官；次叙敬仲宴请齐桓公，宾主欢洽加以礼拒绝国君夜以继日畅饮的要求，以其端直守礼、刚正不阿受到君子的好评；三叙懿氏准备嫁女于敬仲之时得到"凤皇于飞，和鸣锵锵。有妫之后，将育于姜。五世其昌，并于正卿。八世之后，莫之与京"的吉祥之繇；四叙敬仲少时周史以《易》筮之，预测陈国衰亡之时敬仲之后将在齐国昌盛；最后以预叙作结印证两次占卜的准确无误，言后来陈之初亡时敬仲五世孙陈桓子在齐国开始壮大，至八世孙田常则代齐而立。长达五百余字的传文以多种叙事方法的并用将敬仲的个人魅力及其家族的历史尽现纸上，没有任何无关事件的夹缠与楔入，可以说是一则完整的人物小传。其表现力可与僖公二十二年、二十三年浓墨重彩出现的重耳故事相提并论，堪称是《史记》之前人物传记的绝佳样板。而如果没有本年其余五条经文的"无传"，这一纯净的文本样式可以说是无论如何都不可能出现的。

（二）有传无经

《左传》之经传并行起于隐公元年（前722），终于哀公十六年（前479）。[①] 自哀公十七年（前478）起，《左传》进入到"有传无经"的部分，历时十一年，止于哀公二十七年（前468），并预叙了十几年后三家分晋（前453）的局面。我们说的"有传无经"不是哀公十四年获麟之

[①] 《公羊传》和《穀梁传》均止于哀公十四年（前481）。

时《春秋》绝笔以后的这种有传无经，而是此前经传并行时期最能反映左氏学、识、才的段落，是最能表现其忠于内心、精于取舍的部分，是一个载笔之人思考之后最能表现自己思想和见识的部分。

说起《左传》之始，人们通常会立刻想起隐公元年和这一年的重大事件"郑伯克段于鄢"，却往往忽略了此前的一段传文："惠公元妃孟子。孟子卒，继室以声子，生隐公。宋武公生仲子。仲子生而有文在其手，曰为鲁夫人，故仲子归于我。生桓公而惠公薨，是以隐公立而奉之。"这不足六十字的叙述才是《左传》真正的开篇，不但为我们交代了鲁惠公三妃的情况和隐公、桓公的身世，而且暗伏了日后的隐公之死并流露了左氏对桓公的谴责之意。更具意味的是，"仲子生而有文在其手"又早早地为我们透露了左氏对神奇玄妙事件的偏好。

隐公元年，无经而有传之文共计七处：

> 夏，四月，费伯率师城郎。不书，非公命也。
> 八月，纪人伐夷。夷不告，故不书。
> 有蜚。不为灾，亦不书。
> 冬，十月庚申，改葬惠公。公弗临，故不书。
> 惠公之薨也，有宋师，太子少，葬故有阙，是以改葬。卫侯来会葬，不见公，亦不书。
> 郑共叔之乱，公孙滑出奔卫。卫人为之伐郑，取廪延。郑人以王师、虢师伐卫南鄙。请师于邾，邾子使私于公子豫。豫请往，公弗许，遂行，及邾人、郑人盟于翼。不书，非公命也。
> 新作南门，不书，亦非公命也。

以上七处均为补《春秋》经文之阙而出现在传文中，从而使史实更为丰满。而我们也从中大略可知《春秋》经体例中非公命不书、不告不书、不为灾于国有大害不书等记事特征，不但说明《春秋》确实在一定程度上如孟子所言是"天子之事"，而且提示我们注意"三传不书之例"。但这仍不是我们要说的重点。

赵光贤先生说："《左传》中有很多重要记事，全不见于经，如晋之始强，自曲沃武公代晋，献公吞并各小国，直到文公称霸；楚国自武王侵略汉东诸国，直到城濮之战以前，两大国的发展是春秋时期重要史事，经几乎全付阙如，传则记载非常详细。还有许多著名的故事，如曹刿论战、宫之奇谏假道、介之推不言禄、弦高犒秦师等，不可悉数，都为经所无。像这些故事自当另有出处，《左传》编者把它们编辑成书，显然原意也不是作为《春秋》的补充读物，而是一部独立的书。因为这些东西是可以独立存在的，不是非依附《春秋》不可的。"① 赵光贤所举之例虽然未见十分确切却大抵可信，下面我们就来看几个有趣的例子。

桓公二年传经之后，左氏忽然补入大段晋国旧闻。晋国之事从晋穆侯之夫人姜氏生二子兄名曰仇、弟名曰成师说起，其意在于以证师服之言"君命太子曰仇，弟曰成师，始兆乱矣"；然后说鲁惠公二十四年，晋文侯仇死后其子昭侯即位，晋国开始内乱，因此把桓叔成师封在曲沃，又引师服之言曰："吾闻国家之立也，本大而末小，是以能固。故天子建国，诸侯立家，卿置侧室，大夫有贰宗，士有隶子弟，庶人、工商，各有分亲，皆有等衰。是以民服事其上，而下无觊觎。今晋，甸侯也，而建国，本既弱矣，其能久乎？"六年后晋国大夫潘父杀死昭侯想接纳桓叔却没有成功，晋人立了昭侯的儿子孝侯。鲁惠公四十五年，桓叔的儿子曲沃庄伯攻打晋国都城翼杀死了孝侯，翼人立了孝侯的弟弟鄂侯，鄂侯生哀侯，哀侯侵夺陉庭之田，陉庭南郊的人就引导曲沃人伐翼。此处直叙晋国六代之事，其文字与上文缺少粘连，却紧密关涉下文桓公三年"春，曲沃武公伐翼"，二年连读方知此处无经之传是左氏张本之意，而如果没有桓公二年之传，桓公三年的第一件大事便令人难解，而这样大段文字若在"曲沃武公伐翼"之后补写也会让人先是陷于一头雾水的困顿之境，倒不如如此突兀安排来得清爽自然。

桓公三年、四年的两条无经传文则为我们讲述了一个有趣的春秋故事："芮伯万之母芮姜恶芮伯之多宠人也，故逐之，出居于魏"，"秋，秦师侵芮，败焉，小之也。冬，王师、秦师围魏，执芮伯以归。"在一个众所周知的男权时代，诸侯可以一娶九女，一个国君有许多内宠也是一件毫不奇怪的事情，可是芮伯的母亲竟能因此将他驱逐到魏城，显示了手握母权者的铁血手腕。更为传奇的是她竟能率领国人在没有国君的情况下抗拒以尚武著称的秦军的入侵，而使秦人不得不转头围魏，用"执芮伯以归"这样另类的手段来达到自己的政治目的。以左氏的礼法立场，记录这样的

---

① 赵光贤：《左传编撰考》，载《古史考辨》，北京师范大学出版社1987年版，第203页。

事件未必是出于赞美女性的目的，但至少它成就了左氏所好之"奇"。而昭公十六年的首条传文："春，王正月，公在晋，晋人止公。不书，讳之也。"一方面是补经文之阙，另一方面则以实录精神为我们昭示了不讳言"家丑"的史官精神。

对《左传》中的"无经之传"及其意义，孔颖达曾列举说："先《经》者，若隐公不书即位，先发仲子归于我；卫州吁弑其君完，先发庄公娶于齐。如此之类，是先《经》以始事也。后《经》者，昭二十二年王室乱，定八年乃言刘子伐盂以定王室；哀二年晋纳蒯聩于戚，哀十五年乃言蒯聩自戚入卫。如此之类，是后《经》以终义也。依《经》者，《经》有其事，《传》辩其由，隐公不书即位而求好于邾，故为蔑之盟，案其《经》文，明其归趣。如此之类，是依《经》以辩理也。错《经》者，若地有两名，《经》《传》互举，及《经》侵《传》伐，《经》伐《传》侵，于文虽异，于理则合。如此之类，是错《经》以合异也。《传》文虽多，不出四体，故以此四句明之也。"[1]

《春秋》作意当主要在于惩恶劝善尊奉王道，《左传》秉承此制以"礼"为先，凡释经之处或以只言片语，或以长篇琐论均不离此意，其补入的"无经之传"必不能是史实之全部，却总是离题旨最近的那些。《左传》中完全解经的传文有1300余条，与经文关系密切的有100余条，与经文联系不很直接的只有300条左右。但恰是这些不囿于《春秋》经文，看似与经文相疏离的史料和事件才更能体现左氏的思想、个性和对材料的选择、剪裁、组织能力。因此梁启超认为，《左传》"叙事有系统，有别裁，确成为一部'组织体的'著述，彼'帐簿式'之《春秋》，'文选式'之《尚书》，虽极庄严典重，而读者寡味矣。"[2] 也正因为左氏对内心声音的遵从，才使《左传》在经与史的性质之外又有了"文"的特征，进而在史传、散文、小说等领域影响了两千年的中国文学。

---

[1] 孔颖达：《四库全书·经部一三七·春秋左传注疏》，上海古籍出版社1987年版，第18页。

[2] 梁启超：《梁启超学术论著集》（传记卷），华东师范大学出版社1998年版，第107页。

第三章 《左传》的文学体式

作为时间上游具有范式意义的作品，《左传》有着自己独特的文字式样，表现出了自己独特的文学体式。基于中国人对时间的重视程度和敏感程度，《左传》有选择地继承了《春秋》的编年体形式并依托线性时间展开叙述，为避免线索的单一、形式的枯燥和情节的割裂，《左传》创制了上年与下年相勾连的锁链式情节结构，并辅以多维度叙事增强事件的丰富性和立体感。同时，《左传》将"史"之实与"文"之虚巧妙地契合一处，不但在据实而录的基础上洋溢着强烈的文学气息，而且能借坦荡的君子之言实现明确的教化之功，从而使《左传》成为中国古代文学中的"叙事之最"①。

第一节　线性时间和非线性叙述

法国叙事学家兹维坦·托多罗夫说："从某种意义上说，叙事的时间是一种线性时间，而故事发生的时间是立体的。在故事中，几个事件可以同时发生，但是话语则必须把他们一件一件地叙述出来，一个复杂的形象就被投射到一条直线上。"② 这段来自西方叙事学的话语其实已经跨越了东西方的文化界限，而从本质上揭示了叙事过程中点、线、面的关系，也就是线性时间和非线性叙述的关系。

一　编年体制与锁链结构

中国是一个传统的农业社会，古代中国尤其是文化相对发达的中原地

---

① 《史通·模拟》。
② ［法］兹维坦·托多罗夫：《叙述学研究》，朱毅译，中国社会科学出版社1989年版，第294页。

区更是如此。对农业社会而言，最重要的生活元素莫过于时间和地域。所以中国古史最初采用的形式就是以时间为主要标识的编年体和以地理方位为主要标识的国别体，纪传体和纪事本末体都是后来才兴起的样式。天文历法对于从事宗教与事件记录的史官来说是重要的职业基础，因此他们较一般人对时间更为敏感，也有着更强的时间观念，所以编年体成为中国古史最早普遍采用的方式并成就其最早的繁荣很是一件顺理成章的事情。

（一）"编年"之利

人们一般认为编年体起源于有文字以前的结绳记事，是一种对世事的最朴素的认知和记载，到隋唐时期人们仍旧普遍认为："史者，编年也，故鲁号纪年。史又有无事而书年者，是重年验也。"①《春秋》是我国现存的第一部编年体史书，以之为叙事基础的《左传》则是第一部为后人所称道的叙事详备的编年体史书。

关于《春秋》，司马迁说："孔子因史文而次《春秋》，纪元年，正时、月、日，益其详焉。"② 晋杜预曾在《春秋经传集解序》中总结其体例特征说："记事者以事系日，以日系月，以月系时，以时系年，所以记远近，别异同也。故史之所记，必表年以首事，年有四时，故错举以为所记之名也。"③ 刘知己亦解说编年体为："系日月而为次，列时岁以相续。"④《左传》既然为传释《春秋》而作，那么它与《公羊传》《穀梁传》一样都采取编年体的方式就是采取了最自然、最简单、最便捷的方式，是承袭，却也并不是毫无自家意图的被动承袭。

正如前面所说的，时间对古代中国有着特别重要的指示意义，没有了线性时间，农事和以农事为核心的绝大多数社会活动都将失去依据和参照。例如《左传》在相当多的年份记载了许多"城城"之事，因为"城城"对确保战争的胜利和邦国稳定都有着十分重要的意义。但在《左传》中我们也经常在这些地方看到左氏所谓"书，时也"和"书，不时也"的评价。此处的"时"与"不时"就是时间概念，而且是特定的"农时"概念——在农闲时节修筑城邑就是"时"，在家不忙时修筑城邑就是"不时"。

---

① 《隋书·李德林传》，魏征：《隋书》，中华书局1973年版。
② 《史记·三代世表》。
③ 杜预：《春秋左传集解》（第一册），上海人民出版社1977年版，第1页。
④ 《史通·二体》。

从先秦时期开始，中国的史书中就包含了社会政治、经济、文化、军事甚至哲学等方方面面的内容，所以在相当长的一段时期内，几乎是"史外无学"。而从文献记载看，各国记史不但是为了记事，也是为了显示自己的核心和正统地位，于是修史在春秋时代已成趋势，而从如今可见的《春秋》和《竹书纪年》反观，以国为单位所修的史书也都是编年体。

刘知己《史通》把古史分为六家，汉代史记家、汉书家两家之外的四家尽在先秦，有尚书家、春秋家、左传家、国语家。[①]《左传》与《春秋》分列可见《左传》虽然继承了《春秋》的编年体书写方式，却实在有其自成一格之特征，而情节更为丰富、叙事更为详尽当是其显在的因素。

现代史学家周谷城认为，编年体虽是中国史书的重要形式，但"编年体以按年月之前后排比事情为特征；然同一年或同一月所发生的许多事情，彼此间未必定有不可移易的因果关系，无关系而并列之，只是杂录其次。每一事情之产生发展完成未必定在同一时限之内：其所经历的时间往往有数年乃至数十年的编著史书之余，将整个一事分散，按年排比其零碎的部分，而与其他许多不相干的事情混合，于是这一事情的完整性亦不能保"[②]。此说颇为客观，也符合事实，但编年体之成就也不能就此抹杀。关于这一问题，唐代皇甫湜之论显得比较公允："予以为合圣人之经者，以心不以迹，得良史之体者，在适不在同编年纪传，系于时之所宜才之所长者耳，何常之有！故是非与众人同辨，善恶得圣人之中，不虚美，不隐恶，则为纪，为传，为编年，是皆良史矣。"[③]也正因如此，编年体史书之优秀著作于《左传》之后，在汉乃有荀悦之《汉纪》，至宋仍有司马光之《资治通鉴》。

（二）"锁链"之能

以线性时间为序列的编年体很自然以"年"为单位，但事件的生成与发展永远不会以这样的时间限度为起止，于是正如周谷城所说，以时间为叙述模块的编年体不可避免地会导致情节的分散与割裂，于是《左传》很自然发明出一种能够有效勾连事件的"锁链式"结构。此处的"锁链

[①]《史通·六家》。
[②]周谷城：《历史完形论》，载《周谷城史学论文选集》，人民出版社1983年版，第57页。
[③]皇甫湜：《编年纪传论》，载李昉《文苑英华》卷742，中华书局1995年版。

式"结构意指其上年与下年之间情节上的环环相扣,因其相互连接状如锁链,故笔者以"锁链"名之。在这种锁链式结构之中,上年的内容一般都会起到伏笔和预叙的作用,下年事通常是顺承之"承",是递进之"进",是因果之"果",是转折之"折",是一种因势利导的有意识的结构安排。

《左传》"锁链"中最显在的一种形式就是上年的最后一条传文与下年的第一条传文说的是同一件事,必须两年连读方能弄清一件事情的来龙去脉,而两年的史实也借助这一事件勾连在一起。如庄公八年末记"初,公孙无知虐于雍廪",下年第一条就是"九年春,雍廪杀无知",讲的是公孙无知因虐待封邑雍廪之大夫而被其杀死;庄公十一年末记"乘丘之役,公以金仆姑射南宫长万,公右歂孙生搏之。宋人请之。宋公靳之,曰:'始吾敬子;今子,鲁囚也,吾弗敬子矣。'病之",下年第一条就是"十二年,秋,宋万弑闵公于蒙泽",讲的是宋国勇士南宫长万因不堪宋闵公之人格侮辱而弑君;庄公二十九年末记"樊皮叛王",下年第一条就是"三十年,春,王命虢公讨樊皮。夏,四月丙辰,虢公入樊,执樊仲皮,归于京师",讲的是樊皮叛王和周王平叛的过程;僖公七年末记"闰月,惠王崩。襄王恶大叔带之难,惧不立,不发丧,而告难于齐",下年第一条就是"八年,春,盟于洮,谋王室也。郑伯乞盟,请服也。襄王定位而后发丧",讲的是周襄王艰难的即位过程和王子带对他所形成的政治压力。类似的例子在《左传》中可谓不胜枚举。

锁链结构还有更加典型也更加特殊的情形。定公元年末条记"周巩简公弃其子弟而好用远人",定公二年第一条记"二年,夏,四月辛酉,巩氏之群子弟贼简公",两条首尾相连;定公二年末记"邾庄公与夷射姑饮酒,私出。阍乞肉焉,夺之杖以敲之",定公三年第一条记"三年,春,二月辛卯,邾子在门台,临廷。阍以瓶水沃廷,邾子望见之,怒。阍曰:'夷射姑旋焉。'命执之。弗得,滋怒,自投于床,废于炉炭,烂,遂卒。先葬以车五乘,殉五人。庄公卞急而好洁,故及是",两条亦是首尾相连。这样,从定公元年、二年到三年就形成了一个非常典型的"连环扣"的结构。

《左传》之锁链结构除了以同一事件的叙写为标志,有时还在语义上有着不容忽视的粘结点。庄公二十三年末条记"秋,丹桓公之楹",下年第一条记"二十四年春,刻其桷,皆非礼也"。二十三年庄公让人用红漆漆鲁桓公的庙柱，《穀梁传》庄公二十三年为我们解释说天子诸侯之庙柱用微青黑色，用红色为非礼。二十四年紧承上文而来，直接以"其"字指代上年所言的桓公之庙，而"皆"则是说上年用朱漆漆桓公庙的柱子和本年雕镂桓公庙椽子的"过度装修"都是非礼的。"其"与"皆"就这样从汉语的角度将两年的事情很自然地结成了锁链，并间接地提示了整件事情与庄公大婚之间的关系。成公四年末条记"晋赵婴通于赵庄姬"，下年第一条即言"五年春，原、屏放诸齐"。"诸"是古代汉语中一个极其典型的兼词，意为"之于"，而其中的代词"之"指代就是上年的"赵婴"。从这两处的行文方式上看，《左传》作者从来就没有在主观上以时间将两个年度中发生的事情分割开来，而是始终将二者作为一个共同的对象来看待，也就是说，纵跨两年的两条传文在《左传》作者那里其实就是一句话，是完全可以也是必须要连读的。所以我们说，语义特征也是《左传》锁链式结构的特征之一。

  因为《春秋》"以事系日，以日系月，以月系时，以时系年"的特点，《左传》中具有密切因果关系的事件甚至是同一事件不但会被年与年分隔，且并不全在每年之首尾，有时同一事件在同一年中也并不相连。例如：成公九年秋天，"晋侯观于军府见钟仪"后听从范文子的建议"重为之礼，使归求成"，中间以时间为序插写"楚子伐莒""秦人、白狄伐晋""郑人围许""城中城"，之后方写"十二月，楚子使公子辰如晋，报钟仪之使，请修好结成"，成公九年之事至此叙述完毕。因为"以月系时"的缘故，晋楚之间因钟仪而开始之外交往来的因与果之间竟隔了与之毫不相干的四件事。

  同在成公九年，因郑国有背晋盟楚之嫌，晋人在郑成公赴晋时扣留了他，于是"郑人围许，示晋不急君也。是则公孙申谋之，曰：'我出师以围许，为将改立君者，而纾晋使，晋必归君。'"成公十年，"郑公子班闻叔申之谋。三月，子如立公子繻。夏，四月，郑人杀繻，立髡顽，子如奔许。栾武子曰：'郑人立君，我执一人焉，何益？不如伐郑而归其君，以求成焉。'……辛巳，郑伯归。"中间插写"晋侯梦大厉"一段，然后就是"郑伯讨立君者，戊申，杀叔申、叔禽"。仅从此两处即可见这种锁链形式一方面的确是编年体之必然，另一方面在特定情节上也是左氏的有意之为，而非完全由《春秋》经文限制的被动之选。同时，这种锁链结构不但是年与年相扣合，而且两年甚至更多年之间的一些事件也以预叙和补叙等方式呈现出犬牙交错的状态。所以顾栋高说："看《春秋》眼光须极远，近者十年数十年，远者通二百四十二年。"[1] 他所说的《春秋》实际上是指的就是《左传》。

二 多维叙述

作为中国史传文学的开山之作，《左传》叙事历来为人称道。刘知己称："《左氏》之叙事也，述行师则簿领盈视，咙聒沸腾；论备火则区分在目，修饰峻整；言胜捷则收获都尽，记奔败则披靡横前；申盟誓则慷慨有余，称诡诈则欺诬可见；谈恩惠则煦如春日，纪严切则凛若秋霜；叙兴邦则滋味无量，陈亡国则凄凉可悯。"[2] 刘熙载说："左氏叙事，纷者整之，孤者辅之，板者活之，直者婉之，枯者腴之，剪裁运化之方，斯为大备。"[3] 清代冯李骅在《读左卮言》中不但盛赞《左传》"叙事全由自己剪裁"，而且列举了"有正叙，有原叙，有顺叙，有倒叙，有实叙，有虚叙，有明叙，有暗叙，有预叙，有补叙，有类叙，有串叙，有摊叙，有簇叙，有对叙，有错叙，有插叙，有带叙，有搭叙，有陪叙，有零叙，有复叙，有间议夹叙，有连经驾叙，有述言代叙，有趋文滚叙，有凌空提叙，有断案结叙"共二十八种叙述方法[4]，但其分类未免过于烦琐。就《左传》叙述而言，最常见的当然是按人物的经历或事件发生、发展的先后进行的顺叙，这也是所有叙述方式中最平实和应用最广泛的一种，其余人们所熟悉的插叙、补叙、预叙、倒叙等手法的补充和综合运用也都使《左传》的叙事之网更加绵密、柔韧，进而使《左传》的叙事结构更加浑融圆整。

（二）叙述与伏应之法

在所有的叙述方法中顺叙最为常见，有些事件亦非顺叙亦不能完成。如庄公二十八年记晋献公家事："晋献公娶于贾，无子。烝于齐姜，生秦穆夫人及太子申生。又娶二女于戎，大戎狐姬生重耳，小戎子生夷吾。晋伐骊戎，骊戎男女以骊姬，归，生奚齐，其娣生卓子。"僖公十七年记齐

---

[1] 顾栋高：《春秋大事表》，中华书局1993年版，第5页。
[2] 《史通·杂说》上。
[3] 《艺概·文概》，刘熙载撰，袁津琥校：《艺概论稿》，中华书局2009年版。
[4] 冯李骅、陆浩：《左绣》，《四库全书存目丛书·经部·春秋类》，齐鲁书社1997年版，第139页。

桓公家事："齐侯之夫人三，王姬、徐嬴、蔡姬皆无子。齐侯好内，多内宠，内嬖如夫人者六人：长卫姬，生武孟；少卫姬，生惠公；郑姬，生孝公；葛嬴，生昭公；密姬，生懿公；宋华子，生公子雍。公与管仲属孝公于宋襄公，以为太子。雍巫有宠于卫共姬，因寺人貂以荐羞于公，亦有宠。公许之立武孟。管仲卒，五公子皆求立。冬十月乙亥，齐桓公卒。易牙入，与寺人貂因内宠以杀群吏，而立公子无亏。孝公奔宋。十二月乙亥，赴。辛巳，夜殡。"又如隐公元年"郑伯克段于鄢"之事，由"郑武公娶于申"总起，以时间为序顺流而下，其叙述有条不紊、一气呵成，可以说是《左传》顺叙手法运用的一大亮点。

"如果说西方语言的句子脉络是一种以动词为中心的空间结构体，那么汉语句子的脉络是一种具有逻辑天籁的时间流。它不像西方语言的句子那样以动词为中心搭起固定框架，以'形'役'意'，而是以意义的完整为目的，用一个个语言板块（句读段）按逻辑事理的流动、铺排的局势来完成内容表达的要求。"① 因为《左传》采用编年叙事，情节难免割裂，有些事件不但时间跨度较大而且没有"经"的提示，系"无经之传"，所以《左传》就很聪明地采取了较多预叙和倒叙、插叙、补叙的方式来对读者进行阅读提点以便实现情节连缀。

  天王使召武公、内史过赐晋侯命，受玉惰。过归，告王曰："晋侯其无后乎！王赐之命，而惰于受瑞，先自弃也已，其何继之有？礼，国之干也；敬，礼之舆也。不敬，则礼不行；礼不行，则上下昏，何以长世？"（僖公十一年）

  晋三郤害伯宗，谮而杀之，及栾弗忌。伯州犁奔楚。韩献子曰："郤氏其不免乎！善人，天地之纪也，而骤绝之，不亡何待？"（成公十五年）

以上两例写晋惠公接受周襄王所赐玉圭时神情不敬，内史过因此预言"晋侯无后"，他的依据是"礼，国之干也；敬，礼之舆也"这样的春秋行为准则，虽然春秋之世坚决奉行礼法的人已经不多了，但社会准则还是

---

① 申小龙：《中国句型文化》，东北师范大学出版社1988年版，第476页。

在的。而因三郤之嚣张，韩献子断定其家族必然败亡。当然这都还只是以预言作为下文的埋伏之笔，而算不上是标准的预叙。下例则不然：

> 楚庄王卒，楚师不出。既而用晋师，楚于是乎有蜀之役。（宣公十八年）

蜀之役发生在两年后的成公二年，传文云："冬，楚师侵卫，遂侵我，师于蜀。"将此事件提前著录于宣公十八年，是预先告诉我们晋楚争霸并未因楚庄王之卒而告终，而是尚有余绪，从而有效提升人们的阅读期待。

倒叙是把事件的结局或事件中的突出片断提在前面，然后再按时间顺序叙述事件的发展过程，是一种在一定意义上打破时间秩序的写作手法，在更多的时候与对前面事件进行补充的补叙和在叙事过程中插进另一有关事件然后再接续主线的插叙结合使用。

《左传》"初"字凡八十六见，大多为补叙和插叙性内容。如襄公九年先叙穆姜薨于东宫，后以"初"字领起补叙其初入东宫筮得随卦之情形；昭公十三年改葬楚灵王之后，补入"初，灵王卜曰：'余尚得天下！'不吉。投龟，诟天而呼曰：'是区区者而不余畀，余必自取之。'民患王之无厌也，故从乱如归"之情节。但《左传》也不乏未以"初"字领起的补叙内容：

> 声伯之母不聘，穆姜曰："吾不以妾为姒。"生声伯而出之，嫁于齐管于奚，生二子而寡，以归声伯。声伯以其外弟为大夫，而嫁其外妹于施孝叔。郤犨来聘，求妇于声伯。声伯夺施氏妇以与之。妇人曰："鸟兽犹不失俪，子将若何？"曰："吾不能死亡。"妇人遂行。生二子于郤氏。郤氏亡，晋人归之施氏。施氏逆诸河，沈其二子。妇人怒曰："己不能庇其伉俪而亡之，又不能字人之孤而杀之，将何以终？"遂誓施氏。（成公十一年）

本段落为《春秋》经文"晋侯使郤犨来聘。己丑，及郤犨盟"之传。郤犨来鲁国行聘问之礼，大约听说声伯即公孙婴齐的妹妹是个美女所以想娶她回去，声伯为与之结交就将已经嫁给施氏的妹妹强行改嫁给了郤犨。

本节文字先补叙声伯之母未经媒娶之事，而出何以有声伯，声伯又何以会有同母异父之"外妹"。而郤氏之亡在六年后的成公十七年，所以施氏逆诸河而沉其子之事即是典型的预叙。但也唯有这样的材料组合方能将声伯之母的委屈、穆姜的自傲、郤犫的蛮横、声伯的谄媚、施氏的自私和声伯外妹的无奈与刚烈在一小段文字中全然托出，行事者以事见人，出言者以言见人。所以汪受宽说："一般称《左传》为解经之作，但《左传》叙事自有成法，对《春秋》并非亦步亦趋。"①

僖公十五年秦晋韩原之战以顺叙为主，但战前先补叙因晋惠公夷吾无义而生成的战争之缘起："晋侯之入也，秦穆姬属贾君焉，且曰：'尽纳群公子。'晋侯烝于贾君，又不纳群公子，是以穆姬怨之。晋侯许赂中大夫，既而皆背之。赂秦伯以河外列城五，东尽虢略，南及华山，内及解梁城，既而不与。晋饥，秦输之粟；秦饥，晋闭之籴，故秦伯伐晋。"接下来叙述战争过程及晋惠公被俘将被押至秦国国都，而叙秦穆姬携儿带女登台履薪为其求免，秦穆公乃许晋平，并有晋作州兵之事。再补叙"初，晋献公筮嫁伯姬于秦，遇归妹之睽"史苏占之曰"不吉"之事，出晋惠公在秦时无视姐弟之情的怨天尤人之语。秦穆姬之护弟情深、秦穆公之夫妻情笃、晋惠公之薄情寡义尽浮于纸上。王源在《左传评》中将《左传》多种叙述手法的灵活运用称为"凌空跳脱之法"，即"唯中者前之，后者前之，前者中之后之，使人观其首，乃身乃尾；观其身与尾，乃首乃身，如灵蛇腾雾，首尾都无定处，然后方能活泼泼也"②。

《左传》多种叙述方式的并用，不但勾连了相关情节，而且显示了作者对于材料的选择、剪裁能力和精到的构思之法，行文中更是以虚实、张弛展现了伏应之法，强化了文章演进过程中的节奏感。

（二）叙述与纪传之源

作为叙事文学，《左传》能够使人看到完整的情节、生动的形象和欹丽跳荡的姿态，当然首先应该归功于它所采用的多种叙述方法。这些叙述方法是《左传》文字展现的必要手段和必然表现，使《左传》并不停留在一个单一的叙述层面上，而是使之跨越过去未来，将现实和思想紧密联

---

① 汪受宽：《〈左传〉在历史文学上的两大特色》，《史学史研究》1996年第1期。
② 王源：《左传评》，《四库全书存目丛书·经部·春秋类》，齐鲁书社1997年版，第328页。

结在一起，从而使叙述从多个维度以细针密线的方式展开，呈现出极大的立体延展性。

正如瞿林东先生所言："《左传》在编撰形式上对编年体有很大发展，即在编年记事的总的格局中，也有集中记一件史事本末原委的，或集中写一个人物活动经历的。"[①]《左传》庄公二十二年传文全叙陈敬仲之事，顺叙其自陈奔齐及与齐侯的亲密相处，补叙其娶妻之时的趣闻和少年时父亲请周史为其占卜命运的旧事，并预叙其子孙得政于陈。短短五百余字中，其家族变迁娓娓而出，不能不说是多种叙述方法综合运用的妙处。

至于僖公二十三年和二十四年简直就是一篇重耳大传的主体内容。二十三年主要写重耳出亡一路所遇：先写重耳及难蒲城人欲战而重耳奉行孝道主动避战出奔于狄，娶妻季隗后处狄十二年而行；过卫，卫文公不礼焉；出于五鹿，乞食于野人；及齐，公子安之，其妻齐姜与子犯谋，醉而遣之，醒后以戈逐子犯；至曹有曹共公轻薄观浴，而僖负羁之妻有识人之能，能劝丈夫善待重耳；及宋，宋襄公赠之以马二十乘；及郑，郑文公亦不礼焉；及楚，楚子飨之，而有"避君三舍"之言，为后来晋楚鄢陵之战张本；至秦，秦伯纳女五人，与怀嬴有"奉匜沃盥，既而挥之"引发的后堂之争，但能及时即势"降服而囚"而使秦穆公不但不怒反而奉以享宴，重耳亦能拜赐其恩。重耳的性格在这一路上是处于成长变化之中的，是福斯特所说具有复杂性格特征的丰满立体的"圆形人物"[②]。而二十四年归国主政的路上，在黄河岸边与子犯盟誓所言"所不与舅氏同心者，有如白水"，与当初的"以戈逐子犯"判若两人，也表明其性格的成熟和知恩感恩的心态。对寺人披、竖头须及介之推的态度更显示了其"以志吾过"知错能改的大人风范。于重耳之事中插叙其女"赵姬请逆盾与其母"，以赵盾为嫡子而使其三子下之，以叔隗为内子而己下之，也以活泼灵动之笔展示了重耳家庭内闱闱训的知礼和得体。

成公二年记楚申公巫臣在楚共王即位后借聘齐之机奔晋，不但"尽室以行"而且"及郑""以夏姬行"。上述事件系本年之事，但左氏却于此年补叙宣公十一年"楚之讨陈夏氏"之旧事，即夏姬入楚之后的经历

[①] 瞿林东：《中国史学史纲》（第一册），上海人民出版社1986年版，第68页。
[②] ［英］爱·摩·福斯特：《小说面面观》，苏炳文译，花城出版社1984年版，第57—68页。"圆形人物"是与性格特征单一的"扁平人物"相对应的文学概念。

和申公巫臣与她相约而逃的过程：先是楚庄王欲纳夏姬、公子子反也有此想，但都被巫臣以如簧巧舌制止；接下来楚庄王将夏姬赐予连尹襄老，襄老死于邲之战后其子黑要又烝于夏姬；巫臣则于此时与夏姬定下返回郑国伺机聘娶的计策。这一补叙将一个能臣与美女的爱情故事比较完整地呈现在我们面前，是夏姬与巫臣各自传记中的重要段落，虽然作者略去了许多细节，却也就此给了我们一个展开因果想象的广阔空间。这段文字之中还有一处与主题关碍不大的插叙内容："申叔跪从其父，将适郢，遇之，曰：'异哉！夫子有三军之惧，而又有桑中之喜，宜将窃妻以逃者也。'"路中偶遇的申叔跪仅从面相上就看出了巫臣此行既有令人戒惧的军事目的，又有与人私期密约的儿女之情。这段插叙为巫臣和夏姬的故事平添趣味，类似于后世传记之中的旁逸之笔，而从所述申叔跪的表现也略微可以看到史迁"旁见侧出"手法的一点由来。

　　史以记事为主，人又是事之主体，所以记史必然记人。《左传》能够不受编年体之局限将一人之事归于一处以多种叙述方式进行合并叙写，实为史迁纪传体之先声。童庆炳先生也说"《左传》才是中国叙事文学的真正起点与开篇"，"在《左传》之前的《春秋经》虽记事，但没有'情节'；《诗经》中也有叙事的篇章，但那是在'歌唱'故事，重点在抒情，是抒情文学的一种，不能算叙事文学。寓言则注重背后的理，很难称为叙事文学。真正具有叙事文学要素的是《左传》。"[①]

第二节　史之"实"与文之"虚"

　　《左传》以其独特的文学成就成为先秦文学史乃至中国文学史上的一座重镇，也总被后人目为"史有诗心"的代表著作之一。作为"文"与"史"的出色结合，《左传》在尽量做到客观冷静叙事的同时，也从未放弃自己的情感寄托和情感表达。左氏一方面以良史之才进行史实叙写，一方面加入了虚拟手法来营造气氛和强化思想的表达，使史之"实"与文之"虚"最大限度地熔于一炉。后代散文所法者主要在于前者，小说所宗者则主要在于后者。

---

　　① 童庆炳：《中国叙事文学的起点与开篇——〈左传〉叙事艺术论略》，《北京师范大学学报》（社会科学版）2006年第5期。

一　秉笔直书与良史之才

虽然成公十四年君子在称道《春秋》之时称其"微而显，志而晦，婉而成章，尽而不污，惩恶而劝善"非圣人则无人能修之，但提及史书，更多人并不称道孔子"为尊者讳，为贤者讳，为亲者讳"的曲饰原则，而是无比推崇"秉笔直书"的率真与勇敢。

（一）"直书"与"曲饰"

秉笔直书，从字面看似乎就是拿起笔照直去写，但每一个操控文字的人都明白"文由心生"的道理，由《春秋》开始的"一字定褒贬"之法后来人就算学得再不精细，也多少能够明白其中的一点奥秘，洋洋洒洒如《左传》又怎能不清楚？无论是记史还是作文，"直"与"曲"相对，是不委婉，不矫饰，其中所传达的是史之真，更是作者的情感、思想、创作意图之真，是写什么、怎么写和目的在于传达什么的问题。

《左传》成公二年晋景公派大夫巩朔进献齐国的俘虏给周定王，周定王以"蛮夷戎狄，不式王命，淫湎毁常，王命伐之，则有献捷""兄弟甥舅，侵败王略，王命伐之，告事而已，不献其功，所以敬亲昵、禁淫慝也"为由拒绝接见"晋国使臣巩朔"，却以私人身份为他设宴并赠送礼物给他，只是没有忘记派相礼的人告诉他说："非礼也，勿籍！"也就是说："我同你一起宴饮并送礼物给你的事是非礼的，千万不要把它记在史册上！"因为周王有命，所以上述文字于《春秋》无经。周王说不要记载于史，《左传》却有大段极为详细的记述，何也？左氏记史当是以这样的文字传达自身独到的史家思想与腹诽之意。

而周定王"非礼也，勿籍"的五字嘱托至少告诉我们三层含义：一是身为天下之主的周王也和他的诸侯、大夫一样，不时为满足私欲而行一些非礼之举，且属于"明知故犯"型；二是其时仍有"君举必书"之规范，否则周王不会发出特别嘱托；三是君王之举是否如实籍录于史册有时会受到不同程度的"行政干预"。春秋二百四十二年，鲁国五个国君被杀，一个被逐，孔子删改过的《春秋》却无一处显现，充分体现了他的"三讳"原则。但《左传》却一一补出，并在相应处或借时人之口或借君子之言作出述评传达自己的思想，不再屈从于帝王将相的政治苑囿或是传统文人自身的心理障碍，而是充分显现了自我意识的光芒和史家的个性表达，在一定意义上完成了从史官到史学家的转轨。

《左传》关于史之记事有两个最为显在、最为直接表现作者思想的例子。一是宣公二年晋灵公不君赵穿攻灵公于桃园，太史狐书曰"赵盾弑其君"，左氏借孔子之言说道："董狐，古之良史也，书法不隐。"一是襄公二十五年崔氏作乱杀死齐庄公后："大史书曰：'崔杼弑其君。'崔子杀之。其弟嗣书，而死者二人。其弟又书，乃舍之。南史氏闻大史尽死，执简以往。闻既书矣，乃还。"无论是自幼同聆庭训养成职业习惯的世袭太史之家，还是地位低下、职权微末的南史小官，在明知国家权柄尽落崔氏的时候，仍不畏死而以忠勇示人。左氏叙事尽皆平实，无夸饰，无赞誉，而赞佩之情尽现。而有了对史官秉笔直书的赞赏之情，左氏解经自然也会投注自己独到的眼神。

昭公三十年到三十二年，《春秋》经曾三次以相同文字在醒目位置记载："春，王正月，公在乾侯"。《左传》对其所作的传释分别是："三十年，春，王正月，公在乾侯，不先书郓与乾侯，非公，且征过也"，"三十一年，春，王正月，公在乾侯，言不能外内也"，"三十二年，春，王正月，公在乾侯，言不能外内，又不能用其人也"。鲁昭公二十七年、二十八年在郓，二十九年在乾侯，《春秋》出于为君讳的目的并未言明，至三十年后经文虽以重章复唱之法申说鲁昭公不在君位而偏居乾侯，但其思想内涵究竟不够确切。《左传》之释则有着鲜明的情感指向：其一指明出居于外是昭公之错，其二言其无君道为国内外所不容，其三言其为国内外所不容又不能任用贤人。杜注认为"其人指子家羁也。言公不能用其人，故于今犹在乾侯"。①《左氏会笺》说："左氏之义深得圣人因事明道之意。而后儒依穀梁存公之言，以左氏为党臣击君，不知春秋因事明道。昭公失人君之道，则以人君之道则之，未尝较彼此他日之是非得失以褒贬之。其较彼此他日之是非得失以褒贬之者，特朱熹纲目之法耳。"②

《左传》还有一些地方只以简短之笔补出《春秋》"书"与"不书"的原因和内容。如成公十年，"秋，公如晋。晋人止公，使送葬"，"冬，葬晋景公。公送葬，诸侯莫在。鲁人辱之，故不书，讳之也"；昭公十六年，"春，王正月，公在晋，晋人止公。不书，讳之也"。《春秋》所讳者，《左传》特特补出，尽显"直史"之魄力。再如成公十八年记："筑

---

① 杜预：《春秋左传集解》，上海人民出版社1977年版，第1596页。
② ［日］竹添光鸿：《左氏会笺》，四川出版集团、巴蜀书社2008年版，第2101页。

鹿囿，书不时也。"因为大型土木工程应在冬季农闲时节进行，本年筑鹿囿却时在八月，不合时令即是不恤农时，史书之记意在不满与申斥。又襄公二十七年记："十一月乙亥朔，日有食之。辰在申，司历过也，再失闰矣。"这又是对朝臣的指斥，有不顾僚属之情的嫌疑。昭公十一年申无宇论国有大城之害言道："郑京、栎实杀曼伯，宋萧、亳实杀子游，齐渠丘实杀无知，卫蒲、戚实出献公。若由是观之，则害于国。末大必折，尾大不掉，君所知也。"是申无宇之言，当亦是左氏之见。《汉书》曰："然自刘向、扬雄博极群书，皆称迁有良史之材，服其善叙事理，辨而不华，质而不俚，其文直，其事核，不虚美，不隐恶，故谓之实录。"① 将上述班固盛赞司马迁之言用之于左氏，亦当不为过誉之词。

但仅有秉笔直书的态度还够不上所谓的"良史"，只有学、识、才三者兼具才能成就好的史官和史书。《左传》昭公十二年楚国左史倚相依礼从朝堂上快步趋过，楚灵王对子革说："是良史也，子善视之！是能读《三坟》《五典》《八索》《九丘》。"《三坟》《五典》《八索》《九丘》都是古书之名，为一般人所不能见更不能知，足见其时所谓良史首先要熟读典籍有渊博的学识。史官无"学"其笔下自然只有干瘪的史料，而没有饱满的历史风物和历史精神；史官无"识"其笔下的史料就只能是无序的堆积，无所谓详略重点，更不能以其思想建树给后来读史的人以指引；史官无"才"其笔下的文字自然枯燥乏味做不到引人入胜，若是使人不忍卒读就更是达不到史之镜鉴的目的。

(二)"史才"之整一

即时书事的史官要对眼前之事进行适度筛选，不可能事无巨细尽载于史；后代整理史书的史官先要进行积箧盈箱的史料收集，然后依据需要进行拣选、整合、书录。但二者对材料的采选都必然有一个共同的原则，即"论其细也，则纤芥无遗；语其粗也，则丘山是弃"②。宣公四年，"春，公及齐侯平莒及郯，莒人不肯。公伐莒，取向"是史实，"非礼也"是左氏评价，而此后"平国以礼，不以乱。伐而不治，乱也。以乱平乱，何治之有？无治，何以行礼"之言论则是左氏不借他人之口所作的直接评论，虽然文字不多，却行文慷慨、大义凛然，堪为后世史家之范。只陈述

---

① 《汉书·司马迁传》。
② 《史通·二体》。

事件而放弃了攻伐的细节是因为左氏此处要表明的只是"义""礼"之所存。襄公十四年"范宣子假羽毛于齐而弗归，齐人始贰"一句，有传无经。晋人向齐人借羽毛却不肯归还看似是"齐人始贰"的诱因，却也极可能是恰好给了齐人一个可以利用的口实。左氏所述未必是直接的原因却是一根不可或缺的导火索，补足事件由头而使之完整。

刘知己云："逮左氏作史，不遵古法，言之与事，同在传中，然而言事相兼，烦省合理，故使读者寻绎不绝，览讽忘疲。"① 襄公二十七年，由向戌一力倡导的弭兵之盟既成，向戌即向宋平公请赏。当向戌拿着宋平公给他六十个城邑的赏牒去给司城子罕看并要求拨付时，遭到了子罕"天生五材，民并用之，废一不可，谁能去兵""纵无大讨，而又求赏，无厌之甚也"的指责，并削去札上之字而投之于地。向戌不但不生气，反而向宋平公"辞邑"，并说："我将亡，夫子存我，德莫大焉。"其行为方式与态度跃然纸上，子罕之忠勇耿直，向戌之知过能改，使人物性格尽出情态毕现，甚至不必有君子所给的结论："'彼己之子，邦之司直'，乐喜之谓乎！'何以恤我，我其收之'，向戌之谓乎！"此例可与刘知己"言事相兼"之论相比照。

《左传》中曾多次写到各国发生火灾的情况，最难得的是其叙事有条不紊，毫不重复：

> 九年，春，宋灾，乐喜为司城以为政，使伯氏司里。火所未至，彻小屋，涂大屋，陈畚挶；具绠缶，备器；量轻重，蓄水潦，积土涂；巡丈城，缮守备，表火道。使华臣具正徒，令隧正纳郊保，奔火所。使华阅讨右官，官庀其司。向戌讨左，亦如之。使乐遄庀刑器，亦如之。使皇郧命校正出马，工正出车，备兵，庀武守。使西鉏吾庀府守，令司宫、巷伯儆宫。二师令四乡正敬享，祝宗用马于四墉，祀盘庚于西门之外。（襄公九年）

> 火作，子产辞晋公子、公孙于东门，使司寇出新客，禁旧客勿出于宫。使子宽、子上巡群屏摄，至于大宫。使公孙登徙大龟，使祝史徙主祏于周庙，告于先君。使府人、库人各儆其事。商成公儆司宫，

---

① 《史通·载言》。

出旧官人，置诸火所不及。司马、司寇列居火道，行火所焮。城下之人伍列登城。明日，使野司寇各保其征，郊人助祝史除于国北，禳火于玄冥、回禄，祈于四鄘。书焚室而宽其征，与之材。三日哭，国不市。使行人告于诸侯。宋、卫皆如是。陈不救火，许不吊灾，君子是以知陈、许之先亡也。……七月，郑子产为火故，大为社，祓禳于四方，振除火灾，礼也。（昭公十八年）

夏，五月辛卯，司铎火。火逾公宫，桓、僖灾。救火者皆曰顾府。南宫敬叔至，命周人出御书，俟于宫，曰："庀女，而不在，死。"子服景伯至，命宰人出礼书，以待命。命不共，有常刑。校人乘马，巾车脂辖，百官官备，府库慎守，官人肃给。济濡帷幕，郁攸从之。蒙葺公屋，自太庙始，外内以悛。助所不给。有不用命，则有常刑，无赦。公父文伯至，命校人驾乘车。季桓子至，御公立于象魏之外，命救火者伤人则止，财可为也。命藏象魏，曰："旧章不可亡也。"富父槐至，曰："无备而官办者，犹拾渖也。"于是乎去表之槁，道还公宫。（哀公三年）

以上三例分别写了宋、郑、鲁三国救火的实况，相同的情形是全民动员、各司其职，宋郑两国兼有大规模的祭祀活动；不同之处在于宋国的重点工程在"火所未至"之处的一系列防御工作，郑国的重点是首先保证他国外交人员的人身安全然后各司其职，鲁国的重点工作则是"出御书""出礼书""命藏象魏"等一系列保证"旧章不可亡也"的相关工作。三处文字有指导思想，有具体方法，尽显史料价值。《左传纪事本末》专门辟出一卷整理"春秋灾异"并云："春秋二百四十二年之间，凡纪灾异一百二十二，日食三十六也……其间非无惊世骇俗更甚此者，而圣人不书。至阴阳、寒暑、草木、虫蠕之变，凡切于人事之休咎，天道之应违者，不以微而不察焉。以此见圣人之不语怪，而念是民生日用至急也。"[1] 这或者也可以看作是对左氏"史识"和"史才"的评价。

《左传》之前仅仅保留在人们口头传诵之中或是仅有简略文字记载的许多传说在《左传》中都有所保存，比如关于黄帝、颛顼、帝喾的传说、

---

[1] 高士奇：《左传纪事本末》，中华书局1979年版，第832—833页。

关于武王克商的传说、关于春秋各诸侯国先君的传说等。其中有珍贵的历史传说也有神话传说，昭公元年载高辛氏二子变为参商两星，昭公七年载尧殛鲧于羽山其神化为黄熊等都极具神异色彩。而《左传》记载中的一些公卿大夫也常以口若悬河之势讲述自己所掌握的各种历史掌故。例如宣公三年"王孙满答楚庄王论鼎之轻重大小"时，不但明确言道"周德虽衰，天命未改，鼎之轻重，未可问也"，而且态度从容地追述了夏朝至西周的兴亡变迁，旨在说明王朝存废的根本原因系于君王，"在德不在鼎"；再如襄公二十二年晋国要求郑国前往朝见，子产应对晋人时上溯十五年，几乎是逐年细细列举了郑国从未失礼的晋郑交往史，以不卑不亢之言使晋国落于外交下风；又如成公十三年"晋侯使吕相绝秦"，吕相历数自晋献公与秦穆公以来的秦晋交往，谴责自秦桓公即位以来两国所发生的龃龉甚至矛盾，痛斥了秦桓公的不仁不义。《左传》所记如上内容，即使是各类典籍有所记载而为左氏融会抄录，却也必得有博览群书之前提，而其叙事之清晰、言辞之典雅亦尽显左氏的文学修养。

二　"史"中之"文"

史传著作讲求"实录"，崇尚以"不虚美，不隐恶"的客观态度记述史实，要求做到博采史籍，考信慎取，记事客观，善恶必书。但史总归是人写的，著者的主观态度不可能不流露其中甚至覆盖全书。同样，面对庞杂的史料，史家不可能毫无选择地兼收并蓄，哪些史料被最终采入史籍总是著史之人在起作用，所以即使就史书而言也没有绝对客观的取材和行文方式。继承《春秋》而来的"春秋笔法"和"一字寓褒贬"是主观的，《左传》盛赞管仲之功却不言其"树塞门""设反坫"[①] 之非礼自然也是主观的，从左氏到史迁、班固到后世治史者均不能不将一己情怀投射于史册之中，而如果没有了人文精神的映衬，史册之光辉也很难照彻千古，这也是作史、论史者言必及左氏、史迁的重要缘故。

（一）事伪情真

《左传》记史的确存在很多让人分不清真伪或是一致公认为"伪"的

[①]《论语·八佾》：子曰："管仲之器小哉！"或曰："管仲俭乎？"曰："管氏有三归，官事不摄，焉得俭？""然则管仲知礼乎？"曰："邦君树塞门，管氏亦树塞门；邦君为两君之好有反坫，管氏亦有反坫。管氏而知礼，孰不知礼？"

地方，有事件也有细节。如骊姬潜害申生一节，《左传》僖公四年记曰："及将立奚齐，既与中大夫成谋，姬谓太子曰：'君梦齐姜，必速祭之！'太子祭于曲沃，归胙于公。公田，姬置诸宫六日。公至，毒而献之。公祭之地，地坟。与犬，犬毙。与小臣，小臣亦毙。姬泣曰：'贼由太子。'"从叙述看，趁晋献公外出狩猎之机使太子"祭于曲沃""归胙于公"，然后"毒而献之"，一系列计谋均出自骊姬之手。但《国语》则说是优施教其"半夜而泣"于枕边向晋献公谗害申生，阴谋得逞后也没有"泣曰贼由太子"。而且，《左传》里没有任何作风问题的骊姬在《国语》中却有一个与优施私通的事实，《左传》中"姬置诸宫六日"之事也不见于《国语》《史记》。作为几乎同时的文献，我们无法分辨哪一个版本更接近历史的真相。陈涉读《国语》质疑"夜泣"所说云："人之夫妇，夜处幽室之中，莫能知其私焉，虽黔首犹焉，况国君乎？余以是知其不信，乃好事者为之词。"钱锺书先生也引其意说："骊姬泣诉"，"陈涉所谓'好事者为之词'耳"。[①]

由于事实无法考证，我们也不便很主观很不负责任地说上例之中《左传》的记述才是更接近史实的一种。但《左传》中有两处文字却历来是最不能让人信服的，一是介之推与母偕隐之前的对话，一是鉏麑奉晋灵公之命前往刺杀赵盾却不忍杀之的内心独白：

晋侯赏从亡者，介之推不言禄，禄亦弗及。推曰："献公之子九人，唯君在矣。惠、怀无亲，外内弃之。天未绝晋，必将有主。主晋祀者，非君而谁？天实置之，而二三子以为己力，不亦诬乎？窃人之财，犹谓之盗，况贪天之功以为己力乎？下义其罪，上赏其奸；上下相蒙，难与处矣。"其母曰："盍亦求之？以死，谁怼？"对曰："尤而效之，罪又甚焉。且出怨言，不食其食。"其母曰："亦使知之，若何？"对曰："言，身之文也。身将隐，焉用文之？是求显也。"其母曰："能如是乎？与女偕隐。"遂隐而死。（僖公二十四年）

宣子骤谏，公患之，使鉏麑贼之。晨往，寝门辟矣，盛服将朝。尚早，坐而假寐。麑退，叹而言曰："不忘恭敬，民之主也。贼民之

---

① 钱锺书：《管锥编》（第一册），中华书局1986年版，第165页。

主，不忠；弃君之命，不信。有一于此，不如死也。"触槐而死。（宣公二年）

介之推与母亲的对话不但是家中私语，且口出怨言，自然要在悖背晦之处不能达于视听，而此后这对母子便"偕隐而死"了。那么有谁能记录下他们如此深邃而又充满精神光芒的对话呢？而鉏麑一段大约可以算得上是中国最早的"刺客列传"了。刺客受命当然只身前往，其"叹而言"当然亦是自叹自言，是没有听众的内心独白，触槐而死后其言何以传？《左传》作者如在，恐怕也难以作出合理的解释。倒是钱锺书先生能以学者和作家的双重身份会其意而言曰："上古既无录音之具，又乏速记之方，驷不及舌，而何其口角亲切，如聆謦欬欤？或为密勿之谈，或乃心口相语，属垣烛隐，何所据依？如僖公二十四年介之推与其母偕逃前之问答，宣公二年鉏麑自杀前之慨叹，皆生无旁证，死无对证者，注家虽曲意弥缝，而读者终不餍心息喙。纪昀《阅微草堂笔记》卷一一曰：'鉏麑槐下之词……谁闻之欤？'李元度《天岳山房文钞》卷一《鉏麑论》曰：'又谁闻而谁述之耶？'李伯元《文明小史》第二五回王济川亦以此问塾师，且曰：'把它写上，这分明是个漏洞！'"钱先生又下论断说："盖非记言也，乃代言也，如后世小说，剧本之对话独白也。左氏设身处地依傍性格身分，假之喉舌，想当然耳"，"史家追叙真人实事，每须遥体人情，悬想事势，设身局中，潜心腔内，忖之度之，以揣以摩，庶几入情合理。盖与小说、院本之臆造人物、虚构境地，不尽同而可相通。"①

钱锺书先生在《宋诗选注》香港版的"前言"里亦指出："历史的进程里，过去支配着现在，而历史的写作里，现在支配着过去。"② 史书所记是生活的真实，但并不是所有真实的生活都有资格进入史书，而事件之间的因果联系必然会体现为情节的逻辑组合。在情节的推演过程中，如果没有细节的存在事件的发展就会无所依凭，但如果细节过于详尽，史书中相应的情节和事件就会越发缺少可信度。我们有理由相信史书的记录者始终在秉承"实录"原则，力求准确还原历史情境。但事实上，无论他们怎样努力都必须依靠合理的推断与想象才能尽量完成这一任务。而他们推

---

① 钱锺书：《管锥编》（第一册），中华书局1986年版，第164—166页。
② 钱锺书：《模糊的镜子》，《人民日报》1988年3月4日第8版。

断与想象中还原的人物神情、心理、语言、行动等就不可避免地在一定程度上变成后人理解中的"虚构"。也就是说,如果我们将记载同一时期历史的史书,比如《左传》《国语》《春秋事语》《史记》等书放在一起进行局部比较的话,就会发现,同一人在同一场合所讲的言语,甚至同一事件的细节,大多存在差异,而这也说明,总有一些人的记录并非曾经发生的事实。

史书叙事首先力求详备可信,如果说还有更高的要求,那就是力求生动可感。史书不能虚构事件,但事件记述时的详备可信和生动可感都要建立在包括人物语言、行动、心理等的细节基础之上。要做到这些,自然离不开写作者的主观摹拟和合理想象。这种虚构是为了使人相信史实的真实发生,而不是为了虚构而虚构。论及《左传》之源时,顾颉刚先生认为其"广采当时文籍,故兼与子产、晏子及诸国卿佐家传,并卜书、梦书及杂占书、纵横家、小说、讽谏等,杂在其中"[1],这或许也在一定程度上解释了《左传》文学性的成因。

(二) 事幻理真

文学和史学最根本的区别在于实录与虚构,许多人因为生动的情境、恰切的语言、强大的表现力而将左氏记梦、记占卜视为虚构因素。傅修延则认为《左传》叙事"事实与虚构相互交融",其表现之一即是"喜语神异",而"左氏记述的神异包括卜筮、灾祥、鬼怪、报应、梦兆等"。但他同时说,关于这些神异,"《左传》中都安排了人物出来阐述吉凶由人祸福在民的道理,告诫有关人士毋庸惊扰"[2]。现代研究认为梦是人类的心理反应,是现实生活的折射与反射,有其现实依据和思想依据,是人类生活的必然组成。那么,我们用文字记录下的自己或他人的梦境难道也是虚构吗?而占卜最多只能认为是古人的认识局限,而不是故弄玄虚。从巫史一家的历史渊源看,先秦史家还没有进步到怀疑自己沟通天人之职能的程度,到了汉代,极富个性之司马迁仍在认真而虔诚地强调"究天人之际,通古今之变"。韩兆琦先生在论《史记》时所说的话亦可引为左氏此举的知音之论:"为了说道理而颠倒事实的时间顺序","将一些可有可无、似是而非的人物、事件庄严地写入传记","张扬天道鬼神,故作痴

---

[1] 顾颉刚:《古史辨》(第五册),上海古籍出版社1982年版,第105页。
[2] 傅修延:《先秦叙事研究》,东方出版社1999年版,第205—207页。

傻，实际是借用这种手段表达自己的某种态度与信念"。①

　　历史大致以原形态和次形态两种样貌存在着。历史的原形态也即历史本身通常被称为"第一种历史"，但它已经是后人无法看清、无法触摸，更无法认知的历史；历史的次形态又有两种，一种是被叫作"第二种历史"的历史学，一种是被叫作"第三种历史"的被历史学遗忘的和被历史学误解的历史。"如果说，第二种历史是一种'科学'的话，那么，第三种历史就是一种'文学'。追求一种文学风格和文学品位，试图成为一件艺术作品、一幅人物画、一幅风俗画。这显示出第三种历史有一种与第二种历史迥然不同的旨趣"，"第二种历史仅仅教会了人们去如何更好地记住历史，第三种历史却教会了人们去如何更好地思索历史。所以，第二种历史的着眼点基本上还停留在一种较为低级的本能阶段，而第三种历史的立足点则已上升到一种高级的精神阶段。"② 我们认为，《左传》所述的有些内容应该就属于第三种历史。

　　宣公三年记郑穆公生死之文颇见神异之趣，林纾在《左传撷华》卷上说："此文虽属编年之中，实则别成郑穆公一小传。梦兰者，幻想所结成，刈兰者，疾革时即不刈而亦死，刈之自以为应谶耳，全属子虚之事。而左氏竟拾取作文之起结，似乎有首有尾，有叫有应，乃不知为左氏弄神通之笔阵。"③ 宋代叶梦得《春秋三传谳·春秋左氏传谳》解释隐公元年"八月，纪人伐夷，夷不告，故不书"云："传例，凡诸侯有告命则书，不然则否。师出臧否亦如之。虽及灭国，灭不告败，胜不告克，不书于策。此以旧史言之可也。今言纪伐夷不告，故不书者，以春秋言也。然春秋所据者旧史，旧史所据者赴告。旧史既以不告而不书矣，传何从得之而复以经不书为说邪？以此知凡事有不见于经，如郑厉公之入，晋文公之出之类，皆旧史所无有，传盖参取诸国之书与杂家小说，相与共成之，不全出于旧史。故每兼见经外事多与经不合，而妄以经不书为义者，皆非也。"④ 叶梦得认为《左传》有"取诸国之书与杂家小说，相与共成之"的特点是很有道理的。

---

① 韩兆琦：《史记通论》，广西师范大学出版社1996年版，第43—44页。
② 雷戈：《两种历史文本的界限与张力》，《东岳论丛》2004年第3期。
③ 林琴南：《林琴南书话》，浙江人民出版社1999年版，第145页。
④ 叶梦得：《四库全书·经部一四三·春秋三传谳》（第149册），上海古籍出版社1987年版，第499页。

从《左传》甚至《尚书》开始，中国史籍已开始注目于搜奇志怪，有着"闻异则书"的特殊偏好，更对奇异之事采用渲染、夸饰、生发、改造、融合、补充、移植和代拟等方式进行记述，于是"文"的特征也越来越明显。《左传》宣公四年虎乳子文的神异传说，与简狄吞燕卵、姜嫄履大人迹，甚至汉代刘邦之母与白龙交合都是异曲同工，借神迹以自重的典范。所以子文之事未必真实，和其父母成婚一样，都是"一床锦被遮盖则个"的生发之由。

恰恰因为这一极具著史者个性的人文精神的渗入，《左传》拥有了与其他史籍不同的表现内容和表现形式，文学的质素在其中得到了从未有过的张扬和显现。于是《春秋穀梁传·序》说："左传艳而富，其失也巫。"其疏云："其失也巫者，谓多叙鬼神之事，预言祸福之期，申生之讬狐突，荀偃死不受含，伯有之厉，彭生之妖是也。"[1]

有西方学者称："中国史书虽然力图给我们造成一种客观记载的感觉，但实际上不外乎一种美学上的幻觉，是用各种人为的方法和手段造成的'拟客观'效果。"[2] 中国学者自己也承认："叙事人是史官，用史官的口吻来叙述，中间又有如'不书，不以告也'的声明，所以读者误以为这是完全真实的。实际上《左传》只能做到大体的真实，不可能做到完全的真实。《左传》所写的许多对话是在密室和睡房中进行的，史官并不在场，他何以能知道，而且还知道得那么详细，这是不可能的，完全是推测出来的虚构之词。不过，《左传》这种在"真"与"幻"之间的状态，提供了生动、丰富的内容，也因此它才有文学价值。"[3] 这里面就涉及到了一些与虚构有关、与材料的选取与剪裁有关、与作者的创作目的有关的理论常识，而这些东西都加入了著作者的心灵印象和思维个性，已经是"文"而不是"史"。

朱熹认为"左氏所传《春秋》事恐八九分是"，冯镇峦《读聊斋杂说》言《左传》"最喜叙怪异事，予尝以之作小说看"，钱玄同、顾颉刚

---

[1] 李学勤主编：《十三经注疏·春秋穀梁传注疏》，北京大学出版社1999年版，第11页。
[2] 浦安迪：《中国叙事学》，北京大学出版社1996年版，第15页。
[3] 童庆炳：《中国叙事文学的起点与开篇——〈左传〉叙事艺术论略》，《北京师范大学学报》（社会科学版）2006年第5期。

等则进而将《左传》归入《三国演义》等历史小说一类。① 而《左传》的入史之"文"通常是"事之所无，理之必有"，所以朱自清先生说："《左传》不但是史学的权威，也是文学的权威。"②

第三节 君子之言与教化之功

即使进行最为客观的评说，"君子"一词与春秋时代也始终都是特定时代的文化共生体和实际意义上的利益共同体。没有"君子"和对"君子人格"的热烈追求就不会有光辉灿烂的春秋文化，而如果没有光辉灿烂的春秋文化，"君子"和"君子人格"也不会成为中华文明史上三千年岁月流水冲刷不去的精神基底。无论是从主动的书写欲望来看，还是从"以事释经""以传解经"的后人理解来看，叙事都应该是《左传》的核心要务。但如果只是这样，《左传》就不会有今天看来如此重大的文学思想上的价值，是"君子曰"的言说模式和寓于其中的教化功能使《左传》在"史"的底色上焕发了"文"的光彩，甚至可以说这是另外一种意义上的"绘事后素"，而结果当然是"素以为绚兮"。

一 "君子曰"的指涉

无论是在春秋还是春秋以后的时期，"君子"都是人们膜拜的对象和精神投奔的方向，他们是人群中的博学者、清醒者、冷静者、智慧者，他们无所不知无所不能，他们是人们思想层面的灯塔与路标。于是《左传》创立了独特的"君子曰"的言说模式，从而实现对史事充满激情的评价和对后人思想行为的引导。

（一）君子之谓

"君子曰"是《左传》行文中显在的形式特征之一，所以人们读《左传》必论"君子曰"，但却不是所有人都会首先认清"君子"的身份。

"君子"一词在中国文化中由来已久，《周易》《尚书》《诗经》《论语》均有所见，在《论语》中出现更多，所指也更具体。我们都知道，

---

① 顾颉刚讲授，刘起釪笔记：《春秋三传及国语之综合研究》，巴蜀书社1988年版，第38页。

② 朱自清：《经典常谈》，上海古籍出版社1999年版，第137页。

在先秦时代"子"是对人的尊称，老子、孔子、孟子、墨子、庄子之谓皆源于此。《广雅·释言》《韩诗外传》均释"君"为"群"，《周书·谥法》则曰"从之成群曰君"，这里的"君"应该就是我们后来说到的国君之"君"，也就是使人们成群结队跟随的人，而这些人所具备的无不是才能、德行、威望。而那些同样具备才能、德行、威望却又"无冕"而非政治之君的人，因为能够使人们在思想上跟从，所以就被称为"君子"。①

《商书》曰："君子所其无逸，先知稼穑之艰难，乃逸，则知小人之依。"②《论语》多处提到君子，如"君子周而不比"③ "君子喻于义"④ "君子无所争"⑤ "君子不忧不惧"⑥ 等。抛开所谓"君子劳心，小人劳力，先王之制也"⑦（襄公九年）的社会等级观念去看，春秋以至《左传》成书的时代君子需要具备的至少是丰富的学识、全面的能力、高尚的道德、内在的智慧和得体的言行。

宣公十二年，晋楚有战，楚国的许伯为乐伯驾车和车右摄叔一起单车向晋人挑战。许伯驾车飞快地向前冲，车上的旌旗都因车速极快而斜倒，直冲到对方营垒前才掉转车头；乐伯以箭射敌并代替许伯执辔，让许伯从容地在敌阵前下车整理马匹；摄叔则冲入敌阵杀死敌人割下其左耳，并带上俘虏回来。晋人以左右两角的阵形追击他们，乐伯左边射马右边射人，使两角都不能接近，只剩最后一支箭的时候，有一只麋鹿突然出现在面前，他就一箭射中鹿背。然后让摄叔将麋鹿献给追上来的晋国将领鲍癸，说："以岁之非时，献禽之未至，敢膳诸从者。"鲍癸因此停止了追击并放走他们，原因是"其左善射，其右有辞，君子也"。可见精湛的射艺和文雅的言辞都是君子所必备，也都能使人们联想到"君子"一词。《论语·述而》载，子曰："圣人，吾不得而见之矣；得见君子者，斯可矣。"连孔子都希望眼目所接之处尽是君子，得见君子则此心足矣，足见君子的人格力量是多么的强大。可是，《左传》中屡屡发言的君子究竟是什么

---

① 君子原系对统治者和贵族的称谓，即"有位者"。后由"地位高"而转指人格高尚的人，即"有德者"。《左传》"君子曰"的发言人即为"有德者"。
② 《商书·无逸》。
③ 《论语·为政》。
④ 《论语·里仁》。
⑤ 《论语·述而》。
⑥ 《论语·颜渊》。
⑦ 《左传·襄公九年》。

人呢？

　　刘知己说："《春秋左氏传》每有发论，假君子以称之。"① "假"者"借"也，刘知己认为至少有一部分"君子之言"是作者的假托。今人刘宁说，《左传》作者创建了"一套间接评论模式"，其实是为了"借君子之口，行己评之实"。② 杨伯峻先生引述古人之意说："《北史·魏澹传》魏澹以为所称'君子曰'者，皆左氏自为论断之辞。清人张照则云：'君子之称，或以德，或以位。左氏所谓君子者，谓其时所谓君子其人者，皆如是云云也，非左氏意以如是云云者，乃可称君子之论也。'"③ 但他认为以上两说"具有所偏，合之则较备"④，即认为"君子曰"里既有左氏的史评，又有时人君子的言论。这也是一种较为持中而妥帖的看法。

　　（二）君子之言

　　《左传》所见的第一处"君子曰"出现在隐公元年颍考叔曲言进谏而使郑庄公"母子如初"之后：

> 君子曰："颍考叔，纯孝也，爱其母，施及庄公。《诗》曰：'孝子不匮，永锡尔类。'其是之谓乎！"

　　这段文字是对颍考叔其人孝道的评价，而"孝"又是中国人一贯重视的"礼之始也"⑤。颍考叔重孝是尊奉为人子的人伦本分，能够推己及人"施及庄公"是他解君主于困境之中的人臣本分，而因颍考叔之力成就的一国之君的孝道实现对国人的情感示范和礼法示范，其意义自然又是更上层楼。所以君子不惜引诗赞誉颍考叔，其中所表现出来的正是左氏的记史之道与文章之道。

　　隐公三年周郑交质之后，出现了一大段以"信"为核心内容的君子曰："信不由中，质无益也。明恕而行，要之以礼，虽无有质，谁能间之？苟有明信，涧、溪、沼、沚之毛，苹、蘩、蕰、藻之菜，筐、筥、锜、釜之器，潢、污、行、潦之水，可荐于鬼神，可羞于王公，而况君

---

① 《史通·论赞》。
② 刘宁：《论中国早期历史叙事中的叙事者》，《求索》2006年第1期。
③ 杨伯峻：《春秋左传注》，中华书局1990年第2版，第15页。
④ 同上。
⑤ 《左传·文公二年》。

结二国之信，行之以礼，又焉用质？《风》有《采蘩》《采蘋》，《雅》有《行苇》《泂酌》，昭忠信也。"同年，因为当初宋宣公择贤立了自己的弟弟宋穆公，所以宋穆公临终时也放弃了传位己子而立了宣公之子与夷，是为宋殇公。所以君子曰："宋宣公可谓知人矣。立穆公，其子飨之，命以义夫！商颂曰：'殷受命咸宜，百禄是荷。'其是之谓乎！"

也许只是一种巧合，《左传》中出现的前三则君子之言所涉及的竟是中国文化和春秋历史中相对复杂也相对突出的三个命题——"孝""信""义"。所谓春秋"弑君三十六"，明堂之上重帷背后弑父弑兄者不在少数；所谓"春秋无义战"，莽莽山野之上滔滔江河岸边，震天的鼓角声中，被刀光剑影所遮蔽不是信义又是什么？常有人说《左传》预言不是预言，而只是事后追记时以预言面目出现的总结性文字，但春秋真实发生的历史却让所谓君子在心念的一转之间捕捉到了"孝""信""义"这三个影响春秋政治、文化走向的词语，就算不是预言也是预兆。

"君子有远虑，小人从迩"①，君子是一类人的文化身份或社会身份却通常不是政治身份，不会随着社会阶层和阶级的上下位移而发生变化，他们的言论大多远见卓识具有相对恒久的指导意义。虽然《左传》中的"君子曰"也会有内容和观念上的龃龉甚至矛盾，但这些"言"大多也可以与其所依托的事件一道抵达"不朽"的思想彼岸。例如《左传》有关郑庄公的"君子曰"除上述隐公元年和隐公三年两条以外还有两条，且均出现在隐公十一年。齐、鲁、郑联合伐许后，齐僖公将许国给了郑庄公，但郑庄公仍让许国的大夫百里侍奉许叔住在许国都城的东边，并派公孙获来帮助他，因此"君子谓郑庄公于是乎有礼。礼，经国家，定社稷，序民人，利后嗣者也。许无刑而伐之，服而舍之，度德而处之，量力而行之，相时而动，无累后人，可谓知礼矣"。而颍考叔在伐许的战争中被人从背后射杀，郑庄公不去调查事情的真相，却用祭祀的方式去诅咒射死颍考叔的人。"君子谓：'郑庄公失政刑矣。政以治民，刑以正邪。既无德政，又无威刑，是以及邪。邪而诅之，将何益矣！'"正因为能够将"经国家，定社稷，序民人，利后嗣"的"礼"作为奉行的宗旨，所谓"君子"才会对郑庄公作出前后有悖的评价。而这两处看似矛盾的评价中所寄寓的其实正是左氏的社会理想。

---

① 《左传·襄公二十八年》。

春秋常言"国之大事，在祀与戎"，而君子之言也常对此类大事作出自己的评价。文公二年秋天，鲁国在太庙举行祭祀，把后即位的僖公的灵位放在前任国君闵公之前，是所谓"逆祀"。担任宗伯的夏父弗忌的理由是僖公为兄且去世时年长，先大后小是依序而行，把有圣贤之名的僖公放在前面也是明智的，而明智、有序是合于礼的。然而君子并不这样认为："君子以为失礼。礼无不顺。祀，国之大事也，而逆之，可谓礼乎？子虽齐圣，不先父食久矣。故禹不先鲧，汤不先契，文、武不先不窋。宋祖帝乙，郑祖厉王，犹上祖也。是以鲁颂曰：'春秋匪解，享祀不忒，皇皇后帝，皇祖后稷。'君子曰：'礼，谓其后稷亲而先帝也。'《诗》曰：'问我诸姑，遂及伯姊。'君子曰礼，谓其姊亲而先姑也。"左氏意犹未尽之时，更添一笔："仲尼曰：'臧文仲其不仁者三，不知者三。下展禽，废六关，妾织蒲，三不仁也。作虚器，纵逆祀，祀爰居，三不知也。'"连未能制止这一逆祀行为的能够立言传世的贤人臧文仲都有了连带责任，甚至受到孔子多项罪名的指责。后代欲行非礼之事的人，在看到这段记述的时候如果能够受到一定的震慑，左氏之意恐怕也就达到了。

　　军事行动在春秋历史上有着重要地位，对推动春秋历史进程也有着重要意义，《左传》关于戎事的评论在"君子曰"中更是占了约有四分之一篇幅。隐公十一年因郑息两国言语不合，息侯竟发兵伐郑，最终大败而还。"君子是以知息之将亡也——不度德，不量力，不亲亲，不征辞，不察有罪。犯五不韪，而以伐人，其丧师也，不亦宜乎？"僖公二十年，随以汉东诸侯叛楚，同样以失败告终。君子曰："随之见伐，不量力也。量力而动，其过鲜矣。善败由己，而由人乎哉？《诗》曰：'岂不夙夜，谓行多露。'"君子在两则事件中的言论差异颇多，但对"量力"的态度却是始终如一的。成公九年，楚人因莒人不设防而入于郓地，君子曰："恃陋而不备，罪之大者也，备豫不虞，善之大者也。莒恃其陋，而不修城郭，浃辰之间，而楚克其三都，无备也夫！诗曰：'虽有丝、麻，无弃菅、蒯；虽有姬、姜，无弃蕉萃；凡百君子，莫不代匮。'言备之不可以已也。"此处言军事之中"备"与"不备"的大事，表明了左氏对于战备的明确态度，与隐公五年君子所言的"不备不虞，不可以师"的观点极其一致，可见这是《左传》对于战争的一贯思想。其中所引之诗更是极其生动地说明了有备无患的道理，而且言简意赅、指向明确。僖公二十二年楚人救郑与宋人在泓地作战取胜之后，郑文公请夫人芈氏（楚女）、姜氏在柯泽慰劳楚成王，楚成王派师缙把生擒的俘虏和杀死的敌人的左耳给她们看，君子就说："非礼也。妇人送迎不出门，见兄弟不逾阈，戎事不迩女器。"论断何其鲜明，指向何其显豁，男权情态跃然纸上直扑人面！

《左传》中的"君子"力主温柔敦厚、中正平和，不但讲史论事品人评物，而且在表达思想的时候又多引诗书史志，借助"重言"使自己的思想表达得更加铿锵有力、掷地有声，因此极易形成对人们思想行为上的指引，台湾学者张高评就曾总结其有"褒美、贬刺、预言、推因、发明、辨惑、示例、补遗、寄慨、载道"等十种作用。①

二 "君子曰"的价值

《左传》中最著名的一条"君子曰"恐怕要算是成公十四年的这句话："九月，侨如以夫人妇姜氏至自齐。舍族，尊夫人也。故君子曰：'《春秋》之称，微而显，志而晦，婉而成章，尽而不污，惩恶而劝善，非圣人，谁能修之？'"所谓君子明晰世事、洞幽烛微，以儒家之礼为自己的立足点和出发点，"君子曰"的言说模式则是《左传》在记述史实、表明观念、成就史论过程中的发明，无论是对经、对史、对文，还是对《左传》作者一己思想的申说而言都意义非凡，其思想价值、形式价值、文学价值更是颇多可观之处。

（一）思想价值

《左传》君子观事则分善与不善，观人则重贤与不肖，但其范畴和依据总归不出一个"礼"字，且"礼"仍为周礼。《左传》中"礼"与"非礼"字样的出场频率极高，但绝大多数时候只是一个纯粹的论断，只有"君子曰"的内容才能为其提供详细参照。刘知己说："夫论者，所以辩疑惑、释凝滞。若贤愚共了，固无俟商榷。丘明'君子曰'者，其义实在于斯。"② 所以说，"君子曰"比"礼"与"非礼"的道德评价更为具体、周详，它有特定的内容针对性，在更多时候有前人的观点和态度作为参照和依据，从而更直接也更准确地树立起了左氏心中的礼法规则，也即儒家的礼法规则。

文公二年鲁国之"逆祀"，如无君子之言人们就无法明白夏父弗忌振

---

① 张高评：《春秋书法与左传学史》，上海古籍出版社2005年版，第105页。
② 《史通·论赞》。

振有词的"新鬼大,故鬼小"和"跻圣贤"行为到底"非礼"在何处。文公四年,去齐国迎娶出姜时鲁国没有派卿前往,传云"非礼也","君子是以知出姜之不允于鲁也"。原因是君子所说的:"贵聘而贱逆之,君而卑之,立而废之,弃信而坏其主,在国必乱,在家必亡。不允宜哉!《诗》曰:'畏天之威,于时保之。'敬主之谓也。"周礼一直在强调"礼始于谨夫妇"[①],所以此处君子并不是专一为出姜的"贵聘而贱逆之"鸣不平,而是指出尊卑秩序被毁和背信弃义导致家国乱亡的历史必然,是借一事而晓大义,借一斑而示全豹的意思。

《左传》"君子曰"在表明其思想观点时,多则长篇大论以超出史实本身数倍之文字抽丝剥茧,少则只言片语以数字十数字切中肯綮直捣黄龙。襄公十三年,晋之群臣竞相礼让官职,"晋国之民是以大和,诸侯遂睦"。于是君子发表了一通接近二百五十字的言论:"让,礼之主也。范宣子让,其下皆让,栾黡为汰,弗敢违也。晋国以平,剧赖之,刑善也夫!一人刑善,百姓休和,可不务乎!《书》曰:'一人有庆,兆民赖之,其宁惟永',其是之谓乎!周之兴也,其《诗》曰:'仪刑文王,万邦作孚',言刑善也。及其衰也,其《诗》曰:'大夫不均,我从事独贤',言不让也。世之治也,君子尚能而让其下,小人农力以其上,是以上下有礼,而谗慝黜远,由不争也,谓之懿德。及其乱也,君子称其功以加小人,小人伐其技以冯君子,是以上下无礼,乱虐并生,由争善也,谓之昏德。国家之敝,恒必由之。"钱锺书先生在评论《史记·伯夷列传》之时就说:"记夷齐行事甚少,感慨议论居其大半,反议论之宾,为传记之主。马迁牢骚孤愤,如喉鲠之快于一吐,有欲罢不能者。"[②] 司马迁的这种郁结与宣泄其实在左氏身上也有体现。

《左传》"君子曰"之言简意赅者较之长文更为多见,如成公七年君子曰"知惧如是,斯不亡矣";成公十年君子曰"忠为令德,非其人犹不可,况不令乎";襄公四年君子曰"志所谓:'多行无礼,必自及也。'其是之谓乎"等,但其中最短的恐怕要数文公十三年对邾文公"知命"的评价了:

---

① 《礼记·内则》。
② 钱锺书:《管锥编》(第一册),中华书局1986年版,第306页。

邾文公卜迁于绎。史曰："利于民而不利于君。"邾子曰："苟利于民，孤之利也。天生民而树之君，以利之也。民既利矣，孤必与焉。"左右曰："命可长也，君何弗为？"邾子曰："命在养民。死之短长，时也。民苟利矣，迁也，吉莫如之！"遂迁于绎。五月，邾文公卒。君子曰："知命。"

君子之言虽然简短到只有两个字，却将对爱民如子的邾文公的赞佩之情和欣赏之意发挥到极致，是文学手法中的"不写之写"。

（二）形式价值

"君子曰"的价值还有一个方面是表现在形式上的。《左传》始创"君子曰"，此后《国语》《战国策》亦有"君子曰"，《史记》则既有承袭自左氏的"君子曰"又有影响更大的"太史公曰"，至《汉书》即有性质相同之"赞"，其他史书或有"论"、或有"序"、或有"铨"、或有"评"，其名称、表现各有差异，基底却无不始于"君子曰"。

"史"本应是一种客观记录，是一种叙事表现，但"君子曰"的评论性内容却在客观上改变了"史"单纯叙事的性质，从而使之成为史家思想的载体和史家识见、才华的映射，使"过去的史"和"今天的人"在本质上产生了密切的甚而不可割裂的联系，使"史"的存在真正生出了"镜鉴"的价值。而"君子曰"的评论介入还在客观上直接推动了文体上"史论"一脉的生成。

张高评说："史书论赞之体，定型广用于太史公；前乎此者，早具体而微于《左传》。《左传》论赞称引'君子曰'者，凡九十二则，对于阐明历史发展，疏通陈述历史事实，颇具价值，是中国史论的滥觞。"[①] 事实上，同样的史实在不同人的眼里会成为不同的事件，正因如此史论才有了极为重要的意义。

仅隐公元年"郑伯克段于鄢"一事，公羊、穀梁、左氏三家的看法就不尽相同，或罪郑庄公，或怪共叔段，或是认为二者均有责任。《公羊传》云："克之者何？杀之也。杀之，则曷为谓之克？大郑伯之恶也。曷为大郑伯之恶？母欲立之，己杀之，如勿与而已矣。"[②] 《穀梁传》云：

---

① 张高评：《春秋书法与左传学史》，上海古籍出版社2005年版，第105页。
② 《公羊传·隐公元年》。

"段，弟也，而弗谓弟；公子也，而弗谓公子，贬之也。段失子弟之道矣，贱段而甚郑伯也。"① 《左传》云："段不弟，故不言弟；如二君，故曰克；称郑伯，讥失教也；谓之郑志。"② 正所谓"仁者见仁，智者见智"，观点立场之殊与透射视角之别亦是判别史家是否长于"史识"的显性标尺之一。《春秋》以至《左传》中时常出现的"侵""袭""攻""伐"等字样虽然都是战争的代名词却总有不一样的内涵，所以我们大可以认定"一字定褒贬"也是某种意义上的史论。

历史真实发生的瞬间被定格在那里，但从一代代后人的视角看去却不会是完全相同的样子，甚至可能大相径庭、可能截然相反。"以史为鉴可以知兴替"，但正如贾天祥照风月宝鉴一样，照对了可以救命，照错了却是一定要丧命的，而史论的价值就在于可以给统治者和统治阶级提供正面参考，为延续统治、治国安邦作出贡献，左氏"君子曰"手法的运用正是开此一道的关键环节。

因为《左传》君子常是史事的旁观者，站在全知全能的立场之上，以全知视角观察世界，并且因为"旁观者清"的缘故，他们往往能够对相对复杂的史事作出洞若观火的评判。《左传》"君子曰"就事而论一事一评，虽不同于《史记》"太史公曰"相对全面的综合评价，却具体、直接、针对性强，充满理性特征。

（三）文学价值

"君子曰"的文学价值首先在于它是写作者情志心意的直接表达，其次在于其以妥帖入微的方式实现润物无声之思想渗透的表达技巧，再次即在于它对后人的影响。

春秋有"用诗"之俗，出于战国的左氏在"君子曰"中亦有用诗的习惯，且诗的出现频率极高。这种表现不仅是生活用诗，而且是左氏用诗，是左氏有意在君子、圣人所曰的评价性语言当中用诗作为理论论据以增加说服力，可以说是"诗言志"思想影响下的直接结果。但同时，在"用诗"风尚已经式微的战国，左氏用诗更是一种自我选择的结果，出于他对《诗》的认可，对《诗》的熟稔，对《诗》的热爱，甚至还有对《诗》的崇敬。

---

① 《穀梁传·隐公元年》，李学勤主编：《春秋穀梁传注疏》，北京大学出版社1999年版。
② 《左传·隐公元年》。

文公六年秦穆公去世以秦之三良为殉，《左传》云："君子曰：'秦穆之不为盟主也宜哉！死而弃民。先王违世，犹诒之法，而况夺之善人乎？《诗》云："人之云亡，邦国殄瘁。"无善人之谓。若之何夺之？古之王者知命之不长，是以并建圣哲，树之风声，分之采物，着之话言，为之律度，陈之艺极，引之表仪，予之法制，告之训典，教之防利，委之常秩，道之礼则，使毋失其土宜，众隶赖之，而后即命。圣王同之。今纵无法以遗后嗣，而又收其良以死，难以在上矣。'君子是以知秦之不复东征也。"其表意十分明确，有确定性的结论，有左氏一贯坚持的"引诗为证"，且以类似于《诗经》的四言为主要表现，句法整齐典雅，态度稳妥庄重，音韵优美，节奏适宜，堪称典型的"君子雅言"。《史记》在涉及这段历史时亦变通《左传》之文作君子曰："秦穆公广地益国，东服强国，西霸戎夷，然不为诸侯盟主，亦宜哉。死而弃民，收其良臣而从死。且先王崩，尚犹遗德垂法，况夺之善人良臣百姓所哀者乎？是以知秦不能复东征也。"[①]

《左传》"君子曰"表义依据不同情况又呈现出显隐之别。文公二年"君子谓狼瞫于是乎君子。《诗》曰：'君子如怒，乱庶遄沮。'又曰：'王赫斯怒，爰整其旅。'怒不作乱，而以从师，可谓君子矣。"两首诗分别见于《诗》之《小雅·巧言》和《大雅·皇矣》，用以评价狼瞫不泄私愤，不以私害公的风度和气度，是直接的赞美。昭公九年夏天许悼公患了疟疾，吃了太子进献的药物之后死去了，太子惧罪奔晋。《春秋》经云"许世子止弑其君买"，《左传》君子却说："尽心力以事君，舍药物可也。"既无对太子的责备之语也无辩白之词，却能让人隐隐感觉到其间深深的同情。

襄公三年祁奚外举不避仇，内举不避亲："君子谓祁奚于是能举善矣。称其雠，不为谄；立其子，不为比；举其偏，不为党。商书曰：'无偏无党，王道荡荡。'其祁奚之谓矣。解狐得举，祁午得位，伯华得官，建一官而三物成，能举善也。夫唯善，故能举其类。《诗》云：'惟其有之，是以似之。'祁奚有焉。"这一段多用偶句与排比，体现语言的整饬之美，兼引《诗》《书》以证其义。后代政治策论也无不效此以事为据，并以旁征博引的方式营造纵横捭阖的气势，以达到一泻千里的劝谕目的，

---

① 《史记·秦本纪》。

那些最能够表现中国文人忧患意识和责任意识的各类论说文也无不是"史"与"识"的结合。而蒲松龄《聊斋志异》的"异史氏曰"更是"君子曰"在文学上的直接体现，聊斋先生也正是借助这一形式才能够更加清楚明白地将花妖狐魅故事的本质揭示出来，虽然是将文学的含蓄之美戳破示人，却也到底多了些直指人心的力量。

"君子曰"是左氏找到的以直接议论抒情方式间接表明史家观点的有效路径。除此之外，左氏还喜欢更加直接地借他人之酒杯浇自己之块垒，《左传》中随处可见的"史佚曰""臧文仲曰""臧武仲曰""范文子曰""季文子曰""叔向曰""子产曰"等言论和数量仅次于"君子曰"的"仲尼曰"无不是左氏思想的有效代言。正是通过这样的一种途径，左氏的史事言说才有了鲜明的思想特征和教化功能，而无所不在的经学研讨也使人们对《左传》文学价值的估衡在较长时间内失去了应有的准星。

第四章 《左传》的文学修辞

修辞是指依据题旨情境，运用各种语文材料和表现手法，恰当地表现写作者和说话者所要表达的内容的言语活动。修辞也指这种活动中的规律，即人们在交际中提高语言表达效果的规律，而古罗马培养演说家的学校干脆就叫"修辞学校"。从有言辞和文辞时开始，人们始终不懈的审美追求就寓于修辞之中。《周易》所说"修辞立其诚"就是告诉我们修辞的重要基础首先是情感，而只有融入情感的写作者和写作活动才能形成自己特有的风格。于"史蕴诗心"的《左传》而言，对春秋笔法的生发、对骈散句式的运用和对社交辞令的注目，都使它的修辞风格自成一体并为后人所推重。

第一节 春秋笔法

"春秋笔法"也称"春秋书法""春秋五例"，意指寓褒贬于曲折简洁的文字中，而不直接表明自己的态度。《史记·孔子世家》曰："孔子在位听讼，文辞有可与人共者，弗独有也。至于为《春秋》，笔则笔，削则削，子夏之徒不能赞一词。弟子受春秋，孔子曰：'后世知丘者以《春秋》，而罪丘者亦以《春秋》。'"杜预《左传序》称其"以一言为褒贬"，《汉书·艺文志》称其具有"微言大义"之妙。"春秋笔法"自产生起就成为中国古代文论的重要命题，对后世的文学写作生出了长久而直接的指导意义。但如无《左传》之阐说，"春秋笔法"便无从释义。

一 "五例"之名

人们一直公认"春秋笔法"最早的出处在《左传》成公十四年："君子曰：'《春秋》之称，微而显，志而晦，婉而成章，尽而不污，惩恶而劝善，非圣人，谁能修之？'"西晋学者杜预在《春秋左氏传序》中释读这段文字时说：

> 故发传之体有三，而为例之情有五。一曰"微而显"，文见于此，而起义在彼。"称族，尊君命；舍族，尊夫人""梁亡""城缘陵"之类是也。二曰"志而晦"，约言示制，推以知例，参会不地，与谋曰"及"之类是也。三曰"婉而成章"，曲从义训，以示大顺。诸所讳避，璧假许田之类是也。四曰"尽而不污"，直书其事，具文见意。丹楹刻桷、天王求车、齐侯献捷之类是也。五曰"惩恶而劝善"，求名而亡，欲盖而章。书齐豹"盗"、三叛人名之类是也。

"春秋五例"之名由此诞生，被认定为《春秋》一书的五种写作体例，即"微而显""志而晦""婉而成章""尽而不污""惩恶而劝善"，但其含义却是在《左传》的阐发中得到彰显的。

（一）微而显

"微而显"是指用语简洁而语义明显，杜预所示三例分别见于《春秋》成公十四年、僖公十九年和僖公十四年。《春秋》成公十四年："秋，叔孙侨如如齐逆女"，"九月，侨如以夫人妇姜氏至自齐"。因叔孙侨如系奉君命出使，所以在其名字之前冠以其氏"叔孙"二字，意即"叔孙侨如奉君命赴齐国迎亲"，这是为了显示尊重君命。而下文只称侨如而舍弃"叔孙"字样是为了表示对鲁成公夫人的尊重，称谓之不同显示了行文者所尊重对象的不同，于细微处将作者的强调重心凸显出来。《春秋》僖公十九年："梁亡。"《左传》云："梁亡。不书其主，自取之也。初，梁伯好土功，亟城而弗处，民罢而弗堪，则曰：'某寇将至。'乃沟公宫，曰：'秦将袭我。'民惧而溃，秦遂取梁。"梁亡是为秦所灭，《春秋》不言"秦灭梁"意在指责梁君不行君道而自取灭亡。《春秋》僖公十四年："春，诸侯城缘陵。"《左传》云："诸侯城缘陵而迁杞焉。不书其人，有阙也。"杞国因国小而为周边国家所迫，身为霸主的齐桓公无力救杞只好率领诸侯在缘陵筑城并将杞国迁于此处。如此行文是对齐桓公心有微词，未书筑城之人则是因为文字有阙。上述三例或以文字增减，或以特定语序，或以因果相代而表达作者的胸中之意，所同者都在细微之处见精神，是谓"微而显"。

（二）志而晦

"志而晦"是指以简约之言书录某事表意却颇为隐晦，一如后人《疏》曰："志，记也。晦，亦微也。谓约言以记事，事叙而文微。"[①] 杜预所示之例见于《春秋》桓公二年和宣公七年。《春秋》桓公二年："公及戎盟于唐。冬，公至自唐。"左氏传例曰："特相会，往来称地，让事也。自参以上，则往称地，来称会，成事也。"意思是两国会盟必有主客之分，若彼此推让不休则难以结盟，所以必须点明相会之地，以明其在某国境内；而如果是三国会盟则必有盟主，就以"会"记录结盟成功而不必标称地名。《春秋》宣公七年："公会齐侯伐莱。"传例曰："凡师出，与谋曰'及'，不与谋曰'会'。"就是说多国联合出兵，在战前参与谋议的叫作"及"，未参与谋议却也需要出兵的叫作"会"。"参会不地，与谋曰'及'"就是说参加会盟却不记载会盟之地就是多国结盟否则就是两国结盟，《春秋》记作"及"的就是出兵之前参与了军事谋议。一字之差而其义全殊，主导者与跟从者更是身份立判，可谓是《春秋》的创举。

（三）婉而成章

"婉而成章"是指以委婉之词作成篇章以达成避讳之意。杜预明言"璧假许田"之事见于《春秋》桓公元年："三月，公会郑伯于垂，郑伯以璧假许田。"鲁国的许田与郑国的枋田都是周天子所赐之田，大概是许田大枋田小或是许田丰腴枋田贫瘠，所以郑国额外加璧采用二换一的方式与鲁国交换。因为两块土地都是周天子所赐，依据周礼不可互换，所以《春秋》不说交换而只说以璧为抵押借用许田。杨伯峻先生在《春秋左传注》中说："郑伯以枋加璧与鲁易许田，此实交换，传以假借言之者，盖袭用当时辞令。《穀梁传》则云：'非假而曰假，讳易地也。'"[②] 至于杜预笼统所言的"诸所避讳"则是指《春秋》之中不一而足的避讳之例。如《春秋》僖公十六年："冬十有二月，公会齐侯、宋公、陈侯、卫侯、郑伯、许男、邢侯、曹伯于淮。"僖公十七年："夏，灭项"，"九月，公至自会"。如果只从文字上看，就是鲁僖公于十六年冬天与诸侯会于淮，次年夏天灭项，九月回国，但事实却绝非如此简单。《左传》僖公十七年

[①] 李学勤主编：《十三经注疏·春秋左传正义》，北京大学出版社1999年版，第18—19页。

[②] 杨伯峻：《春秋左传注》，中华书局1990年第2版，第81—82页。

载:"师灭项。公有诸侯之事,未归,而取项。齐人以为讨,而止公。秋,声姜以公故,会齐侯于卞。九月,公至,书曰'至自会',犹有诸侯之事焉,且讳之也。"因为鲁国军队私自灭项,齐桓公扣留了鲁僖公不许其回国以示惩罚,后经鲁僖公夫人、齐女声姜的一番外交斡旋方才获释回国。再如《春秋》庄公十八年:"夏,公追戎于济西。"《左传》载:"不言其来,讳之也。"无论是戎人迫于中原还是由于鲁国战备不利使戎人迫于家门,对中原之国来说都是有损颜面的事情,所以《春秋》出于善意之避讳只言追戎而不言戎来。《春秋》"为尊者讳,为贤者讳,为亲者讳"的"三讳"原则虽为后代史家和史学家褒贬不一,却实在在《春秋》中表现甚众,《春秋》也自然因此呈现出"婉而成章"的特征。

(四)尽而不污

"尽而不污"又被写作"尽而不汙","污"与"汙"均同于"纡","尽而不污"即是尽述事实,不加纡曲、毫无掩饰地记载史实。杜预所示四例分别见于庄公二十三年、二十四年、桓公十五年和庄公三十一年。《春秋》庄公二十三年:"秋,丹桓宫楹。"庄公二十四年:"春,王三月,刻桓宫桷。"前者是说用朱漆漆桓公宫内的柱子,后者是说在桓公宫内的椽子上雕刻花纹。《春秋》有"常事不书"之原则,但此宫廷装修之事缘何会进入史书,又有何不同寻常之处呢?据《穀梁传》称,天子、诸侯之屋柱用微青黑色,大夫用青色,士用黄色,用赤色者为非礼。而按礼制天子所用的椽子要经过砍削和打磨,诸侯所用的椽子也要经过砍削和打磨,大夫所用的椽子只须砍削光滑就可以了,士所用的椽子只砍掉根须就可以了,所以在桓公宫殿的椽子上雕刻花纹是不符合礼制的。①《穀梁传》又云:"刻桓宫桷,丹桓宫楹,以恶庄也。"②意在明确说《春秋》记载这两件事其意在于谴责庄公非礼。事实上,庄公行此二事是为自己迎娶夫人做准备,并且其父鲁桓公为齐人所杀,鲁庄公所娶又是齐女,是娶仇人之女为夫人,所以无论从任何角度来看,其行为都为君子所恶。《春秋》桓公十五年:"天王使家父来求车。"《左传》云:"诸侯不贡车服,天子不私求财。"所以"求车"系非礼之举。《春秋》庄公三十一年:"六月,

---

① 李学勤主编:《十三经注疏·春秋穀梁传注疏》,北京大学出版社1999年版,第88—89页。

② 同上书,第89页。

齐侯来献戎捷。"《左传》明言:"齐侯来献戎捷,非礼也。凡诸侯有四夷之功,则献于王,王以警于夷;中国则否。诸侯不相遗俘。"由"非礼"二字即可见上述诸例均为不合礼法之事,"直书其事"的目的就在于"具文见意",使读史之人借助此法对作者的态度了然于心。

(五)惩恶劝善

"惩恶劝善"杜预注曰:"善名必书,恶名不灭,所以为惩劝。"指惩戒恶人、劝奖善人,使善人之名传于青史,使那些一心求名的人不得其名,使那些想隐去罪恶的人反而罪恶昭彰。杜预所示齐豹之例见于昭公十年,三叛人名则分别见于襄公二十一年、昭公五年和昭公三十一年。《春秋》昭公二十年:"盗杀卫侯之兄絷。"卫灵公之兄公孟絷轻侮齐豹,剥夺了他的司寇之职和封地,于是齐豹作乱杀之。盗是贱人有罪之称,《左氏会笺》说:"齐豹作而不义,故书曰盗","失其名而受是恶,己强力之名灭矣。"① "三叛人"是指三个背叛自己国家的人:邾庶其、邾黑肱、莒牟夷。《春秋》襄公二十一年:"邾庶其以漆闾丘来奔。"《春秋》昭公五年:"莒牟夷以牟娄及防兹来奔。"《春秋》昭公三十一年:"邾黑肱以滥来奔。"上述三人都是小国之臣且并非一国之卿,他们的名字按照惯例应该不见于《春秋》经文。《左传》昭公三十一年君子曰:"名之不可不慎也如是:夫有所有名而不如其已。以地叛,虽贱,必书地,以名其人,终为不义,弗可灭已。是故君子动则思礼,行则思义;不为利回,不为义疚。或求名而不得,或欲盖而名章,惩不义也。齐豹为卫司寇,守嗣大夫,作而不义,其书为'盗'。邾庶其、莒牟夷、邾黑肱以土地出,求食而已,不求其名。贱而必书。此二物者,所惩肆而去贪也。若艰难其身,以险危大人,而有名章彻,攻难之士将奔走之。若窃邑叛君似徼大利而无名,贪冒之民将置力焉。是以《春秋》书齐豹曰'盗',三叛人名,以惩不义,数恶无礼,其善志也。故曰:《春秋》之称微而显,婉而辨。上之人能使昭明,善人劝焉,淫人惧焉,是以君子贵之。"孔颖达《春秋左传正义》云:"若其为恶求名而有名章彻,则作难之士,谁或不为?若窃邑求利而名不闻,则贪冒之人,谁不盗窃?故书齐豹曰'盗'。三叛人,使其求名而名亡,欲盖而名彰,所以惩创恶人,劝奖善人。《左传》昭公三十一年具论此事,其意甚明。盗与三叛俱是恶人,书此二事,唯得惩恶

---

① [日]竹添光鸿:《左氏会笺》,四川出版集团、巴蜀书社2008年版,第1935页。

耳，而言'劝善'者，恶惩则善劝，故连言之。"

钱锺书先生认为"'五例'之一、二、三、四示载笔之体，而其五示载笔之用"①，除"惩恶劝善"是具有极其广泛社会意义的指导思想和写作目的之外，其余均为修辞之法。而"微而显""志而晦""婉而成章""尽而不污"四者之中除"尽而不污"属于直书其事之外，其余三者又都属于不同角度的"曲笔"运用，"微而显""志而晦"同样崇尚言辞简洁表意却褒贬殊异，"婉而成章"则是对《春秋》"三讳"原则的贯彻执行。刘勰《文心雕龙·史传》云："《春秋》举得失以表黜陟，征存亡以标劝戒：褒见一字，贵逾轩冕；贬在片言，诛深斧钺。然睿旨存亡幽隐，经文婉约，丘明同时，实得微言，乃原始要终，创为传体。"为我们揭示了《左传》和《春秋》以隐讳之言表现美刺之意的深刻主旨。

二 "五例"之实

"春秋笔法"虽因《春秋》得名，但其使用范畴绝不仅仅止于《春秋》，"盖'五例'者，实史家之悬鹄，非《春秋》所树范"②。"五例"之名虽晚出于西晋杜预，但"春秋笔法"的影响却早已自《春秋》传世之时便在发挥作用，并常引后人讨论。③《礼记》云："属辞比事，春秋教也。"④ 从这句话不断为后人引用和阐释的情形中，我们就可以看出人们对《春秋》修辞的普遍接受。作为与《春秋》相依存且出现较早的《左传》自然也受其沾溉，"《左传》记事精妙优美，达到了'微而显，婉而辩，精而腴，简而奥'的辩证统一"⑤。它和《春秋》一样，寓褒贬于其中，含臧否于其内，并多以简曲之笔传情达意。

（一）直笔之显隐

"春秋笔法"之中以"尽而不污"为代表的直笔运用是所有文字叙述绕不开的必由之路，于经、于史、于文均不可或缺，《左传》直接释读

---

① 钱锺书：《管锥编》（第一册），中华书局1986年版，第162页。
② 同上。
③ ［日］竹添光鸿：《左氏会笺》，四川出版集团、巴蜀书社2008年版，第1706页。竹添光鸿昭公三十一年笺"三叛臣"之事就与杜注相左："重地则不得不书以奔者，故其人自见也，非为罪重故书其人。春秋书法不可书莒人以地来奔，如邾快畀我来奔，虽不以地来，亦因我书之，三叛人是从地而见经者，否则固不书也。"
④ 《礼记·经解》。
⑤ 郭预衡：《中国文学史》（第一册），上海古籍出版社1998年版，第73页。

《春秋》之言多是如此。如宣公四年："夏，弑灵公。书曰：'郑公子归生弑其君夷。'权不足也。君子曰：'仁而不武，无能达也。'凡弑君，称君，君无道也；称臣，臣之罪也。"此处君名与臣名并现，依传例即可知《春秋》观点是君无道臣亦有罪，但如无《左传》传例殊难明之。又如《春秋》昭公三十年："三十年春，王正月，公在乾侯。"《左传》昭公三十年云："三十年春，王正月，公在乾侯。不先书郓与乾侯，非公，且征过也。"意思是说，《春秋》以前不记载昭公在郓地和乾侯而现在记载，是在指责昭公，同时明白指出他的错误。《春秋》的暗示在《左传》中变成了"尽而不污"的明示。

除此之外，《左传》亦常在其叙述中以直白之语陈说事件的来龙去脉。《春秋》桓公二年："春，王正月戊申，宋督弑其君与夷及其大夫孔父。"《左传》则云："二年，春，宋督攻孔氏，杀孔父而取其妻。公怒，督惧，遂弑殇公。君子以督为有无君之心，而后动于恶，故先书弑其君。会于稷，以成宋乱，为赂故，立华氏也。宋殇公立，十年十一战，民不堪命。孔父嘉为司马，督为大宰，故因民之不堪命，先宣言曰：'司马则然。'已杀孔父而弑殇公，召庄公于郑而立之，以亲郑。以郜大鼎赂公，齐、陈、郑皆有赂，故遂相宋公。"依宣公四年传例而言，《春秋》经既责备了"有无君之心而后动于恶"悍然弑君的华父督，也责备了"十年十一战民不堪命"的宋殇公。而《左传》的详尽叙事于此之外还谴责了收受宋国贿赂的鲁、齐、陈、郑各国，并借此展示了华父督对周边各国的了解和他所采取的相应外交手段。在内政方面，他能预先将连年征战的责任推到宋殇公和司马孔父嘉的头上，为自己杀死二人创造舆论上的先机。此两者为我们展示了一个乱世枭雄的政治手腕，但《左传》却以桓公元年的一句话提前揭穿了他阴谋的另一诱因："宋华父督见孔父之妻于路，目逆而送之，曰：'美而艳。'"华父督好色竟然是宋乱的导火索，并且至少是其作乱的目的之一，左氏此处直笔多有讽刺之意。

而鲁国接受宋国为政治目的所赠送的郜之大鼎以后，非礼将其纳于太庙，臧哀伯于是有谏曰："君人者，将昭德塞违，以临照百官，犹惧或失之，故昭令德以示子孙。是以清庙茅屋，大路越席，大羹不致，粢食不凿，昭其俭也。衮、冕、黻、珽，带、裳、幅、舄，衡、紞、纮、綖，昭其度也。藻、率、鞞、鞛，鞶、厉、游、缨，昭其数也。火、龙、黼、黻，昭其文也。五色比象，昭其物也。钖、鸾、和、铃，昭其声也。三辰旗旗，昭其明也。夫德，俭而有度，登降有数，文物以纪之，声明以发之，以临照百官。百官于是乎戒惧而不敢易纪律。今灭德立违，而置其赂器于太庙，以明示百官。百官象之，其又何诛焉？国家之败由官邪也，官之失德，宠赂章也。郜鼎在庙，章孰甚焉？武王克商，迁九鼎于雒邑，义士犹或非之，而况将昭违乱之赂器于太庙，其若之何？"鲁桓公没有接受他的意见，但周内史听说了这件事就表示说："臧孙达其有后于鲁乎！君违，不忘谏之以德。"《左传》之所以选择这样一件事来作详细记录，第一是因为此事涉及鲁君，不能有违"君举必书"的记史原则；第二是因为此事涉及礼法，对鲁国本身及国际政治有负面影响；第三恐怕就是因为此事可以极好地传达《左传》作者的理念和立场，故而才会不惜以大段文字录入。

（二）曲笔之显隐

"春秋笔法"在《左传》和后代之文中，更多的表现还是简约文字中的曲笔运用，即"尚简用晦"是也。桓公九年春"纪季姜归于京师"，因为"凡诸侯之女行，唯王后书"，我们就知道纪季姜是嫁给周王做了王后，而不是嫁给王子或王孙。《左传》庄公元年："春，不称即位，文姜出故也。三月，夫人孙于齐，不称姜氏，绝不为亲，礼也。"是为行文之"微而显"。

《春秋》经桓公三年云："公子翚如齐逆女。齐侯送姜氏于讙。"《左传》云："秋，公子翚如齐逆女，修先君之好，故曰'公子'。齐侯送姜氏于讙，非礼也。凡公女嫁于敌国：姊妹，则上卿送之，以礼于先君；公子，则下卿送之。于大国，虽公子，亦上卿送之。于天子，则诸卿皆行，公不自送。于小国，则上大夫送之。"从称"翚"为"公子"和齐侯送嫁处出现的传例，我们就可以看出，是为行文之"志而晦"。

《左传》僖公二十三年记重耳自晋国出奔于狄时，狄人攻打廧咎如得到二女，就把妹妹季隗嫁给重耳，把姐姐叔隗嫁给赵盾。当重耳准备去齐国的时候就对季隗说："待我二十五年，不来而后嫁。"叔隗回答说："我二十五年矣，又如是而嫁，则就木焉。请待子。"重耳欲令季隗为自己守节却以虚妄之言诱之，难怪叔隗会以软中带硬之言对答。结合重耳到了齐国又因贪于齐姜之美色和生活之安逸而"不欲行"，及僖公二十四年载"狄人归季隗于晋"而不言"晋人逆叔隗于狄"，可知重耳于叔隗在夫妻分上原本情薄，《左传》所述于晋文公也颇有微词。此处是为行文之"婉而成章"。

  《左传》开篇记桓公年少而长兄隐公摄政,至隐公十一年,羽父为求太宰之职而请隐公杀桓公,隐公不许且言将还政于桓公。为免罪行暴露,羽父于是反过来在桓公的面前构陷隐公,请求桓公杀死隐公。不但造成了隐公之死,而且使许多无辜者枉死。这段记述看似以羽父为主角,将其上蹿下跳、利欲熏心的小人嘴脸展露无遗,但事实上却在树立隐公之大义与桓公之不义。如果没有桓公之应允或默许,羽父又何能"使贼弑公于寪氏"?春秋笔法之"惩恶劝善"意亦在于此。所以朱熹也说:"看《春秋》且须看得一部《左传》,首尾意思通贯,方能略见圣人笔削与当时事意。"①

  后世尊《春秋》为经,复又尊包括《左传》在内的"三传"为经,当然首先是因为"三传"尊奉了《春秋》"惩恶劝善"奉行礼法大道的思想主旨。而这种思想观念又必然表现为某种保守思想,如宣公十五年鲁国所行的"初税亩"被作者指斥为"非礼",昭公六年"郑人铸刑书"和昭公二十九年晋国"铸刑鼎"分别得到了叔向和孔子的反对,并将这一举动与亡国联系在一起。

  "春秋笔法"在《左传》中的运用固然有其思想上的局限,但作为应用于文学的修辞手法却始终焕发着蓬勃的生命力。孔子不是史官,他既不需要有前代董狐之类人"书法不隐"的耿直之态,也不需要有后代司马迁之类人"据实而录"的忠诚职责,他所以删定《春秋》,是要在这部书中寄寓自己的人生理想,固守他所崇尚的周礼王道。他在"五例"中大比例使用的"曲笔"并不是"史法"而是"文法"。"《春秋》'五例'是'春秋笔法'的基本内涵,它与《诗》的赋比兴呈现出明显的对应关系:《春秋》之微而显、志而晦、婉而成章对应于《诗》的比兴;《春秋》之尽而不污对应于《诗》的赋;《春秋》之惩恶劝善对应于《诗》的美刺褒贬。"②《左氏会笺》在庄公二十七年"公会杞伯姬于洮,非事也"条注下称:"不曰非礼,文变也。自公观社、至觌用币,三称非礼也。鼓用牲,再称非常也。其事相比,故其辞亦比。至此又变称非事也。

---

① 《朱子语类·卷第八十三》。
② 李洲良:《论春秋笔法与诗史关系》,《文学遗产》2006年第5期。

五年之间，六非相望，故修辞如此。"① 从中不难看出左氏于春秋笔法之外尚有更多的修辞追求。

第二节 骈散相间

所有修辞手段其实都是在探索和强调语言的艺术，所有文章中出现的词语和句子都是写作者的修辞结果。对写作而言，句子的表达在一定意义上就可以视同为文章的表达。当许多句子被组织在一起，现代语言学就依据形式特征将其命名为结构相同或相似形式匀称的整句和结构不同形式错落的散句。在中国古代，这两种句子被称作散句和骈句，骈句指的是结构相似、内容相关、行文相邻、字数大体相等的句子，虽与对偶相似却没有那样严格的音韵要求，且在表现上也不是一定要两两相对，而可以是三句五句甚至更多句，更类似于今天的排比。《左传》修辞的成功也来源于其骈句散句错杂运用所形成的文气起伏、布局疏密和节奏张弛。

一 散句与骈句

从人类语言发展的最初阶段直到今天，毫无疑问，人们更多使用的是自由畅达的散句，这类句子是句子和修辞的自然形态也是基本形态。但与人类生存需要接踵而至的审美追求使更加严格的修辞应运而生，从而使骈句这种辅助形态的句子的产生成为一种必然。刘知几《史通·申左》对《左传》"其文典而美，其语博而奥"的评价可谓千古的论，我们有理由认为这一结论必然依傍于《左传》散句的自由舒展和骈句的优美雅重。

（一）散句之舒展

人们一贯论定《左传》是中国古代散文的典范之作，因为其文常以清晰的线索、绵密的叙事和流畅的语言见长，而其中散句之功殊不可没。关于散句和散句的意义我们无须作出更多的讨论，因为无论是对于文学还是非文学而言，它都是根本的，是常态的，是广义修辞的一种现象呈现。"每个具体的修辞手法都是语言表达形式，都是为表述一定的思想内容服务的，仅仅为了一定的思想内容才存在。"② 而维特根斯坦说："想象一种

---

① ［日］竹添光鸿：《左氏会笺》，四川出版集团、巴蜀书社2008年版，第320页。
② 宗廷虎等：《修辞新论》，上海教育出版社1988年版，第26页。

语言就意味着想象一种生活形式"①，"语言自身就是思想的载体"②。不可否认，散句是最能够与人类生活形式相契合的一种语言表达，这种语言方式的触角可以深入到生活的每个细微之处，并借助文字这一媒介或曰物质外壳进入更加广泛的接受领域。《左传》也毫不例外地以更多的散句支撑着它的叙事框架，完善着它的情节表达，表现着它的思想倾向。尤其是在那些情节性较强的段落里，散句所散发的魅力更是势不可当，且无可替代。

隐公元年的"郑伯克段于鄢"是一个众所周知的《左传》故事，这则故事以一系列舒卷自如的散句将一个自私愚蠢的母亲和她的两个性情各异的儿子的形象再现于读者面前，将一场以政治和家庭为背景的宫廷斗争惟妙惟肖地描摹出来，武姜之自私偏执、共叔段之贪婪残暴、郑庄公之隐忍谋算均历历如在眼前，我们甚至可以从人物的言语行动想见其细微的神情变化。

桓公十六年记："初，卫宣公烝于夷姜，生急子，属诸右公子。为之娶于齐，而美，公取之。生寿及朔。属寿于左公子。夷姜缢。宣姜与公子朔构急子。公使诸齐。使盗待诸莘，将杀之。寿子告之，使行。不可，曰：'弃父之命，恶用子矣？有无父之国则可也。'及行，饮以酒。寿子载其旌以先，盗杀之。急子至，曰：'我之求也，此何罪？请杀我乎！'又杀之。二公子故怨惠公。十一月，左公子泄、右公子职立公子黔牟。惠公奔齐。"这则故事透过卫宣公的家事向我们昭示了卫惠公奔齐的一系列远因近由，而其中的"为之（急子）娶于齐，而美，公取之"就是《诗经》所录《新台》之诗的本事。故事中卫宣公父夺子妻的好色无道，先为庶母后为侍妾的夷姜改嫁前夫之子的无奈与色衰爱弛的悲愤，宣姜与公子朔的歹毒与凶狠，急子的愚孝愚忠，公子寿的忠厚良善，左公子与右公子的秉持中正无不借助散句尽现于读者的眉睫之前。

《左传》中还有另外一个类似的例子。僖公四年记："初，晋献公欲以骊姬为夫人，卜之，不吉；筮之，吉。公曰：'从筮。'卜人曰：'筮短龟长，不如从长。且其繇曰："专之渝，攘公之羭。一熏一莸，十年尚犹有臭。"必不可！'弗听，立之。生奚齐，其娣生卓子。及将立奚齐，既

---

① ［奥］维特根斯坦：《哲学研究》，李步楼译，商务印书馆2004年版，第12页。
② 同上书，第160页。

与中大夫成谋，姬谓太子曰：'君梦齐姜，必速祭之！'太子祭于曲沃，归胙于公。公田，姬置诸宫六日。公至，毒而献之。公祭之地，地坟。与犬，犬毙。与小臣，小臣亦毙。姬泣曰：'贼由太子。'太子奔新城。公杀其傅杜原款。""按照辩证唯物主义的观点，内容与形式是统一体的两个方面，二者彼此内在地不可分离地联结着。形式总是某种具体事物的形式，内容之为内容则就因为它包括相应的形式。如果把内容与形式看成不相关联的两个方面，那就既不能正确地理解内容，也不能正确地理解形式。"① 关于晋国的叙述同样以标准的散句衔接的形式呈现，故事同样源出于诸侯后宫，同样源出于储位之争，同样是继任的君夫人携子发难，同样是忠孝两全的太子死于非命。虽然第二则故事比第一则多了许多细节描写，通过献公卜娶骊姬、骊姬谋算申生等具体情节使人物的形象更加丰满，但两则故事都以娓娓之言叙述了完整的情节并清晰地透露出了记述者的主观态度，如果不用散句，这样的效果是很难达到的。

僖公三十二年，秦人想趁晋文公去世的机会潜师袭郑，欲取天下大势。"穆公访诸蹇叔。蹇叔曰：'劳师以袭远，非所闻也。师劳力竭，远主备之，无乃不可乎？师之所为，郑必知之，勤而无所，必有悖心。且行千里，其谁不知？'公辞焉。召孟明、西乞、白乙，使出师于东门之外。蹇叔哭之曰：'孟子！吾见师之出而不见其入也！'公使谓之曰：'尔何知！中寿，尔墓之木拱矣。'蹇叔之子与师，哭而送之曰：'晋人御师必于殽，殽有二陵焉。其南陵，夏后皋之墓也；其北陵，文王之所辟风雨也。必死是间，余收尔骨焉！'秦师遂东。"此段文字中除"南陵""北陵"两句以外均用散句写成，秦穆公之刚愎无礼、蹇叔之耿直多智、孟明等人谋略之不足尽显其中。尤其在人物语言中，自由纯粹的口语表达更能展现人物的学识、修养和个性特征。

（二）骈句之雅重

"骈"有并列之义，故后人多引申为对偶，后代的骈体文亦多用四六句对偶排比。生于骈文极盛时期的刘勰在《文心雕龙》中说："造化赋形，支体必双；神理为用，事不孤立。心生文辞，运载百虑；高下相须，自然成对。"② 以自然造化为据将骈偶之句的产生与自然物理相结合并上

---

① 王朝闻主编：《美学概论》，人民出版社1981年版，第199页。
② 《文心雕龙·丽辞》。

升到哲学的高度。而陆机《文赋》中所言"要辞达而理举，故无取乎冗长"，亦将骈句之文辞简洁的特点揭示而出。柳宗元《乞巧文》又说"骈四俪六，锦心绣口"，借骈偶将构思之巧和表达之妙合于一处，极重其美。《左传》骈句虽然早出却完全符合上述审美要求，以多句连用的方式极好地表现了《左传》作者对语言文字的驾驭能力。

文公六年赵盾因为才能卓著而被晋国重用，"宣子于是乎始为国政，制事典，正法罪，辟狱刑，董逋逃，由质要，治旧洿，本秩礼，续常职，出滞淹"。"为国政"三字是总说，后面的内容是涉及国政方方面面的九处分说，以"动词+名词性短语"的形式将赵盾初理国政时的一系列作为——铺排于读者的面前，骈句形式的语句简短、音节紧凑使这部分内容融会贯通、一气呵成，显示了各个方面举措的沉稳有序、浑然一体，使读者和作者一样对赵盾之"才"佩服得五体投地。

襄公九年晋人率诸侯伐郑，令于诸侯曰："修器备，盛糇粮，归老幼，居疾于虎牢，肆眚，围郑。"这一组骈句应该是以简策方式达于诸侯的，也就是说它是书面语而不是口语，其整饬、规范都应该是在人们的料想之中。但同时，我们又可以发现，虽然此处内容也都是主要以"动词+名词性短语"的形式造句成文，每句的字数却不尽相同，其中三字句三个，二字句两个，五字句一个。而这一形式特征也告诉我们，骈句也有工整和不工整之分，尤其是在这种句型的产生之初，它不但不以两两相对的形式来局限自己，更不以严格的对偶格律来难为自己，在追求语言整齐之美的时候，更看重的往往是韵律的和谐和语势的起伏。正因为晋人之命周全详备，不但从战争的直接需要出发有战器之具、粮草之备，而且以"归老幼，居疾于虎牢，肆眚"一系列以民为本的举动稳固了后防并显示了以德义为战的基本战略意图，"围郑"一语则表明了晋悼公时期晋国对诸侯的号召力，也正因为如上原因才会有"郑人恐，乃行成"这样顺理成章不战而胜的结果。

类似的例子还有许多，如成公十八年："二月乙酉朔，晋悼公即位于朝。始命百官，施舍、已责，逮鳏寡，振废滞，匡乏困，救灾患，禁淫慝，薄赋敛，宥罪戾，节器用，时用民，欲无犯时"，"举不失职，官不易方，爵不逾德，师不陵正，旅不逼师，民无谤言，所以复霸也"。襄公九年春天宋国遭遇火灾，主持国政的乐喜首先要求"火所未至，彻小屋，涂大屋，陈畚挶；具绠缶，备器；量轻重，蓄水潦，积土涂；巡丈城，缮守备,表火道"。"语言结构决定于认知结构,而认知结构的产出,又基于种种认知活动过程。所以我们从认知活动过程可以观察语言结构的形成和产出。"① 反之亦然,我们大可以从《左传》的语言结构了解到春秋战国之际人们的认知结构,甚至逻辑思维能力。

文公七年:"夏,四月,宋成公卒。于是公子成为右师,公孙友为左师,乐豫为司马,鳞矔为司徒,公子荡为司城,华御事为司寇。"这里讲的是宋成公去世宋昭公即位后宋国内部的任职调整,"××为××"的句式出现了六度叠用,以最朴素的言辞和语言风格参与叙事。此例不是人们经常称道的那种文采华美、气势非凡的骈句,却将一个国家面对变故时支撑大局的四梁八柱陈列在人们面前,营造出了条理清楚、治国有方的气氛。这种陈述性文字中的骈行短句都是结合实际情况而生的语言表达方式,并非刻意而为,所以散发着自然质朴的天籁气息。

《左传》人物语言中也有大量的骈句。从一个方面看,这些骈句反映了春秋人良好的文化习惯和精当的文化修养;从另一个方面看,我们也不得不承认其中必然包蕴着《左传》作者的修正、润色和整合,以及他所期待和信服的骈句之美。

桓公六年,鲁桓公太子子同出生,桓公问大夫申繻该如何为太子取名。申繻回答说:"名有五:有信,有义,有象,有假,有类。以名生为信,以德命为义,以类命为象,取于物为假,取于父为类。不以国,不以官,不以山川,不以隐疾,不以畜牲,不以器币。周人以讳事神,名,终将讳之。故以国则废名,以官则废职,以山川则废主,以畜牲则废祀,以器币则废礼。晋以僖侯废司徒,宋以武公废司空,先君献、武废二山,是以大物不可以命。"申繻之答以五组骈句为基本内容,其中前两组为正面解释,后三组为反面申诫:第一组用五个二字句申说了命名应遵循的原则,第二组就用五个"以×为×"的句式进一步界定和阐说命名的原则;第三组用六个"不以×"句式解说了命名应避讳的事物,第四组"以×则废×"是对所讳事物进行的界定和阐说,第五组则以实例证明不遵避讳所造成的后果。申繻是鲁国有名的贤大夫,在《左传》中数度说出振聋发聩的智者之言,而他的言语也多以骈句为主,显示了他良好的文化修

---

① 张炼强:《汉语修辞现象的认知考察》,《首都师范大学学报》(社会科学版)2010年第1期。

养和超强的思辨能力。鲁桓公也因为他的解说而为太子命名为"同",意为与父亲同一天出生。

僖公二十三年重耳流亡途中来到郑国,郑文公没有给以相应的礼遇,叔詹在给郑文公的谏言中说:"臣闻天之所启,人弗及也。晋公子有三焉,天其或者将建诸,君其礼焉!男女同姓,其生不蕃。晋公子,姬出也,而至于今,一也。离外之患,而天不靖晋国,殆将启之,二也。有三士,足以上人,而从之,三也。晋、郑同侪,其过子弟固将礼焉,况天之所启乎!"其"一也""二也""三也"虽非标准的骈偶之句,却是颇具气势的排比修辞,同样显示了说话人的逻辑能力和语言的整饬之美。僖公三十年晋侯、秦伯围郑,烛之武以言辞通秦师之后,子犯请击秦师,晋文公说:"不可。微夫人之力不及此。因人之力而敝之,不仁;失其所与,不知;以乱易整,不武。吾其还也。"晋文公"不仁""不知""不武"之语与上例有异曲同工之处,都以得宜的句式选择显示出其中和平稳的心态。

作为文体的骈文起源于汉魏,形成于南北朝,全篇以双句为主,讲究对仗、声律和藻饰,是中国古代文学中最典型的"美文"。《左传》骈句虽不以偶句为限,也不要求严格的对仗,却在声律节奏之美上有着自己相当恰切的表现,今天读来仍旧自然流畅、朗朗上口。此外,《左传》人物语言还善于引用骈句以增强言语的表现力。庄公二十四年御孙谏刻桓公庙之桷时说:"臣闻之:'俭,德之共也;侈,恶之大也。'"庄公三十二年有神降于莘,史嚚说:"吾闻之:'国将兴,听于民;将亡,听于神。'"僖公二十四年富辰谏不可娶狄女为后时说:"臣闻之曰:'报者倦矣,施者未厌。'"

任何一种理论都是晚生于实践之后的,是后人对某种规律所进行的总结。这一理论产生之前,人们的审美追求总是在环境影响下生成的自发的朴素举动。在"诗教"的良性影响之下,骈句在形式和内容上都有着明显的诗的表达因素和表达效果。"诗意的事物——奇迹和梦想——已经从自身而来自为地、十分真实可靠地处于存在中了,只不过还需要艺术,进一步来为这些诗意的事物寻找一个描述和表达它们的词语。"① 清人崔述在《洙泗考信余录》中称:"左传之文,年月井井,事多实录","左传纪

---

① [德]海德格尔:《在通向语言的途中》,孙周兴译,商务印书馆2004年版,第160页。

事简洁,措词亦多体要"。① 骈句就是措词之上更加高级的表达方式,集内容、音韵、形式于一体的对偶当然又是位列其上的艺术。

二 骈散之错综与融合

除了骈文以外,没有任何一个文种全由骈句组成;包括散文在内,也没有任何一个文种全由散句组成。在更多时候,一篇美轮美奂的文章是由骈句和散句错综融合而成的,依其不同比例或者是金镶玉,或者是玉嵌金,或者是呈现出让人眼花缭乱的金玉错杂之美。我们可以大致认定散句与语言文字相随而生,却从不能够确切说出骈句生于何时,我们只知道它的生成有着事理与逻辑上的必然,也即刘勰所说"造化赋形,支体必双;神理为用,事不孤立"。《左传》之前,《尚书·益稷》有"满招损,谦受益"、《皋陶谟》有"罪疑惟轻,功疑为重"之类紧密衔接之语,《周易》之乾、坤两卦有"天行健,君子以自强不息""地势坤,君子以厚德载物"之类遥遥相对之句,《诗经》之例更是俯拾即是无须枚举,但这些句子也都与散句参差互见,闪耀着文学的光芒和理性的光芒,《左传》行文亦是如此。

(一)人物语言之骈散

《左传》重在记事,但凡记事就离不开人物和人物的语言。春秋人早已着意于言辞,并对其进行着多个维度的理解和阐释。孔子曾在《论语·卫灵公》中说"辞达而已矣",即语言能表达清楚意思就行了,看似对言语要求不高。同时孔子还在《论语·子张》中提出了"慎言"的主张说:"君子一言以为知,一言以为不知,言不可以不慎。"那么他的"慎言"只是君子三缄其口的意思吗?《左传》襄公二十五年孔子云:"《志》有之:'言以足志,文以足言。'不言,谁知其志?言之无文,行而不远。晋为伯,郑入陈,非文辞不为功。慎辞哉!"直到这里的"慎辞"二字才泄露了孔子对于"言"的真实要求:言语是谋求人生不朽的重要途径之一,要想其能够长久流传下去实现"立言"的目的,文采就是不可或缺的要求,晋人能够为伯、郑人入陈而能够无罪都可以见出言语之功,所以"慎辞"不是不说话,而是如何说得巧,如何写得妙。

僖公二十三年重耳及楚,楚子飨之曰:"公子若反晋国,则何以报不

---

① 崔述:《洙泗考信余录》,中华书局1985年版,第52页。

穀?"重耳回答说:"子、女、玉、帛,则君有之;羽、毛、齿、革,则君地生焉。其波及晋国者,君之余也;其何以报君?"以"子、女、玉、帛"和"羽、毛、齿、革"来代指对国家存在发展异常重要的物质条件,体现用语之简洁,其分类则体现了"有之"和"生焉"的具体差异,重耳之言正是有礼有节、不卑不亢。当楚王一定追问要一个答案时,重耳说:"若以君之灵,得反晋国。晋、楚治兵,遇于中原,其辟君三舍。若不获命,其左执鞭、弭,右属櫜、鞬,以与君周旋。""左""右"二句同样以部分代整体,兼有互文之义,是出现在自由叙事之散句后面的骈句,已于耿介之情中初步崭露了重耳的霸气,以致楚人闻听此言而起杀心,只因屈于德义才最终放弃此念。

僖公二十七年记:"晋侯始入而教其民,二年,欲用之。子犯曰:'民未知义,未安其居。'于出乎出定襄王,入务利民,民怀生矣。将用之。子犯曰:'民未知信,未宣其用。'于是乎伐原以示之信。民易资者,不求丰焉,明征其辞。公曰:'可矣乎?'子犯曰:'民未知礼,未生其共。'于是乎大蒐以示之礼,作执秩以正其官。民听不惑,而后用之。出谷戍,释宋围,一战而霸,文之教也。"子犯所言"民未知义,未安其居""民未知信,未宣其用""民未知礼,未生其共"是十分典型的骈偶之句,句式整一,音韵和谐,且情感恳切,将子犯的劝阻之意和欲逞之志表现得分外鲜明。但这些语句的产生历时若干年之久,其间夹杂着晋国的诸多大事,而如此大事除"出定襄王,入务利民"和"出谷戍,释宋围"以外又均以散句写成,较骈句更利于作出准确便宜的叙述。而间于平实质朴的散句之中的子犯之言,则愈发在形式上显得字字珠玑,在思想上显得句句千钧。僖公二十五年晋围阳樊,其首领仓葛呼曰:"德以柔中国,刑以威四夷,宜吾不敢服也。此谁非王之亲姻,其俘之也?"其情急之呼以骈句领起音韵铿锵,其质疑之事以散行结构情理有力,晋人于是被其打动,"乃出其民"而有其地。

现代语言学家说:"句式运用,侧重在语言形式的调整,因而不像侧重意义表达的词语的运用那样和心理活动关系密切。但是,不能因此就说句式的运用和心理活动是全然无关的。这是因为语言形式和它所要表达的意义内容并不是毫无关系的,相反,各种思想都力求有和它相吻合的语言形式,句式的运用往往是由它所表达的意义内容来决定的,所谓句随意转，因而句式的运用，也往往要受到心理活动的制约。"① 僖公二十八年晋国扣留了曹共公，在晋文公生病时曹共公的小臣侯獳就贿赂占卜的史官，让他用扣留曹共公惹怒上天来解释晋文公生病的原因。史官于是说："齐桓公为会而封异姓，今君为会而灭同姓。曹叔振铎，文之昭也；先君唐叔，武之穆也。且合诸侯而灭兄弟，非礼也；与卫偕命，而不与偕复，非信也；同罪异罚，非刑也。礼以行义，信以守礼，刑以正邪。舍此三者，君将若之何？"史官是先秦时代最有文化的人群之一，他们最大限度地掌控文化，并拥有与上天沟通的权力和能力。散句之用体现与齐桓公的对比，用以生发晋文公的德行之念；骈句之用先追溯两国之渊源，后解"礼""信""刑"之要义，用以激发晋文公的羞恶之心。正因为筮史揣度了晋文公的心理，并从其心理需要出发组织自己的语言才使晋文公释放了曹共公。

文公六年晋杀续简伯，其同党贾季奔狄，宣子宽宏大度地派臾骈送他的家人赴狄。因为贾季曾经侮辱过臾骈，所以臾骈的从人想要杀掉贾季的家人报仇，臾骈制止他们说："不可。吾闻前志有之曰：'敌惠敌怨，不在后嗣，忠之道也。'夫子礼于贾季，我以其宠报私怨，无乃不可乎？介人之宠，非勇也。损怨益仇，非知也。以私害公，非忠也。释此三者，何以事夫子？"并亲自护送贾季的家人和财物到达边境。臾骈之语可以说是他人格的直接体现，也是春秋君子之风的直接体现，散句之用是其豁达心胸的必然选择，而以骈句对"勇""知""忠"作出解释，似乎又完全符合他做人的规矩和原则。

唐人刘知己在《史通》中说："若斯才者，殆将工侔造化，思涉鬼神，著述罕闻，古今卓绝。"② 清人皮锡瑞在《经学通论》中说："左氏叙事之工，文采之富，即以史论，亦当在司马迁、班固之上，不必依傍圣经，可以独有千古。"③ 这些评价固然关涉到《左传》行文的诸多方面，但与人物语言骈散错综所形成的参差之美总是不无关系。

（二）陈述语言之骈散

无论写史还是作文，陈述性语言永远是文字表达中最重要的内容，是

---

① 张炼强：《整句与联想的关系再探》，《修辞学习》1996年第6期。
② 《史通·杂说》上。
③ 皮锡瑞：《经学通论·春秋》，中华书局1954年版，第49页。

骨干，是框架。白寿彝先生说："《左传》在历史文学上的成就，成为以后史学家和文学家学习的典范。"① 汪受宽先生则具体说："《左传》历史文学的特色在详略得当和行文练达两个方面"，"《左传》真是名副其实的历史和文学并美的史学著作的典范"。② 他单独提出了《左传》"行文练达"的特点，而《左传》的这一特点在很大程度上得益于其陈述语言的骈散相间。

宣公十一年记："令尹蒍艾猎城沂，使封人虑事，以授司徒。量功命日，分财用，平板干，称畚筑，程土物，议远迩，略基趾，具糇粮，度有司。事三旬而成，不愆于素。"这是对楚国一次修筑城池加强防御的记载。在孙叔敖的领导下，具体主持其事的官员封人制订了一系列的工作计划并按部就班有条不紊地贯彻执行，仅用三十天的时间就完成了全部工作。其中工程内容以短小紧凑的骈句来表现，烘托出了工地上熙熙攘攘你来我往紧张热闹的气氛。同时，各句的关系不是简单的在形式上并列的"骈"，而是有着内在的顺承关系，其语序不可随意置换。而事件之初的领取任务和事件结束时的完成效果是用散句来表达的，从而使整段文字做到张弛有致，显示了能臣理事的从容不迫、有条不紊，叙事之外，对树立人物形象也颇有助益。

成公十六年晋楚鄢陵之战进行得异常激烈，从早晨一直打到星斗满天。入夜停战时，楚国子反"命军吏察夷伤，补卒乘，缮甲兵，展车马，鸡鸣而食，唯命是听"，晋国苗贲皇命令下属说："搜乘、补卒，秣马、利兵，修陈、固列，蓐食、申祷，明日复战！"前者以陈述文字展开所用是间接引语，后者以人物语言形式出现所用是直接引语，但二者部署内容相差无几且都以骈句为核心形式，表现了指挥员清楚的头脑和机敏的反应，而间以散句则稍稍舒缓了战争的紧张气氛，给激战中的士兵以喘息之机的同时也给始终提着一口气关注战局的读者以喘息之机。

襄公二十五年楚国蒍掩担任司马，令尹子木让他征收赋税，清点盔甲兵器。他就"书土田，度山林，鸠薮泽，辨京陵，表淳卤，数疆潦，规偃猪，町原防，牧隰皋，井衍沃，量入修赋，赋车籍马，赋车兵、徒兵、甲楯之数。既成，以授子木，礼也"。昭公三十二年晋人合诸侯为周工筑

---

① 白寿彝：《中国史学的童年》，《史学史资料》1979年第1期。
② 汪受宽：《〈左传〉在历史文学上的两大特色》，《史学史研究》1996年第1期。

城："己丑，士弥牟营成周，计丈数，揣高卑，度厚薄，仞沟洫，物土方，议远迩，量事期，计徒庸，虑材用，书糇粮，以令役于诸侯。属役赋丈，书以授帅，而效诸刘子。韩简子临之，以为成命。"昭公十四年："夏，楚子使然丹简上国之兵于宗丘，且抚其民。分贫，振穷；长孤幼，养老疾；收介特，救灾患；宥孤寡，赦罪戾；诘奸慝，举淹滞；礼新，叙旧；禄勋，合亲；任良，物官。使屈罢简东国之兵于召陵亦如之。好于边疆。息民五年，而后用师，礼也。"这些文字都将骈句与散句相结合来进行内容的表达和节奏的调整，具体的行事手段均用骈句形式予以表现，突出其稳妥、有序，事件的起因和结果则用散句给以提示和总结，显示出疏密有度的行文特征。

《文心雕龙·情采》说："故立文之道，其有三：一曰形文，五色是也；二曰声文，五音是也；三曰情文，五性是也。五色杂而成黼黻，五音比而成《韶》《夏》，五性发而为辞章，神理之数也。"从"形"、"声"、"情"分析了文章之成因及此成因与文章表现之间的关系，其所强调的关键因素无非是两者，一是丰富，二是错杂。清代古文家刘大櫆在《论文偶记》中说："文贵变。《易》曰：'虎变文炳，豹变文蔚。'又曰：'物相杂故曰文。'故文者，变之谓也。一集之中篇篇变，一篇之中段段变，一段之中句句变。"① 这些"变"有行云流水、酣畅淋漓之功，也有紧凑绵密、细腻谨严之感。

陈述性语句是纯粹的"左氏之言"，人物语言也绝不可能是左氏所作的忠实记录，将散句的自由、舒展、富有张力与骈句的凝练、典雅、富于韵律美相结合，是左氏表达意愿、表达需要和审美态度的结合。章太炎先生在《国学讲义》中说："言宜单者，不能使之偶。语合偶者，不能使之单"，"以阴阳刚柔，非偶不行，年经月纬，非单莫属也"。② 海德格尔说："语言是存在之家。"又说："任何存在者的存在寓居于词语之中。"③ 从这个角度去看《左传》骈散相间句法的选用，我们或许可以得到更多的启示。

---

① 刘大櫆：《论文偶记》，商务印书馆1963年版，第9页。
② 章太炎：《国学讲义》，海潮出版社2007年版，第220页。
③ ［德］海德格尔：《在通向语言的途中》，孙周兴译，商务印书馆2004年版，第154页。

第三节 社交辞令

　　语言是人类社会重要的交际工具，但不是所有进入社会交际的语言都可以叫作辞令，辞令仅指那些在交际场合应对得宜的话语。《左传》之文在一定意义上以辞令著称，刘知己《史通》云："寻左氏载诸大夫词令，行人应答，其文典而美，其语博而奥。述远古则委典如存，征近代则循环可覆。"① 章学诚《文史通义》云："观春秋之辞命，列国大夫聘问诸侯，出使专对，盖欲文其言以达旨而已。"② 其着意点均在《左传》行人辞令，但《左传》的优秀辞令不仅出于行人之口，也不仅限于外交场合，而是频频出现于各色人等的社交活动之中且同样优美典雅，出言有章，多角度、多方位地展现了春秋人文质彬彬社会风习下普遍的修辞意识和修辞习惯。

一　辞令之文体

　　中国人的文体意识生成较早，但关于文体的讨论仍进行得艰难而漫长。关于《尚书》的文体探讨一直有"六体""十体"之争，至曹丕《典论·论文》则称："夫文，本同而末异，盖奏议宜雅，书论宜理，铭诔尚实，诗赋欲丽。"③ 关于各种文体的来源，刘勰《文心雕龙》说："论说辞序，则《易》统其首；诏策章奏，则《书》发其源；赋颂歌赞，则《诗》立本；铭诔箴祝，则《礼》总其端；纪传铭檄，则《春秋》为根。"④ 颜之推《颜氏家训·文章》说："夫文章者，原出五经：诏命策檄，生于《书》者也；序述论议，生于《易》者也；歌咏赋颂，生于《诗》者也；祭祀哀诔，生于《礼》者也；书奏箴铭，生于《春秋》者也。朝廷宪章，军旅誓诰，敷显仁义，发明功德，牧民建国，施用多途。至于陶冶性灵，从容讽谏，入其滋味，亦乐事也。行有余力，则可习

---

① 《史通·申左》。
② 章学诚著，严杰、武秀成译注：《文史通义全译》，贵州人民出版社1997年版，第74页。
③ 《典论·论文》。
④ 《文心雕龙·宗经》。

之。"① 刘勰、颜之推所称《春秋》均指《左传》，章学诚所云"左氏春秋称述易书诗礼，无所不备"或许可以结合上文让我们为《左传》的文体生成找到一点依据。宋代陈骙《文则》云："春秋之时，王道虽微，文风未殄，森罗辞翰，备括规摹。考诸左氏，摘其英华，别为八体，各絜文本：一曰命，婉而当；二曰誓，谨而严；三曰盟，约而信；四曰祷，切而慤；五曰谏，和而直；六曰让，辩而正；七曰书，达而法；八曰对，美而敏。作者观之，庶知古人之大全也。"②《左传》全书历来被视为中国古代散文之典范，陈骙所述"八体"均为《左传》辞令之表现。《左传》辞令浑言之则为论说性应用文体，析言之则各有差异，我们试择其要以论之。

（一）诏谕体

诏、谕均有告诉、告诫之意，且有鲜明的等级概念，例由上级对下级所行。《左传》诏谕体现最为鲜明者多由周王或诸侯下达并由下臣宣谕，其语言多以四言为主，句型短小，文风端雅，语义明晰，长篇大论者较为少见。

僖公九年葵丘之会后，周襄王派宰孔赐祭肉给齐桓公说："天子有事于文、武，使孔赐伯舅胙。"齐桓公准备下拜时宰孔又说："且有后命。天子使孔曰：'以伯舅耋老，加劳，赐一级，无下拜！'"宰孔的第一句话表明了所来缘由和所来目的，即天子祭文王武王他代周惠王赐胙。"伯舅"是周王对异姓诸侯的称谓，也就是周惠王对齐桓公的称谓，而不是宰孔对齐桓公的称谓，所以此言虽是转述却仍是周王之意。第二句话中"天王使孔曰"的内容是周惠王临行时的嘱托之语，采用了直接引语的方式，用语平实恳切的同时又突出了尊卑之别，充分照应了上句的"伯舅"之称。

僖公二十八年城濮之战后晋文公主持践土之盟，周襄王命尹氏及王子虎、内史叔兴父带着策书也就是委任状来任命晋侯为侯伯，奉命宣谕的人说："王谓叔父：敬服王命，以绥四国，纠逖王慝。"其中后十二字是周王之辞，均用四字雅言，尽显王命之威严庄重，是标准的诏谕口吻。襄公十四年周灵王派刘定公命令齐灵公说："昔伯舅大公右我先王，股肱周室，师保万民。世胙大师，以表东海。王室之不坏，繄伯舅是赖。今余命

---

① 颜之推：《颜氏家训·文章》，中华书局2007年版。
② 陈骙：《文则·辛》，北京图书馆明成化刻本。

女环，兹率舅氏之典，纂乃祖考，无忝乃旧。敬之哉！无废朕命！"这条诏谕追溯了姜太公的辅佐之功，意图将齐灵公姜环拉回到西周初年君臣互信的语境之中，使之无辱祖先效忠王室。

成公二年晋景公派巩朔赴周进献齐国的俘虏，周定王不肯接见他，派单襄公辞谢说："蛮夷戎狄，不式王命，淫湎毁常，王命伐之，则有献捷。王亲受而劳之，所以惩不敬、劝有功也。兄弟甥舅，侵败王略，王命伐之，告事而已，不献其功，所以敬亲昵、禁淫慝也。今叔父克遂，有功于齐，而不使命卿镇抚王室，所使来抚余一人，而巩伯实来，未有职司于王室，又奸先王之礼。余虽欲于巩伯，其敢废旧典以忝叔父？夫齐，甥舅之国也，而大师之后也，宁不亦淫从其欲以怒叔父，抑岂不可谏诲？"这篇辞谢责让之辞多用四言，据理而论，虽未必直接出于周王之口，却的确是周王欲彰之意，即使不是规范的诏书，也是有力的劝谕，以致"士庄伯不能对"。同样，宣公三年楚庄王观兵于周疆问鼎之大小轻重时，王孙满关于"鼎之轻重，未可问也"的回答也是借周王立意，希望以软中带硬的论说断绝楚子逐鹿中原的念头。

（二）谏奏体

谏是规劝，奏是陈述、说明，均是下级对上级表达意见的上行文体。《左传》谏奏体主要出现在臣子对君主、大夫对执政的言谈之中，其言语或委婉平和，或直言激切，或引经据典，都十分鲜明地表现了自己的观点，并为实现一定的交际目的而努力着。

隐公三年，卫庄公过于宠爱公子州吁，知其好兵而弗禁。石碏谏曰："臣闻爱子，教之以义方，弗纳于邪。骄、奢、淫、泆，所自邪也。四者之来，宠禄过也。将立州吁，乃定之矣；若犹未也，阶之为祸。夫宠而不骄，骄而能降，降而不憾，憾而能眕者，鲜矣。且夫贱妨贵，少陵长，远间亲，新间旧，小加大，淫破义，所谓六逆也；君义，臣行，父慈，子孝，兄爱，弟敬，所谓六顺也。去顺效逆，所以速祸也。君人者，将祸是务去，而速之，无乃不可乎？"石碏之谏虽然未能为卫庄公所采纳，但从伦理角度出发所总结的"六逆""六顺"却足为明君之戒。

隐公五年春，鲁隐公将如棠观鱼。臧僖伯谏曰："凡物不足以讲大事，其材不足以备器用，则君不举焉。君，将纳民于轨、物者也。故讲事以度轨量谓之轨，取材以章物采谓之物。不轨不物，谓之乱政。乱政亟行，所以败也。故春蒐、夏苗、秋狝、冬狩，皆于农隙以讲事也。三年而治兵，入而振旅。归而饮至，以数军实。昭文章，明贵贱，辨等列，顺少长，习威仪也。鸟兽之肉不登于俎，皮革、齿牙、骨角、毛羽不登于器，则公不射，古之制也。若夫山林、川泽之实，器用之资，皂隶之事，官司之守，非君所及也。"臧僖伯之谏多用例证之法以明君听，虽未能制止隐公之行，却使其不得已辩称："吾将略地焉。"

襄公二十一年叔向因栾盈之乱受到牵连而被囚禁，已经告老的祁奚听说了这件事就乘车去见范宣子，说："《诗》曰：'惠我无疆，子孙保之。'《书》曰：'圣有谟勋，明征定保。'夫谋而鲜过、惠训不倦者，叔向有焉，社稷之固也，犹将十世宥之，以劝能者。今壹不免其身，以弃社稷，不亦惑乎？鲧殛而禹兴；伊尹放大甲而相之，卒无怨色；管、蔡为戮，周公右王。若之何其以虎也弃社稷？子为善，谁敢不勉？多杀何为？"宣子被他的说辞打动，就和他一起乘车进宫劝晋平公赦免了叔向。称引《诗》《书》是春秋之言的重要特征，更是谏奏之言的必要组成，这些理论论据往往使人们的言论因先哲之地位而更具力量，故而后世的谏奏之辞亦多用引证之法。

（三）对策体

《文心雕龙》说："对策者，应诏而陈政也"，"夫驳议偏辨，各执异见；对策揄扬，大明治道。使事深于政术，理密于时务，酌三五以熔世，而非迂缓之高谈；驭权变以拯俗，而非刻薄之伪论；风恢恢而能远，流洋洋而不溢，王庭之美对也"。[①] 简而言之，对策体即由对话体演变而来，所不同者只是对话双方的身份和谈论的内容有所区别而已：对策人物多限于君臣，内容多限于政治。

桓公十三年春天楚国莫敖屈瑕伐罗，斗伯比因见其趾高气扬罕有防敌之心而建议楚武王增派军队，楚武王没有答应。楚武王进入后宫时和夫人邓曼说起这件事，邓曼说："大夫其非众之谓，其谓君抚小民以信，训诸司以德，而威莫敖以刑也。莫敖狃于蒲骚之役，将自用也，必小罗。君若不镇抚，其不设备乎！夫固谓君训众而好镇抚之，召诸司而劝之以令德，见莫敖而告诸天之不假易也。不然，夫岂不知楚师之尽行也？"楚武王知错派赖人追赶屈瑕却没有追上，屈瑕果然战败并自缢于荒谷谢罪。斗伯比之言是标准的谏体，邓曼之言是应楚武王之问而生出的对策，是应诏而陈

[①]《文心雕龙·议对》。

政且言辞恳切，既及于屈瑕之倨傲又及于斗伯比之忠虑，所以为楚武王所采纳。而邓曼之言也的确不是一般意义上的"妇人之言"，所以楚武王之信邓曼无异于明君之信贤臣。

襄公二十五年，郑国子产向晋国进献从陈国缴获的物品，身着戎服处理事务。晋人很不满意，于是"问陈之罪"。子产回答说："昔虞阏父为周陶正，以服事我先王。我先王赖其利器用也，与其神明之后也，庸以元女大姬配胡公，而封诸陈，以备三恪。则我周之自出，至于今是赖。桓公之乱，蔡人欲立其出，我先君庄公奉五父而立之，蔡人杀之，我又与蔡人奉戴厉公。至于庄、宣皆我之自立。夏氏之乱，成公播荡，又我之自入，君所知也。今陈忘周之大德，蔑我大惠，弃我姻亲，介恃楚众，以凭陵我敝邑，不可亿逞，我是以有往年之告。未获成命，则有我东门之役。当陈隧者，井堙木刊。敝邑大惧不竞而耻大姬，天诱其衷，启敝邑心。陈知其罪，授手于我。用敢献功。"晋人曰："何故侵小？"对曰："先王之命，唯罪所在，各致其辟。且昔天子之地一圻，列国一同，自是以衰。今大国多数圻矣，若无侵小，何以至焉？"晋人曰："何故戎服？"对曰："我先君武、庄为平、桓卿士。城濮之役，文公布命曰：'各复旧职。'命我文公戎服辅王，以授楚捷，不敢废王命故也。"士庄伯无法反驳，就去向赵文子汇报。赵文子说："其辞顺。犯顺，不祥。"于是接受了郑国进献的物品。其时晋为霸主，晋人所言皆系问难之词，但子产之言句句言之成理，使晋人再无诘责之法，可以说是一篇极其出色的对策。

哀公十二年秋天，卫出公和吴人在郧地相会，但拒绝与吴国结盟，吴人就包围了卫出公的住处。孔子弟子子贡于是去见太宰嚭，故意将话题引到卫国之事上。太宰嚭说："寡君愿事卫君，卫君之来也缓，寡君惧，故将止之。"子贡曰："卫君之来，必谋于其众，其众或欲或否，是以缓来。其欲来者，子之党也；其不欲来者，子之雠也。若执卫君，是堕党而崇雠也，夫堕子者得其志矣。且合诸侯而执卫君，谁敢不惧？堕党崇雠，而惧诸侯，或者难以霸乎！"太宰嚭赞同他的意见就放了卫出公。从上面例子可以看出，对策体本于日常会话，却多有据理力争的典雅之言。而对话体例的记述《左传》之前有《论语》，《左传》之后有《孟子》，其相关于政治和民生的内容亦可与《左传》对策相互印证。

（四）书记体

《文心雕龙》专立"书记"一体，并说："三代政暇，文翰颇疏。春秋聘繁，书介弥盛。绕朝赠士会以策，子家与赵宣以书，巫臣之遗子反，子产之谏范宣，详观四书，辞若对面。又子叔敬叔进吊书于滕君，固知行人挈辞，多被翰墨矣。"① 刘勰所举四例均见于《左传》。

晋襄公死后，士会因迎立公子雍之事未果而被迫流亡秦国，文公十三年晋人担心其为秦所用不利于晋，于是设计将其迎回晋国。离秦之时，早已识破晋人计谋的秦大夫绕朝"赠之以策"，其简策中只写了很简短的一句话："子无谓秦无人，吾谋适不用也。"将自己的委屈和遗憾表露无遗。

文公十七年，晋灵公误会郑穆公背晋向楚于是不肯接见他，郑国的执政子家就派人带上自己的书信去见赵宣子。信中说："寡君即位三年，召蔡侯而与之事君。九月，蔡侯入于敝邑以行。敝邑以侯宣多之难，寡君是以不得与蔡侯偕。十一月，克减侯宣多，而随蔡侯以朝于执事。十二年六月，归生佐寡君之嫡夷，以请陈侯于楚而朝诸君。十四年七月，寡君又朝以蒇陈事。十五年五月，陈侯自敝邑往朝于君。往年正月，烛之武往朝夷也。八月，寡君又往朝。以陈、蔡之密迩于楚，而不敢贰焉，则敝邑之故也。虽敝邑之事君，何以不免？在位之中，一朝于襄，而再见于君。夷与孤之二三臣相及于绛。虽我小国，则蔑以过之矣。今大国曰：'尔未逞吾志。'敝邑有亡，无以加焉。古人有言曰：'畏首畏尾，身其余几？'又曰：'鹿死不择音。'小国之事大国也：德，则其人也；不德，则其鹿也，铤而走险，急何能择？命之罔极，亦知亡矣，将悉敝赋以待于鯈。唯执事命之。文公二年六月壬申，朝于齐。四年，二月壬戌，为齐侵蔡，亦获成于楚。居大国之间，而从于强令，岂其罪也？大国若弗图，无所逃命。"子家历数了郑穆公自即位以来对晋国的忠心，申述了为楚所迫的不得已，以其不卑不亢的言语求得了晋人的谅解。

成公七年楚国子重、子反因旧怨杀死巫臣的族人并瓜分其家产，此前奔晋的巫臣给他们写了一封充满咬牙切齿痛恨之情的信件说："尔以谗慝贪婪事君，而多杀不辜，余必使尔罢于奔命以死。"巫臣后来通吴于晋，"与其射御，教吴乘车，教之战陈，教之叛楚"，终于使"子重、子反于是乎一岁七奔命"，实现了自己的复仇誓言。

---

① 《文心雕龙·书记》。

襄公二十四年范宣子执掌晋国朝政，向诸侯加重征收贡品，子产就写了一封信托子西交给范宣子："子为晋国，四邻诸侯不闻令德，而闻重币，侨也惑。侨闻君子长国家者，非无贿之患，而无令名之难。夫诸侯之贿聚于公室，则诸侯贰。若吾子赖之，则晋国贰。诸侯贰，则晋国坏；晋国贰，则子之家坏，何没没也！将焉用贿？夫令名，德之舆也；德，国家之基也。有基无坏，无亦是务乎！有德则乐，乐则能久。《诗》云：'乐只君子，邦家之基'，有令德也夫！'上帝临女，无贰尔心'，有令名也夫！恕思以明德，则令名载而行之，是以远至迩安。毋宁使人谓子'子实生我'，而谓'子浚我以生'乎？象有齿以焚其身，贿也。"扬雄《法言·问神》云："言，心声也；书，心画也。声画形，君子小人见矣。"说的其实就是"言为心声""文如其人"的道理。而书记虽是记录于纸而非口传之言，却实在是辞令之一种，其所表现出来的思想力量和载体力量作为社会交际的一部分不可小觑。而范宣子因为觉得子产的话有道理，就减免了各国的贡品数量。

《左传》辞令出于众人之口，除诏谕体、谏奏体、对策体、书记体四种主要体例之外，尚有论辩、盟檄、哀祭、辞赋等多种形式，而以"赋诗言志"为主要表现方式的辞赋体又称得上是最为多彩的一种，因前文有论，此处不赘。"春秋重礼，故辞令温文尔雅，含蓄委婉"，或"文而有礼，婉而多讽"，或"以柔济刚，字挟风雷"，或直接引诗"以提高其辞令的审美层次和辞令的思想内涵"。[1] 这些辞令不但见于各种社交场合，而且数量众多、各具姿彩，不但将春秋人的文化底蕴形之于外，而且丰富了中国文学的文体类型。

二 辞令之功效

"古时对于一切文学，都不看作是私人随便玩悦的东西，都视为有用的东西"，"辞令的用处，是要当前见效，总有希望人家听见的意思。希望人家听见，当然要设法引人入胜，所以对于辞气的构造，就不可不商量，不可不说到本身的技术了"。[2] 春秋人对言辞之美有着较为一致的追

---

[1] 潘万木：《春秋战国辞令兴盛的发生及演化》，《荆门大学学报》（哲学社会科学版）1997年第3期。

[2] 方孝岳：《中国文学批评》，生活·读书·新知三联书店2007年版，第42页。

求，他们崇尚"雅言"①，反对"巧言"②，虽有《老子》所倡导的"不言"和《周易》的"言不尽意"之说，"言"的作用仍旧无可替代，人们始终重视着辞令的表达需要、表达技巧和表达效果。

（一）行人之辞

《左传》中最著名的言语交际形式莫过于行人辞令。《周礼·秋官·司寇》之所属有大行人，掌接待诸侯及诸侯的上卿之礼；又有小行人，掌接待诸侯使者之礼，并奉使前往四方诸侯，春秋战国时各国都有设置。《周礼·秋官·大行人》云："使适四方，朝觐宗遇会同，君之礼也；存覜眺省聘问，臣之礼也。""行人"后成为使者之通称。《左传》襄公十一年云："书曰'行人'，言使人也。"《左传》"行人"之称始见于桓公九年③，而行文中亦不乏行人之名，如晋有行人子员、行人子朱，卫有行人子羽、行人石买，郑有行人子挥等。行人因为往来于列国之间，必须进退有法、言辞有度方能无损国体、不辱使命。

桓公十八年鲁桓公赴齐死于公子彭生之手，鲁人告于齐曰："寡君畏君之威，不敢宁居，来修旧好。礼成而不反，无所归咎，恶于诸侯。请以彭生除之。"前往告齐的"鲁人"就是鲁之行人，齐人闻言果然杀彭生以谢罪，但这是道义的力量而不是辞令的力量，此时只要鲁人有言齐人就必须要有所反应，而以彭生代罪只能是幕后黑手齐襄公最好的选择。

僖公三十年晋襄公、秦穆公围郑，"以其无礼于晋，且贰于楚也"，危难之时佚之狐向郑穆公举荐烛之武。烛之武夜缒而出，对秦穆公施以游说之辞曰："秦、晋围郑，郑既知亡矣。若亡郑而有益于君，敢以烦执事。越国以鄙远，君知其难也，焉用亡郑以陪邻？邻之厚，君之薄也。若舍郑以为东道主，行李之往来，共其乏困，君亦无所害，且君尝为晋君赐矣，许君焦、瑕，朝济而夕设版焉，君之所知也。夫晋，何厌之有？既东封郑，又欲肆其西封。不阙秦，焉取之？阙秦以利晋，唯君图之。"烛之武的这段说辞历来被视为春秋辞令的典范之一。业已年迈的烛之武首先以

---

① 《论语·述而》中说："子所雅言，《诗》《书》执礼，皆雅言也。"

② 孔子曾多次论及"巧言"以表达自己对辞令的看法。如："子曰：'巧言令色，鲜矣仁。'"（《论语·学而》）"子曰：'巧言、令色、足恭，左丘明耻之，丘亦耻之。'"（《论语·公冶长》）"子曰：'巧言乱德，小不忍则乱大谋。'"（《论语·卫灵公》）

③ 《左传》桓公九年："巴子使韩服告于楚，请与邓为好。楚子使道朔将巴客以聘于邓，邓南鄙鄾人攻而夺之币，杀道朔及巴行人。楚子使薳章让于邓。邓人弗受。"

一个弱者的姿态面对秦穆公,表明"郑既知亡"的平静心态,赢得秦穆公的同情;转而又以一个智者的姿态提醒秦穆公"亡郑以陪邻"必然导致晋强秦弱,而以晋之贪婪,秦之前景亦在"不言之言"的预料之中,所以还不如保住郑国以挟制晋国。其言辞鞭辟入里,句句直指秦穆公的心中所虑,终于使秦穆公主动罢兵,并留下杞子、逢孙、杨孙等人戍郑,成就了烛之武以片言而保全郑国于危难的贤名。至于日后僖公三十二年秦欲出师袭郑就是另外一回事了。

昭公元年楚国令尹公子围赴郑迎亲而意在实现军事图谋,当楚人要求带大队人马入城迎亲时,子产担心郑国的安全就派使子羽辞谢说:"以敝邑褊小,不足以容从者,请墠听命。"公子围命太宰伯州犁回答说:"君辱贶寡大夫围,谓围将使丰氏抚有而室。围布几筵,告于庄、共之庙而来。若野赐之,是委君贶于草莽也,是寡大夫不得列于诸卿也。不宁唯是,又使围蒙其先君,将不得为寡君老,其蔑以复矣。唯大夫图之!"子羽又说:"小国无罪,恃实其罪。将恃大国之安靖己,而无乃包藏祸心以图之。小国失恃,而惩诸侯,使莫不憾者,距违君命,而有所壅塞不行是惧。不然,敝邑,馆人之属也,其敢爱丰氏之祧?""从说话者的角度来说,使用委婉语是对对方的尊重,让听话者获得心理上的平衡。在一般的隐喻中,语义冲突的目的是为了理解,而委婉语隐喻中语义冲突的目的是为了避讳和求雅。"[①] 两国使臣的对话就是以这样的委婉语来进行的,所以当伍举知道郑国已经有所防备时,就不失时机地请求倒悬弓袋入城以示诚意,而郑人也顺水推舟地答应了他们的请求,归根结蒂是委婉语的使用使双方在不撕破脸皮的情形下将一场外交冲突化于无形。

昭公五年吴楚有战,吴子使其弟蹶由犒劳楚师,楚人却抓住蹶由想杀掉他用他的血来祭新鼓。楚灵王为逞口舌之利故意派人问蹶由出使之前占卜此行的结果是否吉利,蹶由十分从容地回答说是吉利的,因为如果楚王和颜悦色吴人就会放松警惕,如果楚王震怒吴人就知道如何防备了,并说"难易有备,可谓吉矣。且吴社稷是卜,岂为一人","城濮之兆,其报在邲。今此行也,其庸有报志"?楚灵王为其言所震慑和叹服,就没有杀他。人常从大处说"一言兴邦,一言丧邦",却不常说一言也同样可以使人以有尊严的方式保全自己的性命,成就自己的使命。

[①] 李青苗:《〈左传〉委婉语的隐喻和隐喻特征》,《古籍整理研究学刊》2010 年第 3 期。

定公四年吴楚柏举之战后，楚昭王逃亡在随，申包胥如秦乞师，曰："吴为封豕、长蛇，以荐食上国，虐始于楚。寡君失守社稷，越在草莽，使下臣告急，曰：'夷德无厌，若邻于君，疆埸之患也。逮吴之未定，君其取分焉。若楚之遂亡，君之土也。若以君灵抚之，世以事君。'"秦哀公没有立刻答应他，他就"立，依于庭墙而哭，日夜不绝声，勺饮不入口七日"，终于感动秦哀公为之赋《无衣》，出兵救楚。申包胥数吴之恶以激起秦人之义愤，称虐楚为"始"以启秦人之忧患，借君言许愿以励秦人之志，然秦哀公尚犹疑未定，需辅以忠耿志诚之行方才达到求兵之目的，可知辞令的表达还需要情感的配合。而秦哀公之"赋《无衣》"所采用的"赋诗言志"之法亦是春秋辞令极为典型的表现。

春秋行人虽然大多有着较高的人文修养，能够在关键的时刻挺身而出救国民于水火，但行人不是万能的，所以宣公十二年有"行人失辞"之说，襄公二十四年亦有"子羽不能对"的尴尬场景。当两国存在矛盾甚至战争时，行人更成了一种有风险的职业，因为"两国交兵不斩来使"只是可以遵循的习惯，而不是必须依照的规范，桓公九年巴之行人就被杀死，襄公十一年楚人执郑之行人良霄，襄公十八年晋执卫之行人石买，昭公八年楚人执陈行人干征师并杀之，哀公十二年卫人杀吴行人且姚，所以襄公二十五年郑之子晳才会拒绝出使与郑国矛盾尖锐的楚国。也恰是因为行人职业的危险性，其辞令才需要较常人有更高的艺术要求。而如果所有行人都能以三寸不烂之舌撼动对方的心理防线，也就不会有那么多被执甚至被杀的事例了。

（二）政治家之辞

春秋人普遍"信而好古"，有着相当深邃的历史观，对历史也有着自己独到的理解和认同，所以在辞令表现上十分注重引用典籍、史实和先贤之言，总是力图借"重言"来加强表达效果和说服对方。同时，春秋辞令之中还有很多以德服人的内容，充分彰显了这一时期仍旧十分深厚的社会思想基础。

昭公十八年郑国发生火灾，子产担心相邻的晋国趁乱入侵就命士兵登上城墙做好防御。晋国边境的官吏责备郑国说："郑国有灾，晋君、大夫不敢宁居，卜筮走望，不爱牲玉。郑之有灾，寡君之忧也。今执事㣃然授兵登陴，将以谁罪？边人恐惧，不敢不告。"子产回答说："若吾子之言，敝邑之灾，君之忧也。敝邑失政，天降之灾，又惧谗慝之间谋之，以启贪人，荐为敝邑不利，以重君之忧。幸而不亡，犹可说也；不幸而亡，君虽忧之，亦无及也。郑有他竟，望走在晋。既事晋矣，其敢有二心？"和襄公二十五年答晋人"问陈之罪"一样，子产因其"言顺"而使晋人"无辞"。

昭公二十年奋扬奉楚平王之命杀太子建却事先遣人通风报信使得太子建成功出逃，然后奋扬主动向楚平王请罪。楚平王说："言出于余口，入于尔耳，谁告建也？"奋扬坦承是自己泄密却分辩说："君王命臣曰：'事建如事余。'臣不佞，不能苟贰。奉初以还，不忍后命，故遣之。既而悔之，亦无及已。"面对楚平王对他敢于回来复命的不解，奋扬说："使而失命，召而不来，是再奸也。逃无所入。"结果楚平王不但没有责怪他反而让他官复原职了。

襄公三年晋悼公的弟弟扬干在鸡泽之会上扰乱军行，掌管军法的魏绛就杀了为他驾车的人，晋悼公十分生气想要杀掉魏绛。魏绛派人送了一封信给晋悼公就准备自刎，他在信上说："日君乏使，使臣斯司马。臣闻：'师众以顺为武，军迅死无犯为敬。'君合诸侯，臣敢不敬？君师不武，执见敬，罪莫大焉。臣惧其死，以及扬干，无所逃罪。不能致训，至于用钺，臣之罪重，敢有不从以怒君心？请归死于司寇。"晋悼公读完他的信跣足而出主动跑去向魏绛承认了自己因"亲爱"而忽视军礼的错误，可见书信也是另外一种形式的辞令。

《左传》辞令虽然经常和战国纵横家的言论一起被认为是中国历史上最优美、最实用的辞令，却也有许多未被采纳的实例。庄公二十三年，鲁庄公想去齐国观看祭祀社神，但由于此举非礼，曹刿就进谏说："不可。夫礼，所以整民也。故会以训上下之则，制财用之节；朝以正班爵之义，帅长幼之序；征伐以讨其不然。诸侯有王，王有巡守，以大习之。非是，君不举矣。君举必书。书而不法，后嗣何观？"但鲁庄公表现出了无惧史笔的勇气，执意前往，从而使曹刿的谏言落空。隐公三年石碏之谏卫庄公戒州吁，隐公五年臧僖伯之谏鲁隐公如棠观鱼，也都是极具伦理价值和审美价值的智者之言，但同样未能达到目的。类似的例子在春秋二百余年中也是不胜罗列，因此我们不能过于盲目崇拜春秋辞令的逻辑力量和审美力量，其中所传达的情感力量和言说主体与接受主体之间的微妙关系也是其能否成功的重要原因。

韩非所言"法""术""势"三者对春秋辞令的功效也有着极大的影

响，甚至决定其成败，是否"于我有益焉"是辞令能否展现其力量的关键。僖公三十二年蹇叔哭师，谏秦穆公不要"劳师以袭远"，虽有理有据言辞得法却没有被采纳，以致秦师第二年大败于殽。僖公二年"宫之奇谏假道"同样是出色的辞令，可惜虞公未能明白唇亡齿寒的道理不肯认同，使得晋荀息的"假虞灭虢"之计顺利实施，于僖公五年灭虢后顺势灭虞。蹇叔与宫之奇都是春秋有名的言辩之士，从他们身上我们也可以看出，某些辞令美则美矣，却不是完全有效的。

（三）庶人之辞与修辞细节

《左传》中的社交辞令大多韵律和谐，语言委婉，能够体现出言说者广博的知识和深厚的内涵，且大多具有中和之美，而较少咄咄逼人之势，这和中国古代盛行的以"温柔敦厚"为主要标识的诗教传统是相吻合的。这种独特气质甚至见于贵族以外的庶人，如僖公三十三年的纾解国难的郑国商人弦高①，成公五年晋伯宗所遇之熟知礼仪的重人②，襄公三十年能够使用文言的绛县老者③。成公九年，伶人出身的楚囚钟仪更是凭借自己的"本色"出演成为历史舞台上熠熠生辉的明星：

> 晋侯观于军府，见钟仪。问之曰："南冠而絷者，谁也？"有司对曰："郑人所献楚囚也。"使税之。召而吊之。再拜稽首。问其族。对曰："泠人也。"公曰："能乐乎？"对曰："先父之职官也，敢有二事？"使与之琴，操南音。公曰："君王何如？"对曰："非小人之所得知也。"固问之。对曰："其为太子也，师、保奉之，以朝于婴齐

---

① 《左传》僖公三十三年："及滑，郑商人弦高将市于周，遇之，以乘韦先，牛十二犒师，曰：'寡君闻吾子将步师出于敝邑，敢犒从者。不腆敝邑，为从者之淹，居则具一日之积，行则备一夕之卫。'且使遽告于郑。"

② 《左传》成公五年："梁山崩，晋侯以传召伯宗。伯宗辟重，曰：'辟传！'重人曰：'待我，不如捷之速也。'问其所。曰：'绛人也。'问绛事焉。曰：'梁山崩，将召伯宗谋之。'问将若之何。曰：'山有朽壤而崩，可若何？国主山川，故山崩川竭，君为之不举、降服、乘缦、彻乐、出次，祝币，史辞以礼焉。其如此而已。虽伯宗，若之何？'伯宗请见之。不可。遂以告，而从之。"

③ 《左传》襄公三十年："二月癸未，晋悼夫人食舆人之城杞者，绛县人或年长矣，无子而往与于食，有与疑年，使之年。曰：'臣，小人也，不知纪年。臣生之岁，正月甲子朔，四百有四十五甲子矣，其季于今三之一也。'吏走问诸朝。师旷曰：'鲁叔仲惠伯会郤成子于承匡之岁也。是岁也，狄伐鲁，叔孙庄叔于是乎败狄于咸，获长狄侨如及虺也、豹也，而皆以名其子。七十三年矣。'史赵曰：'亥有二首六身，下二如身，是其日数也。'士文伯曰：'然则二万六千六百有六旬也。'"

而夕于侧也。不知其它。"

范文子得知钟仪之言后称其为"君子",理由是"言称先职,不背本也;乐操土风,不忘旧也;称太子,抑无私也;名其二卿,尊君也。不背本,仁也;不忘旧,信也;无私,忠也;尊君,敏也。仁以接事,信以守之,忠以成之,敏以行之。事虽大,必济",并建议晋景公说:"君盍归之,使合晋、楚之成?"钟仪之所以成功获释并成为晋楚两国的友好使者,就是因为自己得体的辞令表达。而春秋时期"会说话"的乐师也不止钟仪一人,晋之师旷、郑之师慧均是长于辞令之人,而从其表现上看,礼乐修养在这一类人的身上仍然有着较好的保存。这些事例都是窥一斑而见全豹,以一人而见整体,体现着个人的修养水平和国家的文明程度,甚至整个时代的文化氛围和修辞之风。

正因为辞令在社交中的广泛运用,比喻、对偶、借代等修辞技巧也在其间得到最大限度的展现。例如定公六年孟孙向范献子请求说:"阳虎若不能居鲁,而息肩于晋,所不以为中军司马者,有如先君!"襄公二年又有"子驷请息肩于晋",昭公二十六年又有成大夫"请息肩于齐"。"息肩"的本意是让肩头得到休息,在这些语境中却均用来比喻卸除责任或免除劳役,其运用使表义更加生动形象。襄公十四年右宰榖跟随卫献公出逃后又回到国内,国人想要杀掉他,他说:"余不说初矣。余狐裘而羔袖。""不说初"是说因悔改而回国,"狐裘而羔袖"则是说自己的整体是好的如狐裘一般,只有一点小小的错误如羔袖一般,就仿佛我们说的"瑕不掩瑜",卫人于是因其词辩而赦免了他。襄公二十三年齐庄公和臧孙纥谈起想趁晋国发生动乱攻打它,臧孙纥就说:"多则多矣,抑君似鼠。夫鼠,昼伏夜动,不穴于寝庙,畏人故也。今君闻晋之乱而后作焉,宁将事之,非鼠如何?"将齐庄公比作胆小怕人昼伏夜出的老鼠,虽然惹得齐庄公很不高兴,却是直接点到了他的痛处,将齐庄公的特点和盘托出。襄公二十八年齐国发生内乱,陈文子对他的儿子陈无宇说:"祸将作矣,吾其何得?"陈无宇回答说:"得庆氏之木百车于庄。""庄"是齐都临淄的大街,但陈无宇的意思并不是真的指可以在庄街上得到一百车庆氏的木材,而是说可以借此笼络到齐国的人才掌握更多的权力,所以陈文子才会说:"可慎守也已。"后来陈氏果然在齐国壮大。襄公二十九年楚康王卒,郑敖即位而由颇具野心的王子围担任令尹。郑国行人子羽就说:

"是谓不宜，必代之昌。松柏之下，其草不殖。"将王子围比作松柏，将郑敖比作树荫之下难以生长的小草，不但形象而且准确。

《周易》说"君子以言有物而行有恒"① 是对言辞内容的要求，《周书》说"辞尚体要"② 是对言辞形式的要求，《礼记》说"无辞不相接"③ 则告诉了我们言辞对于社交的重要意义。春秋时代，文学、史学、哲学都得到高度的发展，具有相当文化修养的社会阶层在交际活动中对言语艺术的重视使辞令表达成为春秋生活中不可或缺的组成部分。"春秋辞令作为春秋时代人们思想的外在表现和载体，既包含着时人对历史事件的评价，也蕴含着时人对辞令历史作用的认识。出于对辞令历史价值的思考，春秋时代人们精心修饰辞令不仅仅是为了展示自身修养或完成使命，更重要的是他们希望自己文雅的辞令不会随着时间的流逝而在历史上消失得无影无踪，他们希望辞令也能够不朽于世，即鲁穆叔所说：大上有立德，其次有立功，其次有立言，虽久不废，此之谓不朽。"④《左传》中那些经过斟酌和修饰的言辞，时而诗意盎然、时而暗潮涌动，时而春风化雨、时而绵里藏针，时而含蓄委婉、时而剑拔弩张，其中不乏持节之士的外交之辞、忠诚臣子的耿耿之谏、智慧之士的睿智之语，甚至刚柔相济的后宫之言。这些言语虽有篇幅长短之别却大多能够达于要害、直指人心，从而使春秋表现出与其他任何时代都不相同的文学风貌。

---

① 《周易·家人》。
② 《周书·毕命》。
③ 《礼记·表记》。
④ 陈彦辉：《春秋辞令历史意识论析》，《湖南大学学报》（社会科学版）2007 年第 1 期。

第五章 《左传》的人物呈现：男性篇

《左传》是先秦时代的一部巨著，仅其所涉人物之繁即罕有可与之相比者。有学者统计，《左传》中所提到的人名多达3400多个，相应的人物则有2400多人。① 这些人物结成了一张无比巨大的关系网，也树起一道五彩缤纷的画廊，为我们展示了春秋两百四十余年间的人物群像。《左绣·读左卮言》说："《左传》大抵前半出色写一管仲，后半写一子产，中间出色写晋文公、悼公、秦穆、楚庄数人而已。读其文连性情、心术、声音、笑貌，千载如生，技乃至此。"② 为更方便地了解《左传》的人物塑造，我们姑且分层论之。

第一节 天子与诸侯

春秋社会礼法上的最高统治者仍是周王，但诸侯争霸的现实使霸主成为天下事实上的主宰。但在每一个国君的辖下，他的权力乃是至高无上的。这些人在或大或小的范围内享有"君临"的地位，其实际处境与春秋多变的社会状况息息相关，其性格丰富多样，其形象也各具姿彩。

一 天子群像

童书业先生说："春秋时，周已衰落，与大事不甚生关系，故《左传》记周事颇略。"③ 从公元前770年的平王东迁到春秋结束，东周王朝

---

① 方朝晖：《春秋左传人物谱》，齐鲁书社2001年版，第1页。
② 冯李骅、陆浩：《左绣》，《四库全书存目丛书·经部·春秋类》，齐鲁书社1997年版，第142页。
③ 童书业：《国语与左传问题后案》，浙江省立图书馆馆刊第四卷第一期，转引自汪受宽《〈左传〉在历史文学上的两大特色》，《史学史研究》1996年第1期。

一共经历了14位天子。这14个姬姓男人虽然仍旧和他们从姬发开始的祖先一样坐在天子的宝座之上，却完全没有了西周时期至高无上的权力和不可动摇的威严，而他们作为生命个体的人生际遇与整个社会和时代的变迁又是互为表里的，其中就有礼乐制度的沦陷与新的社会秩序的渐次生成。

（一）贫弱的周王

隐公元年，"秋七月，天王使宰咺来归惠公、仲子之赗。缓，且子氏未薨，故名"。这一现象说明曾经魄力非凡处世有度的周平王也有虑事不周的时候，而这一来自周天子的疏漏也直接告诉我们春秋时期的礼乐文化是如何一点点被蚕食掉的。而一手缔造了东周，使周王朝在西方民族的挤压中得以继续生存的周平王在死后却需要向人"求赗"（隐公三年）来办理丧事，《汉书·古今人表》或许也正是据此将其贬入下下愚人之列。而其子周桓王更是可怜到要非礼派家父向鲁国"求车"（桓公十五年）。时隔近百年，周襄王死后，"毛伯来求金"（文公九年）仍是向鲁索取助丧之物，可见周王的财富早已不是捉襟见肘那么简单。对历代周王而言，财产短缺本身似乎还不是最大的问题，毕竟日常的生活还能够得到基本满足。有学者认为，以土地赏赐为主要表现形式的分封制使周王的财产迅速缩水，但因为土地是有限的且不可再生，所以无法继续赏赐使周王的政治地位不断下降。①

春秋时期的许多周王都生活在内忧外患之中。王室内部的争权夺位从未停止，周襄王的一生中有大半时间都是在王子带的政治威胁中度过的，甚至还有王后私通之辱与"出狩河阳"（僖公二十八年）之耻。周王的大夫们也不时会有背叛，僖公十年有"苏子叛王即狄"，庄公二十九年有"樊皮叛王"。郑人更曾在战争中"射王中肩"，虽然晚上就派重臣前去"劳王"，于礼也算有所交代（桓公五年），却也说明周王的权威已经不是不可挑战的，而身为小国的蔡人、卫人、郕人也曾不会王命（隐公十年）。文公十四年春天，周顷王驾崩，因为"周公阅与王孙苏争政""不赴"，所以连《春秋》经都没有记载。虽然《左传》补充其事并解释"不书"是因为"惩不敬"，但谁能说周顷王自己就没有责任呢？

周定王即位后娶后于齐，应该说还有结援大国的政治理念。孟献子聘于周时周定王也能够因为孟献子有礼而"厚贿之"（宣公九年），也能亲

---

① ［美］李峰：《西周的灭亡》，徐峰译，上海古籍出版社2007年版，第142—147页。

自为士会讲解周王享宴的礼节（宣公十五年），说明他对"礼"仍旧有所推重且有平易近人的态度，但他对"晋侯使赵同献狄俘于周"的"不敬"之举依然只能接受，对"王孙苏与召氏、毛氏争政"所造成的"王室复乱"的局面也无能为力（宣公十五年），和戎人的战争也时常难逃失败的命运（成公元年）。周简王时期政治上也是一片混乱，晋臣郤至竟敢与周争田（成公十一年），成子受脤于社竟然不敬（成公十三年）。而周公阅之曾孙周公楚为惠王、襄王族人所逼且与伯舆争政失败"怒而出"，虽然周简王使刘子复之并与之盟，但他还是不顾周王感受"三日复出，奔晋"（成公十一年）。这也在一定程度上暗示了周简王执政的无能和族人的分崩离析。

"据《春秋》等史书记载，在春秋时期二百多年的时间里，鲁国朝见晋国三十三次，朝见齐国四十次，而朝见周天子仅七次，可见在诸侯眼里，周天子已不是至尊至上的天下共主了。"① 当周天子的权力开始向霸主转移时，诸侯的义务也开始由周天子向霸主转移，此时的周天子就难免更像一个政治上的傀儡。

（二）无礼的周王

襄公年间在位的周灵王虽然被谥为"灵"，却是春秋周王中一个较为知礼用礼的天子。襄公二十一年栾盈出奔为周西鄙之人劫掠之时，周灵王能够顾念其父栾书的功绩，"使司徒禁掠栾氏者，归所取焉"，并派人将其送出辗辕山；襄公二十四年因穆叔有礼而赐之大路，同年因韩宣子"辞不失旧"言谈得体而预见其家族日后的发达。但更多的周天子却表现得十分无礼。

周桓王是平王之后的第一任周王，即位之初京师就发生饥荒，于是鲁隐公"为之请籴于宋、卫、齐、郑"（隐公六年），表现了相当的恭敬。同一年，郑庄公如周始朝桓王，刚刚接受了郑国救济的周桓王却"不礼焉"，以至于其卿士周桓公说："我周之东迁，晋、郑焉依。善郑以劝来者，犹惧不蔇，况不礼焉？郑不来矣。"还好，郑庄公不甚介意，在隐公八年还带着齐人来朝见周桓王，在隐公九年还以王左卿士的身份讨伐不来朝见的宋国，甚至在隐公十一年还怀抱为周王分忧之心慨叹说："王室而

---

① 王美凤、周苏平、田旭东：《春秋史与春秋文明》，上海科学技术文献出版社2007年版，第58页。

既卑矣，周之子孙日失其序。"面对"周之子孙日失其序"的状况，首当其冲的自然是周之王室。桓公七年"秋，郑人、齐人、卫人伐盟、向"或者也是对周桓王无礼的报复，无力制止的周桓王只好示弱"迁盟、向之民于郑"。

周桓王在位期间所做的最有特点的无礼之事就是隐公十一年的"取邬、刘、蔿、邘之田于郑，而与郑人苏忿生之田：温、原、絺、樊、隰郕、攒茅、向、盟、州、陉、㥛、怀"。夺苏忿生之田与取郑之田都是不计后果的冲动之举，所以左氏说："君子是以知桓王之失郑也——恕而行之，德之则也，礼之经也。己弗能有，而以与人，人之不至，不亦宜乎？"桓公十五年春"天王使家父来求车"，似乎标志着周王室的彻底沦落。在"诸侯不贡车服，天子不私求财"的背景之下，周桓王的非礼之举可能也有着许多无奈的理由。

庄公二十一年郑厉公和虢叔为周惠王平定王子颓之乱后，"郑伯享王于阙西辟"。对于其非礼的"乐备"，周惠王不但没有任何异议，还如常颁布了赏赐，真是麻木得可以！不独如此，周惠王还极不注重处事的细节，赐鞶鉴于郑，而赐爵于虢。郑与周同为姬姓之国并世代为周之卿士，而虢是在隐公八年也就是周桓王当政期间才成为周之卿士的，自有亲疏之别，而"爵"与"鞶鉴"（铜镜）的礼法地位亦尊卑有别，也就难怪刚刚即位的郑文公"由是始恶于王"。

文公十四年，"周公将与王孙苏讼于晋，王叛王孙苏，而使尹氏与聃启讼周公于晋。赵宣子平王室而复之"。这个言而无信失礼于臣下的天子就是周匡王。而昭公十五年穆后葬礼结束后周景王向晋国索取彝器，其言辞渊博而举动无礼，昭公二十一年又逞私欲铸无射之钟，都是让人无法认同的举动。"中国古代的治平之道不出四途，曰：礼乐刑政。礼乐刑政，其极一也，一本于礼。"① 礼乐文化是周王朝的立身之本，如果连周天子都不能知礼、不肯守礼，一个社会的政治基础难免会随着文化基础一起崩塌。

（三）夺位旋涡中的周王

春秋王室内部的夺位大战似乎从来没有停止过，很多天子都在这样的斗争中耗费了太多的精力，从桓王到襄王的近百年间这一幕更是在不停地

---

① 金尚理：《礼宜乐和的文化理想》，巴蜀书社2002年版，第4页。

连环上演。周桓王在世时十分宠爱王子克，并把他托付给周公黑肩。辛伯曾向周公进谏说："并后、匹嫡、两政、耦国，乱之本也。"（桓公十八年）但周公不但没有听他的话还在桓王去世后试图杀掉周庄王而立王子克。辛伯只好与周庄王合力杀掉了周公，使王子克奔燕。

周庄王经历了一场有惊无险的政治斗争，却没有记住血泪教训。其宠姬王姚生王子颓，周庄王对王子颓的过度宠爱使得周惠王即位后，"五大夫奉子颓以伐王，不克，出奔温。苏子奉子颓以奔卫。卫师、燕师伐周。冬，立子颓"（桓公十九年）。一切都来得那样自然和迅速，周惠王只好带着自己从陈国娶来的惠后在郑国的栎地暂住。周惠王于庄公十八年即位，直到庄公二十一年才借郑伯、虢叔之力杀死王子颓和五大夫，彻底夺回了王权，并在庄公二十七年"使召伯廖赐齐侯命，且请伐卫，以其立子颓也"。其政权的来之不易和巩固之难可想而知。

僖公五年记齐桓公与诸侯"会于首止"，其目的是"会王太子郑，谋宁周也"。首止之会是与周惠王太子姬郑会盟，其目的不在会盟本身，而是为了借此将姬郑的世子身份公诸天下，所谓"谋宁周"是也，也就是为了预防周惠王驾崩后王室夺位的内乱。那么诸侯为什么会有此一举呢？因为惠后宠爱王子带，周惠王也有改立太子的念头，所以齐桓公才会抢先为姬郑"正名"。

姬郑就是后来的周襄王，他生活在齐桓、秦穆、晋文之世，诸侯之强在一定程度上也明证了周王之弱。周襄王的父亲周惠王没有吸取子颓之乱的教训，于是为周襄王留下了一个极大的政治隐患——甘昭公王子带。"初，甘昭公有宠于惠后，惠后将立之，未及而卒。"（僖公二十四年）母后的宠爱在一定程度上培植了王子带的党羽和势力，所以惠王崩后"襄王恶大叔带之难，惧不立，不发丧，而告难于齐"（僖公七年），在诸侯的共同主持之下周襄王方能"定位而后发丧"。但不甘心失败的王子带在不久之后召集"扬、拒、泉、皋、伊、雒之戎同伐京师，入王城，焚东门"（僖公十一年），周襄王的政权乃至生命可谓危在旦夕，秦晋急忙派兵来救方才平息了这场祸乱，并在第二年春天这个最不相宜的时间修筑卫国楚丘的城墙作为替周王抵御戎人的外围防线。僖公十三年和十六年，诸侯还曾两度出兵戍周。僖公十二年，"王以戎难故，讨王子带。秋，王子带奔齐"。直到十年之后周襄王才原谅王子带，将其复召回京，王子带却因为与自己的嫂子襄王王后隗氏私通而再度作乱终致被杀。

当参与叛乱的颓叔、桃子奉大叔以狄师攻王而王之御士将要奋起抵抗的时候，周襄王这个孝子却仍在考虑已故母亲惠后的感受，说："先后其谓我何？宁使诸侯图之。"因为被"孝"所拘禁，周襄王复纳王子带却没有好好地约束他，以至于发生秽乱宫闱的事情，并使王子带的政治势力达到能与自己抗衡的程度。《左氏会笺》说："襄王笃于友爱，而不能制之以礼，卒使奸宫祸国。匪曰爱之，其实害之，此非孝友之过。孝友而不知道，则不得为孝友也。"①况且周襄王的本意似乎更像是要借诸侯之力以铲除王子带而保全自己的孝友之名，"使诸侯图之"就是他最直白的表示。而对于他向鲁、晋、秦等国"告难"，《春秋》经说"天王出居于郑"，《左传》则解释说："天子无出，书曰'天王出居于郑'，辟母弟之难也。天子凶服、降名，礼也。"②而历代笺注也都认为言"出"是在"讥"襄王。"修身齐家治国平天下"是古人的政治理想也是人生理想，关于这四者的递进关系，周襄王无疑为我们提供了一个反面例证，即不修身则难以齐家，不能齐家就更不能做到治国平天下。

春秋时期周王室的多起兄弟争斗中，多数兄长都相对隐忍，只有周景王下手杀了自己的弟弟，而且是毫无夺位之心的弟弟。所以《左传》说："书曰'天王杀其弟佞夫'，罪在王也。"（襄公三十年）毫不掩饰对周景王的不满与批判。昭公二十二年景王下葬后，"王子朝因旧官、百工之丧职秩者与灵、景之族以作乱"。虽然在王子猛去世后周敬王登上了王位，但王子猛同党王子朝及其余党的活动却直到定公八年才得以平定，持续了近二十年光景。周敬王是《左传》写到的最后一个周天子，虽然此时《左传》未完，但关于周天子的事迹却再也没有只字片语。

孟子说"君子之泽，五世而斩"，所以春秋诸侯争霸情形的出现可以说是一种历史必然，但春秋时期的周天子已普遍不再具备西周时期的雄才伟略与审时度势的能力也是不争的事实。

二 霸主风采

昭公三十三年史墨所言"社稷无常奉，君臣无常位，自古以然"在一定程度上为春秋争霸提供了理论依据。而说起春秋霸主，人们立刻会想

---

① ［日］竹添光鸿：《左氏会笺》，四川出版社集团、巴蜀书社2008年版，第555页。
② 《左传·僖公二十四年》。

到一个约定俗成的称谓"春秋五霸",而"五"者何指一直是学界聚讼不休的问题。① 此处我们仅从几位被后人着以"霸主"色彩的人物身上去体会那些在政治上有所成就的乱世诸侯特异的思想情感和处世特征,试图更好地发现他们过人的胆识才能和超凡的人格魅力。

(一)无争议的霸主

齐桓公、晋文公、楚庄王历来是春秋霸主中毫无争议的,且人们尤其喜欢将齐桓晋文相提并论。孔子在《论语》中说"晋文公谲而不正,齐桓公正而不谲"②,《孟子》在讲说为君之道时也喜谈"齐桓晋文之事"③,《左传》昭公十三年叔向亦曾将二人相提并论,言其均有君父之宠、内外之助和个人才德,大有钦敬之意。

齐桓公为齐僖公子、齐襄公弟,襄公死后在鲍叔牙的帮助下与公子纠争位成功。人们一般认为,"齐桓公置射钩,而使管仲相"④是其成就霸业的重要原因,但以此反观,齐桓公之襟怀开阔、有容人之雅量才是他成就霸业的根本原因。对待曾经帮助公子纠与自己争位的鲁国,他没有积极报复也没有像其他齐国国君一样以大欺小,而是以亲亲之道⑤行事也是一例。此外,齐桓之霸还在于他过人的德行,《左传》记载齐桓公曾"九合诸侯",两度匡扶王室平定内乱,先后粉碎了王子颓和王子带之乱,僖公九年周王赐胙之时齐桓公仍然能够不顾年迈依礼下拜受胙,表现了他对周王应有的恭敬。《左传》对齐桓公的功业记载得不如晋文公详细,却多以后人之口申说赞佩之情,如陈穆公谓"无忘齐桓之德"(僖公十九年);宋司马子鱼言其"存三亡国⑥,义士犹曰薄德",称其为"义士"(僖公十九年);展喜赞扬其"纠合诸侯,谋其不协,匡救其灾"(僖公二十六年);曹伯之竖说他"为会而封异姓"(僖公二十八年);桓子对晏子说

---

① 墨子、荀子称齐桓、晋文、楚庄、吴阖闾、越勾践为五霸;司马迁、应劭、赵岐以齐桓、晋文、秦穆、宋襄、楚庄为五霸;《白虎通义》以齐桓、晋文、秦穆、楚庄、吴阖闾为五霸;《汉书》颜师古注以齐桓、宋襄、晋文、秦穆、吴夫差为五霸。
② 《论语·宪问》。
③ 《孟子·梁惠王》上。
④ 《左传·僖公二十四年》。
⑤ 鲁桓公夫人文姜为齐桓公妹,鲁庄公为齐桓公甥,庄公十一年齐桓公娶王姬由鲁主婚,庄公二十四年鲁庄公娶齐女哀姜。
⑥ 杜注、孔疏认为三国为鲁、卫、邢。齐桓公在闵公二年迁邢封卫,在鲁共仲连弑二君之后主持立僖公即位。

"'陈锡载周',能施也,桓公是以霸"(昭公十年);申无宇感叹他"城濮而置管仲焉,至于今赖之"(昭公十一年);叔向则说他"从善如流,下善齐肃;不藏贿,不从欲,施舍不倦,求善不厌"(昭公十三年)。金景芳先生说,齐桓公被称为五霸之首有两重含义,一是说他最先称霸,二是说他的霸业最为显赫。①

但齐桓公绝不是一个完人,他也曾因一己之私忿做了许多为人讥刺的事情,例如庄公年间的灭谭、灭遂、尽杀遂人、败卫师取赂而还、非礼献戎捷于周王,闵公元年而有取鲁之心,僖公三年因蔡人改嫁蔡姬而"以诸侯之师侵蔡"等,僖公十七年更是因为内宠过多和晚年宠信佞臣而导致死境凄惨的结局。

《左传》写齐桓公多用后人评价和事件概述,对晋文公的描写就多了些闪转腾挪的变化之巧。和齐桓公出场之时就具备的成熟稳健的政治素质不同,晋文公是一个逐渐成长起来的人物。申生、重耳、夷吾都有父亲晋献公赏识的才干,而申生的太子之位早已定下,其人又十分良善,于"孝""友"二字堪称完美,重耳、夷吾也未有觊觎之心,等待晋国的似乎只是兄弟齐心"其利断金"的大好局面。但骊姬之乱打破了这一宁静,申生自杀后重耳和夷吾被迫出奔。

《左传》多采用"因事以见人"②之法来表现人物的性格特征。僖公五年,当晋献公的军队前来攻打蒲城时,重耳说"君父之命不校",命令人们不许抵抗,并说谁抵抗谁就是自己的仇人,其"孝"不亚于申生。在赵衰、子犯等人的忠心护持下,重耳开始了漫长的流亡生活。此时的重耳非但绝无霸心,甚至连重返晋国的愿望也并不强烈,在齐国时贪于齐姜之美色和生活之逸乐竟然乐不思蜀,待"姜与子犯谋,醉而遣之"后,醒来的重耳竟然"以戈逐子犯"。(僖公二十三年)但经过一路艰辛到达秦国时重耳就变得稳重多了,他能够放下姿态,向怀嬴这个大国之女"降服而囚",说明他真正地懂得了政治。

晋文公之所以能够霸业得成首先得益于他的团队,正如僖负羁妻所言:"吾观晋公子之从者,皆足以相国。若以相夫子,必反其国。反其国,必得志于诸侯。"(僖公二十三年)而重耳与他们不但有君臣关系,

---

① 金景芳:《中国奴隶社会史》,上海人民出版社1983年版,第209页。
② 谭家健:《先秦散文艺术新探》(增订本),齐鲁书社2007年版,第309页。

还是肝胆相照、生死与共的朋友，他对赵衰、对子犯都尽其所能，如果不是这样，当初的重耳也不配得到"赵衰以壶飱从径，馁而弗食"（僖公二十五年）的忠诚，未能对介之推进行及时封赏重耳所表现出来的也是真诚的悔意。

和齐桓公一样，晋文公也有着胸怀宽广的一面，对寺人披的真诚谅解和采纳竖头须之谏（僖公二十三年）都是极好的例证，城濮之战和殽之战时的君臣对话也说明了这一点。晋文公在家庭中，于父有孝，于妻能和，于女有教，虽杀怀公却也是大局所系。在政治上，于内则有贤臣能臣，于外则有德行之名所致大国之援。僖公二十八年"天王狩于河阳"系为晋文所召，为此，人们对晋文公多有褒贬。但事实上哪一个霸主没有僭礼之举？如无僭礼之举，霸业又如何能成？晋文公在位虽然只有八年，却成就了春秋历史上可与齐桓公相提并论的显赫霸业，不但使子孙在列国之间长期保有重要的政治地位，而且通过自己的识人、用人之能为晋国留下了郤氏、栾氏、原氏、荀氏、范氏等有才干的世家大族世代辅佐晋侯。

楚庄王也是没有争议的五霸之一，是楚国最有作为的国君，自文公十四年至宣公十八年共在位二十三年。楚庄王即位之初就有效地平定了公子燮与子仪之乱，宣公四年又平定了若敖氏之乱，并陆续攻克周边小国平定了楚国的边境，文公十六年在楚国大饥的情况下灭庸，宣公三年伐陆浑之戎，宣公八年灭舒蓼、宣公十二年灭萧，通过多次战争取得了伐郑、伐陈、伐宋的胜利。宣公三年"楚子伐陆浑之戎，遂至于雒，观兵于周疆。定王使王孙满劳楚子。楚子问鼎之大小、轻重焉"，显示了他称霸天下的雄心。宣公十一年因征舒之乱伐陈后，楚庄王设陈国为楚之县，遭到了申叔时的批评："诸侯之从也，曰讨有罪也。今县陈，贪其富也。以讨召诸侯，而以贪归之，无乃不可乎？"楚庄王反省后"乃复封陈"，也可以说是从善如流。

宣公十二年晋楚邲之战则借多名晋人之口评价了楚庄王的功业。士会说："会闻用师，观衅而动。德刑、政事、典礼，不易，不可敌也，不为是征。楚君讨郑，怒其贰而哀其卑。叛而伐之，服而舍之，德刑成矣。伐叛，刑也；柔服，德也，二者立矣。昔岁入陈，今兹入郑，民不罢劳，君无怨讟，政有经矣。荆尸而举，商农工贾，不败其业，而卒乘辑睦，事不奸矣。蔿敖为宰，择楚国之令典；军行，右辕，左追蓐，前茅虑无，中权后劲。百官象物而动，军政不戒而备，能用典矣。其君之举也，内姓选于亲，外姓选于旧。举不失德，赏不失劳。老有加惠，旅有施舍。君子小人，物有服章。贵有常尊，贱有等威，礼不逆矣。德立刑行，政成事时，典从礼顺，若之何敌之？"栾武子也说："楚自克庸以来，其君无日不讨国人而训之于民生之不易、祸至之无日、戒惧之不可以怠；在军，无日不讨军实而申儆之于胜之不可保、纣之百克而卒无后，训之以若敖、蚡冒筚路蓝缕以启山林。箴之曰：'民生在勤，勤则不匮。'不可谓骄。"楚庄王所言"夫武，禁暴、戢兵、保大、定功、安民、和众、丰财者也，故使子孙无忘其章"和"武有七德，我无一焉，何以示子孙"之论也显示了他对战争的独特看法和对自己的客观认识。

宣公十二年伐萧之时"师人多寒"，于是"王巡三军，拊而勉之，三军之士皆如挟纩"，这一举动表现了楚庄王爱兵如子的态度，是他成就霸业的一个极好注解。宣公十四年楚庄王派申舟去齐国聘问，因过于自信而命令申舟无须假道而过宋境，导致申舟为宋人所杀。楚庄王听闻噩耗后"投袂而起，屦及于窒皇，剑及于寝门之外，车及于蒲胥之市"，震惊与急切使他来不及穿鞋就向外走，送鞋的到前庭才赶上，送剑的追到寝宫门外，备好车赶上他他已经到了城中的蒲胥之市。"秋，九月，楚子围宋"的迅速表现了他对申舟的深情厚意和誓报此仇的决心。但就是这样的一代英雄也曾为陈夏姬的美色所动（成公二年），展现出了人性自然的一面，而听从劝谏以德义为重及时罢手则表现了他的理性特征。

（二）有争议的霸主

秦穆公、宋襄公、吴王阖闾和越王勾践分别在不同学者的归纳中被列入"五霸"范畴，他们的功业仅次于齐桓公、晋文公和楚庄王，在不同时期、不同地域对春秋社会产生了重大影响。

秦穆公两送晋君（夷吾、重耳）入国，两度疏粟于晋（僖公十三年、十四年），不计较夷吾的无礼，因穆姬之请而放其回国，表现的是夫妻之情也是郎舅之情。但在晋国成就霸业之后仍断断续续挑动两国战争却着实不是明智之举，不但使自己对晋的恩义毁于一旦，而且陷两国人民于水火。僖公三十二年"劳师以袭远"的决断草率而粗鄙，对蹇叔"尔何知？中寿，尔墓之木拱矣"的呵斥尤显无礼，体现了秦穆公刚愎少谋的性格特征。而在战败之后能够主动检讨，说出"孤违蹇叔，以辱二三子，孤之罪也"表现了他的勇于自我检讨，对百里孟明一如既往的任用则使秦国"遂霸西戎"。文公六年以子车氏之三子殉葬使国人哀而赋《黄鸟》之诗，君子也因其"死而弃民"说："秦穆之不为盟主也宜哉！"秦穆公可以说是一个极具多面性的人物。

宋襄公的主要活动尽在僖公年间，将其列入五霸应该是对其仁义之心的褒奖，而非对宋国实力的肯定。即位之前的宋襄公曾经提出让位于"长且仁"的子鱼，在子鱼避位之后又诚心诚意地任命其为左师以听政。在齐桓公死后"五公子皆求立"的背景之下，僖公十八年宋襄公"以诸侯伐齐"立齐孝公而还，没有辜负"公与管仲属孝公于宋襄公，以为大子"的嘱托，表现了他讲义气、重然诺的性情。因为事有小成宋襄公便不自量力地起了争霸之心，僖公十九年执滕子、用鄫子，讨曹、伐郑，欲以武力服人，又因为"欲合诸侯"而为楚人所执，公子子鱼清醒地意识到："小国争盟，祸也。宋其亡乎？幸而后败。"（僖公二十一年）

僖公二十二年宋襄公伐郑，楚人救之，就此爆发了宋楚泓之战。宋人成列楚人尚未完全渡河时司马请击之，宋襄公不肯；楚人渡河未成列时司马请击之，他仍不同意；待双方列阵开战时，宋军大败，宋襄公自己也被伤到了大腿。"国人皆咎公。公曰：'君子不重伤，不禽二毛。古之为军也，不以阻隘也。寡人虽亡国之余，不鼓不成列。'"迂腐的宋襄公因伤于次年离开了人世，却为后人留下这一离奇的春秋战例。还是子鱼说得对："君未知战。"仁、义、迂腐、异想天开、不知审时度势就这样统一在宋襄公的身上。

吴王阖闾又称公子光，首次出场于昭公十七年。这一年吴人从水路伐楚却被楚人夺走了余皇之舟。"吴公子光请于其众，曰：'丧先王之乘舟，岂唯光之罪？众亦有焉。请藉取之以救死。'众许之。使长鬣者三人潜伏于舟侧，曰：'我呼余皇，则对。'师夜从之。三呼，皆迭对。楚人从而杀之。楚师乱，吴人大败之，取余皇以归。"这一事件首先表明了公子光面对战争和荣誉的信念，然后以必胜之决心展现其勇，又以转移楚人注意力的计策取得了胜利可谓有谋。昭公二十三年又以计败顿、胡、沈、蔡、陈、许之师，说明公子光在战场上是一位有勇的将军、有谋的领袖。昭公二十七年，为了登上王位实现自己的政治目的，公子光"伏甲于堀室而享王"，"光伪足疾，入于堀室"，一切都表演得那样自然，接着，七年前伍员引荐给公子光的鱄设诸（专诸）"置剑于鱼中以进，抽剑刺王，铍交于胸，遂弑王"。吴王阖庐属于弑君得位，但《左传》不但没有把他写得面目可憎，反而让人觉得这一形象颇有些光彩照人的意味，从中也可以看出左氏不经意间流露的思想倾向。

昭公二十年，被楚杀父及兄的伍员刚刚逃亡来到吴国就建议伐楚，公子光旗帜鲜明地反对说："是宗为戮，而欲反其雠，不可从也。"十年后他却向伍员坦白说："初而言伐楚，余知其可也，而恐其使余往也，又恶人之有余之功也。今余将自有之矣。伐楚何如？"有了阖闾的这一决心，"楚于是乎始病"，吴国的时代到来了。因为采纳了伍员的谋略，定公四年柏举之战吴国大胜楚人，定公五年平定夫概王之乱，加之对周边小国用兵，阖闾成为了春秋后期的一位重要霸主。

《左传》行文为我们正面展示了阖闾面对战争的武功与谋略，面对夺位的计划与决绝，面对下臣的坦率与真诚，但关于他更多的内容却是通过侧面展示来进行的，如子西在昭公三十年说："吴光新得国，而亲其民，视民如子，辛苦同之，将用之也"，"吴，周之胄裔也，而弃在海滨，不与姬通，今而始大，比于诸华。光又甚文，将自同于先王"。在哀公元年又说："昔阖闾食不二味，居不重席，室不崇坛，器不彤镂，宫室不观，舟车不饰；衣服财用，择不取费。在国，天有灾疠，亲巡孤寡而共其乏困。在军，熟食者分而后敢食，其所尝者，卒乘与焉。勤恤其民，而与之劳逸，是以民不罢劳，死知不旷。吾先大夫子常易之，所以败我也。"而楚大夫也公认"阖闾惟能用其民，以败我于柏举"（哀公元年）。阖闾一生最错误的决策就是从昭公三十二年夏天起对越用兵，不但在定公十四年使自己因伤毙命，而且使两国陷入了冤冤相报的怪圈。正如史墨所言："不及四十年，越其有吴乎！越得岁而吴伐之，必受其凶。"（昭公三十二年）

置阖闾于死地的越王勾践身上有人们熟知的忍辱负重、卧薪尝胆的故事，也有重用范蠡、文种的识人之能，而哀公二十五年卫国公文懿子也曾说"夫越新得诸侯"，验证了越国在春秋晚期的地位。但勾践也有不为人所知的一面：定公十四年吴王阖闾率军伐越，吴国军阵严整，越国死士两度冲击都未能成功，于是勾践"使罪人三行，属剑于颈，而辞曰：'二君有治，臣奸旗鼓。不敏于君之行前，不敢逃刑，敢归死。'遂自刭也。"勾践趁吴人被惊得目瞪口呆之时立即出击，不但取得了战斗的胜利还使阖闾受伤致死。

孙绿怡曾把《左传》人物叙述分为两种模式，一为"累积型"，一为

"闪现型"。[1] 左氏作传之时"五霸"之说尚未形成，但历史的本来样貌使春秋霸主必然成为历史舞台上的重要角色，加之左氏一贯的崇霸思想在起作用，这些人物都在不同的场景中以不同的身份频频出场，他们的表现丰富而富于层次感，是《左传》"累积型"人物塑造的典范。春秋霸主中虽有以晋文公和吴王阖闾为代表的"谲而不正"的一类，但他们都拥有极为突出的共性特征，即"德"与"力"的统一。而《左传》故事所体现出来的那些鲜明的个性甚至人性上的弱点则使他们区别于他人，成为独一无二的"这一个"。

三 诸侯剪影

春秋初年有诸侯之国数百，即使经过了二百余年的争夺与兼并到春秋末世仍有数十个诸侯国。以国家之多历时之长予以考量，其国君更迭可谓不计其数，也自然涉及贤、愚、不肖各色人等。《左传》重在记事，人物大多只是事件的起因、结果或线索，关于霸主之书写尚不能全面完备，于其他诸侯自然更加简省，书中多系一瞥之得中片断、剪影式的呈现，绝大多数诸侯不但未建功业且只涉二三事，甚至只有一事，却能活生生地立于读者面前，让人生出钦佩、赞许、鄙夷、唾弃等复杂情感，左氏写人之取材、着笔堪称精妙。

（一）有"能"之诸侯

以一人之身而君临一国，除了要具有先天的血缘优势之外，还要具备一定的安邦之能。钟灵毓秀之气不是仅仅凝聚在霸主的身上，普通诸侯也有着自己不时闪现的光彩，虽然他们也会有缺点。

郑庄公是春秋早期被左氏施以重彩的人物，内政井井有条，外交步步为营，军事上更是几乎战无不胜，即使在面对宋、陈、蔡、卫等国联军时也毫无惧色，他一手培养的太子忽也多次在国际军事救援活动中有上佳表现[2]，后人于是有"郑庄小霸"之说。《左传》中大段表现郑庄公性格特点的文字有两处，一在隐公元年，一在隐公三年——"克段于鄢"是他多年隐忍之后终于等到时机的爆发，"周郑交恶"则是春秋诸侯对周王权

---

[1] 孙绿怡：《〈左传〉与中国古典小说》，北京大学出版社1992年版，第33—34页。
[2] 桓公六年：郑太子忽率师救齐，"齐侯欲以文姜妻郑太子忽，太子忽辞"，"及其败戎师也，齐侯又请妻之"。

威的首次冲击。

公羊学对"郑伯克段于鄢"的评价使郑庄公背负了老谋深算的恶名，并因之深受后人诟病。关于共叔段势力不断坐大已对郑国政局形成极大影响的问题，祭仲、公子吕、子封曾先后三次建议郑庄公有所举动，但郑庄公的回答分别是："多行不义，必自毙，子姑待之"，"无庸，将自及"，"不义不暱，厚将崩"。有母在堂，作为儿子又能对宠弟怎么样呢？稍有不慎就会落个不孝不友的罪名，甚至被母、弟背后的政治势力所废黜。所以只有在"大叔完聚，缮甲兵，具卒乘，将袭郑，夫人将启之"的时候，郑庄公方才一举出击并一击制胜。《左传》所述其言辞声口毕肖，其举动雷厉风行，而审时度势之能已尽在其中。在母亲的家庭势力和舅氏之国政治势力的共同挤压之下[①]，郑庄公没有坐以待毙，也没有养痈遗患，不能不说他有着清醒的政治头脑和高明的政治策略。"周郑交恶"的起因是周王的口是心非——"贰于虢"却偏要说"无之"，于是"周郑交质"，恨意难平的郑庄公进而派祭足取温之麦和成周之禾。郑是与周同姓的姬姓封国，是为"叔父之国"且世代为周之卿士，郑庄公敢于与周王分庭抗礼虽系"非礼"之举却也表现了他强烈的斗争精神。这种斗争精神和对人、对事坚忍的态度一样都是他取胜的法宝。

"郑国据今陇海、平汉两路枢纽，其国虽小，以地势冲要，春秋初甚强盛，宋、卫、陈、蔡均忌之。但以四面均强国，不易辟土。至齐桓称霸后，郑乃为齐、晋、楚三国交争之地，苦守弹丸，无能称雄矣。"[②] 立国较晚、疆域褊小的郑国在郑庄公手中竟能有空前绝后的发展实属不易，但他未能预见身后的昭厉之争也可说是一种短视，并在客观上使郑国沦于列强环伺之中。

庄公四年楚武王出兵伐随之前就预见到自己将不久于人世，但为了不使军队的士气受挫他还是毅然出兵，虽然未能寿终正寝，却使楚人与随人订立城下之盟，以"师徒无亏"的方式谋得了国之福祉，实现了自己的遗愿，为楚国日后的发展奠定了良好的物质基础和精神基础。庄公十一年秋天宋国发生水灾，宋闵公归罪于自己说："孤实不敬，天降之灾，又以为君忧，拜命之辱。"臧文仲因其勇于担责和言辞得体而得出宋国将要兴

---

① 高方：《从〈郑伯克段于鄢〉看春秋家国文化形态》，《名作欣赏》2009年第12期。
② 童书业：《中国疆域地理讲义》，天津古籍出版社2008年版，第24—25页。

盛的结论，当后来听说这是公子御说教给宋闵公的，臧孙达就说"有恤民之心"的公子御说适宜为君，而御说后来果然被立为宋桓公。文公十三年邾文公欲迁都于绎，占卜后史臣说："利于民而不利于君。"但邾文公仍旧毫不犹豫地做了这件事，因为他的治国理念是"苟利于民，孤之利也"。当年五月邾文公去世，但这句掷地有声的诸侯之言不能不让人感叹他的爱民之心。哀公六年天现异象，有云如众赤鸟夹日以飞三日。周大史说灾难恐怕要应验于楚昭王，但如果举行祭祀，就可以转移到令尹、司马身上。楚昭王拒绝说："除腹心之疾，而置诸股肱，何益？不穀不有大过，天其夭诸？有罪受罚，又焉移之？"其爱人、自信、知命均见于此。

和这些以民为本时刻想着"苟利国家生死以"的有德行之"能"的诸侯一样，春秋还有许多励精图治和勇于纳谏、自省的君王。闵公二年卫懿公亡国之后卫文公即位，他不但自己俭省朴素，而且"务材、训农，通商、惠工，敬教、劝学，授方、任能"，他即位时仅有战车三十乘的卫国到其统治后期已有了三百乘战车。而军事的发展当然是要在民生安定的基础上才能实现的，此时百姓之安居乐业自然无须多赘。僖公十八年邢人、狄人伐卫时，为了国家的安宁他还欲让君位以求贤。当然，僖公二十三年所记重耳过卫时"卫文公不礼焉"，也说明他缺乏政治远见和识人之能且性格里也有倨傲的成分。

晋悼公是晋国的中兴之君，他即位后"始命百官，施舍、已责，逮鳏寡，振废滞，匡乏困，救灾患，禁淫慝，薄赋敛，宥罪戾，节器用，时用民，欲无犯时"，并能任用贤臣，"举不失职，官不易方，爵不逾德，师不陵正，旅不逼师，民无谤言"（成公十八年），所以在他的统治下晋国"复霸"。襄公三年晋悼公之弟扬干乱行于曲梁，"魏绛戮其仆"，晋悼公扬言一定要杀死魏绛，但当他读了魏绛写给他的请罪信后深受震动，竟光着脚跑出来制止了将要伏剑自戕的魏绛，加以礼遇并任命他为新军的统帅。仅是"跣而出"三个字就让我们看到了一个性情冲动却也率真可爱、知错能改的晋悼公。而因为"子教寡人和诸戎狄以正诸华，八年之中，九合诸侯，如乐之和，无所不谐"，晋悼公在襄公十一年将郑人所赠之乐的一半赐予魏绛，表达其"抑微子，寡人无以待戎，不能济河"的感激之情，更让人看到了一个明于事理、知恩图报的晋悼公。

春秋中期宋昭公无道，其继任者宋文公公子鲍的得位之路颇显离奇。

文公十六年记："公子鲍礼于国人，宋饥，竭其粟而贷之。年自七十以上，无不馈诒也，时加羞珍异。无日不数于六卿之门。国之材人，无不事也；亲自桓以下，无不恤也。公子鲍美而艳，襄夫人欲通之，而不可，乃助之施。昭公无道，国人奉公子鲍以因夫人。"宋文公以武力灭亲平定内乱又结盟于晋方才坐稳了君位，德行、人脉、武力、外交甚至皮相之美都起了不小的作用。

定公八年的鄟泽之盟上卫灵公受侮于晋人便欲叛晋，又担心大夫反对。于是先提出改立嗣君之请以博取国人的同情，又一步步设计要求以公子、大夫之子以至工商之子为质于晋，激起卫人同仇敌忾的愤怒之心，最后使国人得出"晋五伐我，犹可以能战"的威武不屈的战争宣言，实现了君民同心背叛晋国从而发展卫国的预期目的。让我们看到了一个不同于《论语》中让孔子发出"吾未见好德如好色者"感慨的卫灵公！而僖公二十九年有介葛卢之识兽音，昭公十七年有剡子之博学，这些都是政治弱小却有令人惊叹才能的小国之君。

（二）纵"欲"之诸侯

春秋诸侯多因祖荫得享其位，德才兼备、有德无才、有才无德、才德俱失者皆有，有人能舍己为国，有人能励精图治，有人善于纳谏自省，但从《左传》诸侯身上我们看到的也不乏纵欲亡身的教训。欲不仅是饮食男女之大伦，更是内心需要的一种外化，有合礼（合理）的也有非礼（非理）的，权欲、色欲、物欲均能置人于死地，而诸侯之欲所害者又绝不是一人一家。

蔡哀侯因无礼于息妫而致亡国（庄公十年、十四年），齐庄公因为通于崔杼之妻而被崔杼所杀（襄公二十五年），蔡景侯通于太子般之妻而被太子所杀（襄公三十年）都是色欲之祸。齐懿公还是公子的时候与邴歜的父亲争夺一块田地没有得到，等他即位竟把邴歜父亲的尸体从坟里掘出并残忍地砍掉其双脚，却留邴歜在身边为自己驾车；夺了阎职的妻子，却让阎职做自己车右的骖乘护卫自己。在去申池游玩的时候齐懿公被二人杀死并弃尸于竹林之中（文公十八年），是好货、好色与过强的报复心、过弱的戒备心让他送了性命。

物欲和特殊的癖好也会害人。卫懿公好鹤，其鹤竟有乘大夫之轩者，而好鹤自然轻人。所以当狄人打来时国人皆不肯战，都说让鹤去打仗，于是懿公死卫国亡。（闵公二年）梁伯喜欢大兴土木，多次筑新城却不派人去驻守，人民疲惫不堪难以承受，就散播流言说秦将来袭，人民因为恐惧而溃散，秦国趁机灭了梁国。（僖公十九年）鲁襄公大兴土木建造楚宫，穆叔预言他一定会死在那里，他果然就薨于楚宫。（襄公三十一年）他性情暴虐而又喜欢宝剑，一旦铸成新剑一定要用人来试其是否锋利，于是国人都很痛恨他（昭公二十三年）。加之他喜欢逞强，面对齐师不当战而战，使莒人大恶（昭公二十二年），在巨大的政治压力下他只好出奔于鲁。没有被杀对他来说已经是一个很好的结局了。唐成公因为吝惜自己的肃爽马而得罪了楚国的令尹子常，被楚国扣留了三年。唐人背着唐成公窃马献于子常，唐成公被放归后方才意识到了"寡人之过"。蔡昭侯因为舍不得自己的一佩一裘，也被扣留在楚三年。在蔡人的"固请"之下方才献佩于子常并立刻获释。（定公三年）此二君竟因为身外之物而忘记了自己一国之君的职责所在，蔡昭侯于哀公四年为臣下所弑也毫不冤枉！

"人类的欲望激发了人的活力和创造力，推动了社会的发展，同时也导致了社会罪恶的产生，是破坏社会秩序、毁灭文明的灾星。"[1] 人之欲有时只在好恶的一念之间和是否有较强的自我约束能力。宣公四年楚人献鼋于郑灵公。郑灵公宴请大夫，故意召食指大动的子公前来却不给他吃，"子公怒，染指于鼎，尝之而出"。郑灵公欲杀子公，却被子公抢先下手杀掉了。一时意气带给郑灵公的竟是杀身之祸，他一定想不到。莒纪公生了太子仆又生了季佗，爱季佗而废黜了太子仆，并且在国内做了很多无礼的事，因此文公十八年死于太子仆和国人之手。郑僖公做太子的时候，和子罕一起去晋国对子罕无礼，和子丰一起去楚国对子丰也无礼。他即位后去朝见晋国时子丰想向晋国告状废掉他，被子罕制止了。等到襄公七年将与诸侯在鄬地相会的时候，郑僖公又对从使的子驷无礼且杀了进谏的侍者，于是子驷就派人在夜里杀了郑僖公，然后告诉诸侯他是因疟疾而死的。不知道郑僖公如果地下有知会如何评价自己。

宣公二年所记晋灵公更是一个放纵欲望的典型：他大量搜刮钱财聚敛赋税用以雕梁画栋、粉饰宫墙；他喜欢从高台之上用弹弓射人，以观看人们躲避弹丸时的狼狈之态为乐；厨师烹饪的熊掌没有熟透，他就杀了厨师放在箕畚里让宫女们从朝堂上大摇大摆地抬出去。赵盾和士季之所以议定先后进谏是基于对晋灵公轻易不肯纳谏的了解。果然，当士季向前进入行

---

[1] 刘永丰：《人类欲望及其社会作用》，《天府新论》2005年第6期。

了三次礼已经到达了滴水檐下时，晋灵公才假装刚看到他并说知错将改，士季只好说："人谁无过，过而能改，善莫大焉！"但晋灵公不但不肯改过还因为赵盾屡次进谏而心生歹念。他先派鉏麑去暗杀赵盾，在鉏麑不忍杀之触槐而死后又以请赵盾饮酒为名埋伏好了甲士想要杀死他，其不可救药之态活现于纸上，直让人们觉得他在桃园为赵穿所杀这一天来得太晚了一些。

襄公二十六年有一大段文字堪称卫献公正传。卫定公病重之时立衎为太子，衎继位为献公。其人父死而不哀，对嫡母定姜不敬，对大臣屡次无礼，终于在国人的压力下告庙出奔。当生母敬姒要求其同母弟子鲜助其回国时，德才兼备的子鲜竟以"君无信，臣惧不免"为由表示拒绝，因为母亲的强命才勉强接受。而卫献公本人"淹恤在外十二年矣，而无忧色，亦无宽言"，连辅助他的人都担心帮了他就离死期不远了。当卫献公如愿回国后，对那些到边境迎接他的人就拉着对方的手和他交谈，对那些在路边迎接他的人就在车中向对方作揖，对那些在门前迎接他的人只是微微点头而已。在将小人嘴脸显露无遗之后，卫献公所做的事情就是以怨报德诛杀功臣。《左传》行文并无太多褒贬，但客观叙事之中以长镜头方式展现的场景和细节却使人物的形象感强烈而突出。

哀公六年，齐景公死后陈僖子为国政考虑违背景公立幼子安孺子的命令而立了年长的公子阳生为齐悼公，悼公受立之初也曾表示"废兴无以乱，则所愿也"，他让胡姬带着安孺子去赖地的举动也在情理之中。但他对陈僖子忠诚的怀疑和对朱毛的过度信任则直接导致了异母弟安孺子的被杀。如果说安孺子的死还可能出于齐悼公的无心的话，那么哀公八年有人告密说胡姬是"安孺子之党"，他杀胡姬就是有意为之了。他因对季康子之妹季姬的宠爱而归还战争中夺取的鲁国谨及阐二地是爱屋及乌也是没有为君原则的表现，哀公十年被弑自然就在情理之中。

春秋晚期的卫国，卫庄公蒯聩与卫出公辄父子争位过程中所显现出来的也是纵欲之祸。卫庄公为太子时因刺杀嫡母南子未遂而出奔，使卫出公有机会先行即位，后因孔悝、浑良夫之力而入。但庄公定国后孔悝出奔、浑良夫被杀，在一定程度上也说明了卫庄公之为人的奸狯与不义。卫庄公之死在哀公十七年给出了合理的解释：登城见戎州而毁其地，是为不义；使工匠而不准其休息，是为不仁；见己氏之妻发美就派人剪下来给夫人吕姜做假发，是为不礼。所以他被石圃和匠人攻击时戎州人也攻打他，当他逃入己氏示之以璧，说"活我，吾与女璧"时遭到了对方的坚决拒绝，"杀女，璧其焉往"之语中洋溢着己氏快意恩仇的豪迈。

卫庄公之子卫出公的形象较乃父更见丰满。哀公十二年卫出公会吴于郧被借故扣留，回国后却开始学习吴人说话，即所谓"效夷言"，年纪尚幼的公孙弥牟就因"执焉而又说其言"预言他会"死于夷"。他性情暴烈，会因为"褚师声子袜而登席"又申辩了数语就"戟其手"，曰"必断而足"，高扬手臂的愤怒之态和"必断而足"的斩截之语可谓形神兼备；他乐于记仇，会找后账夺取南氏之封邑、夺取司寇亥的官位，会派人把公文懿子的车扔到池塘里去，会掘褚师声子之父褚师定子之墓并焚烧其尸；他善于变脸，会因为夫人之璧而爱屋及乌将其弟期封为司徒，也会因为夫人宠衰而降罪其弟；他没有原则，会长时间地使用工匠而不让他们休息，会让优人与拳弥结盟借以羞辱他，回过头却又亲近宠信拳弥，并在国内生出变乱时听信拳弥不怀好意的引导去向越人求助，最终客死于越国。

"君愎而虐"，"必毒于民"。引越人来战之后，卫人表面同意接纳卫出公而大开城门，但看到严阵以待的卫人，卫出公却不敢入城。哀公二十六年当司徒期聘越之时，流亡在外的卫出公竟抢走了卫国准备送给越王的礼物。当司徒期奉越王之命率众取回礼物后，恼羞成怒的卫出公为了报复司徒期竟杀期的外甥自己的太子！卫出公从城鉏派人带着弓作为礼物去问子赣说："吾其入乎？"子赣稽首受弓回答说："臣不识也。"却私下对使者说："昔成公孙于陈，宁武子、孙庄子为宛濮之盟而君入。献公孙于齐，子鲜、子展为夷仪之盟而君入。今君再在孙矣，内不闻献之亲，外不闻成之卿，则赐不识所由入也。《诗》曰：'无竞惟人，四方其顺之。'若得其人，四方以为主，而国于何有？"

在《左传》的人物塑造中，"知人者智，自知者明"[①]呈现出来的只是正面描写与侧面描写相结合的手法，却将各人的性格特征和处世之法表现得淋漓尽致，使人物能栩栩如生地立于读者面前。

第二节　权臣与贵胄

春秋政治舞台上活跃着形形色色的人物，但随着王权的下移，诸侯之

[①]　《老子·第三十三章》。

家的实权也往往转移到了卿大夫手中。此时以权臣和贵胄为代表的政治人物就纷纷表现出了自己的贤能之才和奸佞本相,当然还有一些身份、性情和处世风格都相当复杂甚至忠奸难判的人物。

一 贤能之人

《新唐书》说:"《春秋》之法,常责备于贤者。"[①] 也就是说对贤者的要求更加严格,往往将国之兴衰、民之忧乐统统负压在他们的身上,要他们担起比国君还重的担子。事实上,春秋之世,成大事之君身边必有名臣,不能成就大事而在列国群豪之间保有自身地位和尊严的国君身边也不乏贤能之臣。更多时候,正是这些人在展现着挥洒自如的春秋风采,成就着气宇轩昂的春秋时代。

《左绣》说:"《左传》大抵前半出色写一管仲,后半写一子产。"[②] 其眼力之独到便在于他发现了左氏对贤臣的重视。管仲的第一次出场是在庄公八年,交代他是公子小白也就是后来的齐桓公的政敌公子纠的重要谋士。至庄公九年,小白杀公子纠,"管仲请囚",鲍叔牙荐其为相。到了庄公三十二年,《左传》有记:"春,城小穀,为管仲也。"齐桓公的这一非凡举动证明二十余年间管仲已经协助齐桓公建立了太多的功勋,但《左传》并没有详写管仲辅佐齐桓公"九合诸侯"的事迹,而只是重点记录了他的几次言论,也正是这些言论让我们看到了一个优秀政治家的品质和胸怀。

闵公元年狄人伐邢,管仲对齐桓公说:"戎狄豺狼,不可厌也;诸夏亲昵,不可弃也。宴安鸩毒,不可怀也。《诗》云:'岂不怀归,畏此简书。'简书,同恶相恤之谓也。请救邢以从简书。"在这段话中,管仲劝说齐桓公救邢,立足于华夷之辨,表明了他思想体系中的一个重要内容,也成就了齐桓公"存三亡国"[③]中的第一份功业。僖公四年春齐侯以诸侯之师侵蔡,蔡溃之后顺便伐楚。当楚成王派人质问所为何来时,管仲说:"昔召康公命我先君大公曰:'五侯九伯,女实征之,以夹辅周室!'赐我

[①] 《新唐书·太宗本纪赞》。
[②] 冯李骅、陆浩:《左绣》,《四库全书存目丛书·经部·春秋类》,齐鲁书社1997年版,第142页。
[③] 杜注、孔疏认为三国为鲁、卫、邢。齐桓公在闵公二年迁邢封卫,在鲁共仲连弑二君之后主持立僖公即位。

先君履，东至于海，西至于河，南至于穆陵，北至于无棣。尔贡苞茅不入，王祭不共，无以缩酒，寡人是征。昭王南征而不复，寡人是问。"管仲的回答将历史上溯到西周开国之年，不但义正词严、凛然大气，而且让人见识了他的博学多智。僖公七年盟于宁母之时，管仲意味深长地对齐桓公说："臣闻之：招携以礼，怀远以德。德、礼不易，无人不怀。"齐桓公会意，于是修礼于诸侯，为自己的霸业持续奠定了良好的基础。僖公十二年管仲奉齐桓公之命替周襄王击退戎人，周襄王以上卿之礼宴请管仲。管仲推辞说："臣，贱有司也。有天子之二守国、高在，若节春秋来承王命，何以礼焉？陪臣敢辞。"管仲受下卿之礼而还，不但受到了周王的赞赏，也让君子说："管氏之世祀也宜哉！让不忘其上。《诗》曰：'恺悌君子，神所劳矣。'"

　　《左传》记述管仲，重在以其言展现其形象和性格。德、义、礼、信这些春秋时代最重要的人文因素既是春秋君子之风的体现，也是贤臣能臣素养的体现和成功的保证。管仲终其一生以"尊王攘夷"的精神兢兢业业辅佐齐桓公建立和持续霸业，而齐桓公晚年宠信寺人貂和易牙所导致的后宫变乱管仲已经无能为力，因为那时的齐国已是"管仲卒，五公子皆求立"的混乱局面。孔子不但评价管仲曰："桓公九合诸侯，不以兵车，管仲之力也！如其仁，如其仁！"还说："管仲相桓公，霸诸侯，一匡天下，民到于今受其赐。微管仲，吾其被发左衽矣。岂若匹夫匹妇之为谅也，自经于沟渎而莫之知也？"[①]

　　和管仲相比，子产在《左传》中的事迹更为详尽，几乎涉及到了他生活的方方面面。子产是郑穆公的孙子，其父子国曾任郑国司马，襄公十年为盗所杀。子产和晋国的叔向、齐国的晏婴、鲁国的叔孙穆子、叔孙昭子大约同时并有交谊，襄公二十八年季札聘于郑见子产也"如旧相识"。子产的第一次出场是在襄公八年，那时他的身份还是子国口中的"童子"。这一年子国和子耳侵蔡，擒获了蔡国的司马公子燮。郑国人都很高兴，只有子产说："小国无文德而有武功，祸莫大焉。楚人来讨，能勿从乎？从之，晋师必至。晋、楚伐郑，自今郑国不四、五年弗得宁矣。"子产为自己的言论受到父亲子国"童子言焉，将为戮矣"的责骂，却让后来的事实证明了他的远见卓识。

[①]《论语·宪问》。

襄公十四年郑国发生盗乱，子西接到消息没有做好防卫措施就出门应战，结果家里损失惨重；"子产闻盗，为门者，庀群司，闭府库，慎闭藏，完守备，成列而后出"，取得完胜。左氏以对比之法突出了子产沉稳干练的性格，而其军事才能也在多个方面得以展现：襄公二十五年子产和子展一起率车七百乘伐陈，在夜间突袭取得胜利；昭公元年能识破楚人以娶亲为名的攻城阴谋；昭公十八年郑国大火，子产也预先做好了战备防御。

子产在襄公十九年被立为卿，多次相郑伯会于诸侯。襄公二十四年因为诸侯的赋税过于沉重难以承受，子产就写了一封信给晋国执政范宣子，向他讲了个中利害并强调诸侯可能为此叛晋的严重后果，范宣子心悦诚服地接受了他的意见，可以说是子产以他的辞令施惠于诸侯。襄公二十五年当子产戎服献捷于晋的时候也受到了晋人的责难，他以有理有据的说辞使"士庄伯不能诘"，赵文子也说："其辞顺。犯顺，不祥。"再一次展示了子产辞令的魅力。襄公三十一年子产相郑伯以如晋，子产使尽坏其馆之垣而纳车马焉。又因子产之辞晋侯见郑伯且有加礼，"厚其宴好而归之"，并扩建诸侯之馆舍。叔向曰："辞之不可以已也如是夫！子产有辞，诸侯赖之，若之何其释辞也？"

子产为人渊博，昭公元年为晋人释"沈、台骀为祟"使叔向佩服得五体投地，说自己"未之闻也"，晋平公也夸赞他为"博物君子"，昭公四年楚灵王也派人问礼于子产。子产还勤奋好学，经常向人请教，如曾问为政于然明，得到了"视民如子，见不仁者，诛之如鹰鹯之逐鸟雀也"的教诲（襄公二十五年），有事亦能咨询子太叔（昭公元年）。"子产之从政也，择能而使之"（襄公三十一年），但自己却一直保持谦逊的品格，襄公二十六年郑伯赏入陈之功时子产就曾辞邑。子产还能广开言路，不毁乡校，所以孔子说："以是观之，人谓子产不仁，吾不信也。"（襄公三十一年）

襄公三十年郑子皮授子产政："子产使都鄙有章，上下有服；田有封洫，庐井有伍。大人之忠俭者，从而与之；泰侈者因而毙之。"为了国家利益，子产还甘受委屈。他执政一年时人们恨不得杀了他，常常诵曰："孰杀子产，吾其与之！"但到他执政三年时，人们的态度就全变了，大家说："我有子弟，子产诲之；我有田畴，子产殖之。子产而死，谁其嗣之？"当昭公四年作丘赋时"国人谤之"，子产说："苟利社稷，死生以之。"因为"刑法起于后世，所以济教化之穷也"①，昭公六年子产铸刑书也遭遇了叔向的不理解。但这一切都没有让子产退缩，因为他时刻以郑国为念，毫无一己之私。昭公二十年，子产病重之时向子大叔嘱托身后之事再次强调"唯有德者能以宽服民"，子产死后孔子哭着称赞他为"古之遗爱"。

子产这个在《春秋》中几无所述的人物在《左传》中被赋予了大量的笔墨，他的学识、辞令、思想、道德和行为方式乃至才情风貌都有细致生动的描述，而从这样"有传无经"的内容编排上，我们不难发现《左传》作者的良苦用心。其他用墨或多或少的贤者也无不寄寓了左氏的政治理想，明确了他的道德指向。

赵盾是春秋前期的晋国名臣，其父赵衰曾一路陪同重耳流亡。赵盾在《左传》中被孔子称为"古之良大夫"，在《穀梁传》中被称为"忠臣之至"。赵盾最为人熟知的故事当在宣公二年。晋灵公不行君道，并因赵盾多次进谏而恼羞成怒派鉏麑去行刺。当鉏麑在一个清晨潜入赵盾家中时看到了这样一幕："寝门辟矣，盛服将朝。尚早，坐而假寐。"鉏麑从赵盾的"不忘恭敬"中意识到他是"民之主也"，于是不忍下手选择了触槐而死。能让一个本无所谓道义背负的刺客心生愧悔，赵盾的人格力量不可小觑。而当晋灵公孤注一掷"伏甲，将攻之"时，车右提弥明和曾受过赵盾一饭之恩的灵辄都愿为他去死，显示了赵盾平素恩遇他人的慈善之心，而这些又都是他治国理民的思想基础。

齐国晏婴也是一个有口皆碑的良臣。襄公十七年晏婴的父亲去世时，至孝的晏婴"粗缞斩，苴绖、带、杖，菅屦，食鬻，居倚庐，寝苫、枕草"，家臣说他所行的非大夫之礼，晏婴却说"唯卿为大夫"。襄公十八平阴之战中，晏婴直斥齐灵公"无勇"，表现了他刚正耿直的性格。昭公三年晏婴与叔向有清醒睿智的"季氏之论"，晏子说齐国"公弃其民，而归于陈氏"，叔向则说晋国"戎马不驾，卿无军行，公乘无人，卒列无长。庶民罢敝，而宫室滋侈。道殣相望，而女富溢尤。民闻公命，如逃寇雠"，表现了二人回天无力的感慨。晏婴从不放弃任何一个向齐景公进谏的机会，昭公二十年与齐景公论和同并谏乐、二十八年谏美室，都在其中赋予爱民之礼。当昭公三年齐景公想为他盖新居时，晏婴也曾以"踊贵，

---

① 张亮采：《中国风俗史》，东方出版社1996年版，第10页。

屦贱"来劝景公"省于刑",是以君子称其为"仁人"。而为了不影响邻人的生活,他甚至违逆君意拆毁了齐景公好心为他修造的新房。昭公二十五年齐景公死于崔杼之乱,晏婴认为齐景公非为社稷而死,所以既不殉死也不逃亡,但他还是进入崔氏之门,"枕尸股而哭,兴,三踊而出",表达了自己的悲痛之情。大家都认为崔杼会因此杀掉他,可崔杼说:"民之望也,舍之,得民。"再一次用他人的态度证明了晏婴的可贵,而昭公五年晏婴与郑罕虎的主动交往也是因为罕虎"能用善人,民之主也"。

隐公三年的石碏是卫之贤臣,能大胆直言人君纵容庶子好兵之缺失,能以大智请陈人代执逆臣州吁,又能以大义剿灭附逆之亲子,虽然未能遏卫乱于未生之时,却能以一己之力挽狂澜于既倒。所以君子说:"石碏,纯臣也。恶州吁而厚与焉。'大义灭亲',其是之谓乎!"章学诚《文史通义》说:"盖包举一生而为之传,《史》《汉》列传体也;随举一事而为之传,《左氏》传经体也。"①《左传》言及石碏之文字只此一处,却将人物性情信念一并描出,堪称石碏之传。

僖公三十三年文嬴成功"请三帅"后,先轸发怒道:"武夫力而拘诸原,妇人暂而免诸国,堕军实而长寇雠,亡无日矣!"并且当面唾弃襄公,可谓仪节尽失,好在晋襄公意识到自己的错误没有治先轸的无礼之罪。等到狄人伐晋战于箕地的时候,虽然晋人占据上风,但先轸为自讨其罪还是脱去甲胄冲进狄人的军阵主动求死,左氏用狄人所归头颅面色如生一语表达了对先轸的敬佩之情。先轸之求战而死是出于他不尊国君的罪恶感和羞耻感,不同于许褚赤膊上阵的一味蛮干,他是在用为国捐躯的方式寻求自我的解脱。

叔向是晋之贤臣,其贤从他和穆叔、子产、晏婴、季札等人的交往中可见一斑,孔子称其为"古之遗直"(昭公十四年)。襄公二十一年叔向与其兄弟谏其母使叔虎之母为其父侍寝,为我们展现了春秋时期很不一样的家庭之礼,其母所论也让我们大致从家学角度了解到叔向之贤的来历。

《左传》中有太多的名臣和贤大夫,郑国的子大叔、叔詹,鲁国的季文子、叔孙豹,齐国的鲍叔牙、陈桓子,宋国的子罕、向戌,楚国的沈尹戌、子西,吴国的季札、伍员,卫国的宁武子、遽伯玉,晋国的韩起、魏

---

① 章学诚著,严杰、武秀成译注:《文史通义全译》,贵州人民出版社1997年版,第299页。

绛，秦国的蹇叔、百里奚等都只是其中的代表。"与外在的人道主义相对应并与之紧相联系制约，'仁'在内在方面突出了个体人格的主动性和独立性。"① 春秋贤臣与能臣最大的共同点就在于他们都是人群中不可多得的"仁者"，他们的"仁"来源于他们所受的教化，来自于他们博大的心胸，来自于他们对国对民最朴素也最天然的挚爱，唯其有"仁"，他们的性情才充满人性的光辉，他们的功业才会彪炳千古。而在为他们所写的那些详尽、具体的文字里，左氏的书写方式是那样的独特，左氏的书写目的也是那样的不言而喻。

二　奸佞之辈

中国文化对人才的要求标准是"德才兼备"，有德无才者不堪重任，有才无德者又往往是祸乱之缘起。那些出身高贵的人、掌握实权的人、与君王走得很近可以左右其思想的人，无才不足以成大事，无德则容易沦为作奸犯科者，甚至给国家带来灾难。这些人中不乏公子、宠臣甚至大夫的家臣，而那些君王身边的寺人则开启了中国宦官专权的先河，书写了一则又一则的佞幸传。

（一）作乱的公子

"人不仅直接地是有肉体组织、有生命力、自然力的自然存在物，而且是社会存在物。人不能离群索居，人与人之间必须结成社会关系，过社会生活。"② 但在复杂的社会生活中，人与人之间的关系有时会变得无比混乱。公孙无知是齐僖公母弟夷仲年的儿子，从小受到齐僖公的宠爱，给他和嫡子襄公一样的待遇，襄公即位后降低了公孙无知的待遇使其心有不甘。齐襄公派连称和管至父戍葵丘时曾许诺一年后派人来换岗，不但食言且不肯派人轮换，所以二人就和公孙无知一起作乱。连称有堂妹为齐襄公侧妃却不受宠爱，公孙无知就让她侦察弑君的机会，并许诺事情成功后立她为夫人。庄公八年十二月公孙无知弑齐襄公自立，但第二年春天，就被曾受他虐待的渠丘大夫雍廪所杀，后面才有齐桓公小白归国即位。公孙无知之乱也可以说是另一种意义上的"匹嫡"之害。

---

① 李泽厚：《中国古代思想史论》，生活·读书·新知三联书店2008年版，第21页。
② 夏甄陶：《人是什么》，商务印书馆2002年版，第130页。

鲁桓公之子庆父是鲁庄公庶弟，叔牙、季友之兄，孟孙氏之始祖，死后谥为共仲。他曾在庄公二年率师伐于余丘，也曾在庄公八年请伐齐师而未被许可，但皆见其勇。鲁庄公没有嫡子，于是在庄公三十二年病重时为传位之事向叔牙和季友征求意见，叔牙说庆父有才能应传位于他，季友则说我誓死以奉公子般。公子般为鲁庄公之庶子。因为子般曾经鞭打过与自己妹妹调笑的圉人荦，心怀不满的庆父便指使荦杀死了子般而改立闵公。从前闵公的太傅夺取了大夫卜齮的田地而闵公没有禁止，所以庆父又和与自己私通的庄公夫人哀姜合谋，借此旧怨让卜齮杀死了闵公，自己则出奔到莒国，在得知自己不能被赦免后自缢而死。庆父之死在于恃强凌弱、权欲熏心而忘却了君臣大义。

（二）弄权的佞臣

庄公二十八年骊姬欲立其子奚齐，就勾结晋献公所宠爱的梁五和东关嬖五，让他们先以甘言打动晋献公，使申生居曲沃、重耳居蒲城、夷吾居屈，只留奚齐和骊姬妹妹的儿子卓子在绛都。后来梁五、东关嬖五又和骊姬一起诬陷群公子并立了奚齐为太子，晋国人于是很鄙夷地称其为"二五耦"。"二五"之所以参与这一政治阴谋是因为贪图骊姬的贿赂，而骊姬之所以选择这两人作为同谋一是因为他们有着见利忘义的本性，二是因为他们是晋献公的宠臣，有机会接近献公并使献公听信他们的话。

费无极是春秋末年有名的佞臣，在某种意义上也可以说是楚国为吴国所迫的罪魁祸首。"美和丑的前提极其丰富地积聚在本能之中"[①]，费无极本能之中的"丑"就占了绝对的上风。他在昭公十五年设计使蔡人逐朝吴；昭公十九年谏楚平王使太子建出居于城父；同年怂恿楚平王父娶子妇，将为太子建所聘之秦女娶为夫人；昭公二十年诬陷太子建与伍奢将要叛乱，而杀伍奢及其子伍尚，致使伍员逃于吴国与楚为敌；昭公二十一年因收到贿赂而设计使蔡人放逐蔡侯朱，更立东国为君；昭公二十七年与鄢将师合谋用计害死郤宛，使伯嚭逃吴蓄势害楚。费无极的一系列谋求私利的不义之举引起了楚国大夫的集体愤怒，沈尹戌更是历数费无极"去朝吴，出蔡侯朱，丧太子建，杀连尹奢，屏王之耳目，使不聪明"等罪，使令尹子常下了杀他的决心并"尽灭其族"。楚国后来遭到伍奢之子伍员和郤宛之子伯嚭的联手报复，不能不说是拜费无极之

---

① ［德］尼采：《悲剧的诞生》，周国平译，三联书店1986年版，第323页。

所赐。不只君王的宠臣如此，一些自底层兴起的家臣也让春秋政治起了不少的大风大浪。

为叔孙豹主管家政的竖牛是他的非婚生子，昭公四年叔孙豹生病后竖牛就想扰乱并占有叔孙氏。他两度使用阳奉阴违和两头瞒骗之计，强迫叔孙豹长子孟丙与自己盟誓被拒绝后就设计使叔孙豹杀死了孟丙，强行与叔孙豹次子仲壬盟誓被拒绝后就设计使叔孙豹赶走了仲壬。当叔孙豹病重想召仲壬回来时，竖牛答应了却不去召，还以"夫子疾病，不欲见人"为借口不给叔孙豹饭吃，使他被活活饿死。叔孙豹死后竖牛自作主张立了叔孙昭子为继承人。昭公五年，深明大义的昭子召集族人，历数竖牛祸于叔孙氏、扰乱大节、杀嫡立庶又分割封邑给外人的罪状，表达了杀死他的决心，使竖牛惧而奔齐，最终被孟丙和仲壬的儿子杀死在鲁国的塞关之外，并把他的头扔在齐国宁风的荆棘之上。如果没有竖牛对叔孙豹的了解和叔孙豹对竖牛的盲目信任与了无约束，竖牛在叔孙氏族内是无法一手遮天的。

春秋晚期，鲁国国君已被架空，朝政把持在以季氏为首的三桓手中，三桓的家臣也如法炮制，历史走进了孔子所说的"陪臣执国命"的时期。鲁国于是出现了两次较大规模的家臣之乱，一是昭公十二年的南蒯之乱，一是定公年间发生的阳虎之乱。

南蒯是季氏领地费邑的邑宰，因季平子对其不加礼遇而生叛乱之心，并带着费邑逃到齐国。南蒯逃到齐国后仍旧声称自己的行为是想使公室强大，但子韩皙一语中的地揭露他说："家臣而欲张公室，罪莫大焉。"阳虎也是季氏之家臣，且勇力过人、智谋出众。在夺取季氏家政的所有权力之后又野心勃勃地想要谋夺公室，他甚至能够囚禁季孙氏强与盟誓，并引发孟孙氏的极度恐慌。定公八年甚至冲进鲁宫劫持鲁定公和叔孙氏，在战败的不利情况下还能盗取宝玉、大弓，劫夺大量财物，并能在被抓获后寻到机会出逃于晋。如果没有君王和家主的无度宠爱和过度信任，那些使家国元气大伤的乱子无论如何都不会发生。

（三）取宠的宦官

春秋时代君王后宫由被阉割的寺人掌管，这些寺人就是中国最早的宦官。由于接近君王，他们往往能够在漫长的相处中从感情上取得君王的宠信，进而获得很多政治上的特权，有些人甚至能够在一定程度上左右朝政。"病理的成分在生理中原就可以找到，而病理的作用也始终遵守着生理的法则，根本无法划分。"① 对这些宦官而言，或许生理上的残缺必然带来思想和行为上的偏差，因此他们所产生的影响大多是负面的。

《汉书》说："齐桓公，管仲相之则霸，竖貂辅之则乱。"② 竖貂就是寺人貂，齐桓公时期的内宫总管，曾向齐桓公推荐名厨易牙（雍巫），二人一同受到齐桓公的宠爱。寺人貂第一次出现在《左传》中是在僖公二年："齐寺人貂始漏师于多鱼。"是说寺人貂开始在多鱼这个地方泄露齐国的军事机密，"漏师"相当于间谍，"始"则是说这只是第一次。但就是这个于齐桓有宠却于齐国无益的刑余之人竟能在僖公十七年齐桓公死后把持朝政——"易牙入，与寺人貂因内宠以杀群吏，而立公子无亏"，然后才向各国发出讣告，而齐桓公遗嘱所立的齐孝公在第二年才借宋襄公之力入国主政。

齐灵公时期的宦官夙沙卫也是春秋有名的宦官，他深受齐灵公宠信，参与军国大政，并且时常能够左右齐灵公的意志。襄公二年，"齐侯伐莱，莱人使正舆子赂夙沙卫以索马牛，皆百匹，齐师乃还"。莱人所以选择向夙沙卫行以巨贿应该是基于对齐国君臣关系的了解，而从齐国撤军的结果可见夙沙卫在齐灵公面前的游说力量。也正因为他的有宠使齐灵公失去了正确的判断能力，所以《左传》才诟病齐灵公说："君子是以知齐灵公之为'灵'也。"

宦官因为是被阉割的"刑余之人"，在社会文化上一贯被人轻视。襄公十七年齐人在战争中俘获了鲁人臧坚，齐灵公派夙沙卫前去慰问并特别宣谕"无死"。臧坚稽首拜谢齐侯，却因齐灵公"使其刑臣礼于士"而感到耻辱，于是就用一个尖头的小木桩将伤口弄大流血感染而死。齐灵公派夙沙卫前来也许并无羞辱臧坚的故意，但臧坚的以死抗议却表现了一个士人的精神立场。襄公十八年晋率诸侯伐齐，夙沙卫曾很明智地提出"不能战，莫如守险"的观点却没有被采纳，以致"齐人多死"。齐师夜遁之时夙沙卫又果断地"连大车以塞隧而殿"，"杀马于隘以塞道"，但齐将殖绰、郭最也因为他的特殊身份认为"子殿国师，齐之辱也"。本来我们也可能认同夙沙卫的聪明才智，同情他的尴尬处境，但襄公十九年他却利用自己的近臣身份参与叛乱，就不能不让人感到惋惜和遗憾。

---

① ［英］霭理士：《性心理学》，潘光旦译注，商务印书馆2003年版，第269页。
② 《汉书·古今人表序》。

寺人惠墙伊戾是宋平公太子痤内宫的宦官之长，因为没有得到太子的特别宠爱就怀恨在心。襄公二十六年，伊戾假装恪守臣礼，趁太子痤去野外会见楚客的机会"坎，用牲，加书"，也就是按照正规的盟誓仪式挖了一个坑放上杀死的牲畜再上覆盟书，然后诬陷太子私自与楚人盟誓意图叛乱，使平公听信谗言囚禁了太子，并导致太子蒙冤而死。伊戾虽在晋平公了解真相后被烹煮而死，得到了应有的下场，却无法避免宋国政局因为太子之死而发生的动荡。

太子痤死后宋平公立宠姬之子佐为太子。后宫中的寺人柳很得宋平公的宠爱，太子佐却很讨厌他。昭公六年，右师华合比为讨好太子佐就请命要去杀掉寺人柳。寺人柳听说后就用了和寺人伊戾一样的方法，"乃坎，用牲，埋书"，然后告诉宋平公说华合比将要接纳上年出逃的华臣的族人，已经在北城外盟誓了。宋平公派人去查看果然有盟誓的迹象，兼之想要代替华合比担任右师之职的华亥与寺人柳勾结为他做证，宋平公就驱逐了华合比。昭公十年冬天宋平公去世，太子佐即位为宋元公，寺人柳就很知趣地每天提前烧炭暖好宋元公的丧位，使他在为父亲守丧期间不致受寒。就这样，宋元公不但没有追究寺人柳诬陷华合比的罪责反而对他宠爱有加，将这颗定时炸弹继续留在了自己的身边。

当然，《左传》中也有晋国寺人披一样忠于君命、明于事理的宦官，在君王身边发挥着自己照顾起居、管理后宫、传达君命的多重作用。但以"婉媚贵幸"为主要特征的宦官群体已经在春秋政治舞台上崭露头角，成为一股特殊的政治力量，并开创了中国历史上宦官干政甚至专权的先河。

三　复杂人格

虽然在先秦以至后世始终存在"人性本善"和"人性本恶"的争执，但各家结论从未能说服对方。作为社会个体的人也在现实生活中有着千姿百态的表现，其思想、行为均不是三言两语所能够概括得了的。政治生活中的先忠后奸、亦忠亦奸、忠奸难辨始终存在，个人生活中的善恶交融、贤愚同体、正邪相生更是比比皆是，而人也在社会活动中表现出了与生俱来的复杂性。

（一）政治生活中的双面人

郑庄公时期的重臣祭仲又名祭足，曾替郑庄公迎娶夫人邓曼，在隐公元年郑庄公与共叔段的政治斗争中也多次为之谋划；隐公三年曾奉命率师取温之麦，又取成周之禾；隐公五年郑人侵卫时他也和原繁、泄驾一起领兵出战；桓公五年周王伐郑祝聃射王中肩，到了晚上被郑庄公派去"劳王"的还是祭仲；他还曾提醒过太子忽，也就是后来的郑昭公要以婚姻关系结援大国，避免"君多内宠，子无大援，将不立"的局面出现（桓公十一年）。郑庄公对祭仲多有信任和倚重，祭仲对郑庄公也可谓忠心耿耿，在昭厉之争中也曾坚守正义，但在宋人的威逼利诱之下却放弃了自己的信念立了郑厉公，进而使郑国出现了"祭仲专，郑伯患之"（桓公十五年）的情形，并最终使厉公无奈出奔，昭公复入。对郑昭公和郑厉公而言，祭仲的角色始终在不停变换，绝不是"忠奸"二字能够概括得了的。

晋国伯宗颇有贤名，成公五年梁山崩，晋侯在第一时间召伯宗商议对策，成公六年也是他打消了夏阳说欲趁卫不备而攻之的念头，保全了晋国身为霸主的信义之名。但宣公十五年楚人伐宋，宋人告急于晋，晋景公欲救之，伯宗却以鞭长莫及为由制止了。同在这一年，酆舒为政杀死了晋景公的姐姐潞子婴儿之夫人，又伤了潞子的眼睛。晋景公想要攻打潞国遭到了大夫的集体反对，只有伯宗列举其罪说"必伐之"，于是晋人灭掉潞国杀死了酆舒。不以大义行事，而以"亲亲"之道灭他人之国，不可以说不是伯宗行为的瑕疵。因为伯宗性情耿直，所以他的妻子在他每次上朝时都会告诫他说："'盗憎主人，民恶其上。'子好直言，必及于难。"伯宗后来果然被三郤"谮而杀之"。

定公四年吴楚柏举之战中，吴王阖闾的弟弟夫概王抓住战机身先士卒，率领自己的私人部队五千人先行出击取得了战役的胜利，并在五次战役后攻入郢都。此时的夫概王还是一个能够舍生取义、懂得审时度势的优秀军事指挥员。但入楚之后与吴王之子子山争相入住令尹之宫就显得极不明智，九月的归国自立"以与王战"就更是不忠不义自不量力的弱智之举。

定公十三年，晋国原本忠心耿耿的众卿因为彼此错综复杂的政治关系而发生内乱，荀跞、韩不信、魏曼多奉晋定公攻打范氏、中行氏却没有取得胜利。范氏和中行氏于是就想攻打国君篡夺国政，流寓于晋的齐人高强劝阻他们说："三折肱知为良医。唯伐君为不可，民弗与也。我以伐君在此矣。"高强当初就是因为违背人臣之道攻打国君而被迫流亡在外，从昭公十年至此已经三十六年，这段话所流露出来的反省之意不可谓不深切，不肯听劝的荀寅和范吉射也终于没有避免出奔朝歌的命运。

哀公十六年，楚国白公胜之乱也是一件有因有果的复杂之事。白公胜是楚太子建之子，楚平王之孙。当初太子建遭遇费无极的谗言，无奈自城父奔宋，又因避华氏之乱而到了郑国。郑国人对他很好，他却为了让晋人送自己回国而与之勾结谋划袭郑，最终因此被杀。当时白公胜在吴国，子西欲召之回国，叶公说："吾闻胜也诈而乱，无乃害乎？"子西却说："吾闻胜也信而勇，不为不利。舍诸边竟，使卫藩焉。"后来的事情证明叶公是对的，白公胜不但杀子西、子期于朝，而且劫持了楚惠王。叶公紧急从蔡国赶回攻打白公胜，白公胜战败自缢。太子建遇谗出奔的遭遇让人同情，但为一己之私而以谋郑之法取悦晋国却是为君子所不取的方法。白公胜不能报子西之信任却对一己之遭遇耿耿于怀，进而作乱于国也证明了勇力与奸邪并不和谐的统一。

（二）个人生活中的双面人

楚国令尹子元是楚文王的弟弟，有勇力亦有才能。楚文王死后，他意图以充满生殖意味的万舞表演引诱文王夫人，惹得楚文王夫人泣曰："先君以是舞也习戎备也。今令尹不寻诸仇雠，而于未亡人之侧，不亦异乎！"子元马上反省自己说："妇人不忘袭雠，我反忘之！"立刻率六百乘战车伐郑，为兄报仇（庄公二十八年），在见色忘义之外又表现了知错能改的一面。

穆伯即公孙敖是孟孙氏的继承人，曾为鲁国重臣。文公七年他为堂弟襄仲聘莒女为妻并借会盟之机替他迎娶，却因莒女己氏美貌而"自娶之"，导致兄弟反目。在叔仲惠伯的劝谏下公孙敖把己氏送回莒国，"复为兄弟如初"。但第二年穆伯仍趁着赴周吊丧的机会，带着财物去莒国与己氏团聚了。文公十四年穆伯请求回国并得到准许，但短短三年后他却带着全部家产再次去了莒国，在政治、亲情与爱情之间，他的选择很有些特别的意味。

鲁国的子叔声伯又称公孙婴齐，也是一个有着多面性格的人。成公十六年，鲁国会合诸侯伐郑，因为不敢单独经过郑国都城，子叔声伯派叔孙豹去请晋国军队来迎接鲁军，并在郑国的郊外准备饭食款待他们。声伯等着他们四天没有吃饭，直到晋国使者到达吃饱后自己才吃饭，可以说是以礼要求自己已经达到了极其苛刻的程度。当晋人听信叔孙侨如诬蔑季文子将要叛晋的话时，就在苕丘拘捕了季文子，鲁成公委派子叔声伯去请求晋国释放季文子。面对郤犨的顾左右而言他和让自己担任鲁国执政的许诺与为其请邑的赞赏，子叔声伯都婉言谢绝了，只是不断地提出释放季文子的请求，终于达到了自己的目的，让我们看到了他从大局出发、不为利诱的优秀品质。但此前的成公十一年他却做了一件很有些奇怪的事情：强迫自己已经出嫁的妹妹在丈夫尚在的情况下改嫁晋国重臣郤犨。其妹虽听命再嫁，却发出"鸟兽犹不失俪"之叹。难道在他的眼里，妹妹并无任何的亲情牵系，而只是一个结援大国的工具和政治天平上的筹码吗？

昭公元年记，秦国的公子后子受到父亲秦桓公的宠爱而十分富有和骄横，在兄长秦景公即位后就像第二个国君一样。他的母亲意识到了这种政治威胁，就对他说："你要是不离开秦国，恐怕就会获罪。"后子就带着一千辆车的财富来到了晋国。《春秋》说"秦伯之弟针出奔晋"是归罪于秦景公。秦后子宴请晋平公，在黄河上用船搭成浮桥，每隔十里就停放一批车辆，从雍地一直延伸到绛都，派去取礼物的车子一共往返了八次之多。在晋国的日子里秦后子谴责秦景公的无道，却极力维护本国的荣誉，称"一世无道，国未艾也。国于天地，有与立焉。不数世淫，弗能毙也"。他还能根据赵孟无力的言谈判断出他将要死去的必然。楚国右尹子干奔晋之时，秦后子还主动避位相让。秦景公去世后，秦后子才又得以回到秦国。

定公四年楚昭王在柏举之战中失败，在败逃途中遇到盗贼以戈击王，"王孙由于以背受之，中肩"，表现了他的勇敢和忠诚。第二年，楚昭王命其主持修筑麇邑，回来复命时子西问他城墙的高矮薄厚，由于却表示一概不知。子西责备他，说他如果早知不能胜任就应该推辞这项工作，由于却说："固辞不能，子使余也。人各有能有不能。王遇盗于云中，余受其戈，其所犹在。"甚至脱掉衣服把背上的伤展示给子西看，表现出一副无赖的嘴脸，证明了人的复杂性。

第三节　文武之士

"士"是中国文化中一个有趣的名词，也是一个有趣的现象。在春秋这个社会身份变动不居的动荡时代，奴隶可以升为平民，士可以成为大夫，世卿之家也可以随时沦为庶人甚至有灭族之虞。因此，"士"在更多时候就不再是一个社会等级，而只是一种文化身份。春秋男子所受的教育并无所谓"重文轻武"或是"重武轻文"的分别，但个体的天分和能力使他们在日后所从事的社会活动中表现出文士和武士这两种不同的面目。

一 文士之韬

春秋之时，养士之风已开始出现，如齐桓公养游士八十人①，鲁国"季孙养孔子之徒，所朝服与坐者以十数"②。春秋文士多系佩剑的君子，而不是人们想象中手无缚鸡之力的白面书生。他们总能相机而动，以韬略解决自己与他人的人生窘境、心理困境和国家、百姓的危难之境，他们时常借助超常的思辨能力以奇计、巧计和三寸不烂之舌实现自己的人生价值，他们中的许多人其实就是战国策士的精神导师和行为导师。

（一）解惑

隐公元年，郑庄公在克段之后将母亲武姜置于城颍并发誓说："不及黄泉，无相见也！"当他后悔的时候，时任颍谷封人的颍考叔就教他"阙地及泉，隧而相见"，利用偷换概念的法子将象征死亡的"黄泉"变成了现实生活中的"泉水"，不但使郑庄公"母子如初"，自己也被君子认可为"纯孝"之人。但就是这样一个能够择机以进解君王于尴尬之境并为自己赢得晋身机会的颍考叔，却在隐公十一年因为与子都争车留下隐患，进而在战争中被子都趁乱从背后射杀，可以说是能为人谋而不能为己虑。

庄公十年，齐鲁长勺之战前，身为平民的曹刿大胆请见鲁庄公要求从战，并协助其取得了战役的胜利。曹刿以"肉食者鄙，未能远谋"为前提的自荐带着对自己高度的自信心和对鲁国强烈的责任感；对齐人"一鼓作气，再而衰，三而竭"和"彼竭我盈"的解释简直不逊色于任何一个心理学家；在齐人败退之后，"下视其辙乱，望其旗靡"而决定追击则显示了一个军事家的稳健风格。他在这场战争中的表现无疑成了鲁庄公的定心丸和主心骨。

襄二十三年，季孙氏立次子悼子为继承人，却让长子公鉏做了家族中的司马，公鉏因为不满便想抗命。闵子马叫他不要意气用事，而要平心静气地对待眼前的变故。闵子马不但劝他以人子之礼对父亲表示恭顺，而且告诉他"祸福无门，唯人所召"的道理。公鉏后来在经济上果然比季氏还富有，在政治上也赢得了出任国君左宰的机会，闵子马的一番苦心总算

---

① 《国语·齐语》。
② 《韩非子·外储说左》下，高华平等译注：《韩非子》，中华书局2010年版。

没有白费。

定公十三年齐景公和卫灵公驻扎在垂葭准备伐晋。将要渡河的时候，所有大夫都说不可以，只有邴意兹说可以。他的理由是消息一定要在数日之后才能到达绛地为晋侯所知，而绛地的援兵要三个月之久才能抵达垂葭，所以此战一定会取得胜利，齐景公于是豁然开朗决定出兵。作为对邴意兹的奖赏，齐景公给予他照常乘车的待遇，而把其他大夫的车都收上来不给他们坐。

（二）救难

僖公三十年晋秦围郑，郑国面临亡国之危，年轻时未受重用如今已经老迈的烛之武被推上了历史的前台。结合晋近而秦远的实际情况，烛之武果断地选择了秦国作为突破口，在月黑风高的夜里不顾年迈艰难地缒城而下面见秦穆公。烛之武为秦穆公分析了亡郑之后势必形成的晋强秦弱的局面对秦国何其不利，又以秦郑交好之利诱之，于是不费一兵一卒使秦人与郑人盟，在救郑于水火这件事上显示了文士言辩胜于雄师的巨大力量。

襄公二十九年春天鲁襄公去楚国参加楚康王的葬礼，楚国人让鲁襄公为死者穿衣。为死者穿衣是使臣赴他国吊丧的礼节，鲁襄公心里很是不满却因国力弱小而无法拒绝。于是随行的穆叔要求举行为殡葬祓除不祥的祭祀之后再为死者穿衣，楚国人没有禁止。但当楚人看到巫者用桃木棒和笤帚做法时，马上就后悔了，因为这是君临臣丧之礼。就这样，在熟知礼节和民间习俗的穆叔的指引下，鲁国人找回了自己的政治尊严，并因后发制人而在气势上压倒了楚国，没有在潜藏着刀光剑影的外交战场上落于下风。

定公元年，鲁国准备安葬上年去世的鲁昭公。季孙基于旧怨想掘沟把鲁昭公的坟墓和鲁国先君的墓地分隔开来，荣成伯说他这是自旌其过，即使自己觉得无所谓，后代子孙也必会以之为耻。当季孙放弃这一念头，却说想给昭公定一个恶谥的时候，荣成伯说那样无异于自我表白与昭公关系不睦，于是季孙只好放弃了原来的想法。鲁昭公与季孙的积怨由来已久，如果按照季孙的想法去做，生前被逐的鲁昭公在死后也得不到一个君王的威仪，而荣成伯劝季孙看似凡事皆从季孙角度着手又入情入理，实际上却是为鲁昭公"正名"，可以说是以"属文谲谏"的方式保全了鲁昭公的哀荣。

定公十三年记，十分富有的公叔文子请卫灵公赴享宴，史鳅说因为你富有而国君贪婪，所以恐怕你要遭到灾祸了。当公叔文子向他寻求解救之法时，史鳅要他谨守臣道做到"富而不骄"。虽然公叔文子的儿子公叔戍因为性情骄横而又广有财富而罹难，史鳅开出的"药方"却的确让公叔文子和卫灵公保持了较为融洽的关系，并实现了公叔文子寿终正寝的愿望。

齐国高、国二氏一贯专权，国君也无能为力。哀公六年陈乞向齐景公请命假装事奉他们，却在二者与诸大夫间施以离间之计，最终使高、国之党被迫出奔，从而还政于齐景公，也可以说是以一人之智慧拯救了齐国之难。

（三）平乱

定公十年侯犯据郈邑叛乱，武叔懿子率军围攻却无功而返，秋天时再度攻打仍旧没有成功。叔孙氏于是向郈邑的百工之长驷赤求助，驷赤以端雅的赋诗言志的方式答应了他。驷赤一方面让侯犯与齐结盟寻求帮助，一方面却在邑中散布谣言说"侯犯将以郈易于齐，齐人将迁郈民"以激起郈人的恐慌。在此背景下，驷赤又劝侯犯不如干脆与齐易地纾解祸难，同时多备皮甲以备不虞。当齐国官员前来郈邑考察时，驷赤又派人在城中造谣说"齐师至矣"，使人们奋起围攻引狼入室的侯犯，驷赤则不失时机地引导侯犯奔齐，鲁人趁机收回了郈邑。这一事件中最重要的人物当然是足智多谋的驷赤，他利用侯犯对他的信任引领其一步步走进他所设定的连环之计最后落入彀中，而支撑他这样一个微末官员的动力当然还是过人的智慧和避免国家分裂、人民流离的强烈的士人责任感。定公十二年，"公山不狃、叔孙辄帅费人以袭鲁"，甚至"入及公侧"。情况万分危急之时，孔子命申句须和乐颀自台上攻下打败费人，靠的也是智慧而非纯粹的武力。

董安于是晋国赵简子的家臣，系名史董狐之后，曾为赵氏筑造晋阳城作为政治根据地。定公十三年晋中行氏、范氏因旧怨与利益之争将作乱攻打赵氏，董安于要赵鞅先发制人赵鞅不肯，董安于就请求把自己交出去抵罪平息事态："与其害于民，宁我独死，请以我说。"赵鞅也没有答应。后来范古射和荀寅因攻打晋定公失败而被迫逃亡，这件事才告一段落。事实上，董安于的才能早已引起了晋国众卿的注意，定公十四年梁婴父就对范文子说："不杀安于，使终为政于赵氏，赵氏必得晋国。盍以其先发难也，讨于赵氏？"当范文子以"范、中行氏虽信为乱，安于则发之，是安于与谋乱也"为由向赵鞅施加压力时,董安于再次请死:"我死而晋国宁,赵氏定,将焉用生?人谁不死?吾死莫矣。"并主动自缢而死。董安于是一个家学深厚、才能卓著而又忠肝义胆的家臣,其虑事之聪敏周全,其赴死之淡定从容,不只是为赵氏更是为国为民,表现了一个士人应有的胸怀和品质。

(四) 明智

文公十八年鲁襄仲欲废太子恶而立宣公,叔仲不同意。襄仲于是以太子恶的名义召叔仲进宫,叔仲的家宰公冉务人清醒地意识到这是襄仲的阴谋就劝他不要去。叔仲说死于君命是可以的,但公冉务人说,如果不是国君的命令又什么必要听从呢?叔仲执意入宫,于是被杀死并埋在马粪堆中。公冉务人只好带着叔仲的家眷逃到了蔡国。公冉务人的判断显示了一个士人反应的敏锐,却也一样让我们看到了人微言轻的无奈。

定公六年宋乐祁劝宋景公派使臣前去朝晋时,其家臣陈寅就判断宋景公一定会派乐祁前往。乐祁出发前陈寅又建议他"立后而行",这样不但家族有了继承人,而且使国君明白自己是知难而进,是抱着赴死的忠君之心出使的。当一直依附晋之范氏的乐祁与赵简子在绵上饮酒并进献杨木盾牌作为礼物时,陈寅就预见乐祁定会因改依赵氏而死于晋国,但他为国而死后他的子孙必得志于宋。乐祁被扣留在晋国三年,陈寅一直陪在他的身边,面对晋人以乐祁之子乐溷代替乐祁为质的建议,他及时而明智地制止了乐祁的顺从,从而保全了乐溷。在这节故事中,宋国重臣乐祁和他的家臣陈寅两个人物始终缠绕在一起,陈寅的智慧一而再再而三地得到了印证,而乐祁的头脑远没有如此清楚。也就是说,如果文士陈寅能身处一个更高的平台,他的发挥空间或许也会更大一些。

《左传》文士还有类似于后世所谓术士的一类人。裨灶于襄公二十八年依据天象判断周王及楚子皆将死,襄公三十年因伯有家门上的莠草就预言了伯有的死期,昭公九年以水火之灾所显示的天道预言五年后陈将复封再五十二年而亡,昭公十年因"有星出于婺女"之天象而言"七月戊子,晋君将死"。梓慎在襄公二十八年根据异常的"无冰"气候和不正常的天象推断宋、郑两国要发生饥荒,昭公二十年仅凭望气观天象就知道当年宋有乱国几亡,三年后才可以平定,而蔡国将会有大丧事。昭公十七年冬"有星孛于大辰,西及汉",申须、梓慎、裨灶同时预言"宋、卫、陈、郑将同日火",郑大夫里析也说"将有大祥,民震动,国几亡"并预见到自己将死，说"吾身泯矣，弗良及也"。昭公二十一年秋七月壬午朔日发生日食，昭公问梓慎是否有祸福发生，梓慎以天文学知识予以解释并预言将有水灾发生。事实上，上述预言大多建立在他们所掌握的天文知识和人世经验的基础之上，只有少数属于虚妄之言。

黑格尔说："传统是隐而不显、藏而不露的联系，表象在这里并认不出是传统，是血缘关系，只有通过他们的各种标志和结果的比较，才能在失掉了的、保持着暧昧状态的历史遗迹和暗示之外，认识到他们的来源本是一个。"①《左传》文士以各种不同面目表现出来的特征就是表象，而隐含的传统则是他们所受的良好的文化教育。因了这种教育，他们大多有自己独特的见识和非凡的胆色，他们能够在君王和主人的身边出谋划策，也能够深入敌后履行职责或是出入于窘境救人于水火。在更多的时候，文士之韬直接体现为言辞之辩和深谋远虑的智慧，而这些又多是以勇气为精神底色的。

二 武士之勇

"礼、乐、射、御、书、数"六艺之中看似只有射御之能与"武"字相关，但事实上，一个真正的武者应该是无所不能的。即使不谈"射不主皮"的和谐之道与军礼进退有度的威仪肃穆，人们也都明白"武"字负载着相当重要的家国责任，春秋之时的"赳赳武夫"既然可以"公侯干城"②自然也不同于后代只知射御的莽汉。宣公十二年，战功赫赫的楚庄王曾亲释"武之七德"，即"夫武，禁暴、戢兵、保大、定功、安民、和众、丰财者也"，让我们知道了武之内涵，知道了武和战争绝不等同。因为天下势力正处于重新组合的兼并期，《左传》所述武士多重其勇兼及其谋，且从不鼓吹匹夫之勇，行文多攫取作战片断和人生瞬间表达对勇士之能与慷慨豪情的赞佩感叹之心，对他们的不当选择和不幸遭遇也不乏批判、怜惜之意。

（一）有的放矢，矢不虚发

作为六艺中最直接制敌手段，射艺在《左传》武士的生活，尤其是

---

① ［德］黑格尔：《黑格尔通信百封》，苗力田译编，上海人民出版社1981年版，第236页。

② 《诗经·兔罝》首章云："肃肃兔罝，椓之丁丁。赳赳武夫，公侯干城。"

战争生活中起着至关重要的作用。桓公五年"射王中肩"的郑人祝聃深谙了"挽弓当挽强,擒贼先擒王"的道理,既要争强夺胜又不可置周王于死地,如果没有惊人的射艺是无论如何都做不到的。如果说这只是一己之能,那么此前隐公九年北戎侵郑,在"彼徒我车"的不利情况下,祝聃能率队勇猛追敌并将戎军一举围歼,就说明他绝不是一个只会射箭的武夫。

楚国养由基是春秋最负盛名的射手,其箭力道奇大能够穿透七层皮甲。成公十六年,楚共王在晋国吕锜射中自己眼睛之后给了养由基两支箭让他为自己报仇,养由基只用了其中的一支就射中了吕锜的脖子使他倒在弓套上死去。当楚军被晋军逼迫到险阻之中时,养由基发两箭而晋军死两人,叔山冉也趁机抓住晋军士兵向对方军阵中投掷过去,砸断战车上的横木,晋师只好停止了追击。襄公十三年楚共王去世吴国趁乱侵楚,养由基立刻奔赴前线,子庚率师后继。养由基判定吴国必会认为楚国遇丧疏于戒备因而轻敌,于是让子庚设下三路伏兵而自己前去诱敌,果然在庸浦大败吴师并俘获公子党。

襄公十八年晋军伐齐,齐军逃遁时殖绰和郭最殿后,晋国州绰在追击时故意不射其头而以两箭射中殖绰两肩,使对方为其精湛的射艺所慑服而乖乖就缚。诸侯之军追至齐都临淄,攻城间歇中,州绰好整以暇地细数城门上铁钉来自娱。襄公二十一年州绰因栾盈之事出奔到齐,乐王鲋还因其是"勇士"而建议范宣子赦免他。州绰赴齐后正赶上齐庄公设立勇爵以嘉奖勇士,被齐庄公视为"雄鸡"的殖绰、郭最都想得到这一荣誉,州绰却说自己虽然还没有为齐建功,却在东闾之役中从容地数清了门上的铁钉,又曾在平阴之役中俘获这两人,如果以禽兽作比自己早已食其肉寝其皮了。《左传》虽未言勇爵最终之去向,但孰为勇者自不殆言。只可惜州绰于四年后死于齐国崔杼之乱,不然应该会有新的功业。

襄公二十五年十二月,吴王诸樊伐楚攻打巢地的城门。巢牛臣说吴王勇猛而轻敌,如果开门诱敌他一定会亲自冲杀进来,我伺机射死他,我们的边境就能稍稍得到安宁了。诸樊果然贸然冲杀,巢牛臣就躲在短墙后射死了他。计划之所以能够成功,和巢牛臣对敌人的了解与对自己技艺的自信是分不开的。

定公八年春天鲁人侵齐,武士们都在阳州城门外坐成一列,并传看颜高的六钧硬弓。① 阳州人突然出城，颜高来不及拿回自己的弓就夺过旁边人的软弓，在被齐人籍丘子鉏打倒在地的情况下躺在地上射中子鉏面颊致其于死地。颜息面对敌人，"欲中其目而中其眉"，退下来就批评自己没有勇力。颜高用六钧之弓，膂力已是非凡，偃而能射且能中人之颊，射艺亦可谓精湛；颜息之射只是失之毫厘，自己不说自然无人能知，而能自称"我无勇"，真是率真得可爱。

襄公十四年卫献公因孙氏之乱而出奔，公孙丁为他驾车，庾公差和尹公佗受命追击。当初庾公差曾学射于公孙丁，尹公佗则是庾公差的学生。庾公差很为难地表示："射为背师，不射为戮，射为礼乎？"但他故意把箭射向车的两轭就回来了。尹公佗说："子为师，我则远矣。"于是继续追击，而公孙丁把缰绳交给卫献公一箭就射穿了徒孙尹公佗的手臂。从这里我们可以看到春秋射艺的师生相授，可以看出尹公佗的学艺不精，也可以看到老师挑选学生时应该有过的人品的考量。

（二）孔武有力，力大无穷

宋万也叫南宫长万、南宫万，是春秋早期有名的力士，但庄公十一年却在乘丘之役中被鲁庄公用金仆姑箭射中被俘。在被放回宋国后，宋闵公经常嘲笑他是鲁人的囚徒公开表示不再尊敬他。南宫长万的自尊心受到了很大的伤害并因此怀恨在心，庄公十二年秋南宫长万终于怒弑宋闵公。南宫长万本有勇士之名，弑君后亦能徒手杀人，"遇仇牧于门，批而杀之"。出奔之时又能亲自拉车载着自己的母亲只用一天时间就逃到了二百六十里之外的陈国，可见其力大无比且有孝亲之行。正因为南宫长万有力士的威名，陈国人在收了宋国的贿赂准备将其遣送回国时也不敢使用武力，而只能设计让美女将其灌醉并以异常坚韧的犀牛皮裹住他。即使是这样，到了宋国的时候，南宫长万的手和脚都已经挣扎出来了。秦穆公凭借"不以一眚掩大德"的胸怀重用曾经被晋人俘虏的百里孟明取得了"遂霸西戎"的功业，性情狭隘的宋闵公却对南宫长万不断进行精神打击和人格伤害，何其不智！而南宫长万亦以勇士之名而成弑君之事又怎能不让人扼腕叹息？

襄公十年晋以诸侯伐逼阳，逼阳城虽小却易守难攻，攻城的过程中左

---

① 古时三十斤为一钧，六钧之弓需一百八十斤的膂力方能拉满，即所谓"硬弓"。所以众人方会传看颜高之弓，勉力试之的可能性也是有的。

氏以简洁之笔为我们活画了鲁国三名力士的勇武形象。先是孟氏之臣秦堇父以人力拉着沉重的辎重车来到逼阳城外，见其力大；此后是逼阳人打开城门诱诸侯之将士进门，然后以机关启动内城闸门企图使诸侯之军进退无路进而置众人于死地，孔丘之父叔梁纥凭借超常的膂力支撑下落的城门使得众人从容撤出；狄虒弥则将高达九尺的大车之轮①蒙上皮甲做成巨大的盾牌，左手执盾右手持戟，单领一队人马徒步冲锋。孟献子夸赞他们就是《诗》中所说的"有力如虎"者。

逼阳人为了挑逗城外的人，也为了测试谁最勇敢就从城墙上垂下布带，看谁敢登城。秦堇父无所畏惧地挺身而出，等他拉着布带登到靠近城垛的地方，逼阳人就割断了布带。秦堇父从城墙上摔下来后，逼阳人就又挂下来一条新的布带。秦堇父苏醒后又去登城，如此反复三次，逼阳人钦佩其勇敢，辞谢后就不再挂布带下来。秦堇父带着断布在军中夸耀其勇游行了三天，回师后孟献子让他做了自己的车右。他的儿子秦丕兹后来做了孔子的学生。

襄公二十三年补记了当初斐豹杀督戎的细节，让我们看到了另外一个类型的勇士。督戎为栾氏之力士，国人皆惧之，而欲除栾氏必要先除督戎。当时斐豹因为有罪被罚作奴隶，就主动向范宣子请战，只要求成功后为自己脱去罪籍。斐豹故意激怒督戎引诱他追赶自己，在越过一带短墙后就躲在后面等着伏击他，督戎没有防备，刚刚跳过短墙就被斐豹从后面攻击并杀死。斐豹除去督戎之患所用的不仅是勇力，还有智慧和机巧。

（三）明目张胆，胆色过人

《左传》在表现武士之勇时所强调的不仅是他们的武力和技艺，而且在极力突出他们武艺之外的君子情志和过人胆色。

晋之寺人披是晋国数朝之臣，曾数次与重耳发生正面冲突。晋献公命其至蒲城讨伐重耳时，让他第二天赶到，结果他当天就到了，并且奋力上前斩断了重耳的衣袖；晋惠公命令他来杀重耳时，让他三天后到达，结果他又是马不停蹄提前到达，重耳因此记恨于他。但重耳执政后，当僖公二十四年惠公之党阴谋纵火烧死重耳时，寺人披却主动求见重耳，将纵火之

---

① ［日］竹添光鸿：《左氏会笺》，四川出版集团、巴蜀书社2008年版，第1230页。《左氏会笺》据《考工记》释曰："车人为车，柯长三尺，大车毂长半柯，轮崇三柯，是轮高九尺。以九尺之轮代盾，正见其有力如虎。"

事告知了重耳使其免于祸难。寺人披在献公惠公时期所表现出来的主要是忠君爱国以力相搏的行为之勇，但在对他怀有积怨的晋文公面前，他所表现出来的却是无所畏惧的心灵之勇。也正因为他对重耳有着清醒的认识，他才敢于以"除君之恶，唯力是视"和"齐桓公置射钩而使管仲相"两个理由说服重耳冰释前嫌，并使其胸怀变得宽广起来。

秦晋殽之战时，晋襄公捆缚秦国的俘虏让车右莱驹斩下他的头，可莱驹竟因为对方大呼而吓得将手中的戈掉在地上，是狼瞫拾戈斩杀了俘虏，并抓着莱驹带他赶上了襄公的战车，于是襄公任命他为车右。箕之役先轸罢免狼瞫而让续简伯担任车右，狼瞫很愤怒却没有接受朋友杀害先轸的建议，因为他的理解是："死而不义，非勇也。"在文公二年的彭衙之役中，狼瞫率领自己的部下冲进秦军英勇战死，晋军跟从其后大败秦师，狼瞫终于为自己的勇敢正名，并使自己"死得其所"。所以君子说他："怒不作乱，而以从师，可谓君子矣。"他的表现为后人诠释了什么才是真正的武士之勇，而这一作为也在客观上成为了后代武士的行为准则。

昭公二十年，卫有齐豹、公子朝作乱而杀公孟。公孟骖乘宗鲁为齐豹所荐，齐豹发难之前也曾告知宗鲁让他不要与公孟一同外出，宗鲁表示自己既不能告密也不能逃跑，到时会与公孟一同赴死。宗鲁一如平日与公孟同出入，并在齐氏以戈击公孟时以背蔽之，在胳膊被砍断后与公孟一起被杀。虽然站在儒家宗法立场上的孔子并不认可他为"奸人"公孟所用[1]，但不负友人齐豹，不负主人公孟，宗鲁之死仍可谓有勇有义。

昭公二十七年刺杀吴王之鱄设诸置剑于鱼中以进抽剑刺杀吴王僚，是为报阖闾之恩义，亦是为成吴国之大事，而此前的托付老母所表现出的也是一个刺客的职业精神。刺客必然要有行为之勇和心灵之勇，定公十四年戏阳速应蒯聩之请刺杀南子时的退阵退缩和后来秦舞阳刺杀嬴政时的"色变振恐"[2]都不是真正的刺客所为，也不是真正的勇士所为。

春秋时代的男子都有习武的功课，尚武之风使春秋文化呈现出一种别样的风貌，所以才会有桓公五年周桓王亲自参加作战，才会有庄公十一年鲁庄公亲自箭射宋万，但并不是所有的武士都有这样的精神。定公

---

[1] 《左传·昭公二十年》：琴张闻宗鲁死，将往吊之。仲尼曰："齐豹之盗，而孟絷之贼，女何吊焉？君子不食奸，不受乱，不为利疚于回，不以回待人，不盖不义，不犯非礼。"

[2] 《史记·刺客列传》。

八年，在颜高与颜息为我们展示出色射艺的同时，左氏也为我们提供了一个意成反衬的人物冉猛。为了能够保全自己，冉猛假装伤了脚要提前撤退，他的哥哥看穿了他的把戏就大喊让他殿后。等到攻打廪丘的时候，阳虎以激将法一度使冉猛勇往直前，但当冉猛发现后面没有援兵时就假装从车上掉下来逃避冲锋，惹得阳虎直说："尽客气也。"也就是说，一切都是假装的。

《左传》武士之中不乏真正的勇者，但还有一些人的勇士之名是被人成就的，也有一些人的勇猛表现是形势所迫之下的不得已而为之。襄公十六年秋天，齐侯围困成邑，孟庄子前往截击。齐灵公因其好逞勇力而主动回避，孟庄子于是顺利地阻塞了鲁之要道海陉而后回兵。哀公二十三年，晋荀瑶伐齐时本想偷偷地去观察齐军的排兵布阵，结果马匹受惊冲出被人发现，荀瑶只好一直冲到敌军的营垒前才返回来。为什么是"只好"呢？因为敌人认识他车上的旗帜，他担心不这样做就会留下胆怯的名声。而哀公二十七年"知伯贪而愎"的评价也告诉我们，他的勇敢不是真实的。

战争描写是《左传》的主体性内容之一，"夫争天下者，必先争人"①，武士也因之成为《左传》人物的重要群体。这些武士大多是一次性出场，属于孙绿怡所说的"闪现型"人物，也是福斯特所说的性格形象单一的"扁平人物"，但这一类"扁平"的"闪现"人物却眉眼分明、个性突出，因战争所赋予的强烈动态感，更显得有血有肉、虎虎生风，他们穿透车马萧萧嘈杂背景中的话语和夹杂在刀光剑影、血雨腥风之间的身影有时甚至比文士形象更易于打动人心。

---

① 《管子·霸言》，李山译注：《管子》，中华书局2009年版。

第六章 《左传》的人物呈现：女性篇

虽然《左传》一书有着鲜明的儒家观念和坚定的男性立场，旨在为男权政治秩序树碑立传，但女性却以其与男性相对应的自然属性和相应生成的社会属性在其中拥有了一块永恒的跻身之地并焕发出异样的光彩。历史的奇妙更让采用男权话语叙事的《左传》不得不以女子开篇，先有孟子、声子、仲子而后方有"隐公元年"[①]。独立经济地位的缺失在一定程度上减弱了《左传》女性的社会影响，女性地位的下降和"女祸"思想也使女性日渐成为男性政治的异己，但社会动荡所带来的具有极强政治性的异国婚姻的盛行，却使历来处于"卑弱""顺从"地位的女性以浓墨重彩的方式走入春秋生活。《左传》中出场的女性虽然大大少于男性却并非寥若晨星，她们的举动有微云疏雨也有迅雷疾风，有些甚至使春秋列国的政治格局发生地动山摇的变更。从某种意义上讲，她们曾主动或被动地在时间的上游决定了中国两千余年的历史走向。更重要的是，从历史一瞥之中还原的《左传》女性几乎个个形象生动、个性鲜明。

第一节　为人女/妹者的率性长歌

《左传》女性多为已婚之"妇"，即或相关于某人的叙述始于闺阁也多是为此后波澜壮阔的情节展开作以铺垫。这样的身份选取或许因为闺阁之女较多囿于家庭，于当世的政治、经济、文化生活并不能够产生重大影响。对这一类女性，《左传》或是以国别、排行、姓氏组合的惯例来进行

[①] 《左传》开篇先述鲁惠公婚姻状况：原配孟子无子，其媵声子生隐公，续弦仲子生桓公。以明桓公为惠公嫡子，当继君位，只因惠公薨时桓公年幼方由隐公监国。叙明此因后，方述"隐公元年"。

称谓，或是直接称之为"某某之女""某某之妹"，甚至"某某夫人"，但无论是待字闺中的少女还是嫁入他国的妇人，"女儿"两个字始终是她们出现在春秋相应时段的身份标志，她们可能是丈夫的妻子、兄弟的姊妹，但她们更是父亲的女儿、国家的女儿。

一 情感化的个人生存

《左传》陈述的是男权社会的历史，即或偶尔在女性的身上落墨也大多只是把她们当作反映历史事件和生活真实的辅助手段，甚至只是一件讲说历史的道具。但在客观上，以不可逆转的历史时段为经，以多姿多彩的个性特征为纬，《左传》为我们记录了其时女性别样的人生图景，也不可避免地为我们展示了她们的内心世界。而其中的一些少女形象虽是一闪而过，却以其极具个人色彩的生存方式为我们展示了春秋生活自由活泼的一面。

（一）礼法规则

春秋之礼对女性有着颇多的束缚，在这个王纲解纽诸侯及庶人对传统礼法时有僭越的社会中，文化思想上的"男女有别"仍是人们心中不可动摇的礼法准绳。"乃生男子，载寝之床，载衣之裳，载弄之璋。其泣喤喤，朱芾斯皇，室家君王。乃生女子，载寝之地，载衣之裼，载弄之瓦。无非无仪，唯酒食是议，无父母诒罹。"[①] 从出生时起，男子与女子的所居之地、所着之衣、所弄之物皆贵贱有殊判然有别，男尊女卑的意味何其明显！更加不合情理的是，婴儿刚入襁褓，他们未来的社会分工竟早早地就有了不容置疑的设定，男子要从事社会活动，女子只能从事家庭劳作。

"教育既然是人类传授生产经验和社会生活经验的工具，必然要为政治服务，并受政治的强烈影响。"[②] 由于"男女有别"直接关系到古代中国的政治稳定，所以《礼记·内则》在讲到教育问题的时候首先说："子能食食，教以右手。能言，男'唯'女'俞'。男鞶革，女鞶丝。"[③] 除了都要学习用右手吃饭以外，男孩和女孩的言语方式和所佩之物都要有所不同。在真正的文化教育上两性的分野更为明显：对男子来说是"六年，

---

① 《诗经·小雅·斯干》。
② 俞启定：《先秦两汉儒家教育》，齐鲁书社1987年版，第225页。
③ 《礼记·内则》。

教之数与方名。七年，男女不同席，不共食。八年，出入门户及即席饮食，必后长者，始教之让。九年教之数日。十年，出外就傅，居宿于外，学书计；衣不帛襦袴；礼帅初，朝夕学幼仪，请肄简、谅。十有三年，学乐诵《诗》，舞《勺》。成童，舞《象》，学射御；二十而冠，始学礼，可以衣裘帛，舞《大夏》，惇行孝弟，博学不教，内而不出"，"凡男拜，尚左手"；对女子来说则是"十年不出，姆教婉娩听从，执麻枲，治丝茧，织纴组紃，学女事，以共衣服。观于祭祀，纳酒浆、笾豆、菹醢，礼相助奠。十有五年而笄"，"凡女拜，尚右手"。① 也就是说，当男子开始外出接受更加广泛的社会教育而不需要专门学习怎样做儿子、做丈夫、做父亲的时候，女子却必须留在内堂学习家政，为日后做一个好媳妇、好妻子、好母亲而孜孜以求。

闺中女子一旦许嫁就要身佩五彩香囊标明自己的终身有了归属，没有重大变故一般人不得进入她的房间。女子出嫁前的三个月还要接受相应培训，如果她与国君尚未出五服就在国君的宫中接受女师的教育，如果出了五服就在王族宗室中接受教育。女师的任务就是"教之以妇德、妇言、妇容、妇功"，也就是要她们养成贞节恭顺的品德、学习婉顺应对的技巧、娴雅得当的容态举止和妇女所必须进行的纺织、烹饪等家务劳动的技能。而"德言容功"四个方面，比"三不朽"所说的"立德""立功""立言"还要多出一项"仪容"的要求，不可谓不苛刻。

"女子许嫁，笄而字。"② 这说明春秋女性是有名有字的，但它同时也说"妇讳不出门"③，所以近二十万字的《左传》之中只有极少数女子的名字被幸运地保存了下来，如僖公十五年记秦穆公之女名简璧、僖公十七年记晋惠公之女名妾、襄公二十九年记宋芮司徒之女名弃、昭公八年记卫襄公嬖人名婤姶、定公四年记楚平王之女名畀我，但在更多的时候春秋女性都是某人之女妹妻母。《礼记》曾直言："妇人，从人者也。"④《周易·系辞上》更是明确指出"天尊地卑，乾坤定矣""乾道成男，坤道成女"⑤，早就将女性放在了婉顺、追随的从属地位，即所谓"阴虽有美，

---

① 《礼记·内则》。
② 《礼记·曲礼》上。
③ 同上。
④ 《礼记·郊特牲》。
⑤ 《周易·系辞》上。

含之以从王事，弗敢成也"。① 《左传》庄公二十四年哀姜嫁至鲁国，庄公令宗妇进见的时候以玉帛作了礼物，御孙就说："男贽，大者玉帛，小者禽鸟，以章物也。女贽，不过榛、栗、枣、脩，以告虔也。今男女同贽，是无别也。男女之别，国之大节也；而由夫人乱之，无乃不可乎？"其鲜明的男权态度跃然纸上。

事实上，在西方文化中女性的地位也是一样低下的。有学者为我们总结说，《圣经》第三章第十六句上帝对女人说："我必多多增加你怀胎的苦楚，你生产儿女必多受苦楚。你必恋慕你丈夫，你丈夫必管辖你。"托马斯·阿奎那认为人们一定要牢记亚里士多德的一句箴言："自然界总是力求创造男人，它只在力不从心或是偶然的场合才创造出女人。"卢梭也说："妇女的第一个品质，也是最重要的品质，就是温顺。"而基督教的信条说："妇女之被创造出来，就是为了听命于男子，因此妇女自幼年起就应该学会容忍，甚至不公平也要容忍。"②

所有这些要求对中国女性所处的文化环境来说全部适用。对于男女两性的职责，社会文化早就做好了分工："女正位乎内，男正位乎外；男女正，天地之大义也。家人有严君焉，父母之谓也。父父，子子，兄兄，弟弟，夫夫，妇妇，而家道正；正家而天下定矣。"③ 这句话的意思无非是说只有正家才能定天下，而只有女性留在家里才能实现正家的目的。从社会学的角度看，人类世界的构成十分复杂，以"内外有别"的方式来整合它无疑是一个很实用的方法。但凭什么就可以整齐划一地规定"女正位乎内，男正位乎外"而不能有所参差呢？

（二）自由生存

无论社会礼法有着怎样的约束，总有一些天真烂漫的少女在以各种方式向我们展示张扬青春之美。庄公三十二年记当年鲁庄公追求孟任，不行媒聘之礼而是偷偷地"从之"，孟任闭门以礼拒之，但在得到了"许为夫人"的承诺之后便欣然与庄公割臂为盟私订终身。在这一人生情节中让孟任许出少女芳心的恐怕不是庄公的权势和地位，而只是一句郑重的承诺，此举既出自少女怀春的天性，也见出了"礼"教的脆弱。同年还写

---

① 《周易·坤》。
② ［保］瓦西列夫：《情爱论》，赵永穆、范国恩、陈行慧译，三联书店1984年版，第47—50页。
③ 《周易·家人》。

到庄公的一个女儿,这个女孩子在观看祭祀时有"圉人荦自墙外与之戏",其兄子般因此鞭打圉人并在日后被怀恨的圉人所杀。"与之戏"而不是"戏之",不啻从文字上告诉了我们女孩毫不暧昧的态度,从而让我们很想探究这名贵族少女之所以"与圉人戏"的心理动机。她是因为春情萌动的诱之或被诱,还是仅仅因地位尊贵而对圉人持有一种居高临下的狎戏态度呢?无论如何这位鲁国公主并不循规蹈矩的奔放个性都让人心生错愕。

昭公元年郑国徐吾犯遇到了麻烦,因为他的妹妹长得很美,公孙楚依礼行聘之后公孙黑又强行送上了彩礼,徐吾犯只好在子产授意下征得二人同意后让妹妹自己挑选丈夫。"子皙盛饰入,布币而出。子南戎服入,左右射,超乘而出。女自房观之,曰:'子皙信美矣,抑子南,夫也。夫夫妇妇,所谓顺也。'适子南氏。"虽然一场风波之后的结果是"维持原聘",但少女的选婿标准并不是依行聘先后之礼,而是对方是否像个男子汉,能否在日后实现其"夫夫妇妇"的家庭理想。从这个有思想和有主见的姑娘身上,我们不难看出春秋女性强烈的自主意识。

昭公十一年泉丘人之女"梦以其帷幕孟氏之庙,遂奔僖子",表现了足够的果决和大胆,而"其僚从之"则是说她的女伴竟和她一起嫁给了孟僖子。颇有声名的孟僖子自然不会随便接纳任意一个奔来之女,所以从后来的嫁娶结果和其子懿子和南宫敬叔所受的重视看,此奔似乎并不是少女一厢情愿的投怀送抱,而是有着不为人知的两情相悦的情感基础。但在"聘则为妻,奔则为妾"的社会训教之下,我们不得不佩服这个女孩不计名分投奔爱情的勇气。当然,《左传》中也并不缺少这样生动的少女形象,宣公四年邶子之女未婚生子的大胆和虎乳弃子的神异让人感叹,昭公四年叔孙豹所遇庚宗女子欢就枕席的洒脱和若干年后携子献雉的从容也不得不让人惊诧。

《左传》所记婚姻多为周王室与诸侯国或是诸侯国与诸侯国之间的合于六礼的婚姻,鲁昭公与吴孟子之婚的非礼在于同姓而婚(哀公十二年),郑太子忽与陈妫之婚的非礼在于"先配后祖"(隐公八年),都是极为罕见的。但《周礼》中也说:"中春之月,令会男女,于是时也,奔者不禁。若无故而不用令者,罚之。"[①] 《左传》时代正是"躬行六礼"与

---

① 《周礼·地官司徒·媒氏》。

"奔者不禁"两种婚俗杂糅存在的时代,所以野合、私奔式的婚姻也时有所见,前文提到的泉丘人之女、庚宗妇人、邴子之女都以这种方式使自己的婚姻"终成正果"。《礼记》中早就说过"奔则为妾"① 的话,也算是给了这类女性一个在夫家稳稳居于妾位的依据。但这种"非礼"之婚也不是没有牺牲品,成公十一年所记的子叔声伯之母就是因为"不聘"而在生下声伯之后被无情地"出之"。身为姒娣的鲁宣公夫人穆姜对她的遭遇非但没有丝毫同情,反倒发出"吾不以妾为姒"的直接抗议,似乎对其不幸命运起到了推波助澜的作用。

定公四年楚昭王的妹妹季芈曾在盗乱中为大夫钟建背负逃亡,当定公五年哥哥准备为她择婿时季芈说:"所以为女子,远丈夫也。钟建负我矣。"她的意思无非是说自己被一个男人背过了就理所应当地要嫁他为妻。在那个封建礼法还不严苛,连女子再嫁都还为"礼"所许可的时代,"钟建负我"绝不是社会强加给她的婚姻理由,所以我们完全有理由说她是在逃亡途中真的喜欢上了钟建而为自己找到这样一个冠冕堂皇的借口。为自己争得婚姻自主的楚女季芈并不是一个守"礼"的典范,而是一个尊"情"的榜样。

这些少女几乎都生活在无忧无虑的青春季节,在展示自己的天真活泼与聪慧美丽的同时,她们的人生追求都带有极强的个人化色彩,更多地相关于人生归宿的寻找,爱情和婚姻就是她们生活中最为重要的命题。但《左传》中也不是没有不幸的少女。襄公二十六年晋卫之战卫侯被俘,"卫人归卫姬于晋",以中国历史上较早的和亲方式求得了卫侯的获释,但没人去关注卫姬的态度。昭公十三年楚灵王无道最终被迫自缢,对他忠心耿耿的臣子申亥竟逼着自己两个原本与灵王并无瓜葛的女儿"殉而葬之"。没有人知道这两个女孩的青春之花是怎样的灿烂,也没有人知道她们殉难之前有着怎样的哭号与挣扎,史书上这漫不经心的一笔就是她们一生让人扼腕叹息的全部意义。

二 嫁衣下的家国背负

这些女性在显现其重要意义的时候都已嫁为人妇,但当大事发生时她们却不约而同地以女儿之情彰显自己的家国情怀。那一刻她们的女儿身份

---

① 《礼记·内则》。

在嫁衣之下复活，她们的女儿性得到了进一步的生长，她们的心头只有自己少女时代葱茏的家园。

（一）宗族观念

《左传》成公十五年说："国之大事，在祀与戎。"足证了此二者在人们原始观念中举足轻重的地位。"祀"者，祭祀也，向神与祖先行礼表示崇敬并求保佑；"戎"者，军事也，以金戈铁马征逐沙场成就一番干云豪气。即使只有无声无息的庄严肃穆而没有惊天动地的山呼海啸，这两桩大事也都能生发风起云涌、排山倒海的气势，让人感受到扑面而来的阳刚之气。但这两桩似乎只与男性相关的"国之大事"，与女性也有着密不可分的关联。对祀而言，没有女性的出场，祭祀的香火无法承继，一些需要夫妇共同出席的祭祀活动也无法成立；对戎而言，巾帼英雄之所以成为后人眼中的传奇，恰恰表明其意义非凡的稀有，而更多不便阵前杀敌的女性却都是军前将士的母亲和妻子，出身贵族的女性更可以通过自身的特殊地位左右战事的多与寡、战争程度的弱与强，甚至使战争局势发生重大逆转。

为了更好地争夺霸权，除去明火执仗、剑拔弩张的战争之外，争霸中的诸侯还纷纷加强内政和外交的建设，以增强国力扩大影响。在外交上，他们一方面加强国际间的行李往来频繁地施行聘问之礼，以政治利益互相利诱，另一方面则以姻亲关系来巩固这一政治联盟，著名的成语"秦晋之好"就本源于此，"女儿"自然也成了国际斗争的筹码与暗剑。

言及春秋观念，童书业先生曾在自己的《春秋史》中说："宗族的观念统罩了个人的人格，同时也掩蔽了国家的观念。世族阶级的人肯牺牲自己或近支的亲属去维持整个的宗族；也有因维持家族的地位而立时反叛国家的。"[①] 这一价值观不但是春秋男子的，也是春秋女性的。当女性必须以"宜其室家"的面貌进入"万世之本"的婚姻秩序时，以政治为目的的异国通婚成了最为常见的婚姻形制，也就是说《左传》女性此时的出场必然以顺应政治需要为前提进入另一个家庭，从而在客观上以婚姻和血缘缔结新的战略盟友。

（二）女儿性的复活

僖公十五年秦晋韩原之战中晋惠公夷吾被俘将要被带回秦国的国都。为使弟弟免受此辱，他的姐姐秦穆姬便携儿带女登台履薪，并派人送丧服

---

① 童书业：《春秋史》，上海古籍出版社2004年版，第70页。

给丈夫说："上天降灾，使我两君匪以玉帛相见，而以兴戎。若晋君朝以入，则婢子夕以死；夕以入，则朝以死。唯君裁之！"秦穆公顾全夫妻情意只好将夷吾安顿在灵台，并在不久后放他回国。当初秦穆姬在送晋惠公回国即位时，要他照顾申生的遗孀贾君，并请求他接纳因骊姬之乱而被迫出奔的"群公子"，但回国后的夷吾不但"烝于贾君"而且不肯接纳自己的兄弟们，可以说是对姐姐的话充耳不闻。可面对这样的一个薄情寡义又不争气的异母弟弟，秦穆姬还是不惜以死相救，显然是因为她始终没有忘记自己是晋国的女儿。

僖公三十三年秦晋之间再度爆发激烈的战争，在著名的殽之战中晋国俘获了秦国的重要将领百里孟明视、西乞术、白乙丙。晋襄公之嫡母秦女文嬴适时进言道："彼实构吾二君，寡君若得而食之，不厌，君何辱讨焉？使归就戮于秦，以逞寡君之志，若何？"使晋襄公因一念之差将三人放回秦国，导致重臣先轸气愤至极的大骂："武夫力而拘诸原，妇人暂而免诸国，堕军实而长寇雠，亡无日矣！"并对着晋襄公"不顾而唾"。在军事格局发生重大变化的时候，文嬴与秦穆姬不约而同地站在了父国的一边还原了女儿的角色。在这一层面上，她们大胆、泼辣，放弃了仪节甚至置自身的安危于不顾。

在时间更早些的闵公二年，卫国为狄人所灭。卫戴公之妹许穆夫人驾车从许国赶回祖国，虽然遭到了许国人的强烈反对，甚至"大夫跋涉""许人尤之"[1]，但她仍然以《载驰》之歌表达了自己强烈的爱国热情，并感动齐桓公发兵救卫。事件中的许穆夫人在许国人的反对与阻挠中虽然备受煎熬，却一心一意地想着自己还是卫国的女儿。

桓公十五年郑祭仲专权，郑厉公就派他的女婿雍纠杀死他。得知丈夫的计划而心中犹豫的雍姬曾问自己的母亲说："父与夫孰亲？"其母回答说："人尽夫也，父一而已，胡可比也？"获得如此准确价值评断的雍姬"遂告祭仲"。事情的结果是自己的父亲杀死了自己的丈夫。无独有偶，襄公二十八年齐国卢蒲癸的妻子卢蒲姜得知丈夫要进攻庆氏时，在父与夫之间，她同样选择了保全父亲，可刚愎自用的庆舍因不肯相信女儿的话而遇刺身亡。

可见在多数《左传》女性的心中，一旦父与夫发生了冲突，她们都

---

[1]《诗经·鄘风·载驰》。

会更自然地选择父亲一方的利益。同样地，当她们介于父国与夫国的夹缝之中时，她们也更愿意牺牲夫国的利益。她们的作为我们不能用单纯的对与错、是与非、智与愚来进行评断，因为来自父系的家族伦常已深入她们的血脉，让她们无论何时都抛不下深重的家国背负。面对这一神圣的职责，牺牲夫与夫国的利益甚至牺牲自己都已成为她们毫不吝惜的代价。

第二节　为人妇者的岁月感喟

婚姻对春秋时代而言正所谓"君子重之"[①]。春秋时人不但视婚礼为"万世之始"[②]，而且明确其意义为"将合二姓之好，上以事宗庙，而下以继后世也"[③]。在《左传》两性人物关系的交代中，最为显在的不是父女、母子、兄妹（姐弟）、主仆等关系，而是以婚姻为基础的夫妻关系。在叙述形形色色丈夫角色的同时，他们的"妻"也十分自然地被纳入竹简，使她们的端庄和妩媚、笑颜与凄楚统统浮现于历史的深不可测处。为方便叙述，我们在本节将本有区别的妻、妾、媵等统称为"妻"。

一　对婚姻的顺应与发明

《左传》女性在更多时候以"妻"的身份出现在人们面前，而这些男性之妻在文化上也更多地是以生理意义上的"配偶"身份存在的，她们的价值首先在于生儿育女传宗接代。但无论女性被安放在多么卑微和无关紧要的文化位置上，她们都有办法让自己闪烁出应有的光芒。

（一）逆来顺受

春秋文化将女性，尤其是婚姻中的女性定位于弱者和顺从，更多的女性也的确是这一文化语境中的失语者。春秋婚姻之礼实行"媵"制，即诸侯始娶例以同姓之国女妹或侄女随嫁，所以诸侯能够一娶九女。由公子升任诸侯者也可以慢慢充实自己的后宫配额，当然，这种一夫多妻的婚姻制度也带来了很多争位与夺嫡的斗争，晋献公、齐桓公、晋文公因妻妾众多而生出的繁乱家事甚至家国之乱就都被左氏作了较为详细的记载，许多

[①]　《礼记·昏义》。
[②]　《礼记·郊特牲》。
[③]　《礼记·昏义》。

大夫之家也是如此。女性在婚姻中的地位是早就被安排好的，在鲁国，鲁隐公的生母声子只是鲁惠公元妃孟子的随嫁之媵，而鲁桓公的生母仲子就因为出生时"有文在其手，曰'为鲁夫人'"而无法免除自己的婚姻宿命。

鉴于婚姻"上以事宗庙，而下以继后世"的社会功能，子嗣成了春秋女性能否巩固婚姻地位的条件之一，美而无子的卫夫人庄姜领养媵妾戴妫的儿子"以为己子"（隐公三年）无非也是出于这种现实考虑。但《左传》中还有虽有子却无法改善自身命运而只能带来更大悲痛的女性。"郑文公报郑子之妃，曰陈妫，生子华、子臧。子臧得罪而出。诱子华而杀之南里，使盗杀子臧于陈、宋之间。"（宣公三年）陈妫本来是郑文公的儿媳，但她不是桓公十六年卫宣公为急子所聘却自己迎娶的宣姜和昭公十九年楚平王为太子建所聘却自己迎娶的嬴氏那样的"挂名儿媳"，而是事实上的儿媳、太子忽的元配，郑文公是与她有着双重伦理关系的第二任丈夫。自己是在那样一个尴尬的身份上与文公发生的婚姻关系，儿子长大后又死于亲生父亲之手，做母亲的陈妫其痛何如自不殆言，但她的命运从来就不曾掌握在自己的手中！

襄公三十年宋宫失火，宋共姬因为囿于"女子不得独行"的礼法一味等待保姆的陪同而惨死火中。所谓君子却毫无同情心地说："宋共姬女而不妇，女待人，妇义事也。"言下之意即是说，未婚女子等待保姆同行是应该的，已为人妇可以便宜行事的共姬是死于拘泥而不知变通。可是如果火中真的是"女"而非"妇"，她就应该被活活烧死吗？再换一个角度，"女"也好"妇"也罢，社会都是要求她们在自己的弱者地位上遵从一定的准则而不可越雷池半步。"性别叙事告诉我们人是什么，人应该变成什么样子；这种叙事就像空气一样，每天都包围着我们每一个人。"[①]以广义的社会思想限定女子的行动和意识，使她们无条件地接受自己的弱者地位以外，社会还在文化教育和人格培养上对女子进行愚化教育，"女子无才便是德"就是这一思想最凝练的表达。

《左传》所记多婚姻大多合于礼法，这也呈现了春秋时的总体婚俗，

[①] ［美］波利·扬-艾森卓：《性别与欲望》，杨广学译，中国社会科学出版社 2003 年版，第 64 页。

"烝""报""因"① 这样的收继婚遗习也在其列。然而婚姻中被出的并不仅是类似成公十一年声伯之母那样地位低微的奔来之妾，《左传》所载鲁国国君之女嫁为诸侯夫人者九人，其中被出者就有子叔姬、杞叔姬、郯伯姬、齐子叔姬四人，而前两人又是被杞桓公相继遗弃的。② 采用男权话语叙事的《左传》没有说究竟是什么原因使她们的婚姻不得存续，但推想可知此间被无情离弃的女性会有多少，在绝婚几个月之后就死去的子叔姬似乎也不可能是唯一的不幸女子。

（二）勇敢叛逆

除了那些在婚姻中逆来顺受或是将自己当作美好祭品的女性，《左传》中还有一群努力发现自我和验证自我的婚姻叛逆者。隐公二年的向姜就是全书中一个独一无二的人物，《左传》没有交代她婚姻的来龙去脉，却说她竟然敢在出嫁后"不安莒而归"。《左氏会笺》说："传言失婚姻之义。"③ 也就是说向姜没有尽到自己的婚姻义务，却没有交代这其中是否还有别的隐情。虽然后来莒人入向又以武力把她带了回去，"此志未酬"的她却仍然是一个浑身散发着异样光彩的女性主义先行者。和向姜的情况有些相似，庄公八年的连称从妹因为身在后宫却得不到齐襄公的宠幸，加之听信了公孙无知"捷，以汝为夫人"的许诺便与之勾结充当内应参与作乱，对自身婚姻的失望也许是造成这一桩由爱生恨而及无义的怪事的根本原因。

上文所说声伯之母被出后再嫁，她再嫁后所生的女儿也和母亲一样是个不幸的女人。她本来已经嫁给施孝叔，待晋国重臣郤犫来鲁聘问并向声伯求亲时，同母异父的哥哥便逼她另嫁郤氏。面对哥哥的无情，她在临行之前也曾恳求丈夫施孝叔说："鸟兽犹不失俪，子将若何？"施氏竟冷酷地以"吾不能死亡"为托词拒绝了她。郤氏去世后晋人将她送还给施氏，谁知施氏在迎接她的时候竟将她为郤氏所生的两个孩子扔进黄河活活淹死。她的愤怒终于全面爆发："己不能庇其伉俪而亡之，又不能字人之孤

---

① 陈筱芳的《烝、报、因：非春秋时期公认的婚制》（《西南民族学院学报》1998年第4期）和吕亚虎的《东周时期"烝"、"报"婚现象考辨》（《人文杂志》2006年第2期）均认为"烝"、"报"、"因"是春秋婚制，只不过人们的认可程度有异而已。高兵的《君权对春秋转房婚的干预作用》（《贵州民族学院》2005年第3期）则认为这些两性现象是人类婚姻史上典型的"转房婚"。

② 同上。

③ ［日］竹添光鸿：《左氏会笺》，四川出版集团、巴蜀书社2008年版，第42页。

而杀之,将以何终?"(成公十一年)认清了施孝叔残忍、冷酷、自私、狭隘的真实面目,她再也不肯做他的妻子。婚姻之于她留下的只是一场又一场伤心破碎的记忆,难怪她的性格也会从最初的委婉哀求变成后来的火山喷发。

桓公十六年卫宣公先是"烝于夷姜",也就是娶了亡父的庶妾夷姜,生下了急子,后又夺急子之妇宣姜,没有丝毫的伦理观念。如果是性情软弱的女子估计就只能默默忍受,但夷姜却用自缢的方式来表达自己的愤怒。虽然我们不赞成这种以毁灭自我为手段的抗争方式,但夷姜的确以这样激烈的方式发出了自己的声音。当楚平王娶了为太子建所聘的秦女之后,楚平王之妻太子建之母采取了另一种更为有效的方式表达了自己的不满:"楚太子建之母在郹,召吴人而启之。冬十月甲申,吴太子诸樊入郹,取楚夫人与其宝器以归。"(昭公二十三年)

(三)政治介入

春秋女性虽然也被要求履行固守家庭的义务,但出现在《左传》中的妻子们几乎都出身于诸侯、大夫之家,从出生起便与政治有着千丝万缕的联系,而礼法松动的社会现实也使她们有机会参与国家大事,并从芸芸春秋女性中脱颖而出。

庄公四年楚武王决定出兵伐随,当一切准备就绪时他却对夫人邓曼说道"余心荡"。聪敏的邓曼预见到楚武王将不久于人世,却没有像一般女子一样哭哭啼啼地将丈夫留在自己身边,而是以国家大事为重,提出了"若师徒无亏,王薨于行,国之福也"的观点,支持楚武王按计划出兵。她的这一决断不但使楚国以和平方式取得了行动的胜利,成就了楚武王的威名,而且因为高瞻远瞩的见识确立了自己在煌煌史册上"奇女子"的地位。

僖公十七年,鲁僖公因私自灭项而被齐侯扣留,其身为齐女的夫人声姜与齐侯在卞地进行了一番外交斡旋就使僖公获释。僖公二十二年楚国出兵伐宋救郑,郑文公夫人楚女芈氏与齐女姜氏在柯泽慰劳楚军。第二天成王进城受宴,夜里出城,又是芈氏送至军中。虽然君子曰:"非礼也。妇人送迎不出门,见兄弟不逾阈,戎事不迩女器。"但芈氏此举无疑产生了重要的军事意义,对郑楚的良好邦交也起到了强化作用。

成公十四年,晋国强迫卫定公接纳七年前出奔的孙林父,意气用事的卫定公准备坚决抵制,善于观察形势且心思细腻的夫人定姜劝他说:"不可。是先君宗卿之嗣也，大国又以为请，不许，将亡。虽恶之，不犹愈于亡乎？君其忍之！安民而宥宗卿，不亦可乎？"定公听从了她的建议，避免了一场不必要的政治灾难。十四年之后的郑卫之战中，面对不知何往的战局"孙文子卜追之，献兆于定姜"，而定姜作出的进攻决策对卫国的最终胜利也起到了决定性作用。作为国君的妻子，定姜可以说是难得的"贤内助"。而执政的男人们所以在大事当前的情况下问政于女性并请求她们的帮助，无非是说女性的政治才能已较为普遍地得到了男性的认可与尊重。

二 "重耳之亡"的路上风景

《左传》女性出场最为集中的部分莫过于僖公二十三年和二十四年以"重耳之亡"为线索的细密书写，这一段落中出现了春秋早期一系列光彩照人的女性形象，而这一组春秋女性除骊姬之外也大多充满着善与美的"妻性"特征，她们以人物身份的多样性和性格的多样性展现了《左传》女性大世界的缩影。

（一）重耳之妻

当重耳逃亡来到母国狄的时候，狄人把战争中夺来的季隗嫁给他。重耳去齐国前对季隗说："待我二十五年，不来而后嫁。"其时的重耳已是一个四十岁左右的中年人，其欲令季隗守节的用意可谓"司马昭之心，路人皆知"。聪明的季隗只好半带调侃半带无奈地说："我二十五年矣，又如是而嫁，则就木焉。请待子。"没有直接表达自己不二嫁的决心，而是先作出了"就木"的结论，自然意在让重耳知道"请待子"只是这一基础之上的决断。今天再看这句话应该算不得忠贞不二的誓言，而只是一个女性颇具腹诽的承诺，却又将季隗洞察一切而又不忍揭穿的良善之意表露无遗。

在季隗怀抱寂寞苦心"待子"的同时，到了齐国的重耳又娶了姜氏并开始了安心逸乐的生活。当蚕妾无意听到重耳从人蓄谋出逃的谈话并向姜氏告密后，姜氏毅然杀掉蚕妾并以国家大计劝重耳设法归晋。在重耳胸无大志乐不思蜀的情况下，姜氏"与子犯谋，醉而遣之"，以牺牲青春岁月与房帏之欢的大义铺垫了晋文公的成长，显示了一般女子所不具备的大智大勇。

秦女怀嬴只是文嬴的媵，又曾是重耳的侄媳。与重耳初婚之时二人曾由于"奉匜沃盥,既而挥之"而发生冲突,但怀嬴并没有因为自己地位低下而含垢忍辱,她对重耳怒曰:"秦晋,匹也,何以卑我?"重耳之"挥"或许因为怀嬴系再嫁之女,怀嬴之举却一定不在于重耳此时只是一个小小的政治流亡者,更非恃宠而骄。她的"怒"在于头脑中的独立意识和平等意识——既然国与国为匹,你与我也就该是平等的。如此凌厉的气势使重耳不得不以"降服而囚"的方式来平息这场有着国家背景的家庭纠纷。

(二)他人之妻

重耳之亡最具前因性的人物当然是权欲极盛而又心狠手辣的骊姬。虽然她为重耳的政治生涯带来了极大的磨难,但如果没有骊姬乱晋,就没有申生之死和群公子出奔,重耳恐怕就永远没有登上王位的机会,更没有可能成为一个成熟的政治家。此外,骊姬乱晋这一事件还导致了另一个日后对晋国政治发生更加重大影响的结果,那就是群公子亡逸使晋国失去同姓甚至同一血脉大臣的护佑,异姓臣子势力的空前扩张最终不可避免地导致了三家分晋的下场。在这段故事中,骊姬是一个外表美艳、心思缜密、善于巧言而又性情歹毒的女人,她更多的不是从妻的角度去维护丈夫晋献公的统治,而是一力从母的角度妄想缔造儿子卓子的未来。

当重耳一路流亡来到曹国的时候,遭遇了曹共公无礼"观浴"的轻薄之举。曹臣僖负羁之妻对自己的丈夫说:"吾观晋公子之从者,皆足以相国。若以相,夫子必反其国。反其国,必得志于诸侯。得志于诸侯,而诛无礼,曹其首也。子盍蚤自贰焉!"与怀嬴的"示强"不同,僖负羁之妻的政治远见是通过"示弱"的方式来表达的。当认定重耳及其从人气度不凡必成大业之后,她要丈夫以玉璧之礼结交重耳。虽然若干年后仍未能免祸被违抗重耳命令的军士杀死(僖公二十八年),却从根本上得到了重耳的感激与敬重,并显示了她的远见卓识。没有人说过僖负羁之妻是否深通相术,但她的确与后来民间传说中的红拂女一样,能够慧眼识得风尘中的英雄。

赵姬是重耳之女,其夫赵衰在跟随重耳逃亡的路上曾娶叔隗为妻并生子赵盾。于是在国事平定后,作为赵衰新妇的赵姬便坚决要求赵衰"逆盾与其母",不但请求立有才德的赵盾为嫡子,而且主动向叔隗出让正妻的地位。赵姬也因此成为春秋少有的贤德女性的代表,并和上述女子一道携手走进了汉代刘向的《列女传》。

这一人物单元中的女性年龄、地位、经历都不相同，但她们对重耳性格的最终形成却都有着的重要的意义。骊姬的乱晋迫使重耳到国际政坛上经历了一番风雨历练，季隗与姜氏不同风格的"放行"让重耳图取霸业成为可能，怀嬴"秦晋匹也"的后堂之怒让重耳懂得了尊重别人并因此赢得了强秦的帮助，僖负羁妻在英雄草莽期间给予重耳的信任与礼遇自当成为他前进路上的动力，赵姬之贤更让她的父亲懂得了与人为善的道理。所以我们说，没有骊姬和重耳逃亡路上诸多识大局、知大体的女性就不会有后来威风赫赫的晋文之霸。

三 因美艳而被"物化"

"父权文化对男人的攻击性采取默许、宽容、甚至鼓励的态度，人类的征战史，就是由男人们抢财产、抢领地、抢女人开始的。以后男人的攻击性依旧在人与自然、人与社会的关系中得到了疏导和发挥。攻击性是英雄的核心精神，是'男子汉'的主体性格构成。"[①] 在男人的攻击性中，春秋历史上产生了一群命运相似的女性，她们无不因美色而被当作"物"的象征，进而在强有力的男权秩序中被不断地争来夺去，却从来没有人肯去过问一下她们自己的意愿。

（一）娶妻求美

春秋婚姻中的门第观念已十分明显，异国通婚更促进了文化的交流，"娶妻求美"的思想也在人们的头脑中普遍存在着。《硕人》一诗对庄姜"手如柔荑，肤如凝脂，领如蝤蛴，齿如瓠犀，螓首蛾眉，巧笑倩兮，美目盼兮"的赞美如是，卫宣公新台之行如是，楚平王父娶子妻如是，徐吾犯妹被夺如是，崔杼不顾占卜的恶兆而娶美艳的棠姜亦如是。

桓公元年的孔父之妻和文公十八年的阎职之妻都是《左传》中只被提到一句话的美艳妇人，分别为宋华父督和齐懿公所夺。华父督在路遇孔父之妻时的表现是"目逆而送之"，真是我们所说的"看完了前影看后影"，直望到看不见影子还不忘发出"美而艳"的感叹，垂涎之态可谓溢于言表。对美人的渴求使他在与孔父共同出战时不惜自乱阵脚从背后射杀孔父，归而娶其妻。而夺人之妻的齐懿公后来终于被阎职和另一受污辱者联手杀死。两则叙述都没有提到女性被夺之后的态度和生存状态，足见她

---

① 欧阳洁：《女性与社会权力系统》，辽宁画报出版社2000年版，第153页。

们在男性叙述者心中无足轻重的地位。

"在强调女性形象的艺术作用，特别是在男性艺术创作活动中的作用时，我们已经觉察到女性在人的审美意识中的'中介'现象，隐约感到女性审美主体的双重性。所谓'双重性'，其一，在万物生灵中，作为有思想感情、有自觉意识的人，女性享有人所独具的、引起审美快感的一切生理心理条件；相对于客观的事物，她理应具有人的至高无上的主体地位。但是，其二，在父权社会中，女人依附于男人，她从来没有作为'积极的主体'在社会上发挥作用，其人格和个性，也具体地融化在对'这一个'男人（父亲或丈夫）的依附中，成为为男性主体服务或观照的对象。"① 襄公二十二年，郑游目反夺人新妇，后其夫攻而杀之，"以其妻行"。用如此方法雪报夺妻之恨的事在历史上并不少见，已失身于人的女性回到前夫家里的命运多半也是可以揣测的，而前夫不惜以性命相搏也要将她们带回来的勇气，多半也不是出于爱情而只是为了满足夺回自己"财产"的强烈愿望。

（二）息妫与夏姬

"千古艰难惟一死，伤心岂独息夫人"，清人的名句昭示着息妫的被人铭记，也让再后来的人时时记起这位赢得了无数悯伤的桃花夫人。息妫的故事起于庄公十年出嫁去息国的路上："蔡哀侯娶于陈，息侯亦娶焉。息妫将归，过蔡。蔡侯曰：'吾姨也。'止而见之，弗宾。"春秋并无求见姨妹之礼，且此时的息妫仍在出嫁途中尚未到达息国，身份是"女"而不是"妇"，拒绝蔡侯之"见"并不过分，从"止而见之"几个字亦不难读出蔡哀侯的强求之意。息妫艳如桃花的美貌闻名春秋，蔡哀侯的"弗宾"应该不是临时的见色起意，而是长期以来的有所蓄谋。因为蔡侯的无礼，致使息侯冲冠一怒为红颜借楚国之力发兵讨蔡。而受到被俘之辱且要报仇又要自保的蔡哀侯就不怀好意地向好色的楚文王大肆夸耀息妫之美，于是楚文王悍然出兵，"遂灭息，以息妫归"，息妫也由"息夫人"变成了"楚夫人"。因为对一女而事二夫感到无比的羞耻和憾恨，息妫入楚三年虽为楚王生二子却从不主动说话。甚至直到庄公二十八年楚文王去世后，令尹子元仍有意将息妫据为己有，足见已经入楚十五年的息妫仍旧美貌不减当年。但在男人们无休止的骚扰和抢夺过程中，有谁提到过

---

① 叶舒宪：《性别诗学》，社会科学文献出版社1999年版，第44页。

"爱"吗？他们眼中只有"美"，而且是单纯的、被视同为"物"的美。

和息妫同样不幸，面目更加不清楚的女子还有主要事迹见于宣公九年、十年和成公二年的夏姬。夏姬本是郑穆公之女，曾先后嫁于子蛮和夏征舒之父夏御叔，又在夏御叔死后与陈灵公、孔宁、仪行父一君二卿同时私通。三个男人因在株林互言"征舒似汝"的玩笑而激怒已经成年的夏征舒，最终导致灵公被弑、二子奔楚的结局，自立为陈侯的征舒也于第二年被反叛者联合楚人所杀。以战利品身份入楚的夏姬又成为楚国君臣的争夺对象，后嫁之夫连尹襄老不幸战死时，夏姬之美终于形成了舆论上的"杀三夫一君一子，而亡一国两卿"。被连尹襄老之子黑要"烝之"后，夏姬最终与申公巫臣相约逃晋。因了这样的经历，夏姬历来以"淫"为人诟病，但除了演义小说，没有人去想在命运无情的推搡中，夏姬的姿态是主动还是被动。无论如何我们都必须承认，不管息妫与夏姬是否情愿，她们都只能成为男人们的争逐对象，因为被男性视同为"物"的惊人的美貌便是她们一生无数波折的罪魁祸首。

"女性已经被书写了两千年，她们在历史中以物的样态出现，不肯诉说，也无由诉说自己的痛苦与体验。"① 我们如上所说的这些被"物化"了的女性，在时代的眼中已丧失了作为"人"的存在，没有人注意到她们身上的主体性，她们只是男性审美观照中没有生命的客体。在社会的大背景之下，她们无一例外也别无选择地表现为更广泛意义上的顺从。事实上，还有与此相关的更加不可思议的事情："君死、官死、父死，都意味着一体化关系的永久或暂时解除，也可以缔结新的一体化关系，唯独夫死不影响夫妻一体化关系的存在，女性仍要向亡夫负责。负责者为'节妇''烈女'。"② 息妫和夏姬显然不是这样的节妇烈女，但两千多年，提到这两个女子的时候，我们真的不知道除了用她们第一个丈夫的相关信息加上她们自己的姓氏以外，还可以用怎样的方式称呼她们，而这也是男权社会对"物"的命名方式。

无论是谨小慎微地躬行礼法，还是大胆决绝地表现叛逆，或是完全被抹杀了"人"的属性，《左传》中的妻子们都在或长或短的时间里书写了自己的人生。她们之中有秉从六礼的媒妁之妻，也有孟僖子妻之类的奔来

---

① 张岩冰：《女权主义文论》，山东教育出版社2005年版，第217页。
② 欧阳洁：《女性与社会权力系统》，辽宁画报出版社2000年版，第45页。

之妇；有心怀嫉妒一心求宠的骊姬，也有颇具妇德十分谦让的赵姬；有谨守礼法恭顺无为的宋共姬，也有大胆反抗不安于室的向姜；有频频出场的诸侯夫人，也有一闪即逝的臣下之妻；有守贞之女再嫁之妇，也有不守妇德的生人妇与亡人妻……而这样切近的身份交代自然有利于我们看清《左传》之中为人妇者各具特色的生存状态和她们身上一闪而过或是恒久存在的光芒。

第三节　为人母者的风雨低吟

叔本华说："只需看一看女性形成的道路，便可了解女人并不意味着必须担负沉重的劳动，无论是精神的抑或体力的劳作。她并不是以自己的辛劳，而是以自己遭受的痛苦，以生儿育女的艰难和对丈夫的顺从来偿还生命的债务。"① 从行文上看，《左传》中少有真正快乐的母亲，那么是什么让她们终日忧心忡忡呢？

一　"母爱"与"母权"羽翼下的权力之争

母系氏族阶段是人类社会的童年，女性曾以绝对的权威占据过人群的领导地位。就中国而言，甲骨文和金文中涉及的妇名有150多个，仅商王武丁朝就有60多个，这些女性被学者们统称为"诸妇"。学者们还认定，这些女性首先是与商朝结盟的各方国和部落的首领，其次才是统治集团中王、诸侯、重臣的配偶或亲属。② 这些妇女在诸多方面参与国家的政治，直到商代仍有妇好这样英勇的女性统帅影响着战争的走向。可自从周公制礼作乐，却严令"女不干政"，"妇无公事，休其蚕织"③。而这一政治结论与夏、商、周三代所谓"女祸"有着密切的联系，妹喜、妲己与褒姒之类的女性成了君主无道、王朝更迭的替罪羊，并使男性在政治上对女性生出了长久的戒心。"民之所由生，礼为大。非礼无以节事天地之神也，非礼无以辨君臣、上下、长幼之位也，非礼无以别男女、父子、兄弟之亲，昏姻、疏数之交也。"④ 礼之所重"别男女"其实是以家庭为单位的，

---

① ［德］叔本华：《叔本华论说文集》，范进等译，商务印书馆1999年版，第477页。
② 霍然：《论殷商时代的母权制遗风》，《杭州师范学院学报》2002年第6期。
③ 《诗经·大雅·瞻卬》。
④ 《礼记·哀公问》。

其关键在于梁漱溟所言，人和人"相与之间，关系遂生。家人父子，是其天然基本关系；故伦理首重家庭"，"伦理始于家庭，而不止于家庭"。①而规定女性的政治地位显然是制礼的目的之一。

（一）以"母爱"之名

春秋时期男权政治对女性的排斥显而易见，但如果就此得出女性与政治绝缘的结论也并不切合实际。男性之所以把限制女性参政的事宜大张旗鼓地提上日程，正说明其时的女性对政治还有着相当的影响力。《左传》文本中的女性大多出身于贵族家庭，她们的父兄和丈夫、儿子往往就处于政治集团的核心地带，对她们而言，触手政治有时就像探囊取物一般简单，而素常的耳濡目染也使她们眼中的政治不再神秘，有些人甚至可以驾驭自如。

隐公元年"郑伯克段于鄢"的根本原因恐怕既不在于郑庄公的老谋深算，也不在于共叔段的权欲膨胀，他们亲生母亲武姜的自私冷酷才是兄弟相残的根源。这个偏执的母亲只因为"庄公寤生"便"恶之"，如果只是在情感上偏爱共叔段倒也罢了，她偏偏生出"欲立之"的非分之想并"亟请于武公"，而她在庄公即位后贪得无厌的"请制""请京"终于将爱子共叔段送上了一条不归之路。武姜与庄公经颍考叔劝谏后"阙地及泉"的"隧而相见"虽然赢得了"母子如初"的结局，但这个"初"字却是一个颇耐咀嚼的字眼儿，因为武姜与郑庄公这对母子的关系从来就不好。僖公二十四年王子带通于隗后并勾结狄人作乱，对周襄王的统治地位造成了极大威胁，甚至一度使周襄王"出居于郑"。对于这次同样激烈的兄弟相争而言，当初母亲惠后对王子带"将立之，未及而卒"的无度宠爱和对其党羽培植的放任自流自然也是"功不可没"。

郑庄公和共叔段都是武姜的亲生儿子，尚且由于母亲的偏心酿成了手足相残的悲剧，其他为自己儿子争取地位的斗争就更加惨烈。晋献公之妾骊姬欲立己子的野心导致了申生自杀、重耳和夷吾出奔的晋国大乱（僖公二十三年）；鲁文公的二妃敬嬴亦曾主动勾结襄仲发动政变（文公十八年），目的只是想立自己的儿子宣公为鲁国的继承人。

在一夫多妻的社会中，有后妃之分妻妾之别就会有邀宠与夺嫡，如郑穆公妾宋子与圭妫那样相互亲近连彼此儿子的关系也十分亲密的例子极为

---

① 梁漱溟：《中国文化要义》，学林出版社1987年版，第79页。

罕见（襄公十九年），如崔杼继室东郭姜因不肯让前妻之子得到极具政治意味的领地而致家族内乱的事件却绝不少有（襄公二十七年）。"妻将生子，及月辰，居侧室"①是春秋时的生产礼法，正是因为礼有所据才会有昭公二十九年所记的异事："公衍公为之生也，其母偕出。公衍先生，公为之母曰：'相与偕出，请相与偕告。'三日，公为生，其母先以告，公为为兄。"可以说公为之母处心积虑地谋划这件事，不只是为了使儿子取得长子的自然身份，更是为了取得日后的太子头衔，而这一阴谋也的确曾一度得逞。当温暖的母爱与激烈的权力争夺战相遭遇时，多数母亲都会主动参与政治权力的角逐，从而站成儿子身后强大的动力和后盾。她们的举动虽然不乏自私、狭隘、偏执甚至残忍，但对自己的儿子而言，她们却是最慈爱的母亲，因为在各国残酷的政治斗争中，不能赢得权力的公子就可能被迫出奔甚至会有性命之忧，而身为母亲的她们也会失去自己一切的人生依靠。

（二）"母权"的实质

中国传统道德以家庭为基本单位，立"父义、母慈、兄友、弟恭、子孝"为五典，其根本在于礼法道德的制定者是为了借此建立"君父""臣子"的对等关系，将人们纳入家庭之外更大的宗法体系。《礼记》讲"故孝悌忠顺之行立而后可以为人"②，孝是排在第一位的。中国的传统道德是尊男抑女的，但在讲求孝道方面却总是"父母"并举"舅姑"连称，不再顾及基本社会观念中的性别因素。《诗经》说"恺悌君子，民之父母"③；《论语》说"事父母能竭其力"④，"父母唯其疾之忧"⑤；《孝经》说"身体发肤，受之父母"，"扬名于后世，以显父母"⑥；《礼记》说"父母舅姑之命勿逆勿违""父母有过，下气怡色柔声以谏"，"舅没则姑老，冢妇所祭祀、宾客，每事必请于姑"⑦。在这一特殊视点的作用之下，中国宗法礼教中的另类"母权"现象也应运而生。英国学者罗素说："女人在她的一生中从未有过独立生存的阶段，开始隶属于父亲，以后隶属于

---

① 《礼记·内则》。
② 《礼记·冠义》。
③ 《诗经·大雅·泂酌》。
④ 《论语·学而》。
⑤ 《论语·为政》。
⑥ 《孝经·开宗明义》，李学勤主编：《孝经注疏》，北京大学出版社1999年版。
⑦ 《礼记·内则》。

丈夫。同时，一个老年妇女在家庭中也是可以具有近乎专制的权力的；她的儿子及儿子的妻子都和她生活在一起，她的儿媳是完全屈服于她的。"①

在"父母"连称的文化秩序里，作为行孝的对象，母亲已在无形中拥有了非男非女的无性别属性。我们不可以再用世俗的性别观念去衡量她们的地位，因为她们不再是"男女"中的"女"，而是"父母"中的"母"，是一群因为做了母亲（并且多数失去丈夫）而丧失性别的人。而这种属性有利于帮助她们摆脱礼法的部分束缚，更加有利于她们发挥自身的能动作用，进而在不同的生活场景中强化自身的存在。女性性别的丧失在某种程度上提升了她们的地位，也使她们拥有了母系氏族社会结束后的另类"母权"，并决定了中国日后的家庭格局，甚至是某些朝代的政治格局。但这种"母权"其实只是"父权"的某种延续。

桓公三年，芮伯之母驱逐芮伯使之出居于魏；文公八年宋襄夫人仅仅因为宋昭公对她无礼就杀了他的孙子和同党，在文公十六年欲通公子鲍时，她并没有全凭女性的魅力去动之以情，而是辅以政治手段，先是在灾年帮助他施舍穷人赢得民心，然后进一步设计杀死昭公而使公子鲍登上王位；僖公三十三年秦晋殽之战后，文嬴所以能够成功地"请三帅"从而逆转两国的政治形势，凭借的同样是自己嫡母的身份。

许多对中国传统文化粗通皮毛的人都认为它对女性的要求就是"三从四德"，但很少有人知道"三从四德"究竟在什么时候才真正成为社会道德和公众舆论的主流。春秋时代，《周礼》所规定的以"妇德、妇言、妇容、妇功"②为主要内容的"四德"已如《礼记》所言成为女子出嫁前的必修功课③，但"未嫁从父，既嫁从夫，夫死从子"④的"三从"思想虽已得到确立却并没有在这一时期得到至为深入的贯彻。所以此时还有自行择婿备受赞誉的徐吾犯之妹，更有大胆出走奔于孟僖子的泉丘人之女；有已经出嫁却搞不懂父亲还是夫亲的郑雍姬，更有不安于莒而私自跑回娘家的向姜和身为齐侯之妾却参与叛乱的连称从妹；还有上文所说的芮伯之母、宋襄夫人和同样强势的穆姜及以委婉取胜的文嬴。

中国女性涉足政治巅峰，前有吕后专权，中有武曌称帝，后有慈禧垂

---

① ［英］罗素：《婚姻革命》，靳建国译，东方出版社1988年版，第19页。
② 《周礼·天官》。
③ 《礼记·内则》。
④ 《礼记·丧服》。

帘。但早于她们的春秋女性虽然更接近母系社会的尊崇却似乎没有如此强烈的权力欲望，她们插手政治更像是票友串戏，只是偶尔露峥嵘，政治对她们而言大多不过是稳固自身地位的方式或是为儿孙谋取前程的手段又或是在父国与夫国之间赢得平衡的筹码。

二 寡母们的性之苦闷

"饮食男女"被古礼推重是因为这两项活动都是建立在伦常基础之上的"人之大欲"，非"饮食"不足以续命，非"男女"不足以繁衍，所以夫妻间的性事也因之被命名为"敦伦"。"敦伦"就是说性行为的诱因不应该是生理欲望或情感需要，而只能是为了履行天降于斯的伦理责任。与之相应的，性行为的目的也不应该是为了得到生理快感或是抵达灵肉契合的美妙境界，而只能是为了满足产育子嗣的生殖需要。不只国人如此，就连时钟的指针指向18世纪之时，欧洲还在讨论良家妇女是否拥有性快感的问题。可是无论道学家们将性解释得多么神圣或多么枯燥，性都在人类前行的道路上带来过许多不可避免的骚动甚至震荡。

（一）改嫁与私通

虽然"春秋时缺乏女性守节观念"，"妇女守节观念到战国中期才出现"[①]，但《左传》中还是出现了太多的寡妇形象。也许是因为春秋婚姻制度规定丈夫可以拥有多名妻妾而女子却只能有一个丈夫，鳏夫倒是极为少见。春秋时期并没有严格的礼教要求女性从一而终，在成文礼法上也并不限制女子再嫁，所以有些女性在丈夫去世后以各种方式重新获得了"妻"的身份。息妫以再嫁为耻（庄公十四年）正说明二嫁事实的存在，此外还有宣姜再嫁昭伯（闵公二年）、怀嬴再嫁重耳（僖公二十三年）、棠姜再嫁崔杼（襄公二十五年）、叔孙豹之妻国姜再嫁公孙明（昭公四年），夏姬甚至三嫁四嫁（成公二年），重耳亦曾亲口告诉季隗"待我二十五年，不来而后嫁"（僖公二十三年）。但《左传》之中居孀守寡的女性仍旧难以计数，足见限制女性再嫁已形成一定的社会共识。因为丈夫的缺失，这些女性失去了婚姻和爱情的庇佑，更多人只能固守着寡母的身份直到生命的终老，而无以排遣的生理欲望使许多人陷于性的苦闷之中。

"亚当夏娃以来，大多数的纷扰都是性的冲动作了渊源的。它是大多

[①] 童书业：《春秋史》，上海古籍出版社2004年版，第270页。

数悲剧的原因，不管我们所遇的是在今日的事实，或是过去的历史神话和文学作品。然而纷乱事实的本身，就已指明有些势力在制裁着性的冲动；人并不是对于自己不可满足的欲望容易投降的，于是创设了藩篱，制定了禁忌；而且藩篱和禁忌的势力非常之大，大得等于天命的力量。"[①] 但就是这样的近于天命的力量也不能抹杀人性最基本的需求。那些为人母者是家庭的重要基石，她们大多有着对子孙无条件的爱的给予，同时也有着自我权利和人性欲望的追求，当所有这些东西掺杂一处并与家国利益相勾连时，她们的生活与性情就变得异常复杂，而她们的非凡的手腕和鲜明的弱点也随之一一展现。

"'奸淫'和'通奸'是两个含有十分浓厚的道德上的罪的字眼，因此，当我们使用这两个词时，我们的头脑很难保持清醒的认识。"[②] 很难并不等于不能。首先，这种表述并不意味着处于"礼崩乐坏"时期的春秋人不介意禽兽之行而以推翻道德标准为乐；其次，只要稍作推究我们就可以发现，所谓"淫妇"，除了鲁桓公夫人文姜和卫灵公夫人南子等少数几个人之外，她们的通奸行为大都发生在丈夫去世之后，如宋襄夫人、赵庄姬、哀姜、穆姜、声孟子等，而这一现象的出现也正说明了不甘寂寞的人性在强大礼法压迫下的必然反弹。而此类婚外性行为的发生至少可以引起我们对《左传》时期礼法道德和两性关系的一点思考。

定公十四年，卫灵公为夫人南子召宋朝于洮相会，太子蒯聩听到山野之人满含讽刺的歌曲想到南子带给卫国的耻辱便起了杀心，在刺杀南子未遂之后蒯聩只好弃国奔宋；襄公二十五年，齐棠姜在嫁给崔杼之后不得已与齐庄公通奸，导致了崔杼弑杀庄公的结果，并在不久之后使崔氏惨遭灭门。南子与棠姜是"生人"之妻，不在我们所说的丧夫的寡母之列，她们与他人发生婚外性关系时也有主动与被动之别，但她们的"性"却直接造成了某种政治结果。鲁夫人文姜与其兄齐襄公的乱伦私通行为分为两个阶段，第一个阶段是文姜的丈夫鲁桓公活着的时候，第二个阶段是鲁桓公去世之后，而这一性关系所引发的最为直接也最为恶性的政治结果便是鲁桓公被谋害致死。

---

① [英]马林糯斯基：《两性社会学》，李安宅译，台湾商务印书馆1974年版，第186页，转引自王绯《女性与阅读期待》，陕西人民教育出版社1991年版，第44页。

② [英]罗素：《婚姻革命》，靳建国译，东方出版社1988年版，第41页。

"在男人的生活中，好德与好色从来都是两个平行共存的愿望。社会赞许好德，故诗篇的解释者公开宣扬女人的美德。好色一贯受到指责，故成为潜伏在心中的欲念。《毛诗序》说得很明确，表彰妇德是为了'风天下而正夫妇'，因为父权社会的大厦建筑在'正夫妇'的基础上。所以，自古以来，讴歌婚姻和妇德的诗篇始终被尊为正声。"[①] 但在更多的为性而苦闷的《左传》寡母那里，妇德与正声都是不存在的，她们的人生乐章因为无法宣泄的生理欲望而发出了走调的变奏。

(二) 非礼的政治与非礼的性

《左传》所记烝、报、因等收继婚中的女性大多面目模糊，但在写到婚外性关系的时候却不时出现"某夫人与某通"或是"某姬通于某"的字样，其行文中流露出的女性主动性不言而喻。我们同时发现，此类性关系中男性的地位大多低于女性。如君夫人通常与大臣私通，鲁庄公夫人哀姜通于公子庆父（闵公二年），鲁之穆姜和齐之声孟子先后通于叔孙侨如（成公十六年），声孟子后来又通于庆克（成公十七年），卫襄夫人通于公子朝（昭公二十年）。而卿大夫之未亡人有很大一部分都是通于家臣童仆之类，如范宣子之女栾祁"与其老州宾通"（襄公二十一年）、鲁季公鸟之妻季姒通于饔人檀（昭公二十五年）、孔悝之母通于孔氏之竖浑良夫（哀公十五年）。如果仅从年龄上看，陷于这种关系的女性似乎并不都是鸡皮鹤发只能借权力和地位满足性欲的垂垂老妇，虽然并不排除个别女性被胁迫的可能，但更有说服力的答案则是寡居女子因为性的饥渴而采取了主动。正因为这样一种以满足生理欲望为首要目的"非礼"关系的存在，因"性"而导致家国内乱的事例在《左传》中绝不罕见。

鲁庄公在执政的第三十二年去世，其夫人哀姜通于公子庆父，不但纵容庆父杀子般、缢闵公，而且想谋篡大位立庆父为君，此举虽然失败却引起了鲁国强烈的政治震动；齐声孟子先通于叔孙侨如又通于庆克，通于叔孙侨如时一力抬高他的地位，"使立于高、国之间"，致使叔孙侨如因为惧罪而奔卫，通于庆克时"与妇人蒙衣乘辇而入于闳"，因奸情被鲍牵等人发现便诬害忠臣；卫公子朝通于襄夫人宣姜，"惧而欲以作乱"，"故齐豹、北宫喜、褚师圃、公子朝作乱"，使卫国的局势一度混乱不堪。如果人们较为熟悉汉代的历史，就会发现不但上层社会女性有很多再嫁之例，

[①] 康正果：《风骚与艳情》，上海文艺出版社2001年版，第4—5页。

而且"汉家公主不讳私夫,天子安之若素,朝野亦司空见惯,贵族重臣甚至上书乞封","汉代贵族妇女在婚姻关系和家庭生活中占据较高地位,也留下了比较显著的社会历史印痕",[①] 较之更早的春秋时期的后宫之事大致也可以与之相互印证。

鲁宣公夫人穆姜与叔孙侨如私通时,"欲去季、孟而取其室"。在得不到鲁成公响应时,穆姜甚至指着从堂前经过的公子偃、公子鉏威胁鲁成公说:"女不可,是皆君也。"完全见不到成公九年因季文子为其女儿送亲归来而赋诗拜谢的温文尔雅和端庄仪态。后来穆姜因伙同侨如作乱而被迁于东宫。住进去的时候在占卜中得到了《随》卦,史官曰:"《随》其出也,君必速出。"但穆姜自己却说:"今我妇人而与于乱。固在下位而有不仁,不可谓元。不靖国家,不可谓亨。作而害身,不可谓利。弃位而姣,不可谓贞。有四德者,《随》而无咎。我皆无之,岂《随》也哉?我则取恶,能无咎乎?必死于此,弗得出矣。"(襄公九年)"羞愧感是人在背离神圣生命陷入罪的沦落之中后对自己存在的破碎的直接感悟,确认自己本然生命的欠缺和有限性。"[②] 穆姜对《随》卦的这段解释虽非临终之言,却也算得上是对自己一生充满愧悔的总结,而最后在软禁中凄凉地死去也和她的性欲得到非礼满足之后权欲的膨胀有着十分直接的关系。如果她生前得知叔孙侨如在出奔齐国不久又成了齐国太后声孟子的入幕之宾,不知会作何感想。

大夫之家的情形也好不到哪里。晋国栾桓子娶了范鞅的女儿,但范鞅因为曾经被栾氏驱逐过,所以虽与自己的外孙栾盈同为公族大夫却关系不睦。栾桓子去世后,其妻栾祁和家宰州宾私通,栾氏的家产几乎都被州宾霸占了,栾盈很是不满。俗话说"虎毒不食子",但栾祁因为害怕儿子讨伐自己就向父亲范鞅诬告说"盈将为乱",直接导致了栾盈的亡命天涯。"意中人不能被替代的想法使爱情具有了特殊的价值。这几乎是一个人的感情、愿望、世界观的绝对融合","意中人不能被代替的这种思想有时会影响一个人的命运"。[③] 也许正是因为如此,在情人、自我和骨肉亲情的天平上,栾祁作出了令人诧异的选择。

---

① 王子今:《古史性别研究丛稿》,社会科学文献出版社2004年版,第132—133页。
② 刘小枫:《拯救与逍遥》,上海三联书店2001年版,第157—158页。
③ [保]瓦西列夫:《情爱论》,赵永穆、范国恩、陈行慧译,三联书店1984年版,第290页。

鲁国季公鸟死后他的弟弟季公若和家臣公思展、申夜姑替他主理家政。季公鸟之妻季姒在丈夫死后与家里掌管饮食的饔人檀私通，因为害怕私情泄露就心生一计。她让家里的侍女打伤自己，然后把伤痕给季公鸟的妹妹看，说："公若欲使余，余不可而抶余。"意即自己因不肯为公若侍寝而遭到了毒打，并告诉公甫说公思展和申夜姑要胁自己，最终导致公思展被执、申夜姑被杀。

卫太子蒯聩的姐姐嫁给了孔圉，称孔姬，生下了孔悝，"孔氏之竖浑良夫长而美，孔文子卒，通于内"。哀公十五年孔姬和浑良夫协助流亡在戚地的蒯聩回国夺位，并在厕中挟持孔悝强行结盟，卫出公蒯聩与浑良夫结盟许诺免他三次死罪。蒯聩回国与浑良夫大有关系，而如果没有与孔姬的情人关系，浑良夫未必肯蹚这道浑水，也未必能够被信任参与政变大事。

"食色性也"和"饮食男女，人之大欲存焉"是人们十分熟悉的两句古语，《礼记》的《礼运》篇刚说了一句"夫礼之初，始诸饮食"，《内则》篇就补了一句"礼始于谨夫妇"。礼重"饮食"是出于对生存的重视，礼重"男女"则是出于对繁衍的重视。从本质上讲，人的生理欲望和情感欲望都是未能包含于其中的。对文姜、南子这样与人私通的有夫之妇我们可以唾弃，然而对宋襄夫人、赵庄姬、哀姜、穆姜、声孟子等居孀之人，我们可以说她们的行为既不符合所谓"妇德"也与传统道德相悖，但不甘寂寞的人性本能在社会共识制约下的必然反弹也一定会得到人们不同程度的同情。

由于这样一种以满足生理欲望（也许同时包含情感欲望）为首要目的"非礼"关系的存在，因"性"而导致了太多场次的家国内乱。"古代中国要求女性形象以'善'为主，以'美'为辅。'贤妻良母''三从四德'就是这种规范的体现。"① 可《左传》女性在特定环境下的性欲追求不但缺少"善"与"美"的表征，甚而导致了母性的变异。这些现象也不由得让我们思考：如果作为社会秩序和社会道德的"礼"能够为寡居女子最基本的生理需求留下一条合理的泄导途径，那么这些由"非礼"之性引起的纷扰应该就会极大程度地减少。而由此发动的面向他人甚至子孙的干戈与征伐就可以趋于消亡，所有人的生活都会变得更加宁静和

---

① 周力、丁月玲、张容：《女性与文学艺术》，辽宁画报出版社2000年版，第224页。

美好。

三　三个与众不同的母亲

《左传》中有着太多让人过目难忘的母亲形象，她们大多形象突出、个性鲜明，却可以用一定的标准被归入某一类别。但有三位母亲却着实以特立独行之姿态立于人群之中，让人不得不刮目相看，她们分别是介之推之母、叔向之母和齐顷公之母。

（一）介之推之母

"介之推不言禄"是一则广为流传的春秋故事，但更多人在赞佩介之推淡泊名利的同时却有意无意地忽略了其母在家庭教育中对他的培养和在他遁世决断中的重要作用。

僖公二十四年，晋文公入主晋国遍赏从人，唯独遗忘了介之推：

> 晋侯赏从亡者，介之推不言禄，禄亦弗及。推曰："献公之子九人，唯君在矣。惠、怀无亲，外内弃之。天未绝晋，必将有主。主晋祀者，非君而谁？天实置之，而二三子以为己力，不亦诬乎？窃人之财，犹谓之盗，况贪天之功以为己力乎？下义其罪，上赏其奸；上下相蒙，难与处矣。"其母曰："盍亦求之？以死，谁怼？"对曰："尤而效之，罪又甚焉。且出怨言，不食其食。"其母曰："亦使知之，若何？"对曰："言，身之文也。身将隐，焉用文之？是求显也。"其母曰："能如是乎？与女偕隐。"遂隐而死。晋侯求之不获。以上绵为之田，曰："以志吾过，且旌善人。"

介之推与其母分析形势说，重耳为君乃是天意而非二三子之功。其母先是要介之推"亦求之"，后又建议他"使知之"，看起来似乎是对儿子的遭遇心有不甘亦心有不平。可当介之推不肯采纳母亲的建议并表达其"身将隐"的意愿时，其母亦果决地表明了与之偕隐的愿望。人物性格的转变似乎太快了些，但仔细想一想我们就会恍然大悟，原来介之推之母是在以循循善诱的方式和丝丝入扣的提问让儿子在深入的思考中彻底摆脱尘世利禄的诱惑。与儿子一同选择"遂隐而死"的道路不但说明了她对政治的清醒与超脱，而且使她成为中国历史上第一个有文字可查的女性隐士。对晋文公重耳而言，介之推母的与子偕隐应该是一种另类的劝谏，让重耳认识到了自己的处事不周，而心生懊悔之时他必会善待朝臣。

(二) 叔向之母

叔向之母是出现在春秋后半期的一个女性思想家兼预言家的形象。襄公二十一年和昭公二十八年都对她有所记载，而她的主要言论都相关于对女性美的理解。当初叔向之母因为嫉妒叔虎之母的美貌而不许她为丈夫侍寝，却向儿子们为自己辩解说："深山大泽，实生龙蛇。彼美，余惧其生龙蛇以祸女。女，敝族也。国多大宠，不仁人间人，不亦难乎？余何爱焉？"而当叔向欲娶夏姬和巫臣的女儿为妻时，叔向之母曰："子灵之妻杀三夫一君一子，而亡一国两卿矣，可无惩乎？吾闻之，甚美必有甚恶。是郑穆少妃姚子之子，子貉之妹。子貉早死，无后，而天钟美于是，将必以是大有败也。……且三代之亡，共子之废，皆是物也，女何以为哉？夫有尤物，足以移人，苟非德义，则必有祸。"

从这两段话中我们大致可以推测，叔向之母是一个出身世家大族深受社会主流文化熏陶有着深厚文化修养却又姿色平平的女性，否则她不会培养出叔向那么出色的儿子，她的话语中也不会带有那么明显的男权色彩，并表现出对美女的天然仇恨。如果说她对叔虎之母美貌的嫉恨还有妻妾争风的成分，只不过是故意用冠冕堂皇的语言来加以掩饰的话，那么她对素未谋面的夏姬之女的成见就只能来源于其时社会的道德评价标准，来源于她对夏姬的偏见。就像鲁穆姜看不起未经媒妁的声伯之母一样，女性站在男权立场上向同性施加的压力所造成的应该是一种更为可悲的社会现实。当然，她的判定虽带有一定的个人色彩，却显示了她身为母亲强烈的家族使命感，也一针见血地道出了男性迷恋尤物的弊端。

叔向之母对叔向婚事的分析也着实吓到了叔向本人，以致"叔向惧，不敢取"，后来是在晋平公的强行干预下才缔结了这门婚姻。有这样一位婆母，夏姬之女进入羊舌氏之后的日子恐怕也不会好过。等到夏姬之女生下伯石的时候，叔向之母也曾前来探视，但走到厅堂上听到伯石的哭声后就没有进去，因为她觉得："是豺狼之声也。狼子野心。非是，莫丧羊舌氏矣。"羊舌氏后来果然在伯石的手中败亡，叔向之母也因此成就了自己预言家的地位。但我们也可以想见，伯石是在怎样一种畸形的家庭环境中成长起来的，而这种家庭环境对伯石的性格形成又会产生怎样的影响。他的祖母所起的作用应该是不可小视的。

（三）齐顷公之母

女性对政治正面或负面的干扰在每个历史时期都会发生，庄姜、息妫、骊姬、夏姬都曾影响过政治，但多数女性对政治的介入是无意的，尤其是那些没有权欲之心的美女，她们只能在被动中接受政治带给她们的利害和"祸水"的称谓。但《左传》中还有一个与上述美女因素毫无瓜葛却也同属无意间掀起重大风波的政治个案：齐国的萧同叔子只是因为一笑便挑起了一场波澜壮阔的军事斗争，而且她的一笑也绝不同于褒姒的"烽火戏诸侯"。

宣公二十年所发生的齐晋鞌之战是春秋的著名战役之一，其战争规模之巨大、其战争表现之惨烈令人过目难忘。这场战役固然是齐晋多年矛盾的必然结果，却有一个极不严肃也让人极为意外的诱因。事情发生在宣公十七年的春天：

> 晋侯使郤克征会于齐。齐顷公帷妇人使观之。郤子登，妇人笑于房。献子怒，出而誓曰："所不此报，无能涉河！"献子先归，使栾京庐待命于齐，曰："不得齐事，无复命矣。"郤子至，请伐齐。晋侯弗许。请以其私属，又弗许。

郤克是晋国名臣郤缺的嫡子，其人博闻多能、惠而内德、智能翼君，美中不足是身体有残疾。《史记·晋世家》说他驼背，《穀梁传·成公元年》说他有一只眼是盲的，《左传·宣公十七年》杜预注说他是跛足。总之，当郤克觐见齐顷公时，齐顷公之母萧同叔子躲在帷幕之后偷窥来使，并因为郤克的残疾而笑出声来。妇人偷窥他国使臣本就属于非礼之举，却又发出嘲笑之声，自尊而又敏感的郤克感到十分愤怒，发誓说如果不报此仇就不会再渡过黄河，盛怒之下的郤克甚至把外交使命交给副使就先行回国了。郤克回国后请求即刻伐齐，没有得到晋侯的应允。但仅仅三年之后，已身为晋国执政大臣的郤克便借机发动了著名的齐晋鞌之战。

鞌之战结束后，战胜的晋人曾无礼地要求"必以萧同叔子为质"（成公二年）即是齐顷公之母"笑于房"种下的前因。虽然齐人说："萧同叔子非他，寡君之母也。若以匹敌，则亦晋君之母也。吾子布大命于诸侯，而曰必质其母以为信，其若王命何？且是以不孝令也。"使齐顷公之母免于为质之辱。但成公三年齐顷公赴晋朝见晋景公时，郤克仍旧没有忘记这件事，他快步走到齐顷公面前说："此行也，君为妇人之笑辱也，寡君未之敢任。"

萧同叔子能够成为一国之小君，至少应该是出身于公室，也就是说应该受到过良好的教养，但她于房中偷窥朝仪的做法却实在让人不敢恭维。介之推之母是少见的清醒的智者，叔向之母虽然以男权代言人的形象出现却也自有其过人之处，齐顷公之母却只能说是一个极端不智的人。我们固然可以批评郤克心胸狭窄、气量不够，却不可以忽略萧同叔子的举止失礼、仪节失度。

其实，或为人女、或为人妻、或为人母都是《左传》女性出现在男权政治中的特定角色。一个个衣袂翩翩巧笑倩兮的女子、一个个叹息连连敛首凝眉的女子、一个个神采奕奕长袖善舞的女子似乎都在不经意间聚拢来，不期然地形成一道七彩的仕女屏风。但这些曾在春秋时期真实活过的女性不是为了满足男性的观赏欲望而存在的，她们中的一些人的确只活成了一个名字、一个影子，但更多的人却淋漓尽致地哭过笑过，并在性别歧视的藩篱之中认真地、艰难地寻找过自我的存在。走进《左传》，她们在举手投足间将自己置换成男性书写无法逾越的障碍，非以锐利的目光之箭、思想之锋穿透她们设置的重重迷雾，你将无法看清历史的真颜，亦无法看清中国女性两千年行程中的坎坷与艰难。

对《左传》女性而言，春秋时代并不是一处没有血泪的人间乐土，但这块土壤生成了她们的妖娆与妩媚、坚毅与刚强，让后人在蓦然回首时能够看到她们轮廓分明或是一缕诗魂般的人生写意。集市扰攘远处有书声琅琅，行李往来背后是战车辚辚，打开《左传》追怀春秋时，我们总会在不经意间发现女性那意味深长的背影。

第七章 《左传》的战争叙事

春秋是中国政治、军事、文化形态发生重大转变的历史阶段，记载这一时期历史的《左传》在取材、运笔上都离不开真实的春秋生活，而作为春秋生活重要组成部分的战争也因此顺理成章地在《左传》中占有了相当比重，以致晋人魏禧干脆称《左传》为《相斫书》。① 唐人刘知几论《左传》时曾说："左氏之叙事也，述行师则簿领盈视，咙聒沸腾；论备火则区分在目，修饰峻整；言胜捷则收获都尽；记奔败则披靡横前；申盟誓则慷慨有余；称谲诈则欺诬可见；谈恩惠则煦如春日；纪严切则凛若秋霜；叙兴邦则滋味无量；陈亡国则凄凉可悯。或腴辞润简牍，或美句入咏歌。跌宕而不群，纵横而自得。若斯才者，殆将工侔造化，思涉鬼神，著述罕闻，古今卓绝。"② 可见刘知己也是更多地为《左传》的战争叙事所打动。

《左传》作者以较多文字记录战争，且毫不隐讳自己的战争立场。如果没有这一思想立场的组成，《左传》的战争描写不但会变成无源之水、无本之木，而且必然会缺失动人心魄的情感力量，从而使《左传》彻底沦为冷兵器时代的冷血叙述。《左传》以有情之笔写战争，但与场面描写相比，其叙事更重计谋与机变，也更加深得战争之要义，其所使用的"避""犯"与"闲笔"手法更是彰显了取材的开阖之妙与行文的张弛之法。

第一节 左氏的战争立场

因为生存的需要，战争与人类的历史相生相伴，《吕氏春秋》在追溯

---

① 《三国志·魏书卷十三》。
② 《史通·杂说》上。

战争的起源时说："兵所自来者久矣，黄、炎故用水火矣，共工氏固次作难矣，五帝固相争矣。"① 战争从来都不是一个只以刀兵相见的独立存在的事物，《孙子兵法》之《计篇》说"兵者，诡道也"②，《势篇》则说"凡战者，以正合，以奇胜。故善出奇者，无穷如天地，不竭如江河"③。《左传》成公十六年说："德、刑、详、义、礼、信，战之器也。"襄公二十七年说："凡诸侯小国，晋、楚所以兵威之，畏而后上下慈和，慈和而后能安靖其国家，以事大国，所以存也。无威则骄，骄则乱生，乱生必灭，所以亡也。天生五材，民并用之，废一不可，谁能去兵？兵之设久矣，所以威不轨而昭文德也。"列宁也说："历史上常常有这样的战争，它们虽然像一切战争一样不可避免地带来种种惨祸、暴行、灾难和痛苦，但它们仍然是进步的战争。也就是说，它们促进了人类的发展。"④ 也许正是因为如此，在《左传》作者的笔下，"民本思想"与"崇霸意识"交织在从未间断的战争描写之中。

一 "民本"思想

人们一般认为"民本"之语出于《尚书》的"民惟邦本，本固邦宁"⑤，"民本"一词即是"以民为本"的缩略语，"民"指人民，"本"则为树木之根、国家之根。被兵家奉为宝典的《孙子兵法》始终在强调"道"的作用，而道之所依首先就在于民。《孙子兵法》第一篇《计篇》就说："故经之以五事，校之以计而索其情；一曰道……道者，令民与上同意也，故可以与之死，可以与之生，而不畏危。"⑥ 很显然，"令民与上同意"可以为之生死的"道"之根本就在于民本思想能否被应用于战争实践。

（一）爱民重民

《左传》桓公六年随国季梁、僖公十九年宋国司马子鱼曾不约而同地在面对君主的劝谏中提到"民，神之主也"的观点，而当君主信纳其言

---

① 《吕氏春秋·荡兵》，关坚柱等译注：《吕氏春秋全译》，贵州人民出版社 1997 年版。
② 《孙子兵法·计篇》，孙武著，郭化若译：《孙子兵法》，上海古籍出版社 2006 年版。
③ 《孙子兵法·势篇》。
④ 列宁：《列宁全集》（第二十一卷），人民出版社 1959 年版，第 279 页。
⑤ 《尚书·五子之歌》。
⑥ 《孙子兵法·计篇》。

时，我们看到的也的确是天下太平、君民和乐的场景。对于战争，《孙子兵法》异常清醒地告诉我们："胜者之战，民也。"① 战争的胜败当然在民，闵公二年好鹤的卫懿公之所以众叛亲离只剩几个死党就是一个典型的无民而战的例子，其结局当然只能是败亡。

"民"的问题始终是优秀政治家头脑中的重要问题。庄公三十二年史嚚说："国将兴，听于民；将亡，听于神。"襄公二十五年子产问政于智者然明，得到了"视民如子"的教诲。昭公三年晏子向叔向申说自己的观点时说："民人痛疾，而或燠休之。其爱之如父母，而归之如流水。欲无获民，将焉辟之？"他不但自己有这样的见识，也善于亲近与自己有着相同政治理念的人。昭公五年郑国罕虎赴齐娶亲，晏子就曾多次前去拜见，陈桓子问他为什么，晏子说罕虎能任用有才能的人，是"民之主也"。可见"民"在晏子的政治思想中占有十分重要的地位，是否"以民为本"也是他用来衡量他人的一个重要标准。

桓公十七年齐人侵袭鲁国边境，边境上的官吏来向国君请示该如何应对，鲁桓公说："疆场之事，慎守其一，而备其不虞。姑尽所备焉。事至而战，又何谒焉？"体现了他奋起反击守土为民的思想。文公十三年邾文公占卜迁都于绎，史官说："利于民而不利于君。"邾文公的回答干脆利落毫不迟疑："苟利于民，孤之利也。"其重民轻己的态度更是得到了君子的赞赏。宣公十二年晋师救郑，听说郑与楚已经讲和后，桓子就想退兵，他的理由是："无及于郑而剿民，焉用之？"同样是从"民"的利益出发。襄公二十九年郑宋两国都发生了饥荒，郑之罕氏、宋之乐氏都积极主动地贷粟于民，叔向由此得出"郑之罕，宋之乐，其后亡者也，二者其皆得国乎！民之归也"的结论。昭公九年鲁国修筑郎囿，季平子想要加快进度缩短工期，叔孙昭子反对说那样便成了"剿民"："无囿犹可；无民，其可乎？"哀公三年鲁国宫廷发生火灾，季桓子命人救火时明确指出"伤人则止，财可为也"。昭公十三年鲁国南蒯据费邑作乱，季氏攻而不克，季平子便命令手下见到费人就抓回来作为囚徒。冶区夫劝阻他说："非也，若见费人，寒者衣之，饥者食之，为之令主，而共其乏困，费来如归，南氏亡矣。民将叛之，谁与居邑？若惮之以威，惧之以怒，民疾而叛，为之聚也。若诸侯皆然，费人无归，不亲南氏，将焉入矣？"季平子

---

① 《孙子兵法·形篇》。

听从了他的建议对费人多加恩遇,费人果然背叛了南蒯,平子也顺利平叛,尽显了"民"之力量。

《左传》所记某些极端或是较为极端的事件也或多或少地与"民"相关。桓公二年,宋国华父督先杀大司马孔父后弑其君殇,公虽是犯上作乱却能因贿赂各国而不获罪,其中一个十分重要的原因就是"宋殇公立,十年十一战,民不堪命"。战争对国力的消耗和对民生所产生的负面影响无须多论,"十年十一战"所积下的民怨在一定程度上也的确成为宋国政治格局发生变动的重要原因。桓公十年虞公出奔共池,起因是虞公欲求虞叔的美玉,虞叔因为担心"匹夫无罪,怀璧其罪"在做了一番思想斗争后主动献给了虞公,可是虞公又求其宝剑,虞叔因其贪得无厌而预感到祸之将及,于是主动出击攻打虞公。从这场争斗所导致的虞公出奔的结果和我们所见的虞公的行为方式看来,其贪一定不只体现在对虞叔的掠夺上,他对臣僚、对百姓也好不到哪儿去,其败之速必然也在于失去了可以固其本的民心。桓公十三年,"宋多责赂于郑。郑不堪命,故以纪、鲁及齐与宋、卫、燕战"。因为郑厉公之立得力于宋人,所以宋人于郑多有所求,而郑厉公若持续满足其所求,必然要将其求转嫁于郑之百姓,使百姓疲蔽困顿,不忍责于民所以不堪宋命,此战也算是为民而战。

"国之大事,在祀与戎",《左传》叙事多与战争相关,而军士本身也是"民"之组成,所以"民本"思想也不时借助战争叙事得以清晰传达。僖公二十七年楚成王将要围攻宋国,"使子文治兵于睽,终朝而毕,不戮一人"。由子文举荐的子玉"复治兵于蒍,终日而毕,鞭七人,贯三人耳"。大家纷纷祝贺子文后继有人,但年龄尚幼的蒍贾不但不表示祝贺反而责备子文举人不当,他的理由是:"子玉刚而无礼,不可以治民,过三百乘,其不能以入矣。苟入而贺,何后之有?"可见治军亦要用合宜之法,鞭笞甚至贯耳的方式都是行不通的。同在这一年,因楚伐宋而晋欲救宋,晋人作三军谋元帅时赵衰推荐了郤縠。他的理由是郤縠"说《礼》《乐》而敦《诗》《书》",晋侯于是使郤縠将中军,并让郤溱做他的副将。我们可以想象的是,作为主帅的郤縠在治军之时绝对不会有如子玉一般"无礼"的举动,因为《诗》《书》《礼》《乐》所造就的主帅的修养早已奠定了他爱民如子、爱兵如子的思想基础和情感基础。

宣公十二年冬天楚庄王率军伐萧,由于未能及时配给棉衣而使"师人多寒",楚庄王于是巡视三军,抚摩着军士的后背勉励他们,"三军之士皆如挟纩，遂傅于萧"。君王的精神鼓励能使士兵得到如同穿上丝棉衣物一般的温暖，并在不利条件下一举取得军事行动的胜利，在一定程度上得力于楚庄王爱护军士的一贯作风。而肯为他赴汤蹈火的那些三军之士正是"民"之中坚，他们懂得楚庄王之举绝不是政治作秀，而是发自内心的精神抚慰。襄公九年诸侯伐郑，晋悼公命令诸侯说："修器备，盛糇粮，归老幼，居疾于虎牢，肆眚，围郑。"虽然战争于民有所不利，但晋悼公号令诸侯遣返老幼，把生病的人留在虎牢，赦免有罪的人，还是以民为先、以民为本，所以此令一出郑人便心生惊恐主动求和。消弭战争方能更好地保证民生，所以襄公二十七年由宋国向戌发起的合晋人、楚人于一会的弭兵之盟才得到了诸侯的普遍认可，向戌本人也因为此举在各国间赢得了极高的声望。

（二）教民用民

作为独立名词或是政治概念，"民"都是与"王"和"君"对举的一个字眼儿，但"民可近，不可下"，他们是要为君王所统治、所护佑的人群，也是要为君王所团结、所依靠的人群，其中道理如唐太宗所讲"水能载舟亦能覆舟"是也。

春秋时期的"民"应该包括居住于"国""野"之上的所有人，大体涵盖士、农、工、商各个阶层。先秦时期虽有"大中华"观念，各国之间不分彼此多有人才流动，连孔子的祖先也能由宋迁鲁，孔子本人更是以周游列国的方式试图实现自己的政治抱负，甚至推荐自己的弟子仕于他国，但总有一些人是不能被包于"民"的概念之内的，这就是"华夷之辨"中的所谓"夷人"。《诗经》之中《六月》云："薄伐猃狁，至于大原。"《出车》云："赫赫南仲，薄伐西戎"，"赫赫南仲，猃狁于夷"。《采芑》云："蠢尔荆蛮，大邦为仇。"可见猃狁、西戎甚至早期的楚人都不是周王的治下之"民"，不在怀柔之列，而只是安定统治、武力征伐的政治对象。但对于各个独立的城邦国家而言，"民"的因素始终是其统治中的重要一环，那些出色的政治家们无不将这一因素作为政治的核心问题来加以考虑。

"民惟邦本"，春秋各国均有治下之民，但《左传》记事同时也告诉我们，民是需要教化的，非有教化之民则难成霸主之功，而教化的主导者当然只能是君王。僖公二十七年为我们记载了晋文公的霸业之成：

> 晋侯始入而教其民，二年，欲用之。子犯曰："民未知义，未安其居。"于出乎出定襄王，入务利民，民怀生矣。将用之。子犯曰："民未知信，未宣其用。"于是乎伐原以示之信。民易资者，不求丰焉，明征其辞。公曰："可矣乎？"子犯曰："民未知礼，未生其共。"于是乎大蒐以示之礼，作执秩以正其官。民听不惑，而后用之。出谷戍，释宋围，一战而霸，文之教也。

春秋时期成霸业者被后世学者统称为"五霸"，但事实上，晋国的霸业是延续时间最长的，自晋文公之后，晋襄公、晋景公、晋厉公、晋悼公都有新的霸业。这也在事实上告诉我们，只有"知义""知信""知礼"方能"不惑"，方可"用之"，而这样的"民"才是兴邦强邦之本。晋国的霸业不但得益于君，更是得益于民，因为"无民而能逞其志者，未之有也"（昭公二十五年）。类似的事例还见于襄公九年："晋侯归，谋所以息民。魏绛请施舍，输积聚以贷。自公以下，苟有积者，尽出之。国无滞积，亦无困人；公无禁利，亦无贪民。祈以币更，宾以特牲，器用不作，车服从给。行之期年，国乃有节。三驾而楚不能与争。"

春秋时期"民本"思想的广泛贯彻施行不仅是一种先进理念，而且是一种必须和必然。春秋之国本为城邦形式，诸侯国亦由不同规模的都邑组成，而都邑对国都的威胁并不鲜见。楚大夫范无宇说："其在志也：国有大城未有利者。昔郑有京栎，卫有蒲戚，宋有萧蒙，鲁有牟费，齐有渠丘，晋有曲沃，秦有征衙。"[①] 他所提及的这些都邑都曾发生过与国君抗衡的大事，而都邑的规模也足以成就这样的大事。即如《左传》记载，晋之蒲城是重耳的封地，僖公二十三年"晋公子重耳之及于难也，晋人伐诸蒲城，蒲城人欲战"，这应该是蒲城人对自身军事能力自信的表达，而不是以卵击石的负隅顽抗。襄公二十三年栾盈在出奔两年后偷偷潜回自己的封地曲沃，曲沃大夫胥午把他藏起来而请曲沃人喝酒，并问他们说："今也得栾孺子，何如？"曲沃人回答说："得主而为之死，犹不死也。"表现了视死如归的精神，而从"皆叹，有泣者"的表现和"得主，何贰之有"的表态更能看出他们对栾盈的忠心。由此即可看出，"邑有高度的独立性，表现在其他方面，或为国君复辟的基地（郑的栎邑），或贵族称

[①] 《国语·楚语》。

兵一方（如齐的庐邑），或单独与外敌作战订盟（如鲁的龙邑），小邑也和大都一样有这些事件发生"。①

都邑中人不惜背负叛国之名甚至牺牲生命为主人出战，自然是主人"民本"政治下的必然之果。当然，也有例外。蒲城人愿为重耳而战，曲沃人亦愿为栾盈而死，隐公元年的京人却毫不迟疑地背叛了共叔段。重耳与栾盈始终善待封地之人，而共叔段到达京邑之后即着意于"完聚，缮甲兵，具卒乘"，大肆扩建都邑、聚敛粮草、扩张军备，其间京人所服的劳役与兵役之沉重可想而知，怨毒之心能不生乎？此外，郑庄公曾说共叔段"多行不义必自毙"，又说"不义不暱，厚将崩"，后世孟子亦说"春秋无义战"，可见"义"字还是其时人们对世事的重要评判标准。春秋的兄弟相争多矣，弟僭兄位亦多矣，共叔段"谋袭郑"，篡也，是为"不义"。所以从他的日常行为和所谋之事看来，"京人叛之"也就毫不奇怪了。

正因为有了那么多成功事例与前车之鉴，"得民者昌，失民者亡"已渐渐走入人们的认识规律，"民本"思想也就逐渐成了春秋政治的主旋律，尤其成为那些高明的政治家和军事家的思想基础和行为准则，也正是这种进步思想使春秋在客观上成为了一个破立结合的时代。

二 "崇霸"意识

当中国的政治还没有演进到封建中央集权制的阶段，而周王的权力又不足以约束天下的时候，春秋创造性地产生了一种身份——霸主。他们凭借自己的武力和德行代替了周王的某种权力，他们的主要职责是登高一呼扶危济困，《左传》对这一类人总是充满着钦敬之意。

（一）"霸"与"霸主"

甲骨文中已有霸字的存在，其字形为𩁹，原指每月初始所见之月，一说为月光，也作"魄"。《说文解字》云："月始生，霸然也。承大月，二日；承小月，三日。"至《孟子·离娄·丁音》则说："霸者，长也。言为诸侯之长。"《公孙丑上》说："管仲以其君霸。"《商君书·更法》说："五霸不同法而霸。"《白虎通》说："霸者，伯也，行方伯之职。"可见"霸"字之义有一个转变的过程。《左传》中亦有多处论"霸"，且已同

---

① 杜正胜：《周代城邦》，联经出版事业公司2003年版，第116页。

于后起之义，因此清人朱轼在《左绣序》中就称："《春秋》崇德而左氏尚力。"突出了《左传》"崇霸"的特点。今人也统计说，《左传》全书至少有19处"霸"字，另有与"霸"同义或近义的"伯"字14处，堪称是我国第一部大量出现"霸"字的典籍。① 而这一切当然和左氏的思想密不可分。

由于周王室的衰微，来自东西南北的各路诸侯以"你方唱罢我登场"的姿态纷纷出现，在强内政兴外交的同时持枪跃马，试图一展雄才称霸天下。《礼记·经解》云："义与信，和与仁，霸王之器也。"《管子·枢言》却云："王主积于民，霸主积于将战士。"二者从不同角度将一介霸主应有的修养、度量、胸怀和外在手段一并揭示出来。从主导思想上看，《左传》崇礼重道却以相当篇幅描述战争，而战争又是诸侯称霸的必要前提和条件。对于春秋战争，董仲舒的态度不同于孟子的"春秋无义战"，他的独到理解是："盟不如不盟，然而有所谓善盟；战不如不战，然而有所谓善战。不义之中有义，义之中有不义。"② 春秋诸国之中晋国的霸业持续时间最长、影响范围最广，《左传》也和《国语》以绝大部分文字记述《晋语》一样，写晋国的文字相对较多，而这也在事实上表现了左氏对霸业的关注和对霸主的推崇。

关于战争，《左传》有很多言论都一语中的。如桓公十一年说"师克在和，不在众。商、周之不敌，君之所闻也"，宣公十二年说"夫武，禁暴、戢兵、保大、定功、安民和众、丰财者也"，襄公二十七年说"兵，民之残也，财用之蠹，小国之大灾也""兵之设久矣，所以威不轨而昭文德也"。在宣扬战争的"和""德""义"等因素的同时，《左传》亦从不讳言战争的"求霸"目的，如僖公二十五年阴饴甥在秦晋韩原之战后说"服者怀德，贰者畏刑，此役也，秦可以霸"，僖公二十七年先轸在晋楚城濮之战前说"报施救患，取威定霸，于是乎在矣"。

对于成就霸业之人，左氏更是多有赞美之意。春秋早期的郑庄公只有"小霸"之名，但《左传》仍在隐公十一年借君子之口说："君子谓郑庄公于是乎有礼。礼，经国家，定社稷，序民人，利后嗣者也。许无刑而伐之，服而舍之，度德而处之，量力而行之，相时而动，无累后人，可谓知

---

① 黄琳斌：《试论〈左传〉的崇霸思想》，《江西社会科学》2000年第9期。
② 《春秋繁露·竹林》。

礼矣。"宣公十二年楚人伐郑时，晋国随武子亦评价楚庄王的统治说："昔岁入陈，今兹入郑，民不罢劳，君无怨讟，政有经矣。荆尸而举，商农工贾，不败其业，而卒乘辑睦，事不奸矣。蒍敖为宰，择楚国之令典；军行，右辕，左追蓐，前茅虑无，中权后劲。百官象物而动，军政不戒而备，能用典矣。"

对春秋首霸齐桓公，左氏始终不忘颂扬他"九合诸侯，一匡天下"的业绩。至于他灭谭国，左氏认为是因为对方的"无礼"，他"存三亡国"则是仁义胸怀的表现，是为民施惠，所以在他去世多年之后诸侯仍"无忘齐桓之德"。对晋文公，《左传》则用了更多的文字描述其霸业，为后人树立起了一个英明君主的形象。在昭公十三年，《左传》更是借叔向之口将齐桓晋文的功业相提并论："齐桓，卫姬之子也，有宠于僖；有鲍叔牙、宾须无、隰朋以为辅佐；有莒、卫以为外主；有国、高以为内主；从善如流，下善齐肃；不藏贿，不从欲，施舍不倦，求善不厌。是以有国，不亦宜乎？我先君文公，狐季姬之子也，有宠于献；好学而不贰，生十七年，有士五人。有先大夫子余、子犯以为腹心，有魏犨、贾佗以为股肱，有齐、宋、秦、楚以为外主，有栾、郤、狐、先以为内主，亡十九年，守志弥笃。惠、怀弃民，民从而与之。献无异亲，民无异望。天方相晋，将何以代文？"凡此种种，无不表现出左氏对"霸"之一字的看重之意。

中原诸国对戎狄之人"彼徒我车"的忧虑持续了差不多整个春秋时代，也在其逼迫下不断更新和改进着自己的作战方式和作战手段。[①] 而中原各国之间几乎从未间断的兼并战争也在一点点地改变着天下的政治、军事格局，世界在正义与非正义的战争中步步前行，上演着一出出"得道多助，失道寡助"的戏份。

（二）儒家的霸业观

孔子曾说："有文事者必有武备，有武事者必有文备。"[②] 显示了他文武并重的政治理念，而历史也证明文才武略集于一身、文臣武将相得益彰才是立国之本。人们多言《左传》作者怀抱典型的儒家思想，否则《左

---

① 《左传·隐公九年》：北戎侵郑，郑伯御之，患戎师，曰："彼徒我车，惧其侵轶我也。"昭公元年：晋中行穆子败无终及群狄于大原，崇卒也。将战，魏舒曰："彼徒我车，所遇又厄，以什共车，必克。困诸厄，又克。请皆卒，自我始。"乃毁车以为行，五乘为三伍。

② 《史记·孔子世家》。

传》也不会在日后上升为"经"。那么《左传》的思想就很难不与孔子存在某些共通之处，甚至直接来源于孔子。

春秋男子的教育以"六艺"为重要内容，其中的"射""御"两项尤其与战争相关。在有人说孔子"博学而无所成名"时，孔子表现得十分谦虚，他对弟子们说："吾何执？执御乎？执射乎？吾执御矣。"① 虽然孔子曾对卫灵公说"俎豆之事，则尝闻之矣；军旅之事，未之学也"②，但在另一场合孔子却说："我战则克，祭则受福。"③《史记·孔子世家》也记载："冉有为季氏将师，与齐战于郎，克之。季康子曰：'子之于军旅，学之乎？性之乎？'冉有曰：'学之于孔子。'"联系《论语》中为人们所熟知的《侍坐》章的内容看，子路在表达理想志愿之时也曾说："千乘之国，摄乎大国之间，加之以军旅，因之以饥馑，由也为之。比及三年，可使有勇，且知方也。"④ 民之"有勇"自当也是军旅之事。《孔子家语·困誓》篇也说："孔子之宋，匡人简子以甲士围之。子路怒，奋戟将与战。孔子止之。"《左传》哀公十一年鲁军与齐军作战，孔子的弟子冉有不但能够为季氏出谋划策还能亲自带兵出战，甚至"用矛于齐师，故能入其军"，孔子的另一弟子樊迟虽然年轻却能胜任车右之职。从孔子"执御"的自谦和弟子们的实际能力来看，孔门师生都有着一定的军事技能和战略才能。

《孙子兵法·作战篇》说："不尽知用兵之害者，则不能尽知兵之利也。"⑤ 孔子虽然未能赢得军事家之名，却也是深知兵之利害的人，孔子的言论和行为中也曾多次涉及战争和军事的意义。如"足食，足兵，民信"⑥，"勇而无礼则乱"⑦，"子之所慎：齐（通"斋"），战，疾"⑧，"善人教民七年，亦可以即戎矣"⑨，"以不教民战，是谓弃之"⑩ 等，都表明

---

① 《论语·子罕》。
② 《论语·卫灵公》。
③ 《礼记·礼器》。
④ 《论语·先进》。
⑤ 《孙子兵法·作战篇》。
⑥ 《论语·颜渊》。
⑦ 《论语·泰伯》。
⑧ 《论语·述而》。
⑨ 《论语·子路》。
⑩ 同上。

了孔子对包括"教民以战"在内的国家战备之事的高度重视。

孔子说:"善人为邦国百年,亦可以胜残去杀矣。诚哉是言也!"①"胜残去杀"就是用战争的方式去除战争,所以孔子对战争有着自己明确的态度。哀公十年齐鲁之战中,被公为宠爱的童仆汪锜战死沙场,孔子的态度是:"能执干戈以卫社稷,可无殇也。"意思是对于这个已经能够拿起武器捍卫国家尊严的孩子,就可以不用未成年之礼而应该改用成人之礼来下葬了。而称冉有"用矛于齐师"为"义也",则表明了孔子对正义之战的认可。

《左传》哀公十四年齐国陈恒弑君,"孔丘三日齐,而请伐齐三。公曰:'鲁为齐弱久矣,子之伐之,将若之何?'对曰:'陈恒弑其君,民之不与者半。以鲁之众,加齐之半,可克之。'"《论语·宪问》也记载了这一事件:"陈成子弑简公。孔子沐浴而朝,告于哀公曰:'陈恒弑其君,请讨之。'"两处记录并不完全一致,但无论是"斋戒三日"还是"沐浴而朝"都表明了孔子无比神圣而慎重的请战态度,表明了他对"胜残去杀"求得天下安定和"使乱臣贼子惧"的决心。而这样的态度也正表明,孔子所追求的是消弭兵祸带给人们的宁静与祥和。

《左传》主体思想承袭孔子而来,对正义之战的高度认可和对诸侯霸业的推重亦是一脉相承,凡事及霸主则多有相恤之意,仅以晋国为例就可以知之。《左传》僖公二十七年强调晋文公之"一战而霸";二十八年晋侯召周王与会,《春秋》讳言为"天王狩于河阳",《左传》云"言非其地也,且明德也",所明之德为晋文公之德,所以其言是为周王讳,亦是为晋文公讳;成公十八年详记晋悼公即位后的一系列政策制定和人员安排,称赞其因为做到了"凡六官之长,皆民誉也。举不失职,官不易方,爵不逾德,师不陵正,旅不偪师,民无谤言","所以复霸也";襄公十一年晋悼公因"八年之中,九合诸侯,如乐之和,无所不谐"赐乐于魏绛时,尽显一派君臣和乐的场景;昭公三年,详记子大叔所言"昔文、襄之霸也,其务不烦诸侯,令诸侯三岁而聘,五岁而朝,有事而会,不协而盟。君薨,大夫吊,卿共葬事;夫人,士吊,大夫送葬。足以昭礼、命事、谋阙而已,无加命矣";昭公十五年晋荀吴率师围鼓,三个月后"克鼓而反,不戮一人,以鼓子鸢鞮归",是记晋人不戮无辜。

---

① 《论语·子路》。

从《左传》的行文态度和行文风格上还可以看出，左氏的"崇霸"意识并不是建立在强权基础之上的武力征服，而只是与"德"和"礼"相配合的政治手段。僖公十九年宁庄子说："今邢方无道，诸侯无伯，天其或者欲使卫讨邢乎？"说的是天下无霸之时社会责任的混乱。昭公十六年叔孙昭子更是直接感叹："诸侯之无伯，害哉！"清人王夫之读史后总结说："诚哉，《春秋》之世，不可一日而无伯也。"① 可见霸主对春秋社会的重要意义。

《左传》的作者身在历史的下游，回望春秋之时一切成败都已既成事实，此时他的视角便有了高屋建瓴的便利，不再是雾里看花，更不再是当局者迷，于是那些政治的、经济的、文化的因素合于一处共同决定了他独特的也是进步的战争立场。

第二节　计谋与机变

中国古代最有名的军事著作莫过于《孙子兵法》，但仍有人因《左传》寓兵法谋略于战例之中而称其为"兵法之祖"，清康乾时期古文家王源更曾说过："自春秋战国以迄于今，落落数千年，以文章兼兵法者，惟左氏。"② 《左传》在春秋 200 余年间的历史叙述中共涉及了大大小小 400 多场战争，以文学的手法述及战备、战略、战术等各个方面的具体谋略与应对之法，将春秋战争的计谋与机变曝于后人面前，尽展了军事文学的独特魅力。

一　战之前后

刘知己称《左传》为"叙事之最"，后人亦云《左传》叙事最重战争描写，梁启超《要籍解题及其读法》则说："左传文章优美，其记事文对于极复杂之事项如五大战役等，纲领提挈得极严谨而分明，情节叙述极委曲而简洁，可谓极技术之能事。"③ 凡读《左传》者都不难发现，左氏之笔并不重于渲染战争过程，而是在战前的谋略和战后的总结上用墨

---

① 王夫之：《船山全书》（第五册），岳麓书社 1996 年版，第 426 页。
② 王源：《左传评》，《四库全书存目丛书·经部·春秋类》，齐鲁书社 1997 年版，第 330 页。
③ 梁启超：《饮冰室合集》（第四册），中华书局 1989 年版，第 52 页。

甚多。

（一）战之备

人类的历史总与战争相伴，战争有时也是维系和平的手段和工具，而冷兵器时代的任何战争都离不开"训卒，利兵，秣马，蓐食"（文公七年）。左氏叙战极重战备，隐公五年君子即曰"不备不虞，不可以师"，强调了战备对军事的重要意义。僖公二十二年邾人伐鲁，鲁僖公因为看不起邾人就"不设备而御之"，虽然臧文仲劝阻说"国无小，不可易也。无备，虽众，不可恃"也没有引起他足够的重视，最终不但鲁军大败，连僖公的头盔都被邾人缴获悬挂于城门之上。昭公十八年郑国发生火灾，子产"授兵登陴"做好战事防御工作，他的理由是："吾闻之：小国忘守则危，况有灾乎？国之不可小，有备故也。"其"战战兢兢，如临深渊，如履薄冰"的态度着实是一个特殊时期执政官所应该具有的态度。

大蒐礼是春秋时重要的军礼，主要内容是阅兵式和军事演习，不乏战备的意义和对他国进行军事威慑的意味。隐公五年臧僖伯说："故春蒐、夏苗、秋狝、冬狩，皆于农隙以讲事也。三年而治兵，入而振旅。归而饮至，以数军实。"根据经学家的注释，"蒐"同"搜"，当是春天搜索幼兽之意；"苗"有杀死野兽取毛皮，同时保护庄稼之意；"狝"意为"杀"；"狩"同"兽"，当是冬天围猎野兽之意。《左传》所载晋人举行大蒐的次数是最多的，如僖公二十七年蒐于被庐，僖公三十一年蒐于清原，文公六年蒐于夷，文公十七年蒐于黄父，襄公十三年蒐于绵上等。其他国家也有这样的举动，如襄公二十四年齐人蒐于军实，昭公八年鲁人大蒐于红，昭公十一年鲁人大蒐于比蒲，昭公十八年郑人简兵大蒐，昭公二十二年鲁人蒐于昌间。大蒐礼上还有改变军队编制和重新任命将帅等工作，僖公二十七年的晋国大蒐上就"作三军，谋元帅"。春秋人重视大蒐还在于同时举行的军事演习，而军事演习的意义，不只是陈列自己的兵力给那些敌人和潜在的敌人看，也是在实践自己制定的应急预案，发现其中尚还存在的问题和疏漏，以便修正后在战时能够更加顺畅地执行，这里就有战术安排、人员调动、给养补充等具体事宜，这些事宜也均是战备的组成部分。

在战略上左氏要求重视敌人，绝不可以小觑任何一支力量。桓公四年秋天强秦的军队侵袭弱小的芮国竟然吃了败仗，其原因竟简单到只是因为"小之也"。襄公十一年秦晋战于栎，晋师败绩的原因也被左氏总结为

"易秦故也"。桓公十三年屈瑕率楚军伐罗,斗伯比因见其出征之时的趾高气扬之态而预言其必败,楚武王夫人邓曼也认为他自视甚高必定因轻视罗人而战败。离开楚王辖制的屈瑕不但闭塞言路不许他人进谏,而且未能很好地约束军队以致渡河时无序无备,所以遭到罗与卢戎夹攻时大败,自己也负罪自缢于荒谷。以上三例中的战败之国都不是败在军事实力上,而是输在不该有的战争态度上。僖公七年晋人在采桑打败了狄人,梁由靡主张追击穷寇,里克却出于"惧之而已"的考虑决定就此罢手,虢射因为晋国"示之弱矣"而预言一年后狄人还会再来侵扰。果然,僖公八年的夏天狄人复又来犯。

在《左传》战争中起重要作用的除了将帅军士以外,还有另外一类十分重要的人物——间谍。桓公十二年楚罗将战,罗人使大夫伯嘉"谍之",偷偷前往侦察,竟然将楚军的数量数了整整三遍;庄公二十八年楚人伐郑却落于下风,后来是间谍报告说楚人帐幕上停有乌鸦标志着楚军已经逃走;僖公二十五年晋侯围原,间谍自城中出来报告原人将降的消息;哀公十一年齐鲁郊之战,齐人逃遁的消息也是由鲁人之谍在夜里传来的。除了专业的间谍之外,《左传》中还有为某种目的出卖国家机密的人,如僖公二年记"齐寺人貂始漏师于多鱼"。但担任间谍从事谍报工作并不是没有风险的,宣公八年晋人就抓获了秦国的间谍并在绛都的集市上杀死了他,可命大的他竟在六天后苏醒过来,也可以说是一桩奇闻。哀公十六年楚太子建欲与晋人合谋袭郑,具体行动时间就是晋人派间谍与之约定的,但此举不慎被郑国人发现,晋国间谍和太子建被双双处死。从这些事例可以看出,中国谍报战的起源是很早的,而无论间谍的结局如何,他们对实际战争都有着不小的影响力。

《左传》对战争的叙述多重其因果,某些或大或小的战例甚至在开战之前就已预示了结局,这和指挥员的智谋有关,和战备工作是否进行得细致周密同样有关。庄公十年:"夏,六月,齐师、宋师次于郎。公子偃曰:'宋师不整,可败也。宋败,齐必还。请击之。'公弗许。自雩门窃出,蒙皋比而先犯之。公从之。大败宋师于乘丘。齐师乃还。"这一战例之中的"宋师不整"就是说宋国军队的军容不够整齐威严,而军容不整透露出来的自然是军纪不严、将帅无能,这样的军队当然不堪一击。而一旦宋军溃败,作为其友军的齐人只能选择退兵。当公子偃的作战计划被鲁庄公否定后,他采取了先斩后奏的方式自主出击,并巧妙地采用了以虎皮蒙马而动的方法，表现了一个军事家的机智、勇敢和果绝。《左传》在公子偃身上所用的笔墨并不多，但从这一事例就可以看出他观察细致、心思缜密，同时又是一个勇于坚持自己意见、善于把握战机的人，而这些又都是一个用兵有道的军事家所必须具备的素质。

无独有偶，定公四年吴楚柏举之战前，阖闾之弟夫概王献计请求先击令尹子常所部没有得到准许。夫概王就率自己所部五千人先击之，使楚人大败，子常奔郑，史皇死于乘广之舟。后五战而及楚之郢都。夫概王能够不顾君命果断出战的依据是："所谓'臣义而行，不待命'者，其此之谓也。今日我死，楚可入也。"放下他后来欲夺君位的冲动之举不说，他还是一个相当不错的军事指挥员。而此战之前，楚国的左司马沈尹戌已经与子常定好计策，即子常沿汉水上下与吴国、蔡国、唐国的军队相周旋，而由沈尹戌带领方城之外的军队去毁坏对方的船只，并回兵堵塞大隧、直辕、冥厄三处较为狭窄的道路，然后采用瓮中捉鳖和前后夹攻的方式击败敌军，因为子常听信史皇的话贪功心切贸然提前渡河发动进攻又没有做好行动预案才招致惨败。

（二）战之谋

"上兵伐谋，其次伐交，其次伐兵，其下攻城。攻城之法，为不得已。"① 这段话十分清楚地告诉我们，上等的军事行动是用谋略挫败敌方的战略意图或战争行为，其次就是用外交战胜敌人，再次是用武力击败敌军，最下之策是攻打敌人的城池。攻城是不得已而为之，是没有办法的办法，"不战而屈人之兵"才是出色的战争手段。

楚人对随人的征伐在桓庄年间多次发生。桓公六年楚武王侵随，因季梁以"忠于民而信于神"之民本思想力劝随侯"修政而亲兄弟之国"，所以"楚不敢伐"。这就是"伐谋"与"伐交"之举并重。直到两年后的桓公八年，随君听信宠臣少师之言而不纳季梁之谏才使得随人大败。但楚随两国仍旧冲突不断，直到庄公四年楚武王亲率大军出征以"王虣于行"大涨士气，才使随人无条件投降。从两国的几次战争情况来看，战争谋略和军事实力的作用同样重大。

昭公二十三年吴人伐州来，楚国薳越率诸侯之师来救。吴公子光明察"七国同役而不同心，帅贱而不能整，无大威命，楚可败也"，并定计曰：

---

① 《孙子兵法·谋攻篇》。

"若分师先以犯胡、沈与陈，必先奔。三国败，诸侯之师乃摇心矣。诸侯乖乱，楚必大奔。请先者去备薄威，后者敦陈整旅。"战于鸡父之时，吴王僚先派三千名有罪之死士进攻胡、沈与陈三国的阵地，造成他们的混乱，大军随后赶到抓获了胡、沈之君及陈国大夫，并故意放走胡、沈之囚让他们奔到许、蔡、顿的阵地报告自己的国君已经战死，引发了包括楚军在内的诸侯军队的大规模溃败。可以说是胜在谋略，而不是胜在军事实力上。而以死士吓敌的方式也被后来的越王勾践学会，用来对付阖闾，并且同样收效卓著。

桓公十二年楚伐绞，列队于其南门之下。楚国莫敖屈瑕深知绞国国小力弱民众轻躁易动又少有计谋，于是派出三十名军士赴山中砍柴而不予以保护，使狡人轻易地就俘获了他们。第二天，立功心切的狡人争相出城到山中抓捕砍柴的楚军，而楚人乘势在北门设伏大败狡人，最终迫使狡人订立城下之盟。

定公二年桐国背楚向吴，吴王阖闾于是让舒鸠氏以内应之名引诱楚人来袭，楚人果然伐吴，将军队驻扎在豫章。童书业先生说："吴越用舟师，亦用徒卒。"① 这一年吴人就同时运用了水军和陆军，他们把舟船水军陈列于豫章与楚人对峙，却暗地里派了一支队伍前往巢地。当吴人在豫章大败楚人之时，围攻巢地的军队也俘获了楚公子繁。在这一战例中，"诱敌深入""明修栈道，暗度陈仓"和"声东击西"之计并用，将阖闾的老谋深算和楚人的轻信、轻敌一并表现出来。

庄公十年齐鲁长勺之战让人们记住了曹刿"夫战，勇气也"的论断，了解了"一鼓作气，再而衰，三而竭。彼竭我盈，故克之"的制胜之道，同时也看到了他对齐军败退细节的注意："夫大国，难测也，惧有伏焉。吾视其辙乱，望其旗靡，故逐之。"这则故事在曹刿问难鲁庄公"何以战"的过程中传达出了强烈的民本思想，将鲁庄公的仁君形象间接传递到我们的面前，示意其为战争的正义方。而当简短的战争叙述结束后，左氏通过对话之法让曹刿作出了大段的战术总结，从而用丝丝入扣之法揭示了许多战之真谛。

僖公二十二年宋楚泓之战因宋襄公贻误战机宋人大败之后，宋襄公遭到国人责备时还振振有词地说："君子不重伤，不禽二毛。古之为军也，

---

① 童书业：《春秋左传研究》，中华书局2008年版，第308页。

不以阻隘也。寡人虽亡国之余，不鼓不成列。"于是司马子鱼评价说："君未知战，勍敌之人，隘而不列，天赞我也；阻而鼓之，不亦可乎？犹有惧焉。且今之勍者，皆吾敌也。虽及胡耇，获则取之，何有于二毛？明耻、教战，求杀敌也。伤未及死，如何勿重？若爱重伤，则如勿伤；爱其二毛，则如服焉。三军以利用也，金鼓以声气也。利而用之，阻隘可也；声盛致志，鼓儳可也。"同样用战后总结的方式告诉我们战争的本质和奥义，而这样的一些思想又都被涵盖在谋略之中。

左氏的战争谋略描写还涉及一些细节，尤其是战前的细节。如僖公十五年秦晋韩原之战，在选择所乘马匹时晋国庆郑建议使用本国所产之马，他的理由是："古者大事，必乘其产。生其水土，而知其人心；安其教训，而服习其道；唯所纳之，无不如志。今乘异产，以从戎事，及惧而变，将与人易。乱气狡愤，阴血周作，张脉偾兴，外强中干。进退不可，周旋不能，君必悔之。"晋惠公不肯听他的话，结果战车遇到泥泞无法前进，以致被俘。同在这一战，晋襄公使韩简视秦师，韩简通过自己的观察发现秦国军队数量少于晋国斗士却倍于晋国，并分析其原因说："出因其资，入用其宠，饥食其粟，三施而无报，是以来也。今又击之，我怠、秦奋，倍犹未也。"而僖公三十二年秦晋殽之战发生之前，秦人欲潜师以击郑，蹇叔就说："劳师以袭远，非所闻也。师劳力竭，远主备之，无乃不可乎？师之所为，郑必知之，勤而无所，必有悖心。且行千里，其谁不知？"秦师出于东门之时，蹇叔哭曰："吾见师之出而不见其入也！"并预言了战争必然在地势险要的殽地发生。

无论战争的结局是胜还是败，《左传》都用形象的文学手法在基本叙事和细节描绘中为我们强调了战备和谋略的重要性，而那些战争结束后振聋发聩的总结更是发人深省。

二　战中之变

战争总以千变万化的姿态出现在世人面前，而无论你读过多少兵书、制定了多么周详的战前规划，战争过程中所发生的一切随时都可能引发新的麻烦或是打开新的局面。《左传》将太多的笔墨赋予了大大小小的战争却没有太多的重复，自然得益于战争本身的瞬息万变，而左氏运笔的收放自如也使文章显得张弛有度，战争中那些出人意料的情节和结果更使《左传》的记述波澜起伏、生动活泼。

(一) 机遇改变战势

《左传》成公十六年有一段论述可以说是在一定意义上揭示了战争的真谛:"德、刑、详、义、礼、信,战之器也。德以施惠,刑以正邪,详以事神,义以建利,礼以顺时,信以守物。民生厚而德正,用利而事节,时顺而物成,上下和睦,周旋不逆,求无不具,各知其极。"这段话中不时流露出来的还是左氏一贯的民本立场,但在春秋的兼并与争霸中战之胜负往往还决定于其他一些因素,否则,取得最终胜利的将永远是一切所谓的"正义之战"。

宣公二年郑公子归生受命于楚,与宋战于大棘。以实力论宋人未必落于下风,即使战败也不会很惨,但结果却是宋师败绩,华元被俘、乐吕被杀,四百六十辆战车被缴获,二百五十人被俘,战死者超过百人。交代此役胜负缘由时,左氏特别提到了宋人的两件小事:一是狂狡逞私欲,二是羊斟泄私愤。本来两国交战过程中郑人已经落于井中,狂狡占有绝对优势,但他不但没有赶尽杀绝反而欲救助郑人出井,却又偏偏将戟头朝向自己而将戟柄递给郑人,结果自己反被郑人所擒。因此君子说他:"失礼违命,宜其为禽也。戎,昭果毅以听之之谓礼。杀敌为果,致果为毅。易之,戮也。"如果说狂狡之祸还只是因为自视过高和刚愎自用,那么为华元驾车的羊斟就是地地道道的小人。只因为战前华元杀羊犒赏将士时自己没有吃到羊肉,羊斟就在作战时挟私报复不计利害地直接驾车冲入郑军战阵,致使华元被俘宋军大败。所以君子说:"羊斟非人也,以其私憾,败国殄民,于是刑孰大焉?《诗》所谓'人之无良'者,其羊斟之谓乎!残民以逞。"如果没有这两件事所带来的瞬间的形势变化,这场战争的结果也许就殊为难料。

僖公十五年秦晋韩原之战,虽然秦国筮战得"大吉"之兆预言"必获晋君",但结果却与战斗过程中的情况突变有着极大的关联。首先,"晋戎马还泞而止"是晋军遇到的第一个突变。虽然战前庆郑曾谏言驾车要使用本国所产之马以便于马与主人心意相通,但晋惠公还是执意使用郑人进献的小驷,于是出现了陷于泥泞盘旋不出的局面。其次,当晋惠公呼叫附近的庆郑前来解救之时,庆郑却因晋惠公不肯听谏、不依占卜而心怀怨气以至弃君不顾,只肯叫人而不肯及时出手。再次,梁由靡为韩简驾车,虢射担任车右,三人的战车已拦截了秦穆公将要俘获他,却因为转而去救晋惠公而错失了生擒秦穆公的机会,并最终致使晋惠公被俘,从而使此战的结局发生了根本性的转变。

《左传》的战中之变不在于双方实力的悬殊，而更多在于人的因素，比如错失战机、放松戒备、过于冲动和战术安排不当等。这些失误的结果或者使对手把握时机、出奇制胜，或者使对手改变战略、痛快一击。总之，都使战争的格局和结果发生了重大的变化，而人物的形象也在这一过程中被凸显出来。

文公十二年冬天，秦伯伐晋取羁马，晋人御之。秦军侵扰晋军后迅速撤退，赵穿逞勇率所部孤军出击，赵盾担心其被俘，于是全军出战。双方退兵后，秦人派使者约定明天再战，臾骈因使者目光闪烁言语失常而判断秦军心存恐惧准备连夜逃走，就主张立刻将他们逼到河边一举歼灭。胥甲、赵穿却挡住军营大门叫嚷道："死伤未收而弃之，不惠也。不待期而薄人于险，无勇也。"晋军于是停止出击，而秦军果然趁夜逃走，后来又再次侵袭晋国攻入瑕地。晋人放弃大好战机所表现出来的完全是妇人之仁和对军事的无知，赵穿的行为也验证了秦人给他的评价："不在军事，好勇而狂。"

顾炎武说："春秋时犹尊礼重信，而七国则绝不言礼与信矣。春秋时犹尊周王，而七国则绝不言王矣。春秋时犹严祭祀、重聘享，而七国则无其事矣。春秋时犹论宗姓氏族，而七国则无一言及之矣。春秋时犹宴会赋诗，而七国则不闻矣。春秋时犹有赴告策书，而七国则无有矣。邦无定交，士无定主……不待始皇之并天下，而文、武之道尽矣。"[①] 顾氏之言主要在于论六国，却也将春秋之世的特点一并揭示出来，所以春秋之时也才会有桓公五年郑庄公日射王而夜劳之的伪善和僖公二十二年宋襄公待敌人济而后阵方才开战的迂腐。但春秋兵法正在走向成熟，战争方略也在不断调整。

中原诸国对戎狄之人"彼徒我车"的忧虑持续了差不多整个春秋时代[②]，车战是为了体现中原的文化气质与贵族风范，但渐渐不再适应实战的需要，从隐公九年郑庄公的忧惧到昭公元年晋国魏舒的"毁车以为行"，不但表现了与时俱进的精神，也体现了人们思想观念的转变和军事

---

① 顾炎武著，黄汝成集释：《日知录集释》，上海古籍出版社2007年版，第749页。
② 《左传·隐公九年》：北戎侵郑，郑伯御之，患戎师，曰："彼徒我车，惧其侵轶我也。"昭公元年：晋中行穆子败无终及群狄于大原，崇卒也。将战，魏舒曰："彼徒我车，所遇又厄，以什共车，必克。困诸厄，又克。请皆卒，自我始。"乃毁车以为行，五乘为三伍。

行动的实际变革，这一次"师夷长技以制夷"的举动大可以说是赵武灵王胡服骑射的先声。

（二）巧计重造战局

从战术上看，《左传》战争有很多出奇制胜改变战争形势的优秀战例。文公十六年楚国发生大饥荒，庸人率群蛮以叛楚，麇人率百濮聚集在选地，准备攻打楚国，楚人颇为无奈甚至想到了迁都避祸。蒍贾却坚持派兵分头出击以瓦解敌方的联盟，果然十五天后百濮罢兵，分别退回各自的领地。攻打庸城时楚人佯败七次而使庸人放松了戒备，楚人遂借秦人、巴人之力一举灭亡了庸国，不但彻底平息了叛乱而且增强了国力。

襄公二十五年，舒鸠人叛楚，楚人伐之，吴人救之，两军僵持了七天之久。楚人担心战局过于持久将士会陷于疲敝，于是埋伏精兵在后，派出小股军队诱敌，在吴军追击之时一举歼之并趁势灭了舒鸠。如果不是楚人主动出击，这场仗到底会打到什么时候还真是说不准。

昭公十七年吴伐楚本为有备而来，但长岸之战楚国司马子鱼英勇战死却大大地激励了楚军鼓舞了士气，楚师大败吴师，并缴获了吴国先君的坐船余皇之舟。吴人派随人和后到的军队看守余皇之舟，将其拖到岸上绕船挖掘深沟，一直到泉水涌出，并用炭填满了沟，列好阵势等待命令。看似楚国已经以绝对优势牢牢把握住了战局，但谁也没想到形势会因为吴公子光不甘忍受失去"先皇之舟"的耻辱而急转直下。吴公子光设计夜袭扰乱楚军阵脚，不但夺回了余皇之舟而且致楚军大败，创造了一个出色的反败为胜的战例。公子光之智、之勇、之知耻尽显于此役。

定公十四年吴伐越，吴国军阵严整，勾践派死士发起两次冲击，吴军阵脚都纹丝不乱。于是勾践把罪犯排成三行于阵前自刎，趁吴军被惊得目瞪口呆之际发起冲锋，结果大败吴军，吴王阖闾也伤到了大脚趾并因此死于七里之外的陉地。

如上所述都是由不利而转为优胜的战例，《左传》中还有不少由优势转为劣势的战例，而其原因也是多种多样。成公十六年，郑国子罕伐宋，宋国的将鉏、乐惧在汋陂打败了他。宋军退兵，驻扎在夫渠，却恃胜而骄不加警戒。结果被郑人设伏袭击，战败于汋陵，将鉏、乐惧被擒获。这可以说是宋人轻视对手盲目自信和盲目乐观的必然结果，也可以说是郑人巧设伏击的兵法胜利。襄公十四年，楚国子囊驻扎在棠地准备攻打吴国，因为吴国人拒不应战只好退兵，却同样因为小视对手而没有做好警戒工作，因此在皋舟的险隘之地遭遇了吴人的阻击,致使公子宜谷被擒。而定公七年齐国夏率军攻打鲁国,鲁人欲夜袭齐军,但齐军早已埋下伏兵做好应战准备,鲁人只好作罢。可见警戒工作做得如何于战争走向大有关碍。

我们再来看一个表义略显模糊的事例。成公六年,因为宋国拒绝参加盟会,晋、卫、郑等国联合讨伐宋国,军队驻扎在卫国的针邑,卫国人没有设防。晋国的夏阳说十分好战,虽然明知偷袭友军会被君王降罪却还是想要趁此机会袭击卫国,并说即使未能攻入都城也能多抓些俘虏,君王即使怪罪也不至于问死罪。但伯宗却反对说不能因为背信弃义而失去诸侯的拥护。晋国人离开后,卫国人方才登上城墙重新布防。卫人之"不备",我们可以理解为他们对包括晋人在内的友军的高度信任,也可以理解为他们自知无力抗衡而不设防,是另一种意义上的"空城计",都是政治计谋的体现,其表现为"示好"或"示弱"。

战术对战争形势的影响至关重要,而截击战和阻击战更是成效卓著。僖公二十八年晋楚城濮之战,狐毛竖起两面大旗后退,栾枝假装逃跑,用战车拖着柴草使楚人看到漫天尘土以为晋人的大部队都在溃败,因而急忙追击,而原轸、郤溱率领中军和公族子弟拦腰截击楚人,狐毛、狐偃率领上军夹攻子西,致使楚国左师溃败。襄公三年春天,楚国子重伐吴,派邓廖率领组甲三百、被练三千前去侵扰,结果中途遭到吴人阻击,不但伤亡惨重邓廖被擒而且丢掉了驾邑。楚人因此责备子重,子重也因为这件事郁郁寡欢死于心疾。

(三)心态决定战况

《左传》的战中之变还体现为有一些本不该发生的激战发生了,而一些本该血肉横飞的场面却以双方偃旗息鼓的方式悄然收场。襄公二十三年齐庄公伐晋归来顺势攻打莒国,结果在攻打且于城门的时候伤到了自己的大腿,只好第二天再战。杞殖、华还率甲士连夜入于莒国郊外,骄傲地拒绝了莒国国君赠送的厚礼和结盟的请求,结果莒国国君亲自击鼓发起冲锋,杞殖战死后,齐国最终还是选择了和莒国讲和。如果杞殖能够审时度势与莒国结好,不但可以避免战争的发生,而且也不至于枉死。哀公八年春天宋景公攻打曹国,本来已经打算退兵就派褚师子肥断后,结果曹人辱骂子肥,子肥的军队就停下来不走,宋国大军只好等候。宋景公听说原因后发怒回兵,灭了曹国,又把曹国的国君和司城抓回国杀掉。曹国是典型的逗口舌之利而遭亡国的范例。

僖公三十三年晋国阳处父率军侵蔡，楚国子上率军救蔡，与晋国军队在泜水两岸对峙。阳处父对这种状况感到担忧就派人对子上说，这样对峙下去双方都会无谓地浪费财物，要么我退后三十里你渡河，要么你退后三十里我渡河，然后你定时间我们决一死战。当子上选择后退三十里让晋人渡河后，阳处父却宣扬说楚军逃走了，然后率军回国，楚军也只好收兵罢战。这是一个谁也没想到的结果，阳处父既未费一兵一卒，又为自己赢得了不战而胜的声名，真可谓一举两得。谁又能否认这不是战术呢？

宣公十二年晋国随武子说："会闻用师，观衅而动。德刑、政事、典礼，不易，不可敌也，不为是征。"成公六年因为郑国顺服了晋国，所以楚国派子重出兵攻打郑国。晋栾书救郑，与楚国军队在绕角相遇，楚师未战而退，晋军就转而侵袭蔡国。楚公子申、公子成率领申、息二县的军队救蔡，在桑隧抵御晋军。赵同、赵括欲战，荀首、士燮、韩厥劝阻说，我们为救郑而来，楚军不与我们交战，我们就到了这里，这是转移杀戮的对象。这样的战争不会取胜，我们整顿军队出国，即使打胜了楚国两个县的军队也不是什么光彩的事，还不如回去。于是就回国了。楚军与晋军再一次遇而不战，这种各让一步应该还是出于争霸过程中的长线考虑，却让我们看到了春秋战争形势转变的奇特之处。

人常说"文似看山不喜平"，好文章总要具备曲折跌宕之美，《左传》的战争描写就是这样离奇而曲折，而战争情节和场景的变化也相应地生成了文章的无穷魅力。当然，左氏的剪裁之功和叙事之巧也是其中的重要原因。

第三节 "避犯"与"闲笔"

"避犯"与"闲笔"均为中国古代文学批评术语，出于清代金圣叹的《第五才子书施耐庵水浒传》评点。作为中国文学史上较早出现且相当成熟的叙事作品，《左传》有着极强的叙事因素，并以其独到笔法影响了后世包括小说在内的叙事文学创作，而"避犯"与"闲笔"之说作为术语固然晚出，作为写作手法却早就得到广泛运用，并与其他手法一道将叙事文学引入了一个十分广阔的天地。在更多人运用西方文论解读中国本土文学作品，尤其是古代文学作品时，我们立足本土文论所进行的解读或许在文化血缘上有着更为准确的贴合之处，也更能体现《左传》战争描写的精髓。而"避""犯"之语本就出自兵家，用以解说左氏战争可谓取之于江河用之于江河，"闲笔"则能让人在紧张激烈的战事之中稍加喘息，甚至发出会心一笑。

一 "避犯"之功

"避犯"之说出自清代金圣叹《水浒传》评点第十一回回首："吾观今之文章之家，每云'我有避之一诀'，固也。然而吾知其必非才子之文也。夫才子之文，则岂惟不避而已，又必于本不相犯之处，特特故自犯之，而后从而避之。此无他，亦以文章家之有避之一诀，非以教人避也，正以教人犯也。犯之而后避之，故避有所避也。若不能犯之而但欲避之，然则避何所避乎哉？是故行文非能避之难，实能犯之难也。"① 金圣叹此语主要是针对施耐庵紧接林冲买刀之后即写杨志卖刀而言，其所"犯"者以刀为情节演进之道具也，其所"避"者是说这二者系全然不同之两大回文字，毫无重复、合掌之病。毛宗岗《三国志读法》进一步解说避犯之法云："作文者以善避为能，又以善犯为能，不犯之而求避之，无所见其避也，唯犯之而后避之，乃见其能避也。……妙哉文乎，譬由树同是树，枝同是枝，叶同是叶，花同是花，而其植根安蒂，吐芳结子，五色纷披，各成异采。读者于此，可悟文章有避之一法，又有犯之一法也。"② 也就是说"避"是指避免艺术构思和情节、人物描写的重复与雷同，"犯"则是有意地写出相近与相同，但"避"与"犯"是相依相生的关系，无"避"则无"犯"，无"犯"亦无"避"，二者无法割裂而言。

《孙子兵法》说："兵形象水，水形避高而走下，兵胜避实而击虚。"③ 可见"避"、"犯"之说原本出自兵家语，是避让防御或主动进攻的对策，与后来同样被引入中国古代文论的虚实、伏应、擒纵一样都来自文武兼备的文化渊源。我们试以五大战役为例谈一下《左传》战争叙事的"避"、"犯"之功。

人们习惯意义上所称的春秋五大战役指的分别是晋楚城濮之战（僖公二十八年）、秦晋殽之战（僖公三十三年）、晋楚邲之战（宣公十二

---

① 王先霈、王又平：《文学理论批评术语汇释》，高等教育出版社2006年版，第170页。
② 陈曦钟、宋祥瑞、鲁玉川辑校：《三国演义会评本》，北京大学出版社1986年版，第11页。
③ 《孙子兵法·虚实篇》。

年)、齐晋鞌之战（成公二年）和晋楚鄢陵之战（成公十六年），也有人依据争霸性质认为应该去除秦晋殽之战而列吴楚柏举之战（定公四年）于其中。这几次战役都是春秋时期规模较大的战役，不但参战双方均为强国及其盟国，参战人数众多，而且是《左传》所记情节丰富而曲折、人物生动而形象、战术巧妙而灵活的战例典范。"避""犯"考察和考验的是文章家的情节处理能力和艺术构思技巧，诸大战役之"犯"在于均叙战争之事，其"避"却表现为各有侧重。

城濮之战是一场晋楚两国的争霸之战，发生在僖公二十八年，这一年也是晋文公五年，楚成王四十年。曾经被视为夷狄的楚人自熊通自立为王已渐渐有了与中原各国抗衡的巨大实力，已成为事实上的南方霸主，"汉阳诸姬，楚实尽之"（僖公二十八年）就是不可回避的实证。而经历了曲沃时期和献公时期的晋国已被内耗折磨得国力衰微，晋文公初期的晋国还只是百废待兴，至城濮之战方才"一战而霸"主持践土之盟。事实上，《左传》对城濮之战的铺垫在僖公二十七年就已经开始。左氏先叙子玉治军之"刚而无礼"，次写晋国"治三军，谋元帅"之以"德""义"为上，再写晋文公"入而教其民"使"民听无惑"，以条分缕析的简约之笔将两国的人才选用和道义立场置于读者眉睫之前，并暗示了战争的结局和自己的态度。评点家唐锡周说："来春城濮之战，是开书以来第一件惊天动地事。左氏于一年前预作一衬托，如奇葩未放，先见满庭绿影，如明月未来，先见一天珠斗，令人游目骋怀也。"[①]

城濮之战的参战国家有十一国之多，左氏先叙晋国侵曹伐卫，致使曾亲附于楚的鲁国因内心恐惧而弃楚投晋，并间接引发了两大强国盟军格局的变化和优势劣势的转化，同时细写两国国内主战主和各派之争议和晋文公因梦境而生之犹疑及两国的军事策略布署和调整，在环环相扣、步步为营的铺排和书写后方有城濮之战："己巳，晋师陈于莘北，胥臣以下军之佐当陈、蔡。子玉以若敖之六卒将中军，曰：'今日必无晋矣。'子西将左，子上将右。胥臣蒙马以虎皮，先犯陈、蔡。陈、蔡奔，楚右师溃。狐毛设二旆而退之。栾枝使舆曳柴而伪遁，楚师驰之，原轸、郤溱以中军公族横击之。狐毛、狐偃以上军夹攻子西，楚左师溃。楚师败绩。子玉收其

---

① 转引自谭家健《从〈城濮之战〉看〈左传〉战争描写的一些特点》，《河南师范大学学报》（社会科学版）1981 年第 3 期。

卒而止，故不败。"城濮之战的正面叙写仅有如上百余字，却使战场上的震天厮杀和漫天烟尘扑面而来，接下来子玉因战败而自戕和晋文因战胜而赏罚作为此战的尾声和余韵悠然而出。从中我们不难看出，城濮之战着力写战前，重在以迤逦之笔由远而近地对大战气氛进行烘托渲染，并特别照应和履行了僖公二十三年重耳流亡之时对楚成王许下的"晋楚治兵，退避三舍"①的诺言，更加凸显了晋国的道义之胜。

秦晋殽之战的相关故事发生在僖公三十二年和三十三年，主要由"蹇叔哭师""王孙满观师""弦高犒师""先轸论战"等情节组成，人物语言各具声口，人物形象鲜明生动。僖公三十二年晋有文公之丧，而秦国欲借晋人举丧之机配合内应杞子等人偷袭郑国，虽有蹇叔"劳师以袭远""师劳力竭，远主备之"的苦心劝阻和"晋人御师必于殽"的睿智预判，秦穆公仍然一意孤行执意出兵，揭示了秦国的内部矛盾并预示了战争的结果。僖公三十三年，左氏以王孙满观师所见的"秦师轻而无礼"预言了秦军必败的命运，弦高犒师的不卑不亢彻底将秦军的偷袭计划摧毁于无形，使之只能退而求其次"灭滑而还"。先轸之论显示了一个军事家的洞察力和决断力以及护卫姬姓国家的责任意识，从而使晋人下定决心抓住战机在殽地成功截击秦军。故事最后以"文嬴请三帅"和秦穆公"不替孟明"作结，故事自秦而始又至秦而终，相对独立而又浑然一体。这一次的战斗过程比城濮之战还要简约，只有不足五十个字的简单叙述："（晋襄公）遂发命，遽兴姜戎。子墨衰绖，梁弘御戎，莱驹为右。夏，四月辛巳，败秦师于殽，获百里孟明视、西乙术、白乙丙以归。"可见殽之战突出的是对人物语言和形象的描写，蹇叔的深谋远虑、王孙满的少年早慧、弦高的足智多谋、先轸的审时度势，甚至文嬴的心系故国和秦穆公的勇于自责都表现得十分充分，体现了《左传》高超的写人艺术。

和前两场战役不同，发生在成公二年的齐晋鞌之战是《左传》侧重描写战争场面的重要战例。由于两国出兵数量众多，战争规模较大，任何一个记述者都不可能面面俱到地表现战场上纷繁复杂的局面。此时欲突出战争的惨烈就必须从巧处着笔，左氏于是重点描绘郤克与齐顷公两辆战车

---

① 《左传·僖公二十三年》记，当重耳逃亡到楚国时，面对楚成王"公子若返晋国，将何以报"的提问，重耳回答说："若以君之灵，得返晋国，晋楚治兵，遇于中原，其避君三舍；若不获命，其左执鞭、弭，右属櫜、鞬，以与君周旋。"

的战斗情况和角逐细节。从齐顷公"不介马而驰之"的鲁莽到"郤克伤于矢，流血及屦，未绝鼓音"的坚强，从"马逸不能止，师从之，齐师败绩"的巧合到"逐之，三周华不注"的艰难，从逢丑父代齐顷公受缚的忠诚到齐侯"求丑父三入三出"的执着，左氏放弃了庞大的场面，而用特写一般的镜头将战斗中旌旗缠绕、鼓声不绝、人员交错、刀剑相向和战车辚辚、骏马萧萧的场景再现于我们面前，同时表现了复杂的人物性格，如齐顷公"不介马而驰"的恃勇和奋不顾身"三入三出"搜求逢丑父的重情，郤克、张侯等人重伤作战的英勇，逢丑父代君受缚的轻生重义等。其中还间以韩厥之梦、丑父遇赦等故事，表现了《左传》战争描写的神异特征和人情意味。而如此细节化的描写在其他战役中均未再见，于"犯"中得"避"正见左氏之文实是才子之文。

发生在宣公十二年的晋楚邲之战是这一年的核心事件，也是《左传》记述得相当详尽的一场战役。郑国在春秋列国中有着特殊的地理位置和军事意义，"居于天下之中，又以虎牢之险"，"附此则此强，附彼则彼强"，历来是天下争霸尤其是晋楚争霸的焦点。邲之战以"楚子围郑"为诱因，因晋欲救郑而发生冲突，但在事实上仍是晋楚两国的争霸之战。邲之战以战与和、进与退为中心环节，交错展现了晋楚两国势力的此消彼长，并借众人之口预示了楚国必胜的战争走向。"邲之战，晋败楚胜，并不是晋无力量，而是其内部思想不统一，主帅指挥无方，这说明晋中衰的原因在内部，而不是楚的力量完全超过了晋。"[①] 在记述中左氏也详细描写了晋人内部的矛盾，并极写战场上下晋人的无礼挑衅和仓皇败逃。

成公十六年的鄢陵之战也发生在晋楚两国之间，和邲之战不同的是，这一次是"晋侯将伐郑"，楚国发兵救郑，郑国的盟友和上次正好相反。作为争霸的两个大国，晋楚之间战争不断且晋国屡在下风，韩原之战晋惠公溃不成军，箕地战役先轸没能生还复命，邲之战荀林父落荒而逃，但到鄢陵之战时晋人已有了足够的军事实力和同仇敌忾之心，而楚国内部却表现出主帅子反和令尹子重的深重矛盾。同时，子反出战前请申叔时预测战之胜负时，申叔时借"德、刑、详、义、礼、信，战之器也。德以施惠，刑以正邪，详以事神，义以建利，礼以顺时，信以守物。民生厚而德正，用利而事节，时顺而物成，上下和睦，周旋不逆，求无不具，各知其极"

[①] 顾德融、朱顺龙：《春秋史》，上海人民出版社2001年版，第120页。

的道理表达了自己的悲观态度并对子反说："吾不复见子矣。"赴楚求援的姚句耳回到郑国也对执政子驷说："其行速，过险而不整。速则失志，不整，丧列。志失列丧，将何以战？楚惧不可用也。"两个人的话都预示了楚之必败。这场从早晨一直打到满天星斗的大战充分展示了道义的力量和内部团结的无比重要。以至于昭公五年楚国薳启强说："城濮之役，晋无楚备，以败于邲。邲之役，楚无晋备，以败于鄢。自鄢以来，晋不失备，而加之以礼，重之以睦，是以楚弗能报，而求亲焉。"

定公四年发生的柏举之战是位于南方的吴楚两国的争霸之战，这场战役首先是吴王阖闾起用外来军政人才的胜利，没有伍子胥、孙武、伯嚭就没有柏举之战的胜利。其次是吴国以"伐交"之法取得了在军事位置上对楚国构成威胁的唐、蔡两个小国的支持，又能把握战机，以迂回奔袭和长驱直入之法直捣郢都，给长期称霸的楚国以致命一击。对此战役，左氏侧重的是战略、战术的描写，没有就战论战，而是愈发地高瞻远瞩、高屋建瓴。

"自庄迄宣遥遥八十年间，五霸迭兴"，而五霸争强的手段和工具自然非战争莫属。《左传》叙事以战争描写著称，400余场战争先具"犯"义，如无"避"法全书读去必定味同嚼蜡，城濮之战重在写战前，殽之战、邲之战重在写战势走向，鞌之战、鄢陵之战重在写战争场面，柏举之战则重在写谋略，其事皆战，其文全殊，可见左氏深得"避""犯"之要义。"做文难的实在是犯而不是避，因为怎样犯才能求得避确实为避出了个大难题。"① 然左氏巧运匠心，不但以生花之笔上下腾挪将战争写得跌宕生姿，更使许多战例令人过目不忘。故冯李骅《左绣·读左卮言》说："《左传》工于叙战，长短各极其妙。篇篇换局，各各争新。"②

二 "闲笔"之能

"闲"作为一个文艺理论概念在中国由来已久，苏状曾撰文从先秦时"闲"作为人生最高境界之哲学奠定、魏晋南北朝时"闲"作为艺术审美心胸之确立、唐宋"闲"作为艺术审美品格之崇尚、明清时"闲"作为

---

① 陈慧娟：《论金圣叹小说理论的辩证思想》，《天津师大学报》1998年第5期。
② 冯李骅、陆浩：《左绣》，《四库全书存目丛书·经部·春秋类》，齐鲁书社1997年版，第130页。

艺术体法之提倡四个时段探讨这一概念。① 而"闲笔"一说最早出于清代金圣叹《水浒传》评点，后来成为评点派批评家分析小说情节结构时常用的批评术语。金圣叹认为"闲心细笔，文所本无，事所必有"（第三十四回夹批）并强调其一般用在"忙处"，即情节的关键处或高潮处，而这些看似无关紧要的文字，"却少不得"（第五十三回夹批）。自金圣叹之后，毛宗岗、张竹坡都以"闲笔"论文，而今人则认为，"所谓'闲笔'是指叙事文学作品人物和事件主要线索外穿插进去的部分，它的主要功能是调整叙述节奏，扩大叙述空间，延伸叙述时间。丰富文学叙事的内容，不但可以加强叙事的情趣，而且可以增强叙事的真实感和诗意感，所以说'闲笔不闲'。"② "闲笔"之"闲"既有与"忙"相对的轻松舒缓之意，又可表示这些文字与正题若即若离关联不大，但这些行文中看似可有可无的穿插与点缀却总是能够生出意味深长的表达效果。

金圣叹在《水浒传》第五十五回总评中说："作文向闲处设色，惟《毛诗》及史迁有之。"然而我们可以很负责任地说：以叙事为务的《左传》亦不乏闲笔。童庆炳先生曾举例说："城濮之战开始前不久，郤縠被委以中军将。为什么单单委任他，赵衰有一套说法；不久郤縠去世，由原来任下军佐的原轸越级升为中军将，也解释说，原轸'上德'。事件中人物角色的变化，也一一说明其原因。在城濮之战即将开始的时候，晋文公做了一个梦，梦中与楚王扭打在一起，发现楚王伏在自己身上，吸吮自己的脑子，自己反倒仰面朝天。为此晋文公感到害怕。又是子犯为他解释说：好梦啊，我得天，而楚王则伏其罪，楚国将归顺我们。这些细节，都可以说是'闲笔'，无关宏旨。其实不然。作者正是通过这些细节的描写，说明晋文公得到上天的帮助，力图为晋文公的称霸寻找原因。又，重耳返国取得君位之后，和城濮之战后，都有一些看似无用的细节描写，如重耳的小跟班叫头须的求见的故事等，都可以说是'闲笔'，但'闲笔不闲'，说明晋文公知错必改。"③ 但《左传》中的闲笔运用绝不仅止于此。

僖公十五年秦晋韩原之战，双方经过激战秦穆公俘获晋惠公并欲将其

---

① 苏状：《中国古代文艺理论视阈内的"闲"范畴》，《北方论丛》2010年第5期。
② 童庆炳、谢世涯、郭波云：《现代学术视野中的中华古代文论》，北京出版社2002年版，第376页。
③ 童庆炳：《中国叙事文学的起点与开篇——〈左传〉叙事艺术论略》，《北京师范大学学报》（社会科学版）2006年第5期。

押至秦都。此处忽然宕开一笔从人仰马翻、旗甲杂沓的战场写到秦国宁静后宫中的暗涌之澜,且专写晋惠公之姊秦穆姬的作为:"穆姬闻晋侯将至,以太子罃、弘与女简璧登台而履薪焉。使以免服衰绖逆,且告曰:'上天降灾,使我两君匪以玉帛相见,而以兴戎。若晋君朝以入,则婢子夕以死;夕以入,则朝以死。唯君裁之!'"面对秦穆姬的以死相胁,秦穆公顾念夫妻之情只好将晋惠公安顿在灵台,而没有使他受辱进入秦宫。此处虽是情节演进之所需,却大可不必以如此饱满之笔墨详述,这从急急之处跳脱而来的闲闲之笔将秦穆姬强硬而不失仪节的举动和进退有度的言辞呈现在我们面前,让我们看到春秋贵族女性特异的风采,她的出场带来的是大国公主嫁为大国君夫人后不一样的气场,且如非此女现身当不足以体现秦晋两大强国相争的抗衡之力。

定公四年柏举之战后,楚昭王仓皇出逃,一路之上有"盗攻之",有"鄙公辛之弟怀将弑王",有"蓝尹亹涉其帑,不与王舟",楚昭王面对外患内忧几无喘息之暇,左氏却未忘捎带一笔写大夫钟建背着楚昭王的妹妹季芈与其一同出逃。未及后妃而单写女妹,一见兄妹情深为使之免受敌人之辱,二为后来之文张本。乱平之后,"王将嫁季芈,季芈辞曰:'所以为女子,远丈夫也。钟建负我矣。'以妻钟建,以为乐尹",夹进楚昭王家事,将季芈娇怯怯的女儿情态和大胆直接的意思表达以闲笔带出,让我们真正看到战乱的平息,岁月的静好。

僖公三十三年春天秦欲袭郑,其军队路过周都洛邑北门。按照当时的礼仪,战车上的左右人员都要摘下头盔下车致敬,而秦国三百辆战车上的军士只是草草施礼就立刻跳上战车,毫无恭敬之意。从情节上看,秦人接下来在滑国遇到了郑国商人弦高,行文自当继写弦高犒师一节。但左氏偏于此处插笔兼写王孙满。王孙满当时年龄还小,在路边看到了秦军的无礼之举,就对周襄王说:"秦师轻而无礼,必败。轻则寡谋,无礼则脱。入险而脱,又不能谋,能无败乎?"这句闲笔不但提示了王孙满之早慧,也预示了秦军此次出征的必败命运。

文公元年殽之战以秦之失利而告终,秦大夫及左右皆归罪于百里孟明,但秦穆公却自认"是孤之罪也",并引周芮良大之诗"大风有隧,贪人败类。听言则对,诵言如醉。匪用其良,覆俾我悖"自责是自己的贪心导致战事的失利,所以赦孟明无罪,并恢复了他的官职和权属。秦穆公的表现让我们看到了他刚愎之外习于诗书的良好修养和勇于自责的优秀品质。

　　定公十三年春天齐景公、卫灵公的军队驻扎在垂葭，欲渡河伐晋，除了邴意兹以外的大夫们都不同意。邴意兹却说："可。锐师伐河内，传必数日而后及绛。绛不三月不能出河，则我既济水矣。"此处的闲笔之一是"齐侯皆敛诸大夫之轩，唯邴意兹乘轩"，之二是"齐侯欲与卫侯乘"而使人假告"晋师至矣"，卫灵公因来不及套车只好上了齐景公事先备好的战车。依春秋之礼，国君乘坐他国之车是有失国体的举动。成公十年楚与诸侯盟于蜀，与盟的蔡侯和许侯在春秋经上没有被提及，就是因为"乘楚车也，谓之失位"，君子还据此说："位其不可不慎也乎！蔡、许之君，一失其位，不得列于诸侯，况其下乎！"而齐景公费尽心机的"阴谋"正表现了他的阴险与奸猾。

　　哀公十一年，因为齐国攻打鲁国之郊，鲁哀公便联合吴人伐齐。齐人以必死之心应战：公孙夏命令其部下唱着挽歌开拔，陈子行让他的军士准备好下葬时所用的口含之玉，东郭书派人把自己的琴送给朋友弦多并示以诀别之言，陈书更是直言此次行动自己只能听到进军之鼓声而听不到收兵之金鸣。兵者勇气也，虽然兵书上也有"哀兵必胜"的理论，后世亦有项羽破釜沉舟的绝处逢生，但齐人之哀激起的不是无限的斗志而是一片低迷之情。左氏固然是欲借此表明"天识不衷，而使下国取胜"的儒家道义，却也在客观上表明了勇气对于战争的重要意义。

　　闲笔除了能够表现人物形象和性格以外，还能够表现出一定的讽刺性。桓公十四年冬天，宋人入郑放火烧了郑国的都城，又攻打东郊占领了牛首。战争中有所缴获是最正常不过的事情，而左氏之笔悠悠一展就说到宋人把郑国太庙的椽子带回国作了卢门的椽子。这一句虽是闲笔，却告诉我们一个宋人拆毁郑国太庙的大不敬之举。要知道，太庙者，郑国宗祠也。宋人之意或许根本不在于椽而在于庙，左氏之记使其骄横无礼显露无遗。僖公三十三年楚国欲送郑国公子瑕回国为君，结果在攻打郑国远郊城门桔柣之门时，公子瑕的战车翻倒在周氏的泥塘里，外仆髡屯邀功把他的尸体献给了当时在位的他的兄弟郑穆公。左氏记"文夫人敛而葬之郐城之下"，"文夫人"就是公子瑕和郑穆公的嫡母郑文公夫人，言嫡母葬公子瑕而不言郑穆公葬兄弟，此句中当不乏春秋笔法。

　　文公十七年秋天，周人甘歜在邧垂打败了戎人，《左传》对这场胜利的理解是说周人乘了戎人喝醉酒的机会。"乘其饮酒也"如同《尚书·酒诰》所言一样是强调饮酒之害,但也告诉我们,如果戎人不曾贪杯此役的胜负却也难料,将一个与战争本身毫无关联的事件的作用无限放大给人以警醒。

宣公十二年晋楚邲之战,晋人的战车陷在坑里不能前进,楚人就教他们抽掉车前的横木。晋人的战车出坑后没走多远马又盘旋不肯前进,楚人又教他们拔掉大旗、扔掉车轭。晋人因此得以驾车前行,却一边逃跑一边回头对楚军说:"吾不如大国之数奔也。"嘲笑帮自己脱困的人比自己更有逃跑的经验。这个场景就像激烈战争组曲中一个颇为舒缓的音符,不但让人可以将绷紧的神经暂时放松一下,而且使楚人的好为人师和晋人的幽默自得如在眼前。同在此役之中,晋人赵旃败逃时用两匹好马驾车送走了他的哥哥和叔父,然后自己以驽马驾车,因为跑得太慢就只好丢弃战车奔入树林。逢大夫和他的两个儿子驾车经过这里,逢大夫叫他的儿子不要回头看,但他们却回头看了,并说:"赵傁在后。"逢大夫十分生气地把儿子赶下车,拉上赵旃逃走了,第二天在树下找到了儿子的尸体。这则简短的败逃故事虽于战局胜负已无所碍,却是作者精心选材的重要体现,是激战之外看似可无却意味深长的旁逸之笔。

战争总是在展现智谋与勇力,但落于下风之时如何保住性命再谋求卷土重来也是一种智慧。故事首先用"让马"将赵旃的"孝"与"恭"展现在我们面前,并清楚地暗示换马之时他不会不明白自己将要面临的可能是什么。而逢大夫之举更是将爱子之心、避祸之志与同僚之义糅合于一处,表现了其矛盾而复杂的人格。他之所以叫儿子不要回头就是想带他们安全逃离,而看不到需要救助的人他就没有救助的责任,这样父子三人就可以免于祸患全身而退。但发现赵旃之后他就必须顾念同僚之义载他离开,在战车空间有限的情况下他只能选择牺牲自己的儿子,他的"怒之,使下"其实是另一种意义上的舐犊情深。所以这一处闲笔为我们展示的其实是一则极富表现力的开放式的人伦故事。

于闲处设色可以舒缓紧张激烈的战争节奏,让人可以轻轻地舒一口气,甚至发出会心的笑。从文章学的角度说,这样的描写可以使战争叙事更加张弛有度、开阖自然,在金戈铁马之间多出一丝温暖的人情意味,甚至使闲笔充满趣味性。

宣公十五年晋国魏颗在辅氏打败了秦军,并抓获了秦国的大力士杜回,这是对战局所作的简短而客观的概括。但接下来的带有神异色彩的故事就是不折不扣的闲笔:"初,魏武子有嬖妾,无子。武子疾,命颗曰:'必嫁是。'疾病,则曰:'必以为殉!'及卒,颗嫁之,曰:'疾病则乱,吾从其治也。'及辅氏之役,颗见老人结草以亢杜回。杜回踬而颠,故获之。夜梦之曰:'余,而所嫁妇人之父也。尔用先人之治命,余是以报。'"魏武子之变、魏颗之善和女子之父的知恩图报尽显于纸上,不但人物性格自然真切,人殉之俗其时犹未废除的史实也真切地摆在我们面前。

襄公十八年晋人率鲁卫攻齐,军队抵达齐国都城临淄附近的秦周后对齐都发起攻击,齐军毫无还手之力。为了表现诸侯之军的从容不迫,左氏以很多非战斗场面来进行映衬,如写军士们砍伐雍门之外的萩树,范鞅的侍从追喜无聊到在雍门之中用戈杀死了一条狗,孟庄子更是砍倒了一棵橚树准备为鲁襄公制琴,州绰干脆数起了城门上的铁钉。这样写来不像是在打仗,倒像诸侯之军在齐国的都城集体度假。定公八年春天鲁人侵齐,武士们都在阳州城门外坐成一列并传看颜高的六钧之弓也与此例相当。

襄公二十四年楚子伐郑以救齐,诸侯救郑。晋侯派张骼、辅跞去向楚军挑战,郑人宛射犬为他们驾车。战车冲进楚军战阵之前和退出楚军战阵之后,张骼与辅跞"皆踞转而鼓琴"。蹲在车后横木上弹琴除了表现出他们作为春秋武士也兼具相当的人文修养以外,应该还表现了二人的从容之心。这一笔的插入,仿佛让我们在舞动的旌旗之间听到了激越或幽婉的琴声,很好地调整了战争中的叙事节奏和审美节奏。

定公十二年夏天,卫国攻打曹国,回兵时由滑罗殿后。还没走出曹国的国境,滑罗就不肯走在队伍的最后。为滑罗驾车的人说:"殿而在列,其为无勇乎!"滑罗却说:"与其素厉,宁为无勇。"《左传》对滑罗其人没有太多的交代,所以我们既可以认为他是一个不能忠于职守的胆怯者,也可以认为他是一个知己知彼不慕虚名的无畏勇者,但并不循规蹈矩的率性却一定是他性格的组成部分。

哀公十六年楚国有白公胜之乱,白公胜将楚惠王困于高府之中派人看守,圉公阳在宫墙上挖了个洞,背着楚惠王逃到了楚昭王夫人的宫中,叶公闻讯前往城中救援楚惠王。这正是情况紧急之时,左氏却偏能以妙趣横生之笔顺手带过一个轻松有趣的情节:也许是因为正在行军途中还没有与敌人发生正面冲突,叶公出发时并没有戴上厚重的头盔。可当他走到北门的时候,有人遇见他,就说:"君胡不胄?国人望君如望慈父母焉,盗贼之矢若伤君,是绝民望也,若之何不胄?"叶公于是就戴上了头盔。结果他又遇到了一个人,那个说:"君胡胄?国人望君如望岁焉,日日以几,若见君面,是得艾也。民知不死,其亦夫有奋心,犹将旌君以狥于国;而又掩面以绝民望,不亦甚乎!"叶公于是又摘下头盔前进。这段话读起来特别像先秦的某些寓言,带一些诡辩的色彩在里面,夹杂在勤王戡乱的紧要关头有效地增强了故事的立体感和层次感。

如此我们可以看出,《左传》之中不但颇多闲笔,而且擅用闲笔。其闲笔可调整节奏、预设伏笔,亦可营造氛围、制造悬念,更可揭示本质、隐喻主题,实在是运用圆熟的妙笔。《左传》闲笔之中有很多干脆就是作者插叙和补叙的内容,无此于叙事无碍,有此则使情节跳荡活跃,自然生姿。最重要的是,《左传》闲笔常用于"忙"处,以点缀生波之法成就百忙之中的消闲之笔,其悠闲自如已至纯熟之境,其匠心之独运亦堪为后事之师。

第八章 《左传》的文学地位

因为居于时间上游，又有着相对成熟的文学思想和文学表达，《左传》确立了自己在中国文学史上的不朽地位，并对诸多文体产生了极其深远的影响。就主要泽被方向而言，人们普遍认为其是史传文学之源、散文义法之范和古典小说之本。

第一节 史传文学之源

史传文学是中国历史文学的一部分，兼有历史与文学两种成分。从文学的角度看，它以历史事件为题材，重在描写人物形象；从史学的角度看，它以文学手段描述历史事件和历史人物并表达一定的历史观。中国史传文学的成熟当在《史记》《汉书》，但《左传》的著述却早已确立了史传之雏形，并给司马迁等人以明显影响。

一 实录之法

"自孔子作《春秋》后，在一个相当长的时期内，个人著史被视为史官最重要的一项职责，被视为仅次于立德、立功的人生奋斗目标之一。"[①]左氏在相应的历史语境中也选择了这样一条道路，但他作史并未遵循孔子提出的"三讳"原则，而是书法不隐、善恶必书，同时又能博采史籍网罗旧闻做到"考信慎取"，从而使实录之法成为中国史学之传统并走进了史传文学的创作。

人们一般认为史书是对历史所作的一种真实的记录，而实录则是把历

[①] 孙海洋：《司马迁对历史人物评价及其实录精神》，《湖南科技大学学报》（社会科学版）1993年第1期。

史上曾经发生过的实际情况记录下来。我国古代记载皇帝在位期间重要史实的资料性编年体史册也叫实录，一般以所记皇帝的谥号或庙号为书名，如唐代《顺宗实录》、清代《世祖章皇帝实录》，也有以某一王朝命名的合刊本，如《明实录》《清实录》等。

东汉史学家班固评价《史记》说："其文直，其事核，不虚美，不隐恶，故谓之实录。"[1] 认定"实录"是司马迁写作《史记》的创作原则。事实上，如我们上文所言，"实录"精神一直是中国史官所推崇和尊奉的写作原则，《尚书》所记的西周诸事、孔子校订的《春秋》史实都属于这一精神指引下的现实存在。而以"浮夸"为基本特征之一的《左传》不但以生花妙笔依据史籍补录春秋时事，而且在行文之中对史官的实录精神大加夸赞，如宣公二年借孔子之口称"书法不隐"的董狐为"古之良史"，襄公二十五年对无畏强暴敢于牺牲生命而书"崔杼弑其君"的太史四兄弟及"执简以往"的南史氏之为的着意叙写，不置一字之褒贬而态度全出。

缺少实录精神，史书就会成为记史之人的一面之词，后代读者就会被其个人感情所蒙蔽，其所作文章也会脱离史传的本色而成为虚构。《左传》之录对无道无礼之事全不避讳，如记晋灵公"从台上弹人"、陈灵公君臣与夏姬共同淫乱及卫懿公好鹤亡国等事均据实书之。所以我们说，史传虽以文学为主要表达手法，却终究无法离开历史而独立存在。中国史传文学最杰出的代表莫过于司马迁的《史记》和班固的《汉书》，然论其渊源，则是"左氏一变而为史迁之纪传，迁书一变而为班氏之断代"[2]。

司马迁曾因辩驳李陵之事而受到汉武帝的残酷打击和无情迫害，中国文学史上因此乃有"发愤著书"之说。但司马迁并不因一己之憾恨而随意着笔，而是本着史家之精神客观记述汉武帝的生平与功业，给他以应有的历史地位，当然也不因其淫威而回避他的残忍狂暴、好大喜功和过于积极的求仙访道为百姓带来的灾难。对刘邦这位大汉王朝的开国天子也是一样，司马迁一方面肯定了他对抗暴秦启天下大道于一端的伟业，突出了他知人善任、深谋远虑的政治家风范，却也详述了他为人的奸猾、狡诈，奉行的不是孔子的"三讳"思想而是对历史负责的"实录"精神。

---

[1] 《汉书·司马迁传》。
[2] 张高评：《左传之文学价值》，文史哲出版社1991年版，第55页。

司马迁《史记》有全文抄录《左传》或仅有小幅改动者，班固《汉书》也有以此方法继承《史记》的篇章，自汉昭帝以下的传记亦均取法于《史记》，更见三者之渊源。《汉书》中的《李陵传》《苏武传》均补《史记》之不足，将司马迁未能和不便申辩之李陵的赫赫战功一一补入，写得极有文采，又将司马迁辞世时尚未从匈奴归来的持节牧羊的苏武的事迹记叙得慷慨悲凉，不但使人物悲剧深深打动人心而且将二人的人生委屈尽皆舒展，也使大汉与匈奴几十年间的种种纠葛如画卷般次第展开，显示了史传文学不同于一般史书的形象化特点，而实录之法又使其情节与基本史实毫不脱节。

"司马迁创造的纪传体不单是'正史体裁'，实际上是历史与文学的某种结合体。所以，《史记》之最惠于后来史学与文学者，主要还是它那以人物传记为表征的史传文学传统。"① 《左传》从体例上看固属编年体而非纪传体，但庄公二十二年全年尽叙陈敬仲家族、身世和僖公二十三年、二十四年集中记述晋文公重耳诸事实为纪传体之先声，无此启迪当难有《史记》。

实录之法站在极其客观的立场上，首先保证了史料的丰富性和确切性。当著作者以富有表现力的文学手法将其情节与场景进行还原时，读者眼中的对象便不再是枯燥的文字而是更加接近历史的"生活本真"。史传文学所记录的内容因涉及某些细节的"还原"，所以难免会有不尽、不实之处，并不是完全真实的历史本身，因此史传"实录"仍旧不是文学理论所言的"表现"而只能是"再现"，但那些通过实录得来的翔实的史料也必然使史传文学的"再现"效果更加真实可感。"实录"之法，不但对以《史记》为领起的二十四史，即所谓"正史"产生了体例上的影响，而且对后世的文学创作产生了巨大影响，不但使是否具有"实录"精神成为评价叙事文学的一个重要标准，也使历朝历代出现了很多"诗史"性质的作品。

二 劝惩之念

"劝惩"即"惩恶劝善"，系"春秋五例"之一，出自《左传·成公十四年》君子所曰："《春秋》之称，微而显，志而晦，婉而成章，尽而

---

① 李少雍：《从古史及"四史"看史传文学的发展》，《文学评论》1996年第4期。

不污，惩恶而劝善，非圣人，谁能修之？"《辞源》旗帜鲜明地将"劝惩"解释为奖励好人、贬斥坏人。《左传》在传释《春秋》的过程中将"惩恶劝善"的观念一并继承下来，并使之成为中国史书写作中的一个重要的思想标尺，所以有学者称："先秦两汉史传的一个重要功能是劝惩。"①

中国人一贯有着极为强烈的道德观念，将善恶美丑的界限划定得十分明显。"道德是中国传统文化的价值基础，而古往今来所有中国思想家'究天人之际'的根本目的是求善，'彰善瘅恶'（《尚书·毕命》）是中国传统道德的基本使命。"② 这种道德代表了中国人的一种普遍观念，也不只见于史书。

《论语·八佾》记载："子谓《韶》：'尽美矣，又尽善也。'谓《武》：'尽美矣，未尽善也。'"这里的"美"是就音乐形式而言的优美和谐，而"善"则是就音乐的内容而言的合于道德传统。关于韶乐的来源，《竹书纪年》云："有虞氏舜作大韶之乐。"其主要内容是用以歌颂帝尧的圣德和舜的忠心继承之意，所以孔子称其"尽善也"。《史记》记载孔子在齐国高昭子家观赏韶乐之后，由衷地发出赞叹说："不图为乐至于斯"，"学之，三月不知肉味"。③《论语》也记载此事说："子在齐闻韶，三月不知肉味。"④ 而音乐形式与韶乐一样动人的武乐的内容却是武王伐纣的金戈铁马杀伐之声，虽为正义而战却与儒家"仁"的思想略有龃龉，所以孔子称其"未尽善也"。

史传文学不但是历史的载体，也是社会思想和道德思想的载体，在"以民为本"的道德引领下，力求树立的是以"仁君贤臣"为代表的思想体系，所以较其他文体有着更加明确的镜鉴功能。

左氏传经，将《春秋》的劝惩之念带入《左传》，借素朴的行文和所谓君子之言将其展现无遗。僖公九年，"王使宰孔赐齐侯胙"，时为霸主且已年迈的齐桓公在周王"无下拜"的旨意下仍旧以"下，拜，登，受"之礼完成了受胙的仪式，表现了对周王的尊敬。左氏所记当然是意在彰显"劝善"之念。而文公五年楚人灭掉六国与蓼国之后，春秋有名的智者臧文仲说："皋陶、庭坚不祀忽诸。德之不建，民之无援，哀哉！"皋陶、

---

① 郭丹：《史传文学与中国古代小说》，《明清小说研究》1997年第4期。
② 王正平：《中国传统道德论探微》，上海三联书店2004年版，第4页。
③ 《史记·孔子世家》。
④ 《论语·述而》。

庭坚之所以迅速陷于无人祭祀的结局，是因为他们的后人不修德行而使人民无援，臧文仲之"哀"未言楚人之凶悍可见是批评两国君主，左氏记其言自是"惩恶"之意。

中国古代文论一直在强调文学与政治思想的关系，"兴观群怨"① 如此，"惩恶劝善"② 亦然。"夫文人文章，岂徒调墨弄笔，为美丽之观哉？载人之行，传人之名也。善人愿载，思勉为善；邪人恶载，力自禁裁。然则文人之笔，劝善惩恶也。"③《汉书》有云："闻三代之道，乡里有教，夏曰校，殷曰序，周曰庠。其劝善也，显之朝廷；其惩恶也，加之刑罚。"④ 而这一思想也极其自然地贯注于他的写作之中。司马迁在《管晏列传》的"太史公曰"中说："方晏子伏庄公尸哭之，成礼然后去，岂所谓'见义不为无勇'者邪？至其谏说，犯君之颜，此所谓'进思尽忠，退思补过'者哉！假令晏子而在，余虽为之执鞭，所忻慕焉。"⑤ 不啻是这一思想的真实表现。

《汉书》专记西汉史事，是纪传体断代史的开山之作，以儒家思想为准绳，以洗练准确的笔墨来写人。其语言简洁严整、详赡典雅，是较为典型的史家之文，"传赞"是其史传思想的直接体现。在《公孙弘卜式兒宽传》之"赞"中，班固就一口气列举了西汉名臣51人进行评论。这些人或因"儒雅""笃行"，或因"质直""推贤"，或因"定令""文章"，或因"滑稽""应对"，或因"历数""协律"，或因"运筹""奉使"，或因"将率""受遗"，或因"将相""治民"，而受到君王任用，都是"有功迹见述于世"的汉一代文臣武将中的典型代表，班氏所录"劝善"之意卓然可见。

刘知己《史通》说："向使世无竹帛，时阙史官，虽尧、舜之与桀、纣，伊、周之与莽、卓，夷、惠之与跖、蹻，商、冒之与曾、闵，但一作'俱'。一从物化，坟土未干，则善恶不分，妍媸永灭者矣。苟史官不绝，竹帛长存，则其人已亡，音成空寂，而其事如在，皎同星汉。用使后之学

---

① 《论语·阳货》云："子曰：'小子，何莫学夫《诗》？《诗》可以兴，可以观，可以群，可以怨；迩之事父，远之事君；多识于鸟兽草木之名。'"
② 《左传·成公四十年》："《春秋》之称，微而显，志而晦，婉而成章，尽而不污，惩恶而劝善，非圣人谁能修之。"
③ 《论衡·佚文》。
④ 《汉书·儒林传》。
⑤ 《史记·管晏列传》。

者，坐披囊箧，而神交万古；不出户庭，而穷览千载。见贤而思齐，见不贤而内自省。若乃《春秋》成而逆子惧，南史至而贼臣书，其记事载言也则如彼，其劝善惩恶也又如此。"① "见贤而思齐，见不贤而内自省"，或者可以算得上是史家劝惩思想的一种实际效用吧！

事实上，劝惩思想不独附着于史传文学，还广泛存在于各类文学作品之中，后世小说、散文均有此意。鲁迅先生曾就此指出："唐人大抵描写时事；而宋人则多讲古事……以为小说非含有教训，便不足道。"② 而史传文学因为对社会和人生有更多的镜鉴意义而更多地继承了这一思想观念，并在自己的书写中将其发挥得更加淋漓尽致。

三　激切之情

情感是一切文章之源，诗的发生在于"情动于中而形于言"，文的发生也有着与之相同的因缘。对于"史蕴诗心"的《左传》而言，情感决定了"诗心"的发源，而这份情感来自左氏崇礼重道的思想和立言不朽的追求，他依从内心需要所进行的史料选取和运用也相应决定了《左传》的情感属性，更决定了其与儒家温柔敦厚审美原则并不时刻一致的文人化的激切的情感表达。

《简明社会科学辞典》中，有关于史学和文学的两个词条：

> 史学：亦称"历史学"，是研究阐明人类社会发展过程的学科。包括对自古至今的人类社会、国家、地区和民族的历史作综合的、分期的或分类的研究，以及阐述史学一般原理与方法的史学概论，探讨史学本身发展历史的史学史，研究史料及其利用方法的史料学等。③

> 文学：用艺术语言为手段以构成形象来反映社会生活并表达作者思想感情的语言艺术。社会意识形态之一。起源于生产劳动，是人类按照美的规律来创造对象的一种精神产物。是一定社会生活在人类头脑中的反映。④

---

① 《史通·史官建制》。
② 鲁迅：《鲁迅全集》（第九卷），人民文学出版社1998年版，第319页。
③ 宋原放主编：《简明社会科学词典》，上海辞书出版社1985年版，第91页。
④ 同上书，第176页。

从中我们不难发现史学与文学的区别。这二者同是以语言文字为媒介，但因记录的终极目的不同，其对语言文字的使用方式自然要有所不同。即使是在文史哲相混淆的时代，孔子也曾说："质胜文则野，文胜质则史。"①

《左传》庄公四年以极其简洁的语言记录了一件很简单的事情："纪侯不能下齐，以与纪季。夏，纪侯大去其国，违齐难也。"我们依照《左传》的锁链式结构向上年去寻找因由，发现在庄公三年的时候"纪季以酅入于齐"，也就是说季侯的弟弟带着辖下的酅地依附了齐国，造成了纪国的分裂局面。《左传》为我们省略的事情当然是齐国生出了吞并纪国的野心，要求纪侯屈服，而纪侯在无奈之中将国家交给了早已与齐人勾结的弟弟纪季，自己则永远地离开了国家，以躲避齐人的迫害。十二年前的桓公九年，"纪季姜归于京师"做了周桓王的王后，她应该是纪侯的姊妹或是姑母，但这种看似牢固的裙带关系却因周王权力的式微而没有为弱小的纪国带来长久的安稳，在内部的权力之争和强齐的觊觎之下，纪侯无法避免自己去国怀乡的命运。庄公四年的叙事在貌似的平静中充满同情，"大去"之语虽仅二字却尤显悲切与愤慨，是左氏真实情感的流露。

司马迁的《史记》被鲁迅称为"史家之绝唱，无韵之《离骚》"，而《离骚》所奏响的也是屈子哀婉与怨愤的人生旋律。司马迁的叙述语言通俗、简练、生动，笔端常带感情，其"究天人之际，通古今之变"的著书愿望与其人生经历使《史记》全书的精神底色成就于一脉悲愤之情。司马迁因为曾经入狱并受宫刑，故而对严刑峻法大加痛恨，于是在上溯法家根源到达商鞅之时，就直抒胸臆表达所感："太史公曰：商君，其天资刻薄人也。迹其欲干孝公以帝王术，挟持浮说，非其质矣。且所因由嬖臣，及得用，刑公子虔，欺魏将昂，不师赵良之言，亦足发明商君之少恩矣。余尝读商君开塞耕战书，与其人行事相类。卒受恶名于秦，有以也夫！"②但《史记》的激切之情并不因一己之私而发，其对商鞅的判断主要是出于儒家与法家思想的分歧与争端，在史事叙写中司马迁还是十分客观地记录了商鞅的功业："行之十年，秦民大说，道不拾遗，山无盗贼，家给人足。民勇于公战，怯于私斗，乡邑大治"，"秦人富强，天子致胙

---

① 《论语·雍也》。
② 《史记·商君列传》。

于孝公,诸侯毕贺"。①

《伯夷叔齐列传》是《史记》中唯一没有太史公赞语的一篇传记,但其深切情感却蕴于叙事之中:

> 孔子曰:"伯夷、叔齐,不念旧恶,怨是用希。""求仁得仁,又何怨乎?"余悲伯夷之意,睹轶诗可异焉。其传曰:
> 伯夷、叔齐,孤竹君之二子也。父欲立叔齐,及父卒,叔齐让伯夷。伯夷曰:"父命也。"遂逃去。叔齐亦不肯立而逃之。国人立其中子。于是伯夷、叔齐闻西伯昌善养老,盍往归焉!及至,西伯卒,武王载木主,号为文王,东伐纣。伯夷、叔齐叩马而谏曰:"父死不葬,爰及干戈,可谓孝乎?以臣弑君,可谓仁乎?"左右欲兵之。太公曰:"此义人也。"扶而去之。武王已平殷乱,天下宗周,而伯夷、叔齐耻之,义不食周粟,隐于首阳山,采薇而食之。及饿且死,作歌。其辞曰:"登彼西山兮,采其薇矣。以暴易暴兮,不知其非矣。神农、虞、夏忽焉没兮,我安适归矣?于嗟徂兮,命之衰矣!"遂饿死于首阳山。
> 由此观之,怨邪?非邪?

中国古代叙事文一开始就显露了"以情节见长而非以议论见长的特征"②,而以作者情感状态为基础的情节叙事本身就是有情之论。《汉书·佞幸传》开篇即对西汉佞臣予以总说曰:"汉兴,佞幸宠臣,高祖时则有籍孺,孝惠有闳孺,此两人非有材能,但以婉媚贵幸,与上卧起,公卿皆因关说。故孝惠时郎侍中皆冠骏鸃,贝带,傅脂粉,化闳、籍之属也。两人徙家安陵。其后宠臣,孝文时士人则邓通,宦者则赵谈、北宫伯子;孝武时士人则韩嫣,宦者则李延年;孝元时宦者则弘恭、石显;孝成时士人则张放、淳于长;孝哀时则有董贤。孝景、昭、宣时皆无宠臣。景帝唯有郎中令周仁。昭帝时,驸马都尉秺侯金赏嗣父车骑将军日䃅爵为侯,二人之宠取过庸,不笃。宣帝时,侍中中郎将张彭祖少与帝微时同席研书,及

---

① 《史记·商君列传》。
② 郭丹:《史传文学:文与史交融的时代画卷》,广西师范大学出版社1999年版,第96页。

帝即尊位，彭祖以旧恩封阳都侯，出常参乘，号为爱幸。其人谨敕，无所亏损，为其小妻所毒薨，国除。"① 这段文字看似平铺直叙，却自有一番咬牙切齿的味道暗涌其中，尤其后半部分更借事由将史家暗讽之意表露无遗。

史书应该是天下最冷静的叙事，但史传因为有了文学的属性而多了情感的因素和率性的表达。寓褒贬于叙事的雅正风格至《左传》慢慢渗入以人物和事件为核心的历史叙事，并以直接或间接的方式表达史家独特的思想。而褒贬必然出自相应的评判标准和人的感情，史家的激切之情不但让我们可以轻易洞悉记叙之中的是非曲直，而且使实录与劝惩因了文学化的表达而更加深入人心。

第二节 散文义法之范

散文文体的发展从先秦一直绵延到清末从未间断，即使是在与骈文勉力抗衡的日子里，它也始终保有自己的风采。"《左传》之为书，义经，体史，而用文。故扬雄以为品藻，范宁称其艳富，韩愈目为浮夸，程子言其文胜质，朱子许其会做文章，归有光则谓《左传》文如金碧山水。"② 故历代散文选本多列《左传》为篇首，取其"言之有物"和"言之有序"的义法之范。

一 取舍有法

散文一直是中国古代文学的主流文字样式，其地位几乎始终高于诗歌和小说。中国散文的传统亦极为悠长和深厚，人世的晴云暖雪、镜破钗分、去国怀乡都可以长驱直入散文的世界，成为作者心境的剖白。但"巧妇难为无米之炊"，任何文章的写作都需要经历素材的选取，大则大之，小则小之，亦有以大搏小、以小搏大者。

《左传》之文多为原原本本据实陈述，也有写大事用省笔而写小事用工笔之例。左氏对那些能够凸显人物性格的场景和语言往往不吝笔墨细细描摹，所以我们才能见到那么多典雅精妙的辞令描写。于一些细事，如晋

---

① 《汉书·佞幸传》。
② 张高评：《左传之文学价值》，文史哲出版社1991年版，第51页。

献公卜娶骊姬、崔杼筮娶棠姜却细述其因由、过程，陈夏姬入楚所带来的君臣震动也被详加描述。于一些不甚重要之会盟、战争诸事左氏则一笔带过，而作为其叙述重点的五大战役亦非面面俱到，而是以"避犯"之法自由取舍，表现得从容自若、得心应手。从中我们可以看出，左氏重在作文而非叙史，其选材方式是忠于作者内心需要的筛选，是满足作者表达愿望的攫取。

秦代李斯作《谏逐客书》以明逐客不利于秦，于是依据秦国史实举例论证"有客"之利：穆公"西取由余于戎，东得百里奚于宛，迎蹇叔于宋，求丕豹、公孙支于晋"而"并国二十，遂霸西戎"，孝公用卫人商鞅"移风易俗""至今治强"，惠王用魏人张仪"散六国之从，使之西面事秦，功施到今"，昭王用魏人范雎"废穰侯，逐华阳，强公室，杜私门，蚕食诸侯，使秦成帝业"，并得出"向使四君却客而不纳，疏士而不用，是使国无富利之实，而秦无强大之名也"的结论，用以劝导嬴政更不可"逐客以资敌国"。此类政论文章多用春秋赋诗"断章取义，为我所用"之法，尽取上述"客之利"而舍韩人郑国修渠疲秦之类"客之不利"以证明自己的观点，与《左传》辞令何止是相似！

汉代贾谊曾于张苍处受传《左传》，其《新书》所述春秋时事亦多本于《左传》甚至合于《左传》，其于左氏之文当颇有心得。《过秦论》篇首云："秦孝公据崤函之固，拥雍州之地，君臣固守，以窥周室，有席卷天下、包举宇内、囊括四海之意，并吞八荒之心。当是时也，商君佐之，内立法度，务耕织，修守战之具；外连衡而斗诸侯。于是秦人拱手而取西河之外。"行文激越、气宇轩昂，商君之行事与左氏所记晋悼公初立之法度从容堪有一比。

清人蒲起龙在释读《史通·模拟》时说："愚于左氏，读贾辛适县，悟韩柳赠行体；读薳启强对楚灵，识欧苏论事论，亦所谓貌易心同者乎。"[①] 贾辛适县得到魏献子的临行谏言见于昭公二十八年，薳启强以归谬法谏楚灵王不得无礼于晋见于昭公五年，都是《左传》中的名文，且均见取材之妙。

唐代古文运动以来，文章家均以"先秦两汉文章"为榜样，创作中所产生的自发性文章逐渐多了起来。这些"自发文章"与那些为应时、

---

① 刘知几著，浦起龙释：《史通通释》，上海古籍出版社1982年版，第224页。

应景、应事而作的严密切合题旨的政论、对策相比，多了许多个人色彩，让生活的细微处和更加"私人化"的情感进入了文章，使行文的思想、体制和语言都发生了不同程度的变化，素材的取舍也更见精妙。欧阳修《醉翁亭记》写往山中游玩之人说："负者歌于途，行者休于树，前者呼，后者应，伛偻提携，往来而不绝。"在朝暮四时景致不同的琅琊山中，"负者""行者"交代了山中人不同的身份，"伛偻"言老迈者，"提携"言年幼者，十四字概括包容了各个阶层、各个年龄段的有闲、有暇、有趣之人，"往来不绝"四字以明游客之众，而众人间的"前者呼，后者应"则显示了人际交往的和谐。这二十余字不但描绘了一幅其乐融融的人间盛景，也是欧阳修在为自己治下的民生和乐张本。近人陈衍《石遗室论文》说："文章之有姿态者，《左传》滋多；世称欧公文为"六一风神"，而莫详所自出，则惟《左传》乎！"

明人归有光的《寒花葬志》是归有光为先做婢女后做侍妾的寒花写的墓志，仅有百余字，却活画人形于纸上：

婢，魏孺人媵也。嘉靖丁酉五月四日死，葬虚丘。事我而不卒，命也夫！

婢初媵时，年十岁，垂双鬟，曳深绿布裳。一日，天寒，爇火煮荸荠熟，婢削之盈瓯，予自外入，取食之；婢持去，不与。魏孺人笑之。孺人每令婢倚几旁饭，即饭，目眶冉冉动。孺人又指予以为笑。

回思是时，奄忽便已十年。吁，可悲也已！

寒花在作者家里生活了十年，正当青春妙龄不幸辞世。她在归家的日子里，经历了大大小小不少事，作者却只捕捉了她刚来时的两件小事，用寥寥几笔加以点染，就极为传神地画出了人物的性格特征。散文写人难以尽述，所以多取一鳞半爪来活化整体面貌，《左传》中那些"闪现型"的人物所以能够使其形象长驻人心莫不因此。细想此类情形，左氏取舍之法荫蔽后人久矣！

二　张弛有度

汉语的文学语言传统十分强调"文气"，历代文章均重文气贯通，曹丕更是直言"文以气为主"。左氏行文流畅自然，虽遇长篇故事亦能首尾连贯一气呵成，却又不只擅于平铺直叙一泻千里之法，而能在山山水水的流连中拓开新的境界。其叙战章节更是波折连连、逸笔频出，如成公二年齐晋鞌之战写郤克伤于矢而鼓音不绝、逢丑父使齐顷公如华泉取饮而纵之逃逸，定公四年吴楚柏举之战写大夫钟建负季芈而从楚昭王出逃，昭公十六年吴楚长岸之战写吴人先失余皇之舟而公子光设计夺回并改易战局。

人们的阅读心理要求文章不能将人们的神经绷得过紧，也不能一味松垮拖沓，而要求其有章法、有节奏，这些都是要靠文气的张弛来决定的。散文作家在头脑中将意念和写作素材进行分解、重组，然后用形断神续的语句连续铺排，形成语法脉络，造成一种动态的节奏感，最终形成连贯的气势。此外，打破惯常语法规则，使用非常规的词语组合、词性转换、褒贬颠倒的修辞方式，也都是实现张弛的手段。

苏轼认为作文应达到"如行云流水，初无定质，但常行于所当行，常止于所不可不止。文理自然，姿态横生"[1] 的艺术境界，又格外推重《左传》之文曰："意尽而言止者，天下之至文也；然而言止而意不尽，尤为极至，如《礼记》《左传》可见。"苏轼《超然台记》写"南望马耳、常山""其东则庐山""西望穆陵""北俯潍水"，极尽神韵，然推考《左传》僖公四年召陵之战写东西南北四处、僖公九年葵丘之盟亦写北南西东四面、僖公三十二年蹇叔哭师也以东南西北作点缀，苏文出处当无须再言，而四望之时转首折身的心荡神驰也成就了文章节奏之张弛。《刑赏忠厚之至论》是苏轼应试礼部的试卷，得到了主考官欧阳修的赏识并说："读轼书不觉汗出，快哉！老夫当避此人，放出一头地。"[2] 这篇文章以忠厚立论，援引《传》《书》《诗》之文，以古仁者施行刑赏以忠厚为本的范例阐发了儒家的仁政思想，说理透彻，结构严谨，文辞简练而平易晓畅，对照《左传》襄公二十六年声子说楚而复伍举之论可知其文法与出处。

苏轼之弟苏辙曾著《春秋集解》一书，现存于《四库全书》，朱熹《朱子语类》卷八十三说："《春秋》煞有不可晓处，近世如苏子由、吕居仁，却看得平"[3]，"苏子由教人，只读《左传》。"[4] 林纾在其《左传撷

---

[1] 苏轼：《与谢民师推官书》，《苏轼文集》，岳麓书社2000年版，第656页。
[2] 《宋史·苏轼传》。
[3] 朱熹：《朱子语类·卷八十三》，中华书局1986年版，第2144页。
[4] 同上书，第2157页。

华·序》中说:"余则私意苏氏,必先醉其文,而后即托为解经之说,以自高其位置。身在尊经之世,断不敢贬经为文,使人指目其妄。"①《左传》虽非《春秋》却是解读《春秋》的必由之路。如此,苏辙为文敢不受左氏之遗泽?其《黄州快哉亭记》融写景、叙事、抒情、议论于一炉,于汪洋淡泊之中贯注着不平之气,写亭上之所见多用短言偶句使人有与之同去张望目不暇接之感,却一转而入楚王与宋玉之缓言对话,再接舒展恣肆之议论,起伏张弛收放自如恰到好处。苏辙在《上枢密韩太尉书》中说:"文者,气之所形。然文不可以学而能,气可以养而致。"② 此语或许可以很好地解释其文风文意。

"文似看山不喜平"是对文章所作的形式要求更是内容要求,文章之舒缓、旁逸、跌宕之美与文气张弛密切相关。在结构上,散文以写作主体为中心,以其心灵世界为基点,以人的情感流动和情绪的宣泄为隐约线索,心理时间取代了线性物理时间,因而经常表现为无所谓开头、无所谓结尾的首尾全开放式的形态,往往开头即波澜乍起、先声夺人,结束则戛然而止。余韵悠悠,而言语之骈散共生亦在其中成就张弛之势。明末张岱《西湖七月半》云:"吾辈始舣舟近岸,断桥石磴始凉,席其上,呼客纵饮。此时月如镜新磨,山复整妆,湖复颒面,向之浅斟低唱者出,匿影树下者亦出。吾辈往通声气,拉与同坐。韵友来,名妓至,杯箸安,竹肉发。月色苍凉,东方将白,客方散去。吾辈纵舟酣睡于十里荷花之中,香气拍人,清梦甚惬。"大可参阅左氏的骈散相间之语而见其流韵。

三 破立有节

无论是"文以明道"还是"文以载道",中国的文章从来都少不下"道"的影子。虽然人们对"道"为何物的解说不尽相同,但总与思想志趣相去无多,表现了国人自早期思维中就已确立的理性追求。中国古代散文多以实用为目的,论、原、辨、议、策、疏、表、诏、令、制、告、劳、说、杂说、解、序、赠序、传、状、碑记、铭、书、牍、启、笺、

---

① 林纾:《左传撷华·序》,商务印书馆1921年版,第8页。
② 四川大学中文系古典文学考古室选注:《宋文选》,人民文学出版社1980年版,第254页。

移、简、札、帖等绝大多数属于纯正的应用文体，多见君臣恩义少见长幼温情，以致人们一般认为中国散文的成长经历了一个由"向外转"到"向内转"的过程。

所谓"向外转"即指一味观照客观外物忽略了写作者的主体地位和主体思想，"向内转"则突出了心灵的主导，具有更强的主观性。但事实上，所有文字都是作者内心情志的体现，是他对客观世界予以考量之后得出的结论，无论他采用的是平稳冷静的叙述还是激情四溢的表达。《左传》行文不独发扬了看似不动声色其实内蕴深沉的"春秋笔法"，更创制"君子曰"模式直接表达忠耿之意，进而使后代的散文无论是立论文还是驳论文，甚至叙事抒情之文，都有思想的锋芒寓于其中。

经历《左传》而至战国时代，"文化与文字开始从官家贵族们的手里落到私人平民的手里，它就不仅仅是一个呆板的记录，而变成了活生生的思想，这就出现了一个智者的时代"[①]。在这个智者的时代里产生了先秦诸子的散文，这些散文无不是各家学派观点的代言，具有哲理性、启发性和形象性，其中后出者都不难见到左氏论辩辞令潜移默化的影响。

散文至唐代韩愈而有一变。台湾学者张高评曾梳理过后人对韩文的评价，说明代魏禧《左传经世钞》以为，韩愈《原道》文势与《左传》昭公六年叔向劝子产用刑书相同；俞宁世《左选》认定，襄公十一年诸侯伐郑叙战写东西南北法，"昌黎祖之，为《平淮西碑》"；明人唐顺之《荆川文编》谓，襄公二十三年晋悼治兵命将，章法参差婉隽，昌黎祖之，为上于襄阳书等；清人徐世浦《古文词通义》卷八直言"韩愈文章出于《左传》。"[②] 韩愈作文强调"气盛则言之短长与声之高下者皆宜"，且有"不平则鸣"之论，其文亦观点明确出言有度，《论佛骨表》《师说》《进学解》等韩文名篇都是如此。即使是在《祭十二郎文》这样纯粹的个人情感表达中，韩愈也能将琐屑之事并于一处传情达意直指人心，以至明代茅坤在评价此文时说："通篇情意刺骨，无限凄切，祭文中千年绝调。"[③] 此评价不可谓不中肯，不可谓不真切，而其情感格调之所立直逼左氏传人之细微处。

[①] 林庚：《中国文学简史》，北京大学出版社1996年版，第43页。
[②] 张高评：《左传之文学价值》，文史哲出版社1991年版，第74页。
[③] 茅坤：《唐宋八大家文钞》，沈阳出版社1996年版，第228页。

柳宗元《桐叶封弟辨》依据周成王封叔虞的旧事立论，直指贤臣周公的辅佐责任，论证到底是因"君无戏言"而"封叔虞"，还是因叔虞之才德当封而"封叔虞"，围绕重臣应如何辅佐君主这一中心发挥议论，尖锐地指出"凡王者之德，在行之何若"，表达了自己对封建君主权力的清楚认识。明王世贞《蔺相如完璧归赵论》则针对历史上被传诵一时的"完璧归赵"故事展开论述，提出"予未敢以为信也"的观点。王世贞从形势与事理两个方面层层深入分析，认为蔺相如此举不够周全，亦非政治上的万全之策，并稳重论述"予之璧"和"不予之璧"的利害关系，得出蔺相如所以成功不在于智勇双全而在于"天固曲全之"的结论，让人深深信服。这些文章都不以常人之论为论，却在巧作主张之时以忠厚之语、笃实之态展开论述，仍不出左氏章法。

文学是用艺术语言为手段，以构成形象来反映社会生活并表达作者思想感情的语言艺术。在那些文学性较强的散文中，也有思想内核的闪光。欧阳修《醉翁亭记》有句云："然而禽鸟知山林之乐，而不知人之乐；人知从太守游而乐，而不知太守之乐其乐也。"那么"太守之乐"到底为何呢？欧阳修不曾明言，但细究其理当不在山幽水美，不在人众熙然，而在于以此表现太守治下的宁静祥和，是欧阳修在为自己的政治业绩而乐。文中还有看似赘语的一句其实也蕴含丰富内容："醉能同其乐，醒能述以文者，太守也。太守谓谁？庐陵欧阳修也。"其中"醒能述以文者"，何意？是欧阳修的骄矜自夸之词也。如上述为一方太守而能使政通人和者当不在少数，游赏盛景而能作文述之者当亦不在少数，然能将二美并于一处者，世所罕见，而欧阳修独能为之。将欲彰之意隐于笔墨深处，所造者仍是春秋笔法之妙境。

此后如方苞的《狱中杂记》《左忠毅公逸事》和姚鼐的《登泰山记》等桐城名家名篇也多以左氏为范，方苞《古文约选》果亲王允礼《序》说："义法最精者，莫如《左传》《史记》，然各自成书，具有首尾，不可心分剟。"[1] 方苞《凡例》说："序事之文，义法备于左史。"[2] 由上述之文看来，秦汉以后作散文而不遥想《左传》者少矣！

---

[1] 方苞：《古文约选》，清雍正11年果亲王府刻本，第3页。
[2] 同上书，第5页。

第三节 古典小说之本

经过了魏晋志人志怪小说的发端和唐传奇、宋话本的养育，直至明清时代小说的成熟和繁荣，人们越来越发现中国古典小说与《左传》之间渊源甚深。如我们前文所言，冯镇峦《读聊斋杂说》言《左传》"最喜叙怪异事，予尝以之作小说看"，钱玄同、顾颉刚等则将《左传》归入《三国演义》等历史小说一类，朱自清先生也说："《左传》不但是史学的权威，也是文学的权威。"[1] 我们试从题材、叙事、表意三个方面简要予以论述。

一 题材：现实与神异

"君举必书"和"左史记言，右史记事"是先秦时期史书所要遵循的书写规范，具有史书性质的《左传》亦当以实录之法记史，但许多所谓亦真亦幻"富艳而诬"的神异性内容却和历史现实纠缠在一起，以或隐或显或显隐并存的方式在其中被运用得异常圆熟。

中国人注重历史，注重从历史中寻找前行的方向和人生的指引，从而将前人的镜鉴放在十分重要的位置。而小说的创作也因此继承了史书的教化讽谕功能并力求在形式和内容上给人以真实感，并且形成了小说创作中所盛行的"补史观念"。东晋干宝常因《搜神记》而被目为文学家，但他同时还是一位写作了二十卷《晋纪》的重要史学家，《晋书》卷八十二称"其书简略，直而能婉，咸称良史"。而且《搜神记》并不是干宝为作志怪小说而成的篇什，他自己认为这部书是为补史籍之所缺而作，他在《序言》中还郑重声明这些文字虽然"盖非一耳一目之所亲闻睹也"[2]，却是"考先志于载籍，收遗逸于当时"[3]，所遵循的仍是实录之法。董狐是春秋时的卓越史家，同时人称干宝为"鬼之董狐"也是从"史"法着眼。

中国古典小说先文言而后白话，走在一条从志人、志怪到传奇到白话

---

[1] 朱自清：《经典常谈》，吉林人民出版社2013年版，第43页。
[2] 干宝：《搜神记》，上海古籍出版社2012年版，第15页。
[3] 同上。

的道路上。正因为前代史书对中国小说的题材选择产生了重大影响，所以有人认为："史官文化精神的一个重要方面，即古代'良史'的'实录'传统，妨碍了文言小说的成熟。"① 但这也恰恰证明中国古典小说有着极其漫长的现实主义传统。后代谈小说必言"虚构"，可虚构的内容并不是凭空从天上掉下来或是无端地从小说家的头脑中生成的，它的"事之所无，理之必有"必然也要植根于现实生活方能长成参天大树或是开出繁茂的花朵。

中国的上古叙事文学当以神话为代表，鲁迅也曾说过："神话不特为宗教之萌芽，美术所由起，且实为文章之渊源。"② 作为后起的叙事性作品，《左传》作者凭借着自己的搜奇集轶和博闻强记将夏商周三代的许多传说收录书中，如昭公元年载高辛氏二子化作参商两星，昭公七年言"昔尧殛鲧于羽山，其神化为黄熊"。而《左传》对春秋时事的记录也体现了"好奇"的特点，如记庄公八年彭生鬼魂附于大豕而见齐襄公，僖公十年狐突遇太子申生之鬼魂，文公十六年"内蛇外蛇斗于门中"，宣公三年燕姞梦兰而生郑穆公、郑穆公刈兰而卒，宣公十五年魏颗梦老人结草为报以亢杜回、成公二年韩厥之梦"且辟左右"，成公十年"晋侯梦大厉"，襄公十九年荀偃之瞑目纳含，昭公八年"石言于晋"，昭公十九年"龙斗于渊"等，甚至那些跨越时空距离而得到应验的占卜之术都显示着光怪陆离的神异色彩。

"原始宗教与神话表里杂糅是一种普遍现象"，"若要剔除原始宗教的意思，神话也就不存在了；同样的如果抽去了神话的内容，原始宗教也就不成其为原始宗教了"。③ 中国文学的神话传统在记史的《左传》中得到了一次较为集中的展示，《左传》在原始宗教背景下以其动人之笔所形成的神异特色明显影响了此后的小说创作，为被史官文化禁锢的小说家的才情施展提供了一条可以借鉴的路径，即使仅从"志怪""传奇"这样的命名方式上我们就可以发现这一特点。"志怪"小说与神异题材的关系不言而喻，难能可贵的是，作为中国小说进行自觉创作标志的唐传奇也有许多作品超越了现实生活。

---

① 赵明政：《文言小说：文士的释怀与写心》，广西师范大学出版社1999年版，第86页。
② 鲁迅：《鲁迅全集》（第九卷），人民文学出版社1998年版，第17页。
③ 苑利：《二十世纪中国民俗学经典·神话卷》，社会科学文献出版社2002年版，第341页。

中国文学的基本底色是现实主义的"实录",至唐人小说仍多以记、传为题,采史家笔法传奇闻异事,但"唐代文士普遍采用'代言'、'拟言'之法,就意味着传奇小说的想象和虚构,'细微曲折,摹绘如生',已不是单纯的'实录'见闻。"① 传奇作者们以较人世客观生活深一层次的虚构在题材上创设出了另一种虚无缥缈的神异之美,并以这一特征表达对现实社会的不满与抗争。

唐传奇中成就最高的莫过于书写爱情的作品,彰显其神异性内容的异类相恋故事屡见不鲜,人妖相恋有《任氏传》,人神相恋有《柳毅传》,人鬼相恋有《李章武传》。在传奇作者的笔下,真挚的爱情可以超越自然物种的界限,只要有"情"就可以从一个世界走进另一个世界去实现那种看似不可能的情感交流。如果说上述作品还可以被看成纯粹的神话,那么那些表现人与人之间感人至深爱情的篇章又是怎样以跨越俗世生活的关节来表达作家的创作理念的呢?《离魂记》中的倩女离魂、《霍小玉传》中的鬼魅作祟、《无双传》中的死生灵药都在写神异之人与神异之术,这些现实生活中绝对不可能发生的事情借助作家的创作理念历历如在眼前,而任何一个善良的读者都会被这种浪漫神异所打动。

"借神怪之事写人间之情"这一旁敲侧击的方式自《左传》而起,经过文言小说的创作绵延至宋元白话小说。明代拟话本结集的《三言》《二拍》大多是典型的现实主义作品,蕴含十分鲜明的劝惩之意,但许多篇章中都少不下神异内容的插写与介入,甚至非此则不足以辨明旨意,像《闲云庵阮三偿冤债》《张古老种瓜娶文女》《庄子休鼓盆成大道》《崔待诏生死冤家》《乐小舍拼生觅偶》《白娘子永镇雷峰塔》《灌园叟晚逢仙女》《大姊魂游完宿愿,小姨病起续前缘》《叠居奇程客得助,三救厄海神显灵》等都是这类作品。

明清之时,在短篇小说方面,纪昀的《阅微草堂笔记》和蒲松龄的《聊斋志异》更是直承文言小说传统将题材的神异之美发挥得淋漓尽致。而标志着中国古典小说成熟的四大名著之中,写神佛之上天入地无所不能的《西游记》算是一部标准的神异题材的作品,却无处不投射着现实人世的影子;其他现实主义题材的作品中,《水浒传》写洪太尉误走妖魔、

---

① 詹颂:《代拟的超越与疏离:〈红楼梦〉中女性人物诗词作品探析》,《红楼梦学刊》2004年第1期。

九天玄女密授天书,《三国演义》写将星陨落、武侯显圣,《红楼梦》甚至特别设置了一个显现作家创作意图的太虚幻境,并写了来去无踪的一僧一道和一块可大可小的通灵宝玉。至此,我们可以看到,现实题材与神异题材的参差交错也相应地成了中国古典小说的重要特征之一,其中跨越时空和自然的神异之美也成就了务实的中国人那一点小小的浪漫主义,而这浪漫的因子早在《左传》时代就已经进入国人的思想领地了。

二 叙事:全知视角

人物、情节和环境历来被认为是小说的"三要素"。在小说叙事中,作者必须选取一个合适的叙述角度即视角,才能完成环境的设置、情节的展开和人物形象的塑造。叙事学理论认为,小说视角一般有两种,一为限知视角,一为全知视角。所谓"限知视角"即叙述者通常以第一人称出现,能够有效提升作品的真实性和可信度,但作者的叙述视角会受到极大的限制,只能在"我"的感知范围内描摹一切。所谓"全知视角"则常以第三人称行文,叙述者处于极度自由的全知全能地位,作品中的人物、故事、场景等无不处于其主宰之下、调度之中。

作为我国最早的叙事详备的史书,也是最早成熟起来的一部叙事作品,《左传》选取全知视角进行叙事,使叙事者方便地凌驾于所有情节之上,不但能够洞悉一切,而且可以随时对人物的思想、行为作出解释和评价。这种视角可以使作者永远"在场"并随意地对故事情节及人物形象进行加工处理,比限知视角更便于掌控和操作,在其带领下我国的古典小说几乎都是以全知视角展开叙述的。

中国古典小说以顺叙方式居多,也就是说绝大多数小说采取的都是和史传相同的编年体结构,延续了农业社会对时间的看重和对时间意义的理解。全知叙事下的小说写作既是对线性时间的尊重,也是对线性时间的打破和重置,因为作者可以居高临下俯瞰一切,进而决定任何一种空间秩序,而随着空间的变换,时间也在被悄悄地重组。

魏晋时期的"志人""志怪"小说以文言创作且大多篇幅短小,冷静的"旁观者"叙事却一样使人物和情节显得客观真实,《世说新语》写眼见与耳闻的时人逸事能够如此并不奇怪,《搜神记》记虚妄之事亦能达到同样效果就不能不让人惊异。鲁迅先生在《中国小说史略》中谈到唐传奇时说:"此类文字,当时或为丛集,或为单篇,大率篇幅曼长,记叙委曲，时亦近于俳谐，故论者每訾其卑下，贬之曰'传奇'，以别于韩柳辈之高文。"[1] 在散文被作为主流文学样式的唐代，传奇并没有取得相应的地位，但它还是常常被举子用作"行卷"在科举考试前投献给有关官员，以显示自己在"史才、诗笔、议论"等多方面的才能，而这些才能的集中展示又非要采用全知叙事不可，否则便有自我夸耀的嫌疑。当时的一些知名文人如元稹、白居易、白行简、陈鸿、李绅等都是传奇创作队伍中的重要人物，大大地提高了这一文体的创作水平。

作为小说，跌宕腾挪、高潮迭起、引人入胜的情节展现是其最突出的文体特征之一，人世的"悲欢离合"四字总能在其中找到最佳的佐证。亚里士多德说："就长度而论，情节只要有条不紊，则越长越美。"[2] 金圣叹则说："文章之妙，无过曲折。"[3] 优秀的小说作品总是以曲折的情节转合抓牢人心，同时间以舒缓的笔墨展现其节奏，以期在张弛有致中实现情节的波折与起伏。唐传奇《李娃传》中李娃初会荥阳生无比欢爱，后见其钱财散尽则设计弃之，荥阳生沦为歌者遭父毒打冻饿行乞之时又蒙李娃相救并劝其苦读，待其高中后李娃却因娼妓之身而拒以婚姻，终因高情厚义得封夫人。其中的场景不断切换变化，情节不断迂曲演进，主动角色也在不停变换，心理描写更从不同人物的角度展开，尽显全知视角的自由与随意。

宋元话本和明代拟话本小说以其极其丰富的题材和对社会各个角落的触摸在中下层百姓中大行其道，像《三国志平话》《宣和遗事》之类的长篇作品和《碾玉观音》《错斩崔宁》之类的短篇作品都产生了广泛的社会影响，而由其故事全方位展开所产生的摄魂夺魄的审美效果也无不依赖于全知视角的运用，六大古典小说莫不如此。

但中国古典小说在全知视角的总体运用中也没有完全放弃限知视角的配合与穿插，《三国演义》和《水浒传》中就常用两军阵前将帅的眼睛去观察对方，《西游记》中对险山恶水的诗化描写也多是出自唐僧师徒的视角。《红楼梦》更是擅长此道，以初入京城的林黛玉的眼睛看贾府的庭院人物，以薛宝琴的眼睛看贾家的隆重祭祀，以刘姥姥的眼睛看花团锦簇的

---

[1] 鲁迅：《鲁迅全集》（第九卷），人民文学出版社1998年版，第70页。
[2] 亚里斯多德：《诗学》，人民文学出版社1962年版，第26页。
[3] 金圣叹：《金圣叹全集》（三），江苏古籍出版社1985年版，第140页。

大观园等。在这些小说的行文中,全知视角是主体,限知视角主要起调节和整合的作用,而这样的视角变化使小说充满情节的变化感和结构的错落感,有利于借人物将读者带入全新的情节和环境之中,并提高读者的阅读期待。

杨公骥曾评论《左传》说:"它对某些历史事件不只记其因果现象而是作了形象的描绘,对社会生活不是只作叙述而是通过人与事反映出来。"这一手法正是小说家的惯用手段,让作者站在全知的角度对叙述内容作出全方位细密周到的扫描,让人物、情节和环境尽现于纸面。在这一点上,《左传》和中国古典小说都取得了完胜。

三 表意:含蓄与犀利

汉语中最早提到小说的人是庄子,他说:"饰小说以干县令,其于大达亦远矣。"① 当然这里的"小说"指的是一些不合大道的琐屑之谈,不是我们说的"小说"文体。至班固则说:"小说家者流,盖出于稗官,街谈巷语,道听涂说者之所造也。"② 这里的小说已经开始接近我们今天的概念,但从他的语气中,我们还是可以很轻易地发现其中的不屑与不齿。但最初的小说和小说家却没有因为自己的尴尬地位而放弃"惩恶劝善""文以载道"的使命,自《左传》承袭而来的表达意图和"春秋笔法"一道使中国古典小说的表意生成含蓄与犀利两途。

小说是典型的叙事文学,人们一般认为人物形象塑造和情节的推衍是小说叙事的核心内容。但事实上,我们看到的人物、情节之类因素都只是表象,小说的实际意义在于作者所要传达的思想情志。文学的表现宜曲不宜直,宜隐不宜显,含蓄就是文学本质的体现。这种"含而不露"在文艺理论术语中被称为"含藏",是小说对现实生活所进行的艺术的疏离和比照,是"寓论断于叙事"笔法的发展。"含藏"自是一种极高的艺术境界,"含"是"包容","藏"是"深隐",刘熙载所云"词之妙莫妙于以不言言之,非不言也,寄言也"③ 在一定程度上可以与之互证。

小说创作是在借助文字模拟和再现生活,也就是说小说是生活的一种

---

① 《庄子·外物篇》。
② 《汉书·艺文志》。
③ 《艺概·词曲概》。

象征,"逢人且说三分话"这种消极的处世哲学在小说写作中却成了至理,那些并不说破、极富暗示性、以少少许胜多多许的文字以其含蓄的表意大幅度地增加了小说的容量,是一种高明的"艺术埋伏"。近代著名历史通俗演义小说作家蔡东藩说:"夫正史尚直笔,小说尚曲笔,体裁原是不同,而世人之厌阅正史,乐观小说,亦即于此处分之。"[1] 正因为有了小说含蓄的表意,某些人物的性格特征也就出现了高超艺术所推崇的多义性,像《水浒传》中的宋江、《红楼梦》中的薛宝钗都是这种。

刘义庆《世说新语》收录的是描写"魏晋风度""名士风流"的志人小说,是中国古典小说的早期形态,但含蓄的表意方法已经成形。试看《任诞篇》中的一例:

> 刘伶病酒,渴甚,从妇求酒。妇捐酒毁器,涕泣谏曰:"君饮太过,非摄生之道,必宜断之!"伶曰:"甚善。我不能自禁,唯当祝鬼神自誓之耳。便可具酒肉。"妇曰:"敬闻命。"供酒肉于神前,请伶祝誓。伶跪而祝曰:"天生刘伶,以酒为名,一饮一斛,五斗解酲。妇人之言,慎不可听。"便引酒进肉,隗然已醉矣。

"情节的本质就是人物的性格,情节不过是性格的运动而已。"[2] 在人物性格和情节的流动过程中,"刘伶病酒"的意味也在浅浅地浮出水面。

小说含蓄的表意并不是深藏不露的,也就是说,它如果被完全"藏"住,小说的意义就不复存在,就会虚无到没有。而在作者以隐为显蕴意深邃的表达中必然包藏着匠心独运的点拨与暗示,从而使读者在阅读时始终"被引领""被诱惑",而掩卷之时又必然会有茅塞顿开的感觉,因为小说家们的点化早在字里行间晕染开来,并查考着读者到底是无心人还是有心人,《左传》中那些"只叙不议"的例子就是这样的试题。

与含蓄相对应的中国古典小说犀利的表意直接来自《左传》"君子曰"的传统,君子之言往往有理有据、切中肯綮且直言不讳。这一传统在史传中有"论赞"之语,在小说中最为多见的是话本和拟话本的回前回后诗,最为直接的继承当为蒲松龄《聊斋志异》中的"异史氏曰"。

---

[1] 蔡东藩:《前汉演义》,上海文化出版社 1979 年版,第 215 页。
[2] 叶朗:《中国小说美学》,北京大学出版社 1982 年版,第 96 页。

《警世通言》第十六卷《小夫人金钱赠年少》，写的是年逾六旬开绒线铺的员外张士廉以欺骗手段娶了一位青春貌美的小夫人，小夫人行赏时赏了年纪大的主管李庆十文银钱，却赏了年轻的主管张胜十文金钱，这也是小说题目的来历。小夫人钟情于张胜并屡次引诱，死后化鬼亦设计跟从张胜暂住其家，只是张胜立心至诚秋毫无犯。小说结尾写道："有诗赞云：谁不贪财不爱淫？始终难染正人心。少年得似张主管，鬼祸人非两不侵。"赞扬了张胜循礼避色、全身远害的君子所为。这样的例子在《三言》《二拍》的每一篇目中几乎都有体现。

《聊斋志异·促织》篇末云：

> 异史氏曰："天子偶用一物，未必不过此已忘；而奉行者即为定例。加以官贪吏虐，民日贴妇卖儿，更无休止。故天子一跬步，皆关民命，不可忽也。独是成氏子以蠹贫，以促织富，裘马扬扬。当其为里正，受扑责时，岂意其至此哉！天将以酬长厚者，遂使抚臣、令尹，并受促织恩荫。闻之：一人飞升，仙及鸡犬。信夫！"

蒲松龄不但用至为直接的语言表达了自己的愤慨之情，而且将自己的作意揭示而出，"天子一跬步，皆关民命"和"一人飞升，仙及鸡犬"之语是那样地沉痛！

短篇作品的表意大体可以在含蓄和犀利之间择其一端，长篇作品却往往避不开显与隐的结合。《红楼梦》的总体表意是含蓄的，但其中的第五回"贾宝玉神游太虚境"中的"金陵十二钗判词"和"《红楼梦》十二支曲"却是纲举目张的直接表意。《金瓶梅》之类市井小说、《肉蒲团》之类艳情小说易于使人流连于充满感官刺激的床笫肉欲，但其实质也如张竹坡所言"依山点石，借海生波"，总在强调自己所要表达的劝谕之意。比如《肉蒲团》开头就明确表白："做这部小说的人原具一片婆心，要为世人说法，劝人窒欲不是劝人纵欲，为人秘淫不是为人宣淫。看官们不可认错他的主意。"而选择艳情小说的表现形式亦是因为"凡移风易俗之法，要因势而力导之则其言易人"。

古人为"小说"命名之时本有轻视、贬损之意，以为这样的文字登不得大雅之堂，与"名山之作""扛鼎之文"迥然有别。但这一文体却实在是脱胎于古人最重视之史传："中国古代小说的产生，与史传文学有着更加深刻的血缘关系，史传文学孕育并催化了中国古代小说的产生。"①人们大多承认《左传》中蕴含着小说因素，《三国演义》和《水浒传》对《左传》的战争描写多有继承，其对众多人物的描写也是《左传》人物群像塑造的进一步发展。即使仅从小处着眼，《左传》的一些具体描写手法甚至细节也融入了后代的小说创作之中。如庄公二十八年楚国伐郑郑以"空城计"御敌，化作了《三国演义》中诸葛亮的妙计；僖公二十八年晋国栾枝"使舆曳柴而伪遁"之计，演变为《三国演义》中张飞长坂坡上的机智；襄公十年孔丘之父叔梁纥高举悬门的细节，则演化成了《隋唐演义》中雄阔海手托城门让诸将逃出的英姿。②刘知几《史通》说："是知偏记、小说，自成一家；而能与正史参行，其所从来尚矣。"③《新唐书》云："传记、小说，外暨方言、地理、职官、民族，皆出于史官之流也。"④ 有此，《左传》与中国古典小说的渊源当无须细论。

在路径悠远的中国文学史上，落羽纷纷却于《左传》筋骨无伤，繁华散尽更让人得见《左传》真颜。包罗万象的《左传》携带着自己独特的文字理想和言语方式走在中国文学史不断演进的路上，并在语言、选材、体式、结构、风格等方面对诸多文体产生着特定的影响，让我们在追溯诗歌之外任何一种文学样式来源的时候都很难不想到《左传》的源头意义和雏形价值。

---

① 郭丹：《史传文学与中国古代小说》，明清小说研究1997年第4期。
② 孙绿怡：《〈左传〉与中国古典小说》，北京大学出版社1992年版，第107页。
③ 《史通·杂述》。
④ 《新唐书·艺文志序》。

结　　语

当历史的轨迹穿越两千余年的风雨留下深深浅浅的辙痕，我们回望文学与文化的来路时未免会感到些许的苍茫与无助，为我们的目力难及，为我们的心绪难至。但我们可以肯定的是，自文史哲集于一体的先秦时代起，《左传》便背负着经学、史学、文学的重载一路吟啸徐行，在穿越一切迷雾之后，清清楚楚地驻足于所有后学的面前，让人们自由感知它的光、它的热。

任何文本的存在意义都必须依赖于后人的解读，经学和史学的《左传》早已为人所熟知且体系相对完备，文学的《左传》却在人们支离破碎的认知中多少显得有些面目模糊。本书试图跳出经学和史学的局限从文学角度对《左传》一书予以观照，借助先秦典籍所保留的各类文化信息将《左传》文本还原到故事发生的春秋时代和左氏落墨简上的战国初年，并结合作者的创作背景和创作心态充分发掘该著作内在和外在的文学因素，使人们真正理解《左传》的文学表现和文学内涵，而不是仅仅停留在它的"文学性"上。

春秋时代，由于政治、经济、文化的种种原因，自西周起延续了几百年的世家大族开始衰落，各个社会阶层因为文化的力量而有了地位上的升降，新兴的士族群体逐渐成为社会的主流与中坚，那些德才兼备的贤者纷纷走到政治和文化的前台，尽情舒展和挥洒自己的魅力。春秋是《周易》哲学思想、《尚书》历史观念和《诗经》诗性表达濡染下面对周礼破立的春秋，这一时期的以占卜、赋诗和应对为主要表现的文学活动有着时代的必要性、丰富性和必然性，它们使历史上的春秋时代最终成为了文学史和文化史上的春秋时代。

由春秋而战国，当文质彬彬的社会风习渐渐成为绝响，当金戈铁马的杀伐之声以一种更加残酷的面貌充斥耳畔的时候，文人开始更加深入地思考自己的人生价值和历史责任。左氏也许很艰难也许很轻易地就找到了自身情感的出口，在以"立言"和"不朽"为目的的文学观念的支配下，他捍卫周礼，忠于内心，以为数众多的"无经之传"显示了自己非凡的思辨能力和喷涌而出不可遏止的表达欲望，为《左传》文学图景的展开确立了思想基础。

春秋是一个讲究"建言修辞"的时代，《左传》所记春秋人高妙典雅、情志丰富的辞令是其时社会风貌的真实写照，而骈散相间的记载与陈述则是左氏朴素美学态度的直接外化。《左传》继承春秋笔法以全知视角进行的编年体"锁链式"叙事尽展才子风范，以良史之才造奇妙之文，以君子之言展教化之功，形成了自己独特的文学体式和文学修辞。

《左传》以文字方式对春秋往事进行追溯和抚摩，心中有爱，笔下含情。左氏以深广的视野、细腻的笔触对《春秋》所记史事进行铺陈和补充，并在其间表达了对战争叙事的偏爱。那些血肉丰满的、充满传奇性的男人和女人在左氏的记叙与描写中从历史的纸页间直立起来，有生动的言辞和特异的举止，他们甚至可以一直走到我们的面前，让人感受得到他暖暖的温度和润泽的气息。所在这些都使《左传》成为春秋三传中不折不扣的"另类"，也正是这些使它呈现出自身独特的文学气质，成为"三传"之中真正的高标，并在各类文学史中永远地保留了一块属于自己的领地。

《左传》是中国文学发展史上的一座重镇，它不但成功地塑造了自己，而且为中国日后的文字成长提供了鲜活的标本和范例，史传文学之源、散文义法之范、古典小说之本只是我们所作的一个大略评价，受到左氏沾溉的文体远不止这些。在这篇论文中，我们试图树立起的是一个真正的"文学《左传》"的形象，除了用解读文学作品的方式来对待《左传》，还要时刻不忘提醒看惯了经学和史学的读者换一双眼睛、换一个角度看《左传》，并认同《左传》与生俱来的文学特性。

国学大师章太炎在《国故论衡·文字论略》中说："文学者，以有文字著于竹帛，故谓之文；论其法式，谓之文学。"文学的本质是爱与美，《左传》中强烈的情感因素和道德指向都是其对世界爱的传达，而题材内容和表达技法的选择都蕴含着左氏不懈的审美追求。我们固然不能改变《左传》"经"或"史"的文化负载，但同样也没有人能够改变《左传》的文学特性。《周易》说："观乎人文，以化成天下。"倘以此为怀抱注目《左传》，我们应该还有更多的事情要做。

参考文献[*]

A

[美] 弗罗姆：《爱的艺术》，康革尔译，华夏出版社1987年版。

B

尼采：《悲剧的诞生》，周国平译，生活·读书·新知三联书店1986年版。
李炳海：《部族文化与先秦文学》，高等教育出版社1995年版。

C

陈彦辉：《春秋辞令研究》，中华书局2006年版。
杨树达：《春秋大义述》，上海古籍出版社2007年版。
（汉）董仲舒：《春秋繁露》，上海古籍出版社1989年版。
苏舆：《春秋繁露义证》，中华书局2002年版。
张树国：《春秋贵族社会衰亡期的历史叙事》，中国社会科学出版社2008年版。
刘黎明：《〈春秋〉经传研究》，四川出版集团、巴蜀书社2008年版。
洪业等：《春秋经传引得》，上海古籍出版社1983年版。
傅棣朴：《春秋三传比兴》，中日友谊出版公司1984年版。

---

[*] 以著作音序排列。

顾德融、朱顺龙：《春秋史》，上海人民出版社 2004 年版。

童书业：《春秋史》，中华书局 2006 年版。

童书业：《春秋史料集》，中华书局 2008 年版。

王美凤、周苏平、田旭东：《春秋史与春秋文明》，上海科学技术文献出版社 2007 年版。

张高评：《春秋书法与左传学史》，上海古籍出版社 2005 年版。

龚留柱：《春秋弦歌——〈左传〉与中国文化》，河南大学出版社 2005 年版。

戴维：《春秋学史》，湖南教育出版社 2004 年版。

赵伯雄：《春秋学史》，山东教育出版社 2004 年版。

王长华：《春秋战国士人与政治》，上海人民出版社 1997 年版。

吕文郁：《春秋战国文化史》，东方出版中心 2007 年版。

杨伯峻、徐提：《春秋左传词典》，中华书局 1985 年版。

（清）洪亮吉：《春秋左传诂》，中华书局 2008 年版。

（西晋）杜预：《春秋左传集解》，上海人民出版社 1977 年版。

陈戍国：《春秋左传校注》，中华书局 2006 年版。

方朝晖：《春秋左传人物谱》，齐鲁社 2001 年版。

沈玉成、刘宁：《春秋左传学史稿》，江苏古籍出版社 2000 年版。

杨伯峻：《春秋左传注》，中华书局 1990 年版。

童书业：《春秋左传研究》，中华书局 2008 年版。

张岩：《从部落文明到礼乐制度》，上海三联书店 2004 年版。

彭运生：《从文学到哲学》，社会科学文献出版社 2005 年版。

D

（清）王聘珍：《大戴礼记解诂》，中华书局 2008 年版。

杨隽：《典乐制度与周代诗学观念》，中国社会科学出版社 2009 年版。

（清）王念孙：《读书杂志》，江苏古籍出版社 2000 年版。

E

常森：《二十世纪先秦散文研究反思》，北京大学出版社 2002 年版。

F

（东汉）应劭：《风俗通义全译》，赵泓译，贵州人民出版社1998年版。
洪治纲主编：《冯友兰文存》，上海大学出版社2004年版。

G

傅道彬：《歌者的乐园：中国文化的自然主义精神》，东北林业大学出版社1996年版。
方诗铭、王修龄：《古本竹书纪年辑证》，上海古籍出版社2005年版。
陈来：《古代宗教与伦理：儒家思想的根源》，生活·读书·新知三联书店1996年版。
王子今：《古史性别研究丛稿》，社会科学文献出版社2004年版。
钱锺书：《管锥编》，中华书局1986年版。
郭沂：《郭店竹简与先秦学术思想》，上海教育出版社2002年版。
钱穆：《国史大纲》，商务印书馆2008年版。
柳诒徵：《国史要义》，中国人民大学出版社2007年版。
钱穆：《国学概论》，商务印书馆2008年版。
黄永堂：《国语全译》，贵州人民出版社1995年版。
来可泓：《国语直解》，复旦大学出版社2000年版。

H

（汉）班固：《汉书》，中华书局2007年版。
［英］罗素：《婚姻革命》，靳建国译，东方出版社1988年版。

J

李申：《简明儒学史》，中国人民大学出版社2006年版。
刘再华：《近代经学与文学》，东方出版社2004年版。
［英］J. G. 弗雷泽：《金枝》，徐育新、汪培基、张泽石译，新世界出版

社 2006 年版。

方铭：《经典与传统：先秦两汉诗赋考论》，人民文学出版社 2003 年版。

［德］本雅明：《经验与贫乏》，王炳钧译，百花文艺出版社 1999 年版。

（清）皮锡瑞：《经学通论》，中华书局 1954 年版。

（清）王念孙：《经义述闻》，江苏古籍出版社 2000 年版。

张舜徽纂辑：《经传诸子语选》，中国人民大学出版社 2006 年版。

K

安敏：《孔颖达〈春秋左传正义〉研究》，岳麓书社 2009 年版。

匡亚明：《孔子评传》，南京大学出版社 2006 年版。

L

徐志钧：《老子帛书校注》，学林出版社 2002 年版。

蒋璟萍：《礼仪的伦理学视角》，中国社会科学出版社 2007 年版。

金尚礼：《礼宜乐和的文化理想》，巴蜀书社 2002 年版。

钱穆：《两汉经学今古文平议》，商务印书馆 2003 年版。

［法］皮埃尔·勒鲁：《论平等》，王允道译，商务印书馆 2005 年版。

杨伯峻：《论语译注》，中华书局 2008 年版。

M

李泽厚：《美的历程》，文物出版社 1981 年版。

（清）焦循：《孟子正义》，上海书店 1992 年版。

N

郭沫若：《奴隶制时代》，中国人民大学出版社 2005 年版。

［法］西蒙娜·德·波伏瓦：《女人是什么》，王友琴、邱希淳译，中国文联出版公司 1988 年版。

易银珍、蒋璟萍：《女性伦理与礼仪文化》，中国社会科学出版社 2007

年版。

P

［加］弗莱：《批评的剖析》，陈慧、袁宪军、吴伟仁译，百花文艺出版社 2002 年版。

Q

顾颉刚：《秦汉的方士与儒生》，上海新世纪出版集团 2006 年版。
李卿：《秦汉魏晋南北朝时期家族、宗族关系研究》，上海人民出版社 2006 年版。
［保］瓦西列夫：《情爱论》，赵永穆、范国恩、陈行慧译，生活·读书·新知三联书店 1985 年版。
张素卿：《清代汉学与左传学》，里仁书局 1996 年版。
张舜徽：《清代扬州学记·顾亭林学记》，华中师范大学出版社 2005 年版。
郭院林：《清代仪征刘氏〈左传〉家学研究》，中华书局 2008 年版。
刘仲华：《清代诸子研究》，中国人民大学出版社 2004 年版。
郭沫若：《青铜时代》，中国人民大学出版社 2005 年版。

R

［德］卡西尔：《人论》，甘阳译，上海译文出版社 1986 年版。
［英］休谟：《人性论》，关文运译，商务印书馆 1997 年版。
（清）顾炎武著，黄汝成集释：《日知录集释》，上海古籍出版社 2007 年版。
黄河选编：《儒家二十讲》，华夏出版社 2008 年版。
李明辉编：《儒家经典诠释方法》，华东师范大学出版社 2008 年版。
周远斌：《儒家伦理与〈春秋〉叙事》，齐鲁书社 2008 年版。
王齐彦：《儒家群己观研究》，中国社会科学出版社 2006 年版。
李凯：《儒家元典与中国诗学》，中国社会科学出版社 2002 年版。

张君劢：《儒家哲学之复兴》，中国人民大学出版社 2006 年版。
崔大华：《儒学引论》，人民出版社 2001 年版。

S

王秀臣：《三礼用诗考论》，中国社会科学出版社 2007 年版。
谢芳林：《〈三礼〉之谜》，四川教育出版社 2001 年版。
（清）孙星衍：《尚书今古文注疏》，中华书局 2007 年版。
[美] 迪萨纳亚克：《审美的人》，户晓辉译，商务印书馆 2004 年版。
（汉）宋衷注，（清）秦嘉谟等辑：《世本八种》，北京图书馆出版社 2008 年版。
（明）李贽：《史纲评要》，中华书局 1974 年版。
（汉）司马迁：《史记》，中华书局 1982 年版。
扬之水：《诗经别裁》，中华书局 2007 年版。
杨军：《诗经婚恋诗与婚恋风俗研究》，吉林人民出版社 2005 年版。
（清）方玉润：《诗经原始》，中华书局 2007 年版。
傅道彬：《诗可以观：礼乐文化与周代诗学精神》，中华书局 2010 年版。
刘泽华主编：《士人与社会》（先秦卷），天津人民出版社 1988 年版。
李学勤主编：《十三经注疏》，北京大学出版社 1999 年版。
（唐）刘知几著，（清）浦起龙释：《史通通释》，上海古籍出版社 1982 年版。
傅道彬：《〈诗〉外诗论笺》，黑龙江教育出版社 1993 年版。
何怀宏：《世袭社会及其解体——中国历史上的春秋时代》，生活·读书·新知三联书店 1998 年版。
白寿彝：《史学遗产六讲》，北京出版社 2004 年版。
余英时：《士与中国文化》，上海人民出版社 2008 年版。
詹福瑞：《士族的挽歌》，河北大学出版社 2002 年版。

T

张世英：《天人之际》，人民出版社 1995 年版。
蒋凡、李笑野：《天人之思》，四川人民出版社 2007 年版。

W

傅道彬：《晚唐钟声：中国文学的原型批评》，北京大学出版社 2007 年版。

马小虎：《魏晋以前个体"自我"的演变》，中国人民大学出版社 2004 年版。

（清）章学诚著，严杰、武秀成译注：《文史通义全译》，贵州人民出版社 1997 年版。

刘勰著，王运熙、周锋译注：《文心雕龙译注》，上海古籍出版社 1998 年版。

[美] 韦勒克、沃伦：《文学理论》，刘象愚等译，江苏教育出版社、凤凰出版传媒集团 2005 年版。

傅道彬、于茀：《文学是什么》，北京大学出版社 2002 年版。

[美] M. H. 艾布拉姆斯：《文学术语词典》，吴松江等译，北京大学出版社 2009 年版。

X

[美] 李峰：《西周的灭亡》，徐峰译，上海古籍出版社 2007 年版。

刘清河、李锐：《先秦礼乐》，北京师范大学出版社 2009 年版。

俞启定：《先秦两汉儒家教育》，齐鲁书社 1987 年版。

霍然：《先秦美学思潮》，人民出版社 2006 年版。

庞朴、马勇、刘贻群编：《先秦儒家研究》，湖北教育出版社 2003 年版。

谭家健：《先秦散文艺术新探》，齐鲁书社 2007 年版。

晁福林：《先秦社会形态研究》，北京师范大学出版社 2003 年版。

吕思勉：《先秦史》，上海古籍出版社 2005 年版。

刘泽华：《先秦士人与社会》，天津人民出版社 2004 年版。

杨宽：《先秦史十讲》，复旦大学出版社 2006 年版。

金景芳：《先秦思想史讲义》，天津古籍出版社 2007 年版。

李山：《先秦文化史讲义》，中华书局 2008 年版。

徐克谦：《先秦文化思想论札》，中华书局 2007 年版。

胡念贻：《先秦文学论集》，中国社会科学出版社1981年版。
傅修延：《先秦叙事研究》，东方出版社2007年版。
杨柳：《先秦游士》，当代中国出版社1996年版。
梁启超：《先秦政治思想史》，中华书局、上海书店1986年版。
［英］爱·摩·福斯特：《小说面面观》，苏炳文译，花城出版社1984年版。
［瑞］荣格：《心理学与文学》，冯川、苏克译，三联书店1987年版。
叶舒宪：《性别诗学》，社会科学文献出版社1999年版。
［美］波利扬-艾森卓：《性别与欲望》，杨广学译，中国社会科学出版社2003年版。
［美］凯特·米利特：《性政治》，宋文伟译，江苏人民出版社2000年版。
陈望道：《修辞学发凡》，上海教育出版社1997年版。
徐复观：《徐复观论经学史二种》，上海书店出版社2002年版。

Y

张君劢：《义理学十讲纲要》，中国人民大学出版社2006年版。
李安宅：《〈仪礼〉与〈礼记〉》之社会学的研究》，上海世纪出版集团2006年版。
侯敏：《易象论》，北京大学出版社2006年版。
［日］佐竹靖彦编纂：《殷周秦汉史学的基本问题》，中华书局2008年版。
孙绍先：《英雄之死与美人迟暮》，社会科学文献出版社2000年版。
申小龙：《语文的阐释》，辽宁教育出版社1995年版。
［法］列维-布留尔：《原始思维》，丁由译，商务印书馆2007年版。
陈才训：《源远流长：论〈春秋〉〈左传〉对古典小说的影响》，中国社会科学出版社2008年版。

Z

［德］海德格尔：《在通向语言的途中》，孙周兴译，商务印书馆2004年版。
张舜徽：《郑学丛著》，华中师范大学出版社2005年版。

詹福瑞：《中古文学理论范畴》，中华书局2005年版。

裘锡圭：《中国出土文献十讲》，复旦大学出版社2004年版。

张亮采：《中国风俗史》，东方出版社1996年版。

陈绍棣：《中国风俗通史·两周卷》，上海文艺出版社2003年版。

许倬云：《中国古代社会史论》，广西师范大学出版社2006年版。

郭沫若：《中国古代社会研究》，人民出版社1977年版。

李泽厚：《中国古代思想史论》，生活·读书·新知三联书店2008年版。

彭林、黄朴民：《中国思想史参考资料集·先秦至魏晋南北朝卷》，清华大学出版社2005年版。

张伯伟：《中国古代文学批评方法研究》，中华书局2006年版。

谭家健：《中国古代散文史稿》，重庆出版社2006年版。

童书业：《中国疆域地理讲义》，天津古籍出版社2008年版。

钱穆：《中国近三百年学术史》，商务印书馆2005年版。

许道勋、徐洪兴：《中国经学史》，上海人民出版社2006年版。

郭绍虞：《中国历代文论》，上海古籍出版社2005年版。

谭其骧：《中国历史地图集》，地图出版社1985年版。

万国鼎编，万斯年、陈梦家补订：《中国历史纪年表》，中华书局2007年版。

梁启超：《中国历史研究法》，上海古籍出版社2003年版。

邹昌林：《中国礼文化》，社会科学文献出版社2000年版。

张岱年：《中国伦理思想研究》，江苏教育出版社2005年版。

徐复观：《中国人性论史》，华东师范大学出版社2005年版。

刘士林：《中国诗性文化》，江苏人民出版社1999年版。

萧华荣：《中国诗学思想史》，华东师范大学出版社1996年版。

葛兆光：《中国思想史》，复旦大学出版社2007年版。

韦政通：《中国思想史》，上海书店2004年版。

邵汉明主编：《中国文化精神》，商务印书馆2000年版。

钱穆：《中国文化史导论》，商务印书馆2002年版。

梁漱溟：《中国文化要义》，上海世纪出版集团2005年版。

张舜徽：《中国文献学》，上海古籍出版社2006年版。

傅道彬：《中国文学的文化批评》，黑龙江人民出版社2000年版。

郭绍虞：《中国文学批评史》，上海古籍出版社1981年版。

王运熙、顾易生主编：《中国文学批评史》，上海古籍出版社2001年版。
周勋初：《中国文学批评小史》，复旦大学出版社2007年版。
方孝岳：《中国文学批评 中国散文概论》，生活·读书·新知三联书店2007年版。
鲁迅：《中国小说史略》，人民文学出版社1998年版。
徐复观：《中国艺术精神》，春风文艺出版社1987年版。
王靖宇：《中国早期叙事文研究》，上海古籍出版社2003年版。
张岱年：《中国哲学史大纲》，凤凰出版传媒集团有限公司2005年版。
高亨：《周易古经今注》，中华书局1984年版。
金景芳、吕绍纲：《周易全解》，上海古籍出版社2008年版。
黄开国、唐赤蓉：《诸子百家兴起的前奏》，四川出版集团、巴蜀书社2004年版。
张群：《诸子时代与诸子文学》，齐鲁书社2008年版。
杨适：《中西人论的冲突》，中国人民大学出版社1997年版。
朱光潜：《朱光潜美学文集》，上海文艺出版社1983年版。
（宋）朱熹：《朱子语类》，黎靖德辑，中华书局1986年版。
［苏］伊谢科恩：《自我论》，佟景恩等译，生活·读书·新知三联书店1987年版。
刘广明：《宗法中国》，上海三联书店1993年版。
陈槃：《左氏春秋义例辨》，上海古籍出版社2009年版。
［日］竹添光鸿：《左氏会笺》，四川出版集团、巴蜀书社2008年版。
（清）顾炎武：《左传杜解补正》，中华书局1991年版。
郭丹：《左传国策研究》，人民文学出版社2004年版。
刘瑛：《〈左传〉〈国语〉方术研究》，人民文学出版社2006年版。
（清）高士奇：《左传纪事本末》，中华书局1979年版。
王叔岷：《左传考校》，中华书局2007年版。
鲁毅：《左传考释》，湖北长江出版集团、湖北人民出版社2009年版。
高方：《〈左传〉女性研究》，黑龙江大学出版社2010年版。
何新文：《〈左传〉人物论稿》，中国社会科学出版社2004年版。
陈克炯：《左传详解词典》，中州古籍出版社2004年版。
潘万木：《〈左传〉叙述模式论》，华中师范大学出版社2004年版。
黄觉弘：《左传学早期流变研究》，中国社会科学出版社2010年版。

沈玉成：《左传译文》，中华书局 2006 年版。

李梦生：《左传译注》，上海古籍出版社 1998 年版。

黄鸣：《左传与春秋时代的文学：兼论春秋列国民族风俗》，中央民族大学出版社 2009 年版。

孙绿怡：《〈左传〉与中国古典小说》，北京大学出版社 1992 年版。

张高评：《左传之文学价值》，文史哲出版社 1990 年版。

后　　记

　　初识《左传》，是因为初中课本里的《曹刿论战》；再遇《左传》，是因为高中教材中的《郑伯克段于鄢》。只是中学时代的我并不知道知人善任的鲁庄公竟是一个刚刚二十出头的少年君王，也不知道"老谋深算""心狠手辣"这样的评语于郑庄公而言亦是略带几分无奈与无辜。

　　投到傅道彬先生门下攻读博士学位的时候，《诗》《书》《礼》《易》都已经有师兄师姐作了多方位高水平的研究，就连"乐"也在《乐》已无存的学术背景下依托相关典籍形成了严整的研究体系，"六经"之中只有《春秋》还安安静静地睡在那里未被碰触。讨论攻读期间具体研究方向和选题的时候，先生忽然说："要不，你就接着研究《左传》吧！"看似简单的一句话，让我的心里一时间充满了惊讶与惶恐。

　　我读硕士时做的是《左传》的女性研究，先生所说的"接着"，大约就是来源于此。而我同时想到的是，先生所说的"接着"，只怕还有让我在师兄师姐之后藉《左传》将"六经"研究补足的意思。正如先生前面所作的序言说的那样："《左传》不在'六经'里，但是如果离开了《左传》，《春秋经》就会成为断断续续零零碎碎的'断烂朝报'而无法阅读。因此与其说是读《春秋》，还不如说是读《左传》。"

　　我的惊讶在于师兄师姐取得厚重研究成果之后先生竟会决然地将"六经"之中唯余的部分交托于我，我的惶恐则在于平素交谈中先生常说的一句话："其实我特别喜欢《左传》。"先生开设的《春秋文化史》课程每听常新，并且每次都能在神采飞扬中将人带入风云际会的春秋时代。先生授课时采用的史料极多出自《左传》，齐桓晋文之外更加注目于礼乐风雅，让学生能在宏观上受到文质彬彬社会风习之陶染，更能于细处窥见春秋文化之精髓。面对先生"特别喜欢"的《左传》，我唯有尽我之全力以报先生的信任。

虽说写作的过程是"如鱼饮水，冷暖自知"，但那些笔端枯涩的白昼与深夜，来自家人和师门的鼓舞形成了一道坚强而温暖的后盾，让我一路向前，捕捉到更多思想的火花与辞采的光芒。博士论文答辩时，首都师范大学的左东岭先生、赵敏俐先生、东北师范大学的曹书杰先生、黑龙江大学的张安祖先生、哈尔滨师范大学的李洲良先生都给了很多切实、中肯的意见，从他们的身上我愈发感受到了学术的崇高，也明白他们的认可里充盈的无不是前辈对后学的奖掖与激励。

当我以"《左传》文学研究"这一选题获批教育部人文社会科学青年基金项目后，我对《左传》进行了持续的思考，先后承担了黑龙江省哲学社会科学研究项目"《左传》文学接受研究"和我所在的绥化学院的博士基金项目"《左传》文学传袭研究"。我知道，我所进行的"《左传》文学研究"是这些后续研究的有力基础和保证，它使我的工作从文学本体研究跨越到崭新的领域，而这部书中也有后两项研究的成果融入。2012年我进入中国社会科学院文学研究所师从彭亚非先生从事博士后研究工作，其间获批的博士后科学基金面上资助项目"五经文学叙事与文学笔法研究"也可以说是"《左传》文学研究"的延展。从作为博士论文的初稿到如今经过几番修订润色的定稿，我越发认定这部《〈左传〉文学研究》虽不完美却寄托着我的人生价值和学术理想。

早些时候我还一意坚守着作家梦，觉得那样一种文字样式完全可以成为我笔墨世界的全部。而拜在傅先生的门下，几乎只是出于对他所描述的春秋时代的神往。所以在先秦两汉这一大时段内确定研究内容的时候我直接将目光锁定在了春秋，并且固执地拒绝更改。是《〈左传〉文学研究》的写作，让我真正地走进了学术殿堂并感动于学术带给人的精神和情感上的震撼。正因如此，当我在河南博物院面对那些冰冷的春秋时代的青铜器的时候，才会陶醉于它们的精工之美、气势之壮，才会不由自主地泪湿襟袖；当我在国家博物馆面对阮元、惠栋等经学大师的书法作品时，才会久久流连不肯离去，仿佛看见他们的形象跃然于纸幅册页之上，时而健步山川衣袂飘飘，时而灯下沉吟拈须冥想。

经过一个艰难的蜕变过程，我很高兴人们对我的称谓更多地从"作家"变成了"教授"。当然，我从不鄙薄当初的文学创作，永远不会视其为"童子末技"。是那段经历让我有了和更多学人略显不同的思维和文字表达形式，于是我才有机会去实现傅先生"用文学的方式去解读文学"

的嘱托。呈上这部书稿的时候，我希望我未能辱命。

选择中国社会科学出版社的时候，面对这块学术高地，我的内心无比忐忑。责任编辑罗莉女士的热情周到打消了我所有的顾虑让我放下心来，我在此特向罗莉女士致以诚挚的谢意！同时感谢特约编辑孙少华先生对这二十几万字的耐心审读。

从生活的角度看，一个乐于埋首书斋的人应该很难成为合格的家庭成员，尤其当她是一个女性的时候。闲时我还算是不错的主妇，但沉潜于典籍的我却不能及时打扫房间，不能为家人烹煮美食，甚至会忘了晾晒洗衣机里的衣服；我不能同妈妈去小公园散步，不能陪爱人看一场网球，不能和十几岁的女儿讨论她感兴趣的问题，甚至他们叫我吃饭的时候我会不客气地说："我得写完这段话！"但这些年他们一直最大限度地包容和支持着我，给我以永恒的温暖。

学海无涯，即使永远不见陆地，我依然选择为爱扬帆！

高　方

甲午年己巳月